AIoT 초심자부터 전공자까지 무조건 따라하기

피지컬 AI 컴퓨팅

센서편

김석진
박경민
신승호

라즈베리파이 & 파이썬으로 훔쳐본 센서 제어 및 스마트 프로젝트

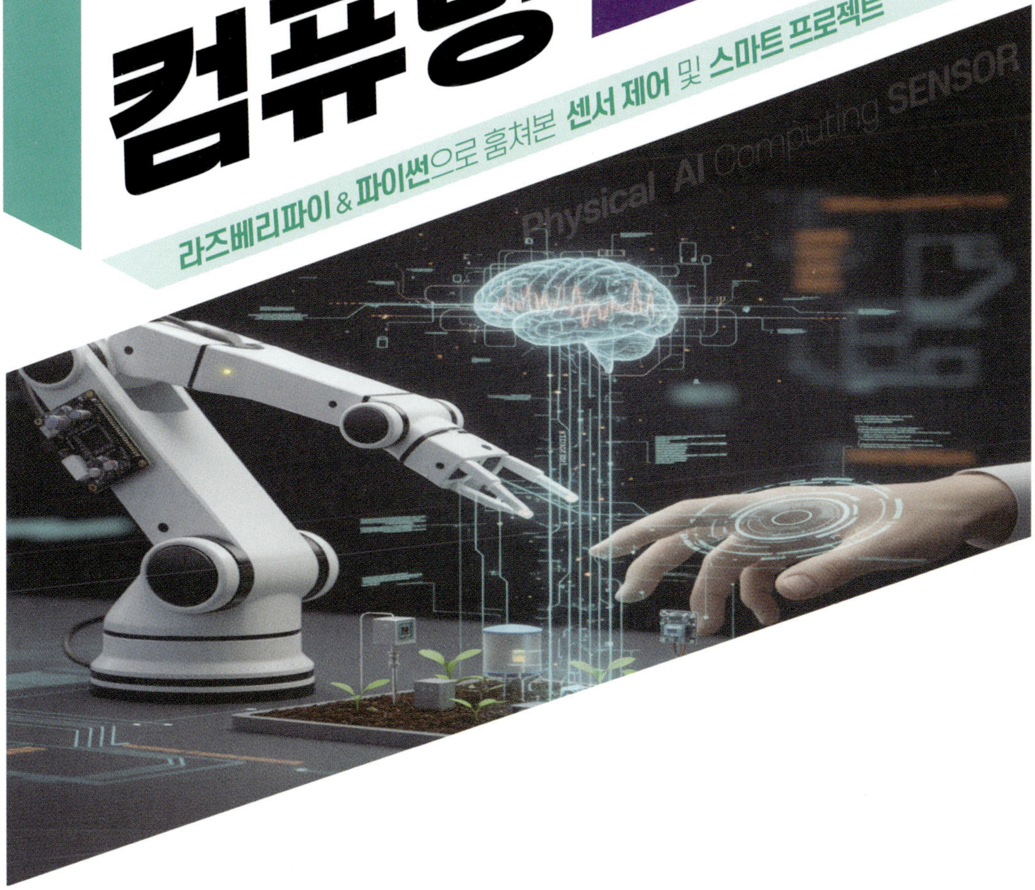

GoldenBell
www.gbbook.co.kr

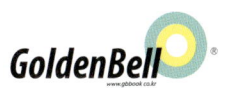

PREFACE

복잡한 코딩이나 어려운 이론 때문에 '인공지능(AI)'과 '하드웨어 제어'는 나와 거리가 먼 이야기라고 생각하셨나요? 만약 그랬다면, 이 실습서는 바로 여러분을 위한 가이드입니다.

생성형 AI(챗GPT, Gemini 등)의 사용이 일상화되었고, 더 나아가 AI는 우리 주변의 다양한 '물리적인(Physical)' 장치들 속으로 깊숙이 파고들고 있습니다. 스스로 판단하여 움직이는 로봇, 데이터를 수집하면서 환경을 최적화하는 스마트 팜, 자동화 생산을 넘어 설계부터 조립까지 전체 공정을 제어하는 스마트 팩토리, 그리고 궁극적으로 자율주행 자동차에 이르기까지, 이 모든 것의 중심에는 '피지컬 AI 컴퓨팅(Physical AI Computing)'이 자리 잡고 있습니다.

이 책은 컴퓨터 비전공자는 물론, AIoT(사물지능융합기술)의 기초를 다지고 싶은 모든 분을 위해 만들었습니다. 우리는 어렵고 복잡한 이론 설명보다는, 작지만 강력한 컴퓨터인 라즈베리파이와 배우기 쉽고 문법이 간단한 프로그래밍 언어인 파이썬을 활용합니다. 특히 'gpiozero' 패키지는 기존의 저수준 GPIO 제어 라이브러리와 달리, 고수준의 추상화를 제공하여 복잡한 GPIO 설정 없이도 초보자가 센서와 액추에이터를 쉽고 직관적으로 다룰 수 있도록 돕습니다.

'Gpiozero' 패키지를 통해 코드가 매우 짧고 직관적인 '만들면서 배우는(Learning by Doing)' 실습 위주의 실습서입니다.

최근 2025년 10월 1일에 새로 출시된 라즈베리파이 OS(13, Trixie) 설치 및 환경설정, 원격 접속, 파이썬 프로그래밍 환경설정부터 시작하여, 기초 센서, 아날로그 센서, 디지털 센서, 디스플레이, 액추에이터, 이미지 센서, 원격 제어까지 폭넓은 주제를 다룹니다. 여러분의 손으로 직접 코딩하고 센서들을 연결하면서 만들어낸 시스템이 실제 환경 데이터를 읽어내고, 이를 바탕으로 의미 있는 판단을 내리는 순간을 경험하며 큰 보람을 느끼실 수 있을 것입니다.

『피지컬 AI 컴퓨팅』 시리즈는 다음과 같이 개발하였습니다!

1권 『센서편』 "사물을 보는 눈"
다양한 센서와 코딩을 통해 환경을 인지하는 능력을 가늠합니다.

2권 『기초작동편』 "생각하고 움직이는 몸"
직접 조립하고 지능적으로 움직이는 PiCar를 만들어 원격제어(컴퓨터, 스마트폰, 웹브라우저)를 할 수 있는 것은 센서 데이터를 바탕으로 지능적인 행동을 실행하는 능력을 보여줍니다.

3권 『자율운행편』 "스스로 판단하는 뇌"
이미지 센서(파이 카메라)를 통해 실시간 영상 처리와 AI를 통해 독립적으로 의사결정하고 행동하는 능력을 목표로 합니다.

이 책은 프로그래밍 경험이 전혀 없는 초심자부터, AI와 하드웨어 연동에 처음 도전하는 모든 분을 위해 집필하였습니다. 앞으로 펼쳐질 '피지컬 AI 컴퓨팅'의 거대한 여정에 튼튼한 첫 발걸음이 될 것입니다.

라즈베리파이와 파이썬이라는 도구를 손에 쥐고, 실제 센서를 제어하며 프로젝트를 완성하는 경험 속에서, 여러분은 자연스럽게 '피지컬 AI 컴퓨팅의 메이커'가 되어 있을 것입니다. 고등학생, 대학생, 나아가 직업 전환을 준비하는 분까지, 누구나 이 책을 통해 '피지컬 AI 컴퓨팅'의 매력에 빠질 것입니다.

끝으로, (주)골든벨 우병춘 본부장의 인연으로 졸고를 세상 밖으로 탄생시켜준 임직원 여러분과 대표께 감사의 인사를 전합니다.

2025년 12월
저자 일동

CONTENT

Chapter 01 라즈베리파이

1 라즈베리 개요 ──────────── 2
- 라즈베리파이란 ················ 2
- 라즈베리파이 하드웨어 ············ 2
- 라즈베리파이 소프트웨어 ··········· 6

2 라즈베리파이 OS 설치 ──────── 8
- 작업 흐름 ··················· 8
- HDMI 모니터, USB 키보드, USB 마우스 있을 때 ··· 8
- HDMI 모니터, USB 키보드, USB 마우스 없을 때 ·· 14
- 리눅스 기초 명령어 ·············· 24

3 라즈베리파이 OS 기초 설정 ───── 28
- 초기화면 ··················· 28
- 업데이트 및 업그레이드 ··········· 29
- 라즈베리파이 OS 환경설정 ········· 30
- 네트워크 설정 ················ 34
- 사운드 설정 ················· 35

4 라즈베리파이 원격 접속 ─────── 36
- 개요 ····················· 36
- telnet 원격 접속 ·············· 37
- 모바일 핫스팟 설정 ············· 38
- 미러링 원격 접속 ·············· 40

5 GPIO 제어 ─────────────── 45
- GPIO를 이용한 프로그래밍 ········· 45
- GPIOZero 라이브러리 ··········· 48
- 코드 구성 요소 ··············· 50

6 파이썬 프로그래밍 환경 ─────── 52
- git 소스 코드 다운 ············· 52
- 개발환경 – 라즈베리파이(Thonny) ······ 52
- 개발환경 – 작업용 컴퓨터(VS Code) ···· 54
- try ~ except ~ finally 구문 ······· 61

7 전기·전자 기초 ──────────── 62
- 전압 : V ··················· 62
- 전류 : A ··················· 62
- 저항 : Ω ··················· 62
- 브레드보드(빵판) ·············· 65

Chapter 02 센서 기초

1 LED ──────────────────── 69
- 개요 ····················· 69
- 클래스 : LED ················ 70
- 연결정보 및 회로도 ············· 71
- 실습해보기 ·················· 71
- 응용해보기 ·················· 73

2 버튼 ─────────────────── 74
- 개요 ····················· 74
- 클래스 : Button ··············· 74
- 연결정보 및 회로도 ············· 75
- 실습해보기 ·················· 75
- 응용해보기 ·················· 77
- 도전해보기 ·················· 95

3 PWMLED —— 80
- 개요 …… 80
- 클래스 : PWMLED …… 81
- 연결 정보 및 회로도 …… 81
- 실습해보기 …… 82
- 응용해보기 …… 83

4 신호등 —— 84
- 개요 …… 84
- 클래스 : TrafficLights …… 84
- 연결정보 및 회로도 …… 85
- 실습해보기 …… 86
- 응용해보기 …… 87

5 LEDboard —— 88
- 개요 …… 88
- 클래스 : LEDBoard …… 88
- 연결정보 및 회로도 …… 89
- 실습해보기 …… 90
- 응용해보기 …… 91

6 LEDBarGraph —— 92
- 개요 …… 92
- 클래스 : LEDBarGraph …… 92
- 연결정보 및 회로도 …… 93
- 실습해보기 …… 93
- 응용해보기 …… 94

7 RGB LED —— 95
- 개요 …… 95
- 클래스 : RGBLED …… 95
- 연결정보 및 회로도 …… 96
- 실습해보기 …… 97
- 응용하기 …… 99
- 도전해보기 …… 100

Chapter 03 아날로그 센서

1 ADC & MCP —— 105
- ADC(Analog to Digital Converters) …… 105
- MCP (Multi-Chip Package) …… 106
- 클래스 : MCP3008 …… 108

2 가변저항(Potentiometer) —— 109
- 개요 …… 109
- 연결정보 및 회로도 …… 110
- 실습해보기 …… 111
- 응용하기 …… 111
- 도전해보기 …… 112

3 조도센서(Light Sensor) —— 113
- 개요 …… 113
- 연결정보 및 회로도 …… 114
- 실습해보기 …… 115
- 응용해보기 …… 117

4 온도센서 —— 118
- 개요 …… 118
- 연결정보 및 회로도 …… 119
- 실습해보기 …… 120
- 응용해보기 …… 122

5 수위 측정 센서 —— 123
- 개요 …… 123
- 연결정보 및 회로도 …… 125
- 실습해보기 …… 126
- 응용해보기 …… 127

6 소리 감지 센서 —— 128
- 개요 …… 128
- 연결정보 및 회로도 …… 128
- 실습해보기 …… 129
- 응용해보기 …… 130

7 조이스틱 (Joystick) ──────── 131
- 개요 ··· 131
- 연결정보 및 회로도 ····················· 131
- 실습해보기 ································· 132
- 응용해보기 ································· 134

8 부저(buzzer) ──────────── 135
- 개요 ··· 135
- 클래스 : Buzzer ························· 136
- 클래스 : TonalBuzzer ················· 137
- 클래스 : Tone ····························· 138
- 연결정보 및 회로도 ····················· 139
- 실습해보기 ································· 140
- 응용해보기 ································· 141

Chapter 04 디지털 센서

1 초음파센서 ───────────── 145
- 개요 ··· 145
- 클래스 : DistanceSensor( ) ······· 145
- 연결정보 및 회로도 ····················· 147
- 실습해보기 ································· 148
- 응용해보기 ································· 151

2 적외선(PIR) 센서 ─────────── 152
- 개요 ··· 152
- 클래스 : MotionSensor ·············· 152
- 연결정보 및 회로도 ····················· 153
- 실습해보기 ································· 154
- 응용하기 ····································· 155

3 Line Sensor ─────────────── 156
- 개요 ··· 156
- 클래스 : LineSensor ··················· 158
- 연결정보 및 회로도 ····················· 158

- 실습해보기 ································· 160
- 응용해보기 ································· 161

4 온습도 센서 ───────────── 162
- 개요 ··· 162
- 라이브러리 : adafruit-circuitpython-dht ········ 162
- 연결정보 및 회로도 ····················· 164
- 실습해보기 ································· 165
- 응용해보기 ································· 168

Chapter 05 디스플레이

1 FND(7-segment) ──────────── 173
- 개요 ··· 173
- 클래스 : LEDCharDisplay ·········· 174
- 연결정보 및 회로도 ····················· 174
- 실습해보기 ································· 176
- 응용해보기 ································· 177

2 4-digit FND ──────────────── 178
- 개요 ··· 178
- 클래스 : LEDMultiCharDisplay ··· 179
- 연결정보 및 회로도 ······················ 180
- 실습해보기 ································· 181
- 응용해보기 ································· 182

3 LCD ────────────────── 184
- 개요 ··· 184
- 라이브러리 : RPLCD ·················· 185
- 연결정보 및 회로도 ····················· 189
- 실습해보기 ································· 190
- 응용해보기 ································· 191
- 도전해보기 ································· 193

Chapter 06 액추에이터(Actuator)

1 액추에이터란? ──────── 203
- 개요 ································ 203

2 servo motor ──────── 204
- 개요 ································ 204
- 클래스 : servo ················· 204
- 클래스 : AngularServo ······· 205
- 연결정보 및 회로도 ············· 206
- 실습해보기 ······················ 207
- 응용해보기 ······················ 208
- 도전해보기 ······················ 208

3 모터 드라이버 ──────── 209
- 개요 ································ 209
- 구조 ································ 210
- 연결 ································ 211

4 DC Motor ──────── 212
- 개요 ································ 212
- 클래스 : Motor( ) ·············· 213
- 클래스 : Robot( ) ·············· 214
- 연결정보 및 회로도 ············· 215
- 실습해보기 : Motor( ) ········ 216
- 실습해보기 : Robot( ) ········ 218
- 도전하기 ·························· 219
- 도전하기 ·························· 220

Chapter 07 이미지 센서

1 카메라(camera) ──────── 224
- 개요 ································ 226
- 라즈베리파이 카메라 제어용 명령어 모음 :
  rpicam-apps ··················· 226
- 라이브러리 : Picamera2 ····· 228
- 실습해보기 ······················ 232
- 응용해보기 ······················ 234
- 도전해보기 ······················ 235

Chapter 08 원격 제어

1 준비하기 ──────── 241
- 연결정보 ·························· 241
- try ~ except ~ finally 구문 ··· 241

2 libgpiod 원격제어 ──────── 243
- 개요 ································ 243
- 라이브러리 : libgpiod ········· 243
- 실습해보기 ······················ 244

3 pigpio 원격제어 ──────── 249
- 개요 ································ 250
- 라이브러리 – pigpio ··········· 250
- 실습해보기 ······················ 254

4 RFCOMM 통신 원격 제어 ──────── 260
- 개요 ································ 260
- RFCOMM 통신 : 라즈베리파이-스마트폰 ······ 262
- 실습해보기 ······················ 263
- 응용해보기 ······················ 267
- 도전해보기 ······················ 270

5 BlueDot ─────────── 273
- 개요 ································ 273
- 라이브러리 : bluedot ··············· 274
- 준비하기 ···························· 274
- 실습해보기 ·························· 281

Chapter 09 프로젝트

1 환경 설정 및 스레드 알기 ─── 286
- 가상환경 설정 – venv ············ 286
- 스레드(threading) 기능 ·········· 296

2 스마트 홈 ──────────── 298
- 개요 ································ 298
- 시스템 설계 ························· 298
- 주요 기능 ··························· 299
- 필요 부품 ··························· 300
- 작업 환경 설정 ····················· 302
- 프로젝트 구조 ······················ 304
- 구현 절차 ··························· 306
- 전체 source code ················· 307

3 스마트 팜 ──────────── 325
- 개요 ································ 325
- 시스템 설계 ························· 325
- 주요 기능 ··························· 327
- 필요 부품 ··························· 328
- 작업 환경 설정 ····················· 330
- 프로젝트 구조 ······················ 334
- 구현 절차 ··························· 335
- source code ······················· 336

Chapter 10 부록

1 하드웨어 & 부품 ─────── 372
- 센서 및 부품 현황 ················· 372
- 라즈베리파이 GPIO 핀 ············ 375
- 라인트레이서 테스트용 색띠 ······ 375
- 회로도 ······························ 376

2 소프트웨어 및 개발환경 ─── 383
- 파이썬 설치 및 IDLE 사용 ······· 383
- vs code 설치 및 사용하기 ······· 385
- 개발 전용 폰트 사용하기 ········· 388
- 한글입력기 설치······················ 389
- 소스 코드 다운로드 ··············· 392

3 Q & A ──────────────── 393
- 라즈베리파이 관련 ················· 393
- DHT11 온습도 센서 관련 ········· 394
- FND 관련 ·························· 395
- 4-digit FND 관련 ················· 395
- LCD 관련 ·························· 396
- pip 관련 ···························· 396
- 작업용 컴퓨터(Windows) 관련 ··· 397

4 AI 모델 파인튜닝 ──────── 398
- 식물 성장 추론 모델 파인튜닝 : 파이썬 코딩 ··· 398
- 식물 성장 추론 모델 파인튜닝 – 티처블 머신 활용
  ································· 402

CHAPTER 1

라즈베리파이

CHAPTER 01 라즈베리파이

라즈베리 개요

(1) 라즈베리파이란

① 2012년 2월 영국의 라즈베리파이 재단에서 학교 컴퓨터 및 과학 교육 목적으로 만든 SingleBoard Computer

② ARM 아키텍처의 리눅스(우분투 계열의 라즈베리파이 OS)를 포함하고 있고 GNU의 gcc 컴파일러 등 리눅스 기반의 시스템 프로그램의 개발환경부터 파이썬 개발환경, GUI의 qt 개발 등까지 지원하고 있다.

(2) 라즈베리파이 하드웨어

① 모델 및 사양

사양	Pi 1 모델	Pi 2 모델	Pi 3B+ 모델	Pi 4 모델	Pi 5 모델
프로세서 칩셋	BCM 2835 700MHz	BCM 2836 900MHz	BCM 2837 @1.2GHz	BCM 2711 쿼드코어 Cortex-A72@1.5GHz	BCM2712 2.4GHz 쿼드코어 64비트 Arm Cortex-A76 CPU
메모리	256MB	512MB	1.0GB	1/2/4/8GB LPDDR4 SDRAM	LPDDR4X-4267 SDRAM (4GB / 8GB 선택)
와이파이	없음	없음	802.11 b/g/n	802.11 b/g/n	듀얼밴드 802.11ac
블루투스	없음	없음	Bluetooth 4.1	Bluetooth 5.0	블루투스 5.0 / 저전력블루투스(BLE)
이더넷	없음	10/100Mbps	10/100Mbps	10/100Mbps	기가비트 이더넷(PoE+ 지원)
USB	1 포트	4 포트	USB 2.0 (4 포트)	USB 2.0(2 포트) USB 3.0(2 포트)	USB 2.0(2 포트) USB 3.0(2 포트)
비디오	1	1	HDMI 1x 최대 1080Kp60 해상도	2x Micro HDMI 최대 4Kp60 해상도	듀얼 4Kp60 HDMI
카메라				2-lane MIPI CSI camera port	2 × 4레인 MIPI 카메라/디스플레이 통신
디스플레이				2-lane MIPI DIS display port	

사양	Pi 1 모델	Pi 2 모델	Pi 3B+ 모델	Pi 4 모델	Pi 5 모델
멀티미디어			OpenGL ES 1.1, 2.0	OpenGL ES 1.1, 2.0, 3.0	OpenGL ES 3.1, Vulkan 1.2
GPIO	26 Pin	40 Pin	40 Pin	40 Pin	40 Pin
전원	5V 1.8A	5V 1.8A	5V 2.5A	5V 3.0A USB-C	5V/5A DC (USB-C 포트, PD 지원)

〈그림 1-1〉 라즈베리파이5_1

〈그림 1-2〉 라즈베리파이5_2

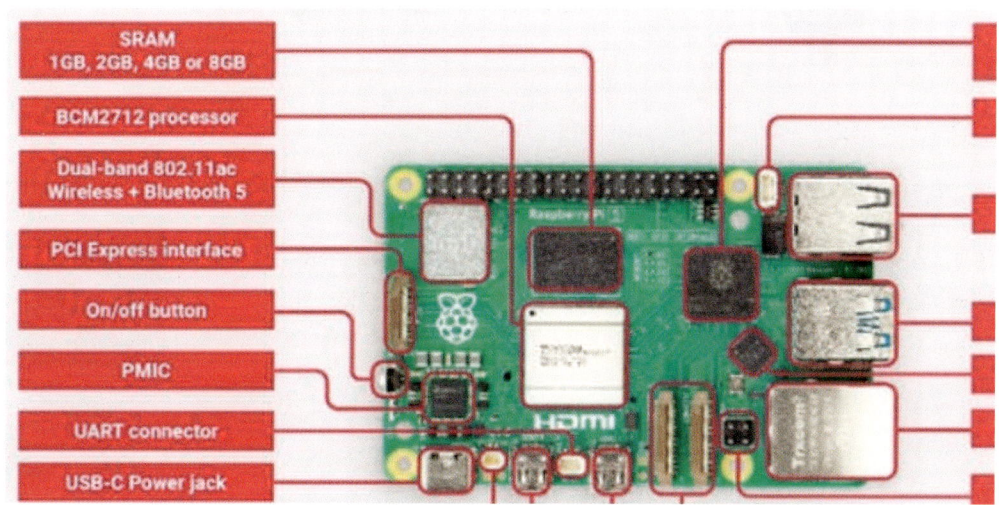

〈그림 1-3〉 라즈베리파이5_인터페이스

② 시스템 구성 및 기본 액세서리

㉠ 필수

부품명	내용	이미지
보호케이스	라즈베리파이 구입시 PCB보드만 들어 있으며 보호를 위한 케이스는 없으며, 사용시 외부 충격이나 내부 전기적 이상 현상 등 안전하게 라즈베리파이를 사용하기 위해 필수	
방열판	라즈베리파이의 칩셋들의 열을 배출, 필수	
SD 카드 및 리더기	• 라즈베리파이의 운영체제를 설치 • 주기억장치	
HDMI	Raspberry Pi 4모델 이후부터는 MicroHDMI 커넥터가 2개 있어 최대 2개의 디스플레이 연결이 가능	
디스플레이	• 모니터, TV 등 HDMI 연결 가능. • HDMI to miceroHDMI 케이블 필요	
키보드	USB 규격 필요	
마우스	USB 규격 필요	
전원	• 라즈베리파이 4B모델 이후부터는 휴대폰 충전기와 같은 USB(type-C) 타입사용 • 전원 혹은 컴퓨터(USB to c-type)에 연결	

③ 선택

㉠ GPIO 확장 보드와 연결케이블

T형태이며 GPIO핀의 각 명칭이 적혀 있으며 라즈베리파이의 GPIO핀을 외부로 연장시 이용한다. 본 교재에서는 필수적으로 사용하고 있다. 확장보드와 라즈베리파이와는 연결케이블로 연결해줘야 하며 케이블의 끝이 빨간선이 1번선이다.

〈그림 1-4〉 GPIO 확장보드   〈그림 1-5〉 GPIO40Pin 연결케이블   〈그림 1-6〉 브레드보드

㉡ 브레드보드(판)

전자부품을 전기 인두를 이용하여 납땜하지 않고 빠르게 회로 연결하여 동작을 확인할 때 사용한다.

㉢ 점퍼 케이블

브레드보드와 같이 사용하며 부품이나 GPIO핀간의 연결에 사용, 수-수, 암-수, 암-암 3가지 종류가 있으며 길이는 다양하다.

㉣ 이더넷(네트워크) 케이블 [모델 B/B+/2B/3B/3B+/4B만 해당]

이더넷 케이블(유선 인터넷선)은 Pi를 로컬 네트워크 및 인터넷에 연결하는 데 사용한다.

- LAN Cable

  Rasberry Pi를 네트워크에 유선 연결하는데 사용.

- USB Wifi Dongle
  - 무선 기능이 없는 구형 모델에서 무선 연결을 하려면 USB 무선 동글이 필요하다.
  - RasberryPi를 WiFi에 연결할 수 있도록 함. 라즈베리파이 3 모델 이후 버전은 자체 내장되어 있다.

- USB Bluetooth dongle

  Raspberry Pi에 블루투스 통신을 지원할 때 사용. 라즈베리파이 4모델부터는 내장되어 있다.

ⓜ 오디오 케이블

표준 3.5mm 잭을 사용하여 스피커나 헤드폰을 통해 오디오를 재생할 수 있다. 또한 HDMI 케이블 없이나 DVI, VGA 디스플레이장치에 연결하고 소리를 내려면 오디오 케이블이 필요하다. 오디오는 디스플레이를 통해 직접 재생할 수 있으므로, 스피커가 내장된 모니터에 HDMI 케이블로 연결하는 경우 별도의 오디오 케이블이 필요하지 않지만 다른 스피커를 통해 오디오를 재생하려는 경우 케이블을 따로 연결할 수 있으며, 그렇게 사용하려면 구성이 필요하다.

ⓑ USB Memory

Raspberry Pi에 데이터를 옮길 때 사용한다. USB 메모리 사용시 파일 시스템은 윈도우의 기본인 FAT계열의 파일 시스템 사용하도록 한다.

ⓢ 유전원 USB 허브

라즈베리파이의 USB단자가 부족하거나 혹은 라즈베리파이의 USB전원 공급량만으로는 감당할 수 없는 소비전력의 하드웨어를 장착하였을 때 이용.

ⓞ RTC(Real time Clock) Module

라즈베리파이의 시간을 유지시키기 위해선 RTC Module을 필요로 하다. 시간에 따른 계속된 작업이 필요할 경우에는 필수이다. 라즈베리파이 5모델은 내장되어 있다.

(3) 라즈베리파이 소프트웨어

① 운영체제(OS)

- 라즈베리파이 OS
    - 라즈베리파이에서 가장 많이 사용(www.raspberrypi.org)
    - 우분투 계열, 배포판의 일종
    - 웹브라우저, 파이썬, 스크래치 등의 도구 포함
    - GUI방식으로 마우스를 통한 제어가 가능하다.
- 우분투(Ubuntu)
    - 전 세계 리눅스 배포판 중 가장 많이 사용하는 배포판.
- 윈도우10 IoTCore
    - 마이크로소프트 윈도우 10버전 : 라즈베리파이 2용
- 아치 리눅스(Arch Linux)
    - ARM 프로세서에 특화
    - 경량의 리눅스
- 파이도라(Pidora)
    - 페도라(Fedora) 리눅스를 라즈베리파이용으로 최적화

② 라즈베리파이 OS

〈그림 1-7〉 라즈베리파이OS_초기화면

㉠ 개요
- 버전 13, Trixie (2025년 10월 1일 공개 출시)
- 기존 데비안(Debian) 12 "북웜(Bookworm)" 기반에서 업그레이드

㉡ 주요 변경 사항
- 시스템 기반 업그레이드 : 리눅스 커널은 6.12 버전을 사용

㉢ 디자인 및 사용자 인터페이스(UI)
- 새로운 디자인 테마가 적용되었으며, 아이콘 세트와 GTK 테마, 데스크톱 배경화면 컬렉션이 새로워졌다.
- 기본 글꼴 변경되어 가독성이 높아짐
  - 10년간 사용된 'Piboto'에서 **'Nunito Sans Light'**로 변경

㉣ 통합 제어 센터(Integrated Control Centre)
- 시스템 설정, 디스플레이, 키보드/마우스, 인쇄 등 다양한 설정 프로그램을 하나로 합친 통합 제어 센터 추가
- 각 설정 섹션은 탭으로 전환하며, 동적으로 로드되는 플러그인 방식으로 구현되어 보다 체계적인 관리가 가능해짐

㉤ 데스크톱 환경
- Sway 프로젝트의 wlroots 라이브러리를 사용하는 labwc 복합 서버를 기반으로 데스크톱 환경이 구성
- Wayland 디스플레이 서버 프로토콜을 기반으로 하는 최신 기술

㉥ 애플리케이션 및 제공 형태
- 'Bookshelf' 앱이 업데이트 : 라즈베리파이 관련 잡지와 도서를 볼 수 있음.
- 일부 최신 자료는 유료 구독자에게 먼저 제공된 후, 몇 달 뒤에 무료로 전환되는 방식으로 변경

- 3개 형태의 OS(32, 64비트 모두 지원)
  - 서버용 축소 버전(476MB)
  - 기본 데스크톱 버전(1.2GB)
  - 추가 애플리케이션이 포함된 전체 버전(3.4GB)

라즈베리파이 OS 설치

(1) 작업 흐름

① HDMI 모니터, USB 키보드, USB 마우스 준비했을 때

일반 컴퓨터	라즈베리파이
① SD 카드 준비 ② 설치용 이미지 프로그램(imager) 다운로드 및 설치 ③ SD Card에 라즈베리파이 OS 설치	④ 준비(키보드, 마우스, 모니터 연결) ⑤ SD Card 장착 ⑥ 부팅(전원케이블 연결) ⑦ 와이파이 연결

② HDMI 모니터, USB 키보드, USB 마우스가 준비되어 있지 않았을 때

- telnet 원격접속 프로그램 putty 설치가 필요
- 모바일 핫스팟 설정이 필요
  - 라즈베리파이 OS 커스터마이징 할 때 [일반] 탭 - 무선 LAN 설정에서 SSID 및 비밀번호를 알아야 하기 때문이다.

일반 컴퓨터	라즈베리파이
① telnet 설치 ② 모바일 핫스팟 설정 ③ SD 카드 준비 ④ 설치용 이미지 프로그램(imager) 다운로드 및 설치	
	⑤ SD Card에 라즈베리파이 OS 설치 ⑥ SD Card 장착 ⑦ 부팅(전원케이블 연결)
⑧ 모바일 핫스팟 활성화, IP 확인 ⑨ putty 실행, 접속 및 라즈베리파이 vnc 활성화 ⑩ vnc viewer 실행, 라즈베리파이 접속	

(2) HDMI 모니터, USB 키보드, USB 마우스 있을 때

일반 컴퓨터	라즈베리파이
① SD 카드 준비 ② 설치용 이미지 프로그램(imager) 다운로드 및 설치 ③ SD Card에 라즈베리파이 OS 설치	④ 준비(키보드, 마우스, 모니터 연결) ⑤ SD Card 장착 ⑥ 부팅(전원케이블 연결) ⑦ 와이파이 연결

① micro SD card 및 SD card reader 준비

　㉠ micro SD card : 최소 8GB, 추천 16GB 이상

　㉡ SD 메모리 카드 연결
- SD카드를 USB 젠더에 삽입
- USB 젠더를 컴퓨터 USB 포트에 삽입

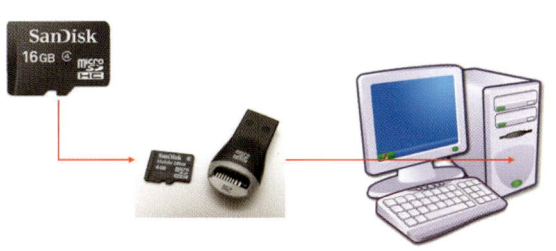

② 설치용 이미지 프로그램 다운로드 및 설치

　㉠ 라즈베리파이 OS 설치용 imager 다운로드
- 홈페이지 : https://www.raspberrypi.org
  - software를 클릭
  - Download for windows 선택

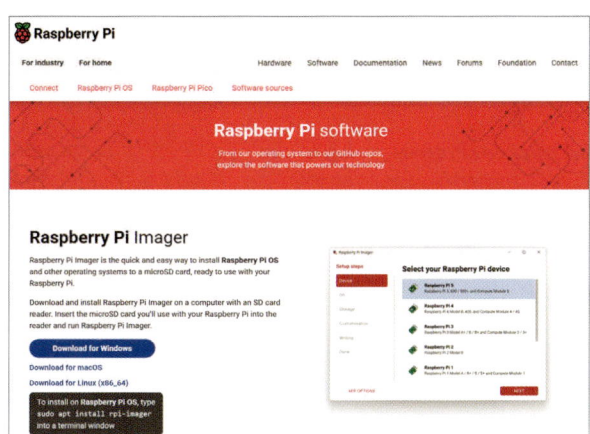

〈그림 1-8〉 imager_다운로드_홈페이지

　㉡ imager 설치
- 언어 선택, English, Next 클릭, 이전 버전이 있으면 삭제..예(Y) 선택

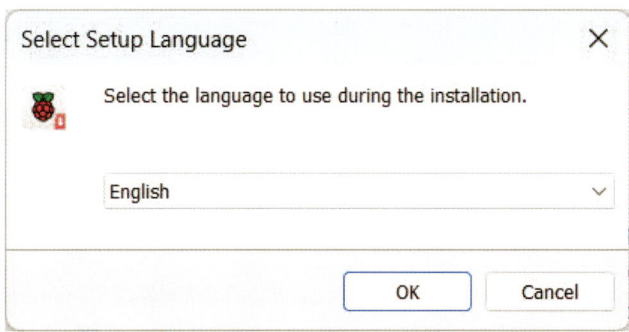 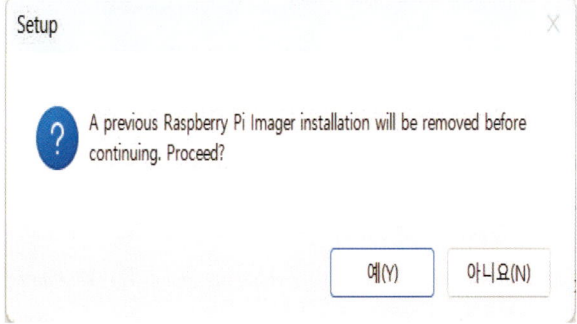

- 크게 신경쓸거 없다. 그냥 Next...

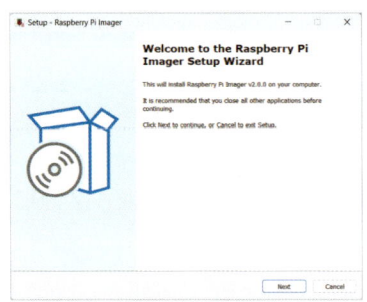 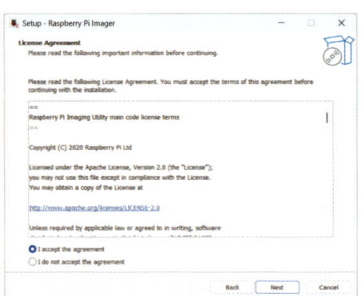 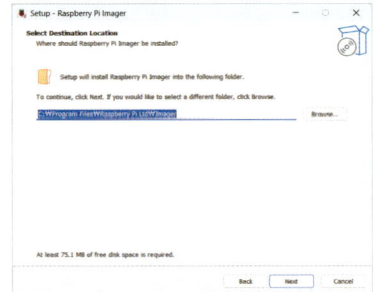

③ SD card에 라즈베리파이 OS 설치

라즈베리파이 OS OS를 SD Card에 설치하는 과정

㉠ 윈도우 - [시작] - Raspberry Pi - Raspberry Pi Imager 실행	
㉡ 장치 선택	㉢ 시스템 선택
㉣ 저장장치 선택	㉤ 호스트명 입력 • 예 zeroToAI, 공백없이 영어로 다른 이름 가능하다. raspberry, pipi 등등

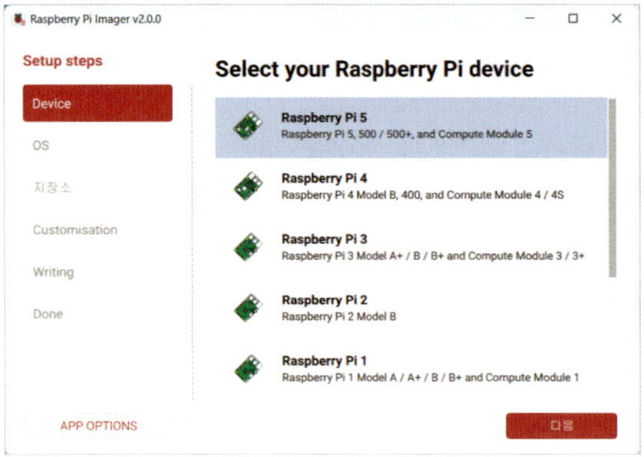

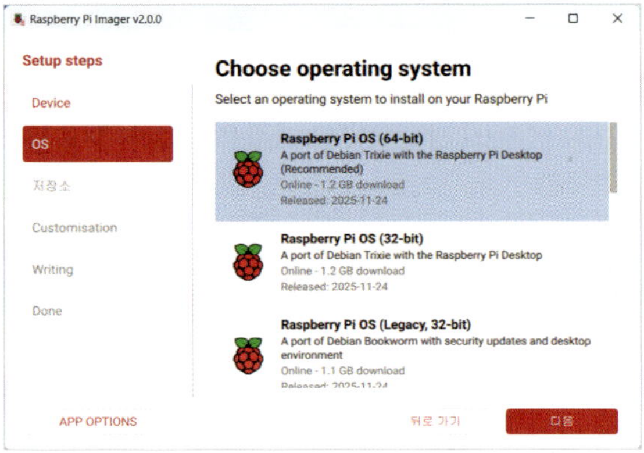

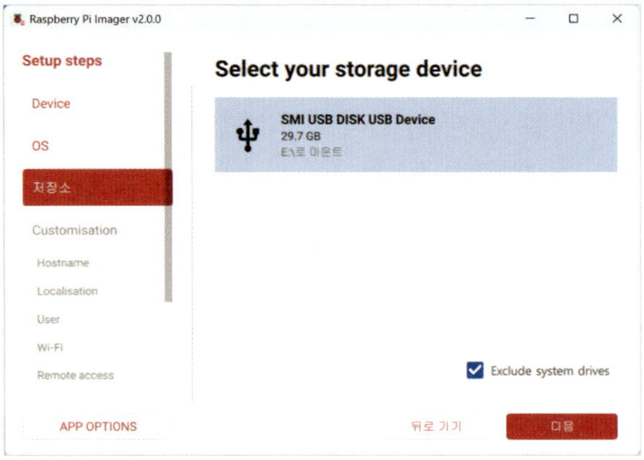

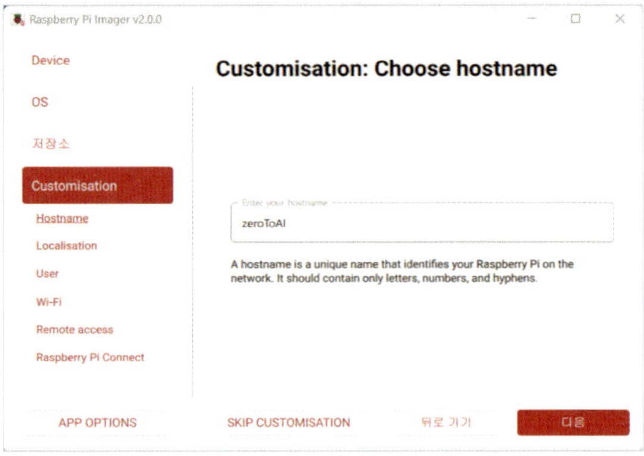

ㅂ 지역 선택

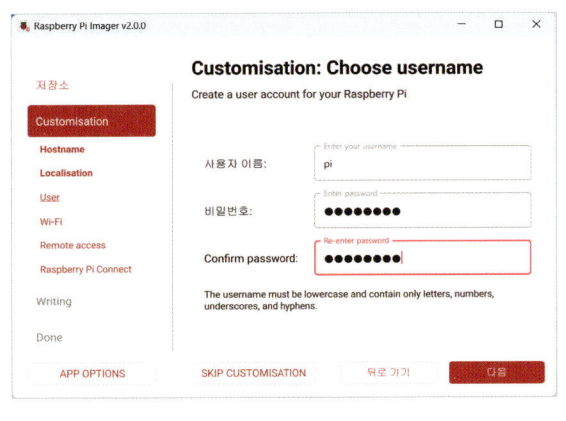

ㅅ 사용자 및 비밀번호
- 너무 길거나 어려운 비밀번호는 자제
- 접속시 아이디 : pi, 비밀번호 : 12345678

- hostname 설정 : 라즈베리파이 이름 부여 zeroToAI, piCar, zeroCar 등등
- **사용자 이름 및 비밀번호 설정 : 원격 접속 ID 및 비밀번호 지정(꼭 기억한다.)**
  - 여기서는 사용자이름 pi, 비밀번호 : 12345678
- 무선 LAN 설정 : 주로 사용하는 wi-fi 이름과 비밀번호 지정.(부팅시 자동 접속 가능)
  HDMI 모니터, 키보드, 마우스가 준비되어 있다면 설정 해제해도 된다.
- 로케일 설정 지정 : Asia/Seoul, us

ㅇ SSH 사용여부 - 꼭 활성화

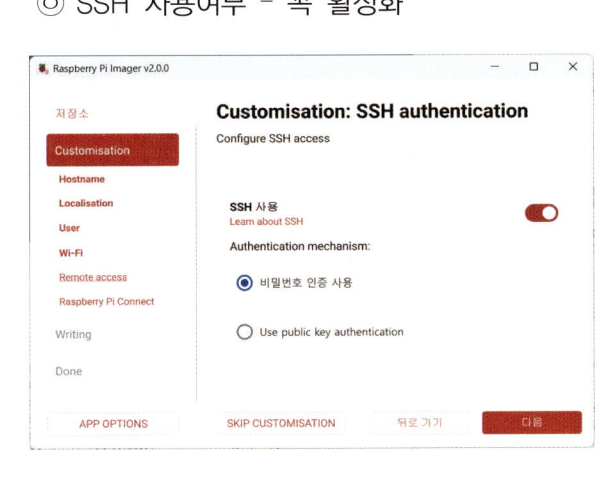

ㅈ piConnet
- 라즈베리파이 접속 여부.. 비활성

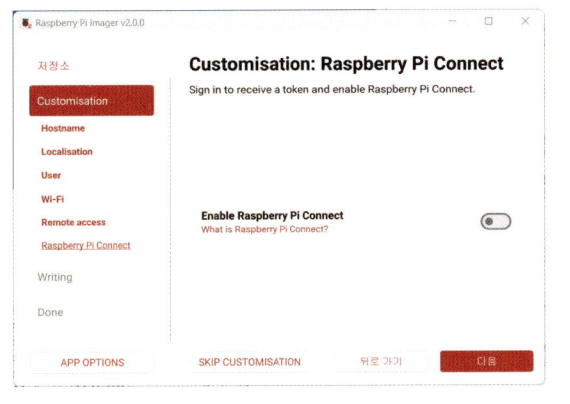

Chapter 01 라즈베리파이 **11**

ㅊ 설치내용점검

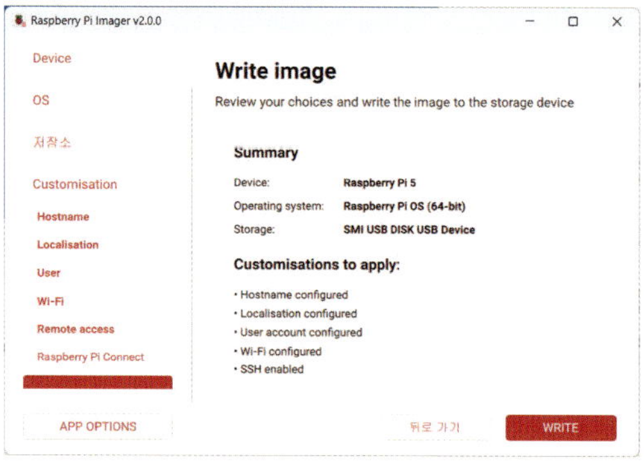

ㅋ 추가옵션
- Enable anomymous statistics : 원격 접속 통계. 라즈베리파이OS 관련 통계수집, 비활성

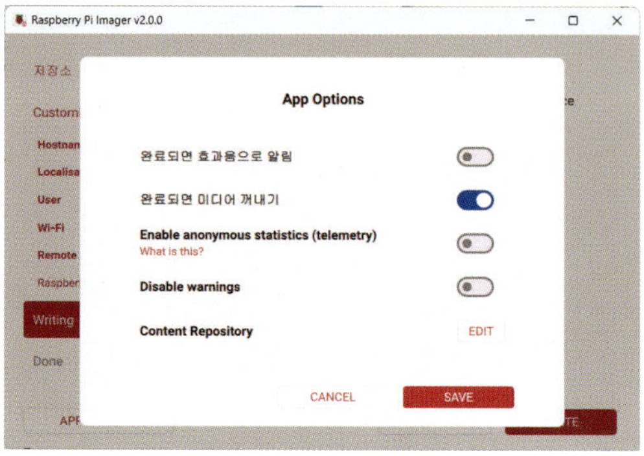

ㅌ 내용물 삭제 경고

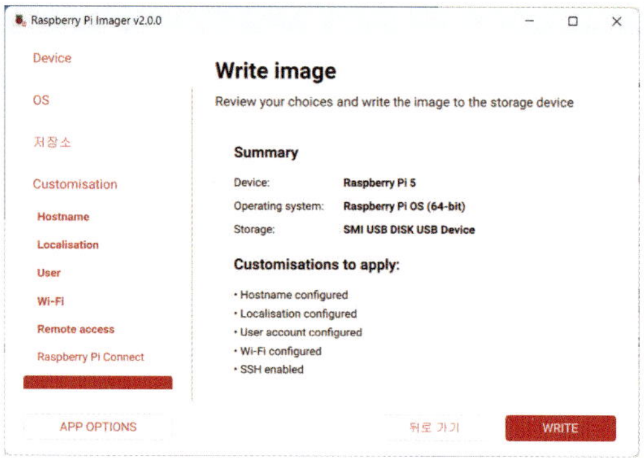

ㅍ 완료

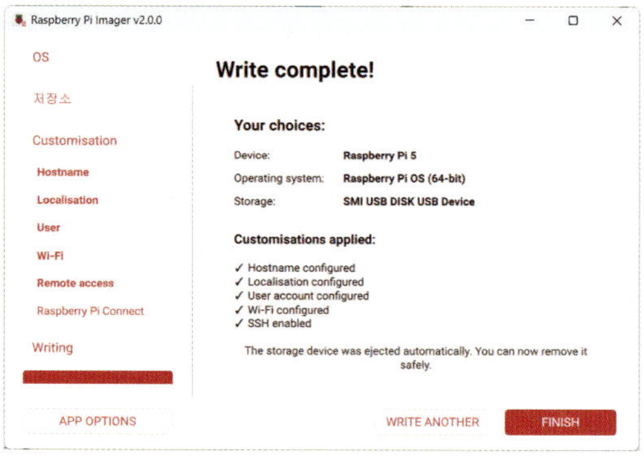

④ 준비 (키보드, 마우스, 모니터 연결)
  ㉠ 부팅 후 와이파이 등의 초기 설정을 위해 모니터, 키보드, 마우스가 필요함.
  ㉡ 최근 라즈베리파이 OS는 보안이 강화되어 headless SSH[1] 접속이 안됨.
    - HDMI 모니터 연결
    - USB 키보드, USB 마우스 연결

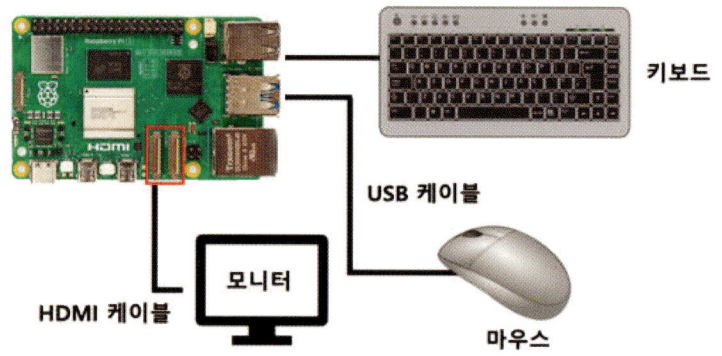

〈그림 1-9〉 모니터 키보드 마우스

---

[1] headless SSH 접속 : 라즈베리파이에 모니터나 키보드 없이 접속하는 것을 의미함.

⑤ SD card 라즈베리파이에 장착

  ㉠ SD카드를 라즈베리파이의 소켓에 삽입
  ㉡ 오른쪽 그림처럼 sd card 아래가 라즈베리파이에 접속할 수 있도록 삽입

⑥ 부팅 (전원 케이블 연결)

  ㉠ 부팅이 시작된다. 시간이 걸릴 수 있다.
  ㉡ 부팅 후 첫 시작화면

<그림 1-10> 라즈베리파이OS_초기화면

⑦ 와이파이 연결

- 부팅 후 모니터 화면 오른쪽 상단 - No etwrok connection 클릭 - Turn on wireless LAN 를 클릭 후 원하는 와이파이 선택
- 라즈베리파이OS 보안이 강화되어서 처음 시작시 꼭 모니터, 키보드, 마우스 연결해서 처리해야 한다.
- 비밀번호 입력하여 네트워크 연결.
- 모바일 핫스팟 연결된 상태
  - 라즈베리파이의 호스트명과 IP주소 확인할 수 있음.

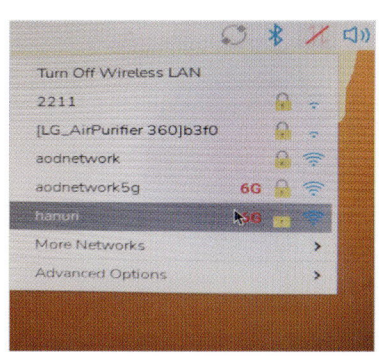

<그림 1-11> 모바일 핫스팟 연결 (라즈베리파이)   <그림 1-12> 모바일 핫스팟 연결 (작업용 노트북)

(3) HDMI 모니터, USB 키보드, USB 마우스 없을 때

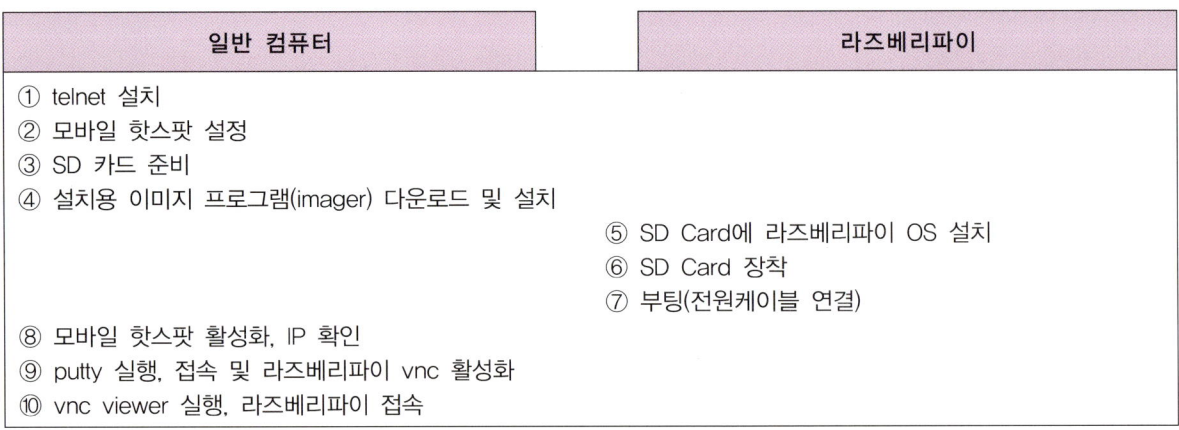

① telnet 원격 접속

㉠ putty

- 다운로드 : https://www.chiark.greenend.org.uk/~sgtatham/putty/latest.html
- 파일명 : putty-64bit-0.83-installer.ext (2025.10월 기준)
- 설치 : 특별히 선택하실 것은 없다.

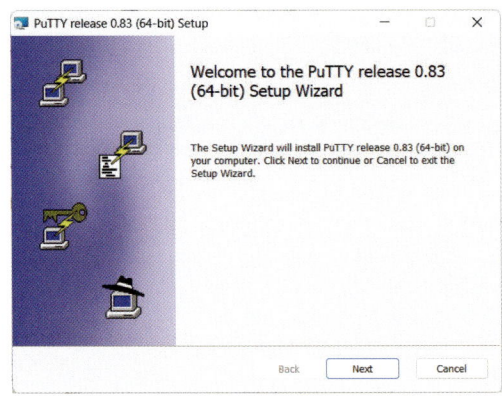

〈그림 1-13〉 welcome

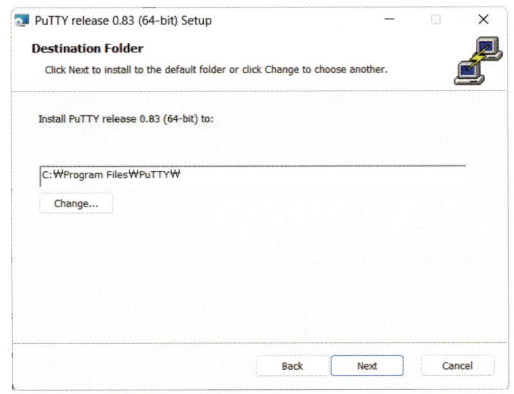

〈그림 1-14〉 folder

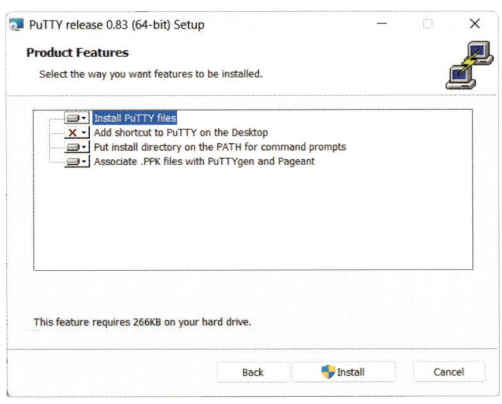

〈그림 1-15〉 feature.png

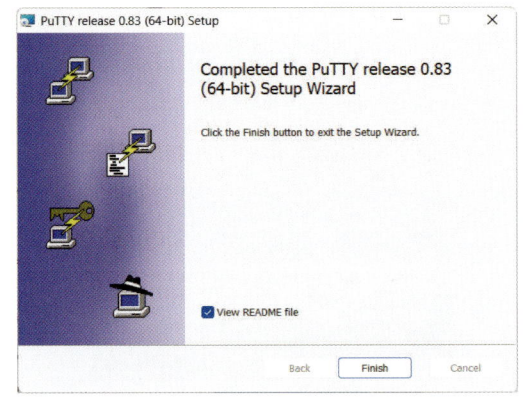

〈그림 1-16〉 completed

② **모바일 핫스팟 설정**

　㉠ 작업용 컴퓨터의 윈도우에서 모바일 핫스팟 설정

　　PC나 노트북의 Windows 운영체제에서 모바일 핫스팟 기능을 활용하여 라즈베리파이에서 와이파이에 접속하도록 한다. 라즈베리파이 접속 여부 및 IP를 알 수 있다.

- 모니터 및 키보드 접속없이 바로 미러링 사용하기 위해서 필수이다.
  혹 모니터(HDMI), 키보드, 마우스 준비가 어려운 상태라면 와이파이가 가능한 노트북에서 꼭 먼저 설정한다.
- 모바일 핫스팟 편집
  - [윈도우] - [설정] - [네트워크 및 인터넷] - [모바일 핫스팟] - 네트워크 속성 - 편집
  - '네트워크 이름', '비밀번호'를 입력 후 저장.
  - 예
    ▶ 네트워크 이름 ; hanuri
    ▶ 비밀번호 : 12345678

 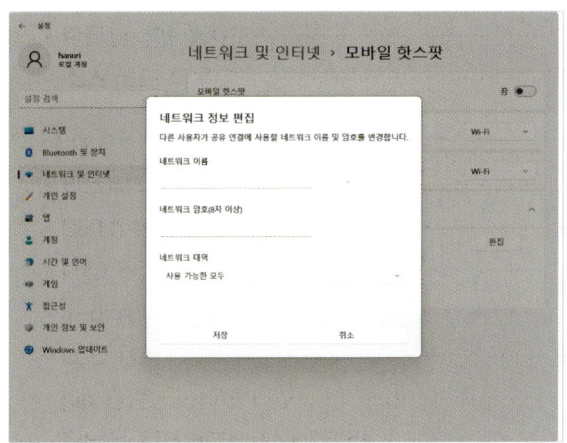

③ **micro SD card 및 SD card reader 준비**

　㉠ micro SD card : 최소 8GB, 추천 16GB 이상

　㉡ SD 메모리 카드 연결

- SD카드를 USB 젠더에 삽입
- USB 젠더를 컴퓨터 USB 포트에 삽입
- SD Card를 직접 삽입할 수 있는 노트북도 있다.

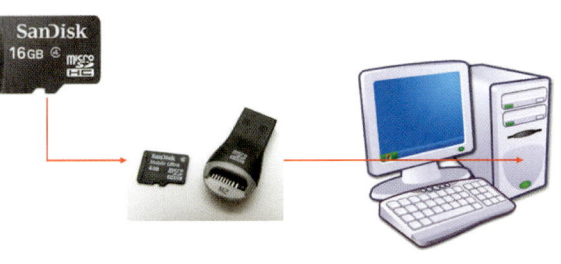

④ **설치용 이미지 프로그램 다운로드 및 설치**

㉠ 라즈베리파이 OS 설치용 imager 다운로드
- 홈페이지 : https://www.raspberrypi.com - software를 클릭
  - Download for windows 선택

〈그림 1-17〉 imager_다운로드_홈페이지

㉡ imager 설치
- 언어 선택, English, Next 클릭, 이전 버전이 있으면 삭제..예(Y) 선택

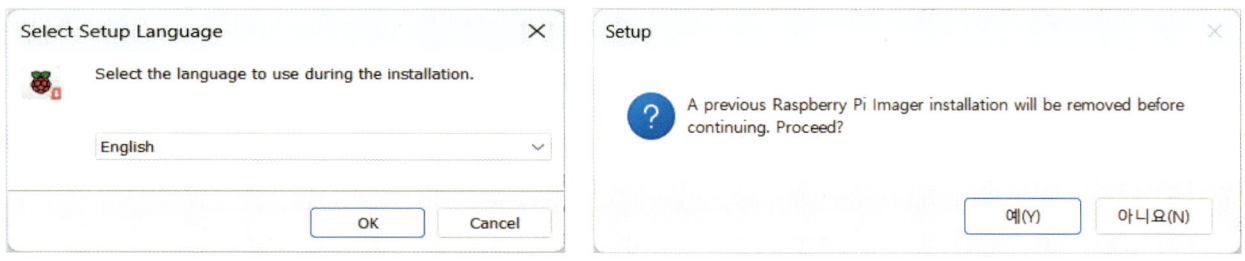

- 크게 신경쓰실꺼 없다. 그냥 Next...

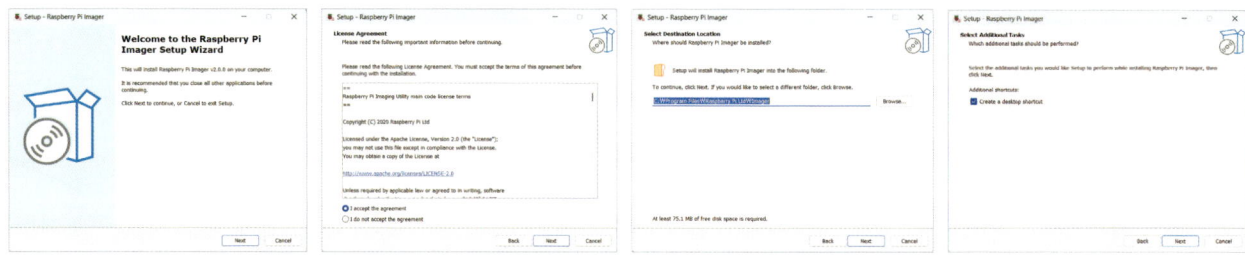

⑤ SD card에 라즈베리파이 OS 설치

라즈베리파이 OS OS를 SD Card에 설치하는 과정

㉠ 윈도우 - [시작] - Raspberry Pi - Raspberry Pi Imager 실행

㉡ 장치 선택

㉢ 시스템 선택

㉣ 저장장치 선택

㉤ 호스트명 입력
- 예 zeroToAI, 공백없이 영어로 다른 이름 가능하다. raspberry, pipi 등등

㉥ 지역 선택

㉦ 사용자 및 비밀번호
- 너무 길거나 어려운 비밀번호는 자제
- 접속시 아이디 : pi , 비밀번호 : 12345678

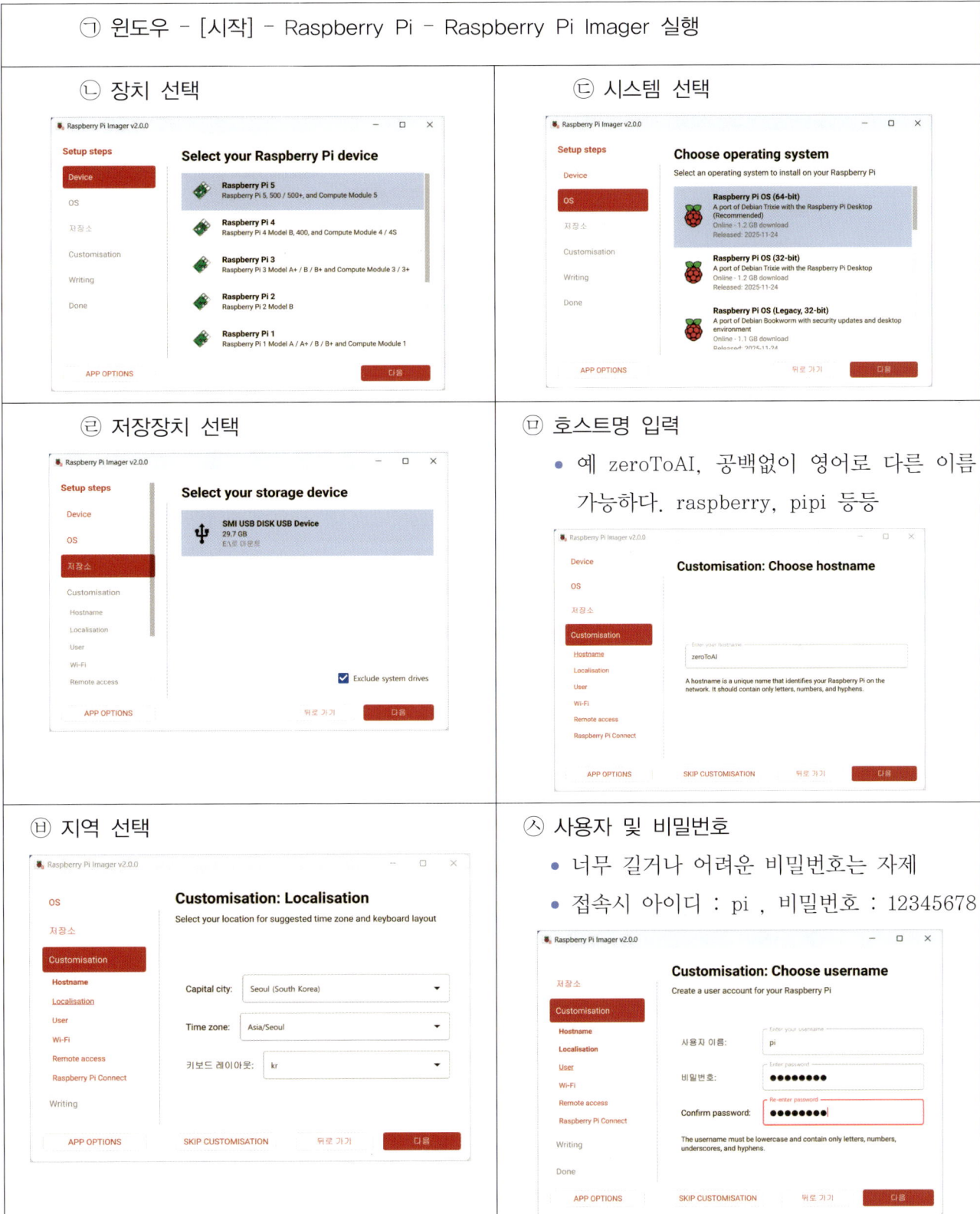

- hostname 설정 : 라즈베리파이 이름 부여 zeroToAI, piCar, zeroCar 등등
- 사용자 이름 및 비밀번호 설정 : 원격 접속 ID 및 비밀번호 지정(꼭 기억한다.)
  - 여기서는 사용자이름 pi, 비밀번호 : 12345678

⊙ SSH 사용여부 - 꼭 활성화	㈜ piConnet
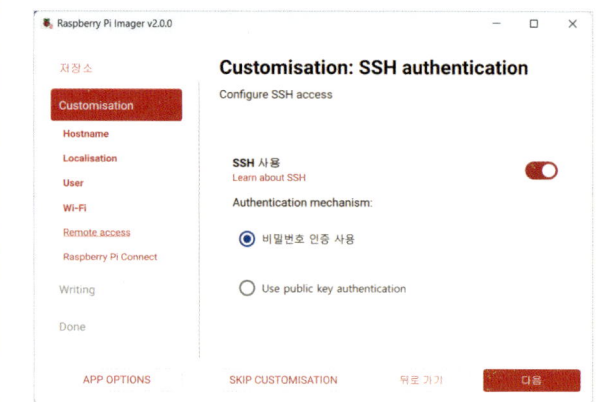	- 라즈베리파이 접속 여부.. 비활성 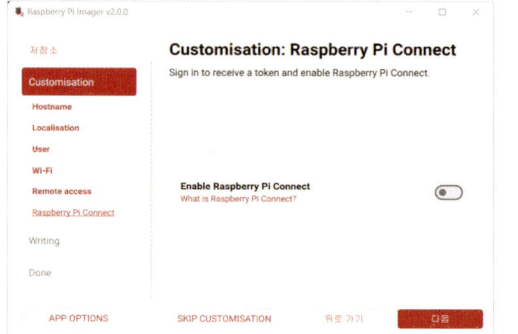
ㅊ 설치내용점검	ㅋ 추가옵션
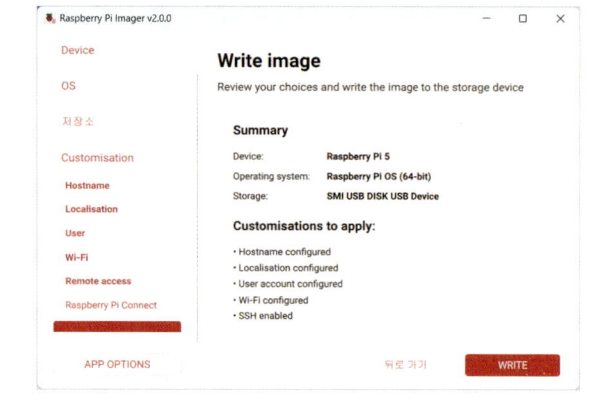	- Enable anomymous statistics : 원격 접속 통계. 라즈베리파이OS 관련 통계수집, 비활성 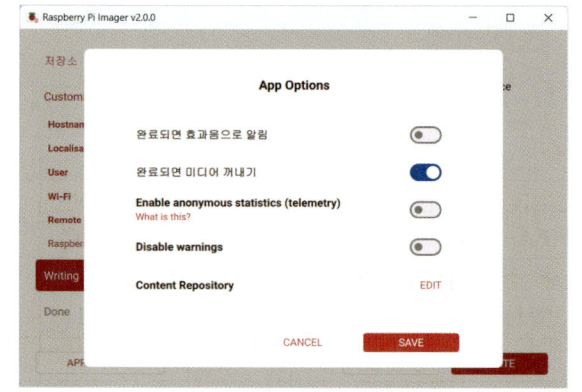
ㅌ 내용물 삭제 경고	ㅍ 완료
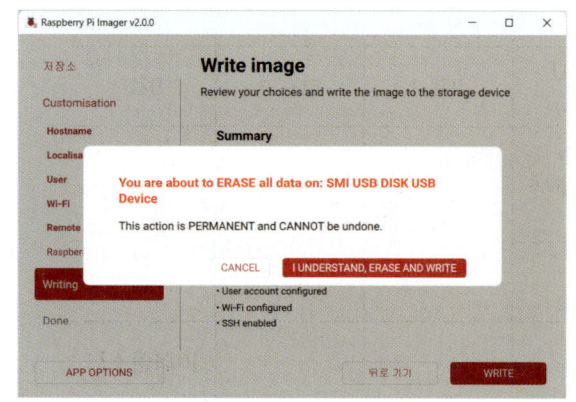	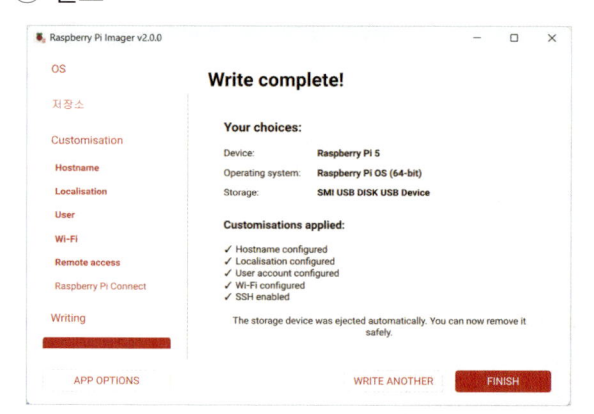

⑥ **SD card 라즈베리파이에 장착**

  ㉠ SD카드를 라즈베리파이의 소켓에 삽입
  ㉡ 오른쪽 그림처럼 sd card 아래가 라즈베리파이에 접속할 수 있도록 삽입

⑦ **부팅 (전원 케이블 연결)**

  ㉠ 부팅이 시작된다. 시간이 걸릴 수 있다.
  ㉡ 부팅 후 첫 시작 화면

⑧ **모바일 핫스팟 활성화**

  ㉠ 활성화 후 잠시 기다리면 라즈베리파이가 접속한다.
  ㉡ 이때 가장 중요한 것은 IP 주소 확인이다.

⑨ **putty 실행 및 접속**

  ㉠ 시작메뉴 : PuTTY 클릭 후 위에서 확인한 IP 입력 후 Open으로 접속
   • save로 설정 내용 저장

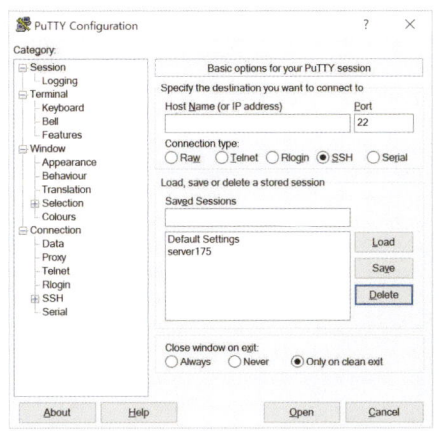
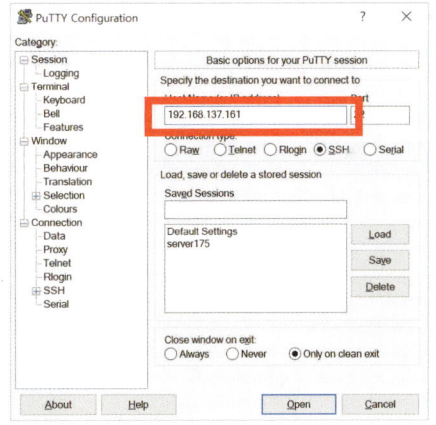

  ㉡ ID와 비밀번호 입력 후 엔터키 접속

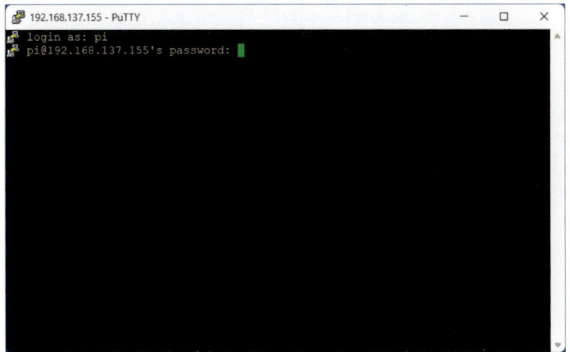
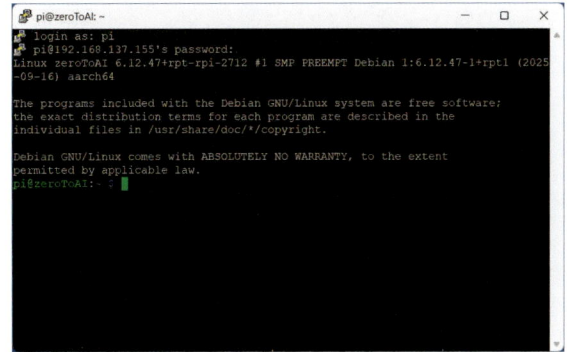

〈그림 1-18〉 Putty 접속_아이디 비밀번호 입력　　〈그림 1-19〉 Putty 접속 성공시 화면

⑩ 라즈베리파이 vnc 기능 활성화

㉠ 아래 명령어로 라즈베리파이 환경설정 실행

```
$ sudo raspi-config
```

㉡ 키보드 화살표(↓)를 이용해 3 Interface Options 이동, 엔터 (아래 그림 1-20)

㉢ 키보드 화살표(↓)를 이용해 I3 VNC 이동, 엔터 (아래 그림 1-21)

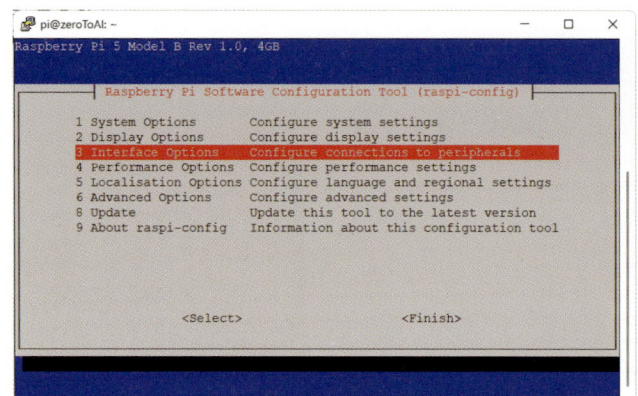 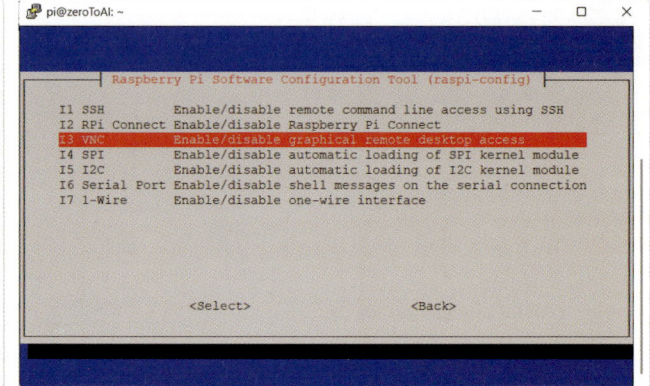

〈그림 1-20〉 VNC 기능활성_Interface Options   〈그림 1-21〉 VNC 기능활성_VNC

㉣ VNC server 활성화 물어보면 〈YES〉 엔터, 활성화 됨 〈OK〉 엔터

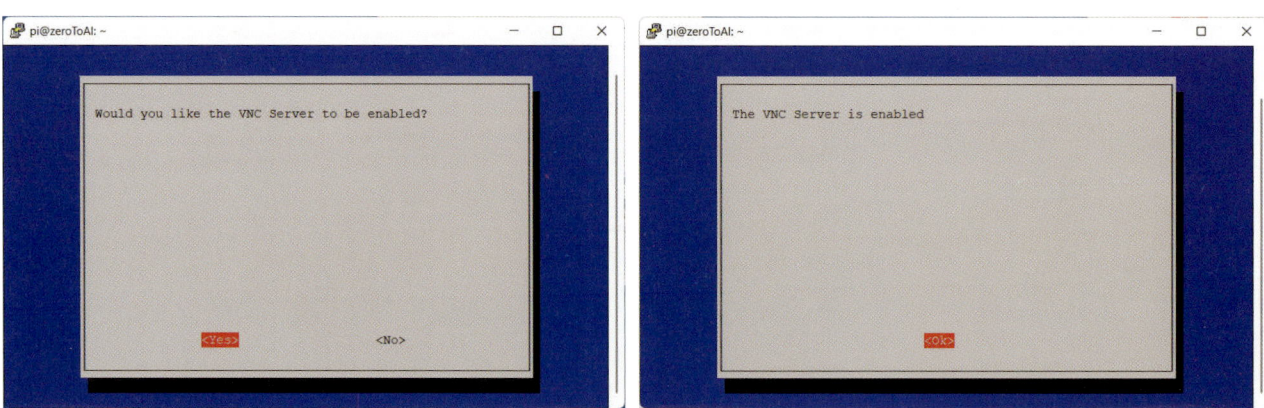

〈그림 1-22〉 VNC 기능활성_VNC_yes   〈그림 1-23〉 VNC 기능활성_VNC_ok

㉤ 탭을 이용(두번 누름)해서 〈Finish〉 클릭하면 초기 화면으로 나온다.

㉥ 재부팅하기 위해 sudo reboot를 입력하고 엔터, putty 창을 닫는다.

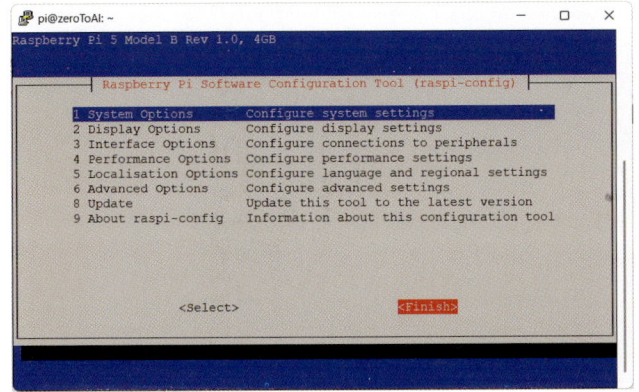
〈그림 1-24〉 VNC 기능활성_초기화면

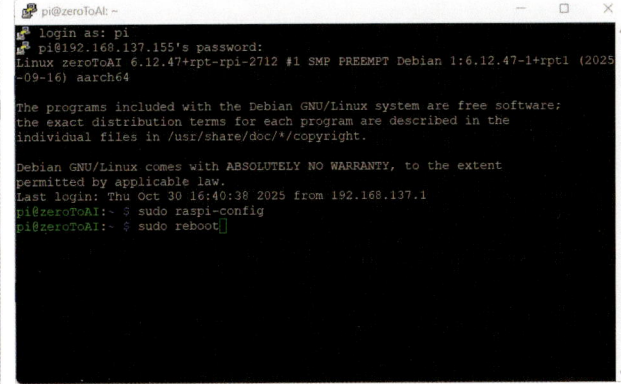
〈그림 1-25〉 VNC 기능활성_재부팅

⑪ vnc viewer 설치 및 실행

재부팅 되어지는 동안 vnc viewer를 설치, 실행한다.

㉠ 컴퓨터에서 VNC Viewer 다운로드
- 사이트 : https://www.realvnc.com/en/connect/download/viewer/
  - 컴퓨터 운영체제에 맞게 다운로드.
  - 파일명 : VNC-Viewer-7.15.1-Windows.exe (2025.10 기준)

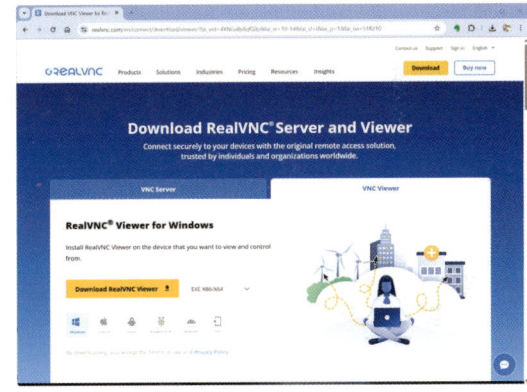
〈그림 1-26〉 VNC 홈페이지

㉡ 설치
- 특별히 선택할 것 없다. 초반에 라이센스 활용에 동의만 체크

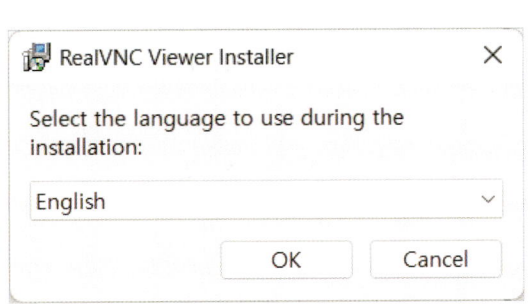
〈그림 1-27〉 VNC Viewer 설치_언어 선택

〈그림 1-28〉 VNC Viewer 설치_Setup

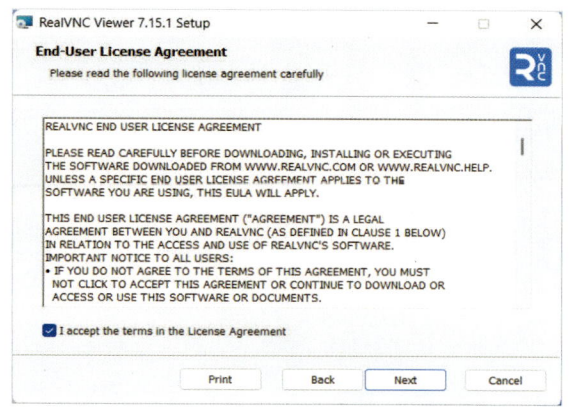
〈그림 1-29〉 VNC Viewer 설치_라이센스 동의

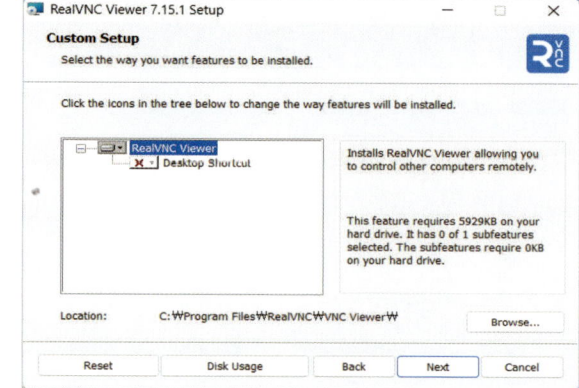
〈그림 1-30〉 VNC Viewer 설치_Custiom Setup

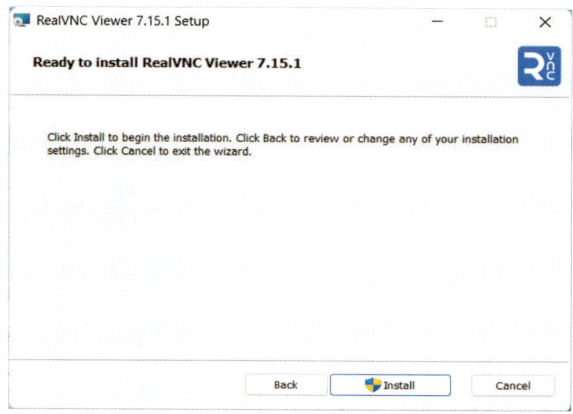
〈그림 1-31〉 VNC Viewer 설치_install

ⓒ 컴퓨터에서 VNC Viewer로 접속
- 실행
  - 시작메뉴 – VNC Viewer

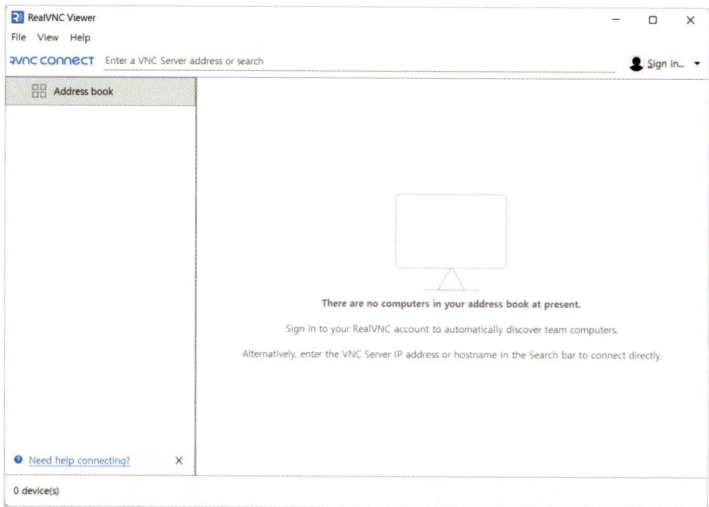
〈그림 1-32〉 VNC Viewer 실행_초기화면

- 상단에 라즈베리파이 IP 주소 입력 후 엔터

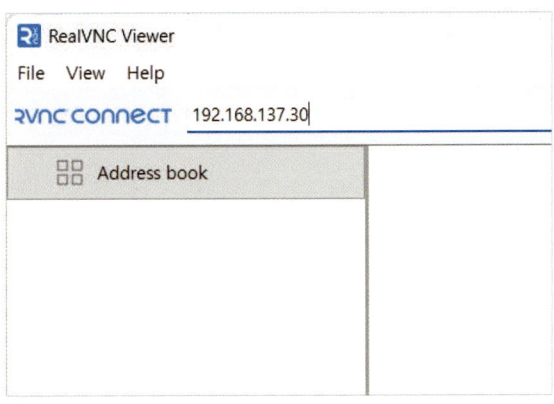

〈그림 1-33〉 VNC Viewer 실행_IP입력

- 아이디와 비밀번호 입력, 비밀번호 기억 체크
  - 아이디 : pi
  - 비밀번호 : 예) 12345678
  - ☑ Remember password, 다음 접속시부터 아이디와 비밀번호 묻지 않고 바로 접속
- 이후부터 접속은 vnc Viewer의 🖥 아이콘을 더블클릭하시면 된다.

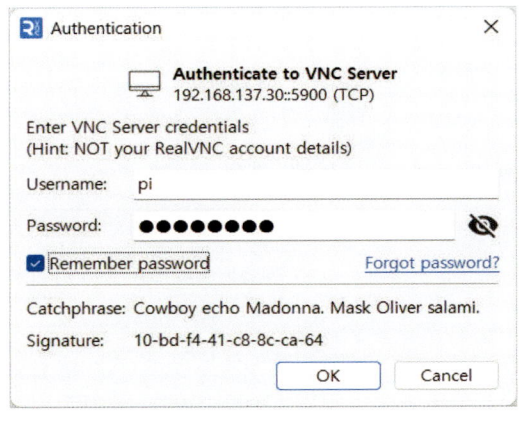
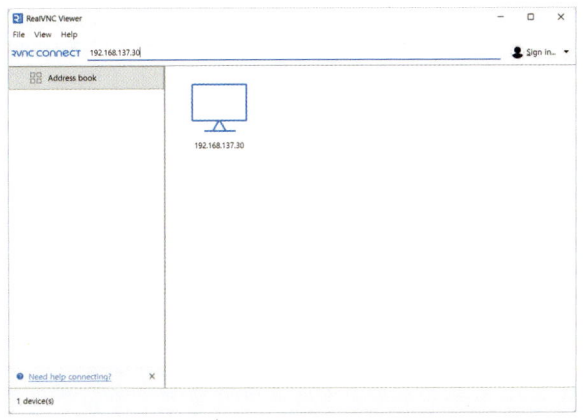

〈그림 1-34〉 VNC Viewer 실행_IP_pw_remember   〈그림 1-35〉 VNC Viewer 접속_성공아이콘

- 접속성공 창의 왼쪽 상단에 ip 주소와 viewer이 보임
ㄹ) 라즈베리파이 접속
  - 윈도우에서 창처럼 크기 조절, 최대, 최소, 닫기 등이 가능하다.
  - 접속하시면 라즈베리파이 초기화면이 보인다.

(4) 리눅스 기초 명령어

① 리눅스 패키지 다루기

㉠ apt (Advanced Package Tool)
- 데미안 리눅스 계열에서 사용되는 소프트웨어 패키지 관리 도구
- 소프트웨어를 설치하거나 업데이트할 때 사용

```
$ sudo apt update
$ sudo apt upgrade -y
```

- sudo : 관리자 권한으로 실행
- -y : 패키지 설치 사전 동의
- 설치
  - 새로운 프로그램 설치 전에 update / upgrade를 먼저 진행

```
$ sudo apt install 패키지명
```

- 제거

```
$ sudo apt remove 패키지명
```

```
$ sudo apt purge 패키지명
```

㉡ pip (pip installs Packages)
- Python 패키지 관리자
  - python 3.4 이상부터는 자동으로 설치되어 있음.
  - 가상환경에서 패키지 관리를 위해 사용
  - 가상환경 : 여러 개의 프로젝트 관리시 프로젝트별로 생성해 활용

명령어	설명	예
install	패키지 설치	pip install opencv-python
	패키지 설치시 버전 지정	pip install python==3.9 pip install pytorch==2.0.1
	pip 업그레이드	pip install --upgrade pip
	requirements.txt로 패키지 설치	pip install -r requirements.txt
uninstall	패키지 삭제	pip uninstall pandas
list	설치된 패키지 목록 확인	pip list
show	특정 패키지 정보 보기	pip show gpiozero
freeze	설치된 패키지 버전 포함 출력(requirements.txt 만들 때)	pip freeze > requirements.txt

ⓒ requirements.txt 사용

프로젝트에 필요한 라이브러리 목록을 requirements.txt 파일에 저장해두면, 다른 환경에서도 쉽게 동일한 환경을 구성할 수 있다.

- 가상환경에 설치된 패키지 목록 리스트 파일 생성

  ```
  (basic) $ pip freeze > requirements.txt
  ```

- 패키지 설치(다른 라즈베리파이 시스템)

  ```
  (basic) $ pip install -r requirements.txt
  ```

② 리눅스 주요 명령어

㉠ 리눅스 명령어 형식

```
$ 명령어 -옵션 인자1 인자1
```

- 각 구분은 한칸 공백
- 옵션 앞에 -(한개) 혹은 --(2개)로 시작한다.

㉡ 관리자 권한 명령

- sudo : 관리자 권한

㉢ 라즈베리파이 OS 버전 확인

```
$ cat /etc/os-release
```

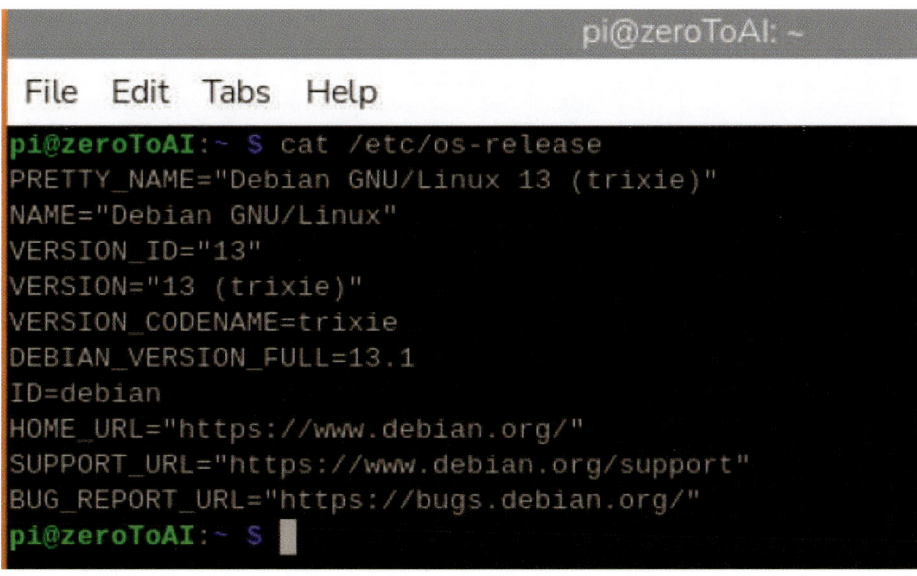

〈그림 1-36〉 라즈베리파이OS_버전확인

- Debian 계열의 13버전, 명칭은 trixie (2025년 10월 1일 출시)
- 참고로 Debian 계열의 12버전, 명칭은 Bookworm (2023년 10월 출시)

㉣ 리눅스 프로그램 패키지 매니저 : apt
- 새로운 패키지 설치 전 update 및 upgrade를 미리 해주는 습관
- 패키지 삭제 후에는 autoremove를 해주는 습관

```
$ sudo apt update           # 관리자 권한으로 apt 업데이트 목록 확인
$ sudo apt upgrade -y       # 관리자 권한으로 apt 업그레이드
                            # -y : 설치 동의 여부 동의, 즉시 업그레이드

$ sudo apt install numpy    # numpy 라이브러리 설치

$ sudo apt remove numpy     # numpy 라이브러리 삭제
$ sudo apt autoremove       # 더 이상 필요하지 않는 패키지(의존성) 삭제

$ sudo apt search curses    # curses 라이브러리 검색
$ sudo apt show opencv      # opencv 라이브러리 정보 조회
$ sudo apt
```

㉤ 로그인 관련
- telnet : 원격접속

```
$ telnet 192.168.63.1
```

- shutdown : 리눅스 종료 명령

```
$ shutdown -r               # 재부팅
$ shutdown -h now           # 즉시 시스템 종료
```

㉥ 파일 및 디렉터리
- pwd : 현재 위치한 디렉터리 경로 출력

```
$ pwd
```

- ls : 디렉터리 내용 출력

```
$ ls                # 파일 및 디렉터리 이름 출력
$ ls -a             # 숨김 파일 포함 출력
$ ls -l             # 파일 상세정보 출력
$ ls -al            # 숨김 파일 및 파일 상세정보 출력
$ ls -R             # 하위 디렉터리 목록 출력
```

- torch : 빈 파일 생성

```
$ torch a.txt       # 크기가 0인 a.txt 파일 생성
```

- cp : 파일 및 디렉터리 복사

```
$ cp a.txt b.txt            # a.txt를 b.txt로 복사
# cp -r /temp1 temp2        # temp1 디렉터리를 temp2이름으로 디렉터리 복사
```

- mv : 파일 및 디렉터리 이름변경 및 이동

```
$ mv a.txt c.txt          # a.txt 파일을 c.txt로 이름 변경
$ mv temp1 temp3          # temp1 디렉터리 이름을 temp3 으로 변경
```

- rm : 파일 및 디렉터리 삭제

```
$ rm c.txt                # c.txt 파일 삭제
$ rm -r  temp3            # temp3 빈 디렉터리 삭제
$ rm -rf temp2            # temp2 디렉터리 삭제(-f : 파일이 있어도 강제 삭제_
```

- mkdir : 디렉터리 생성

```
$ pwd                     # 현재 위치한 디렉터리 경로 출력
/home/pi
$ mkdir piCar             # piCar 디렉터리 생성
```

- cd : 디렉터리 변경
  - . : 현재 디렉터리(마침표 1개)
  - .. : 이전(부모)디렉터리 (마침표 2개)
  - ~ : 사용자 홈 디렉터리 (pi 이름으로 로그인시 /home/pi)

```
$ cd piCar                # piCar 디렉터리로 이동
$ pwd                     # 현재 위치한 디렉터리 경로 출력
/home/pi/piCar

$ cd ..                   # 이전(부모) 디렉터리로 이동
$ pwd                     # 현재 위치한 디렉터리 경로 출력
/home/pi

$ cd /home/pi/piCar/src
$ pwd                     # 현재 위치한 디렉터리 경로 출력
/home/pi/piCar/src
$ cd ~                    # 사용자 홈 디렉터리로 이동
$ pwd                     # 현재 위치한 디렉터리 경로 출력
/home/pi
```

- tar : 파일 및 디렉터리 묶기 및 풀기
  - c : 새로운 tar 파일 생성(create)
  - x : 묶은 파일 및 디렉터리 풀기 (extract)
  - v : 진행 상황 출력 (verbose)
  - f : 파일 이름 지정 (file)

```
$ tar -cvf piCar.tar piCar/      # piCar/ 디렉터리를 piCar.tar로 묶기
$ tar -xvf piCar.tar             # piCar.tar를 풀기
```

- z : 압축(gzip)

```
$ tar -czvf piCar.tar.gz piCar/   # piCar/ 디렉터리를 tar로 묶고 gz으로 압축
$ tar -xzvf piCar.tar.gz          # piCar.tar.gz를 묶기 및 압축 풀기
```

ⓢ 네트워크 및 통신 관련

명령어	설명	비고
hostname -I	시스템의 IP 주소 확인	대문자(I)
ifconfig	시스템의 IP 주소 확인	유무선 모든 네트워크
iwconfig		무선 네트워크
i2cdetect -y 1	i2c 버스 장치 번호 확인	I2c버스에 연결된 모든 장치

ⓞ 기타 리눅스 명령어

명령어	설명	예
uname -a	시스템 정보 출력	커널이름, 호스트 이름, 커널 버전, 운영체제 등 정보 출력

03 라즈베리파이 OS 기초 설정

(1) 초기화면

〈그림 1-37〉 라즈베리파이OS_초기화면

① **시작메뉴 및 기본 메뉴**

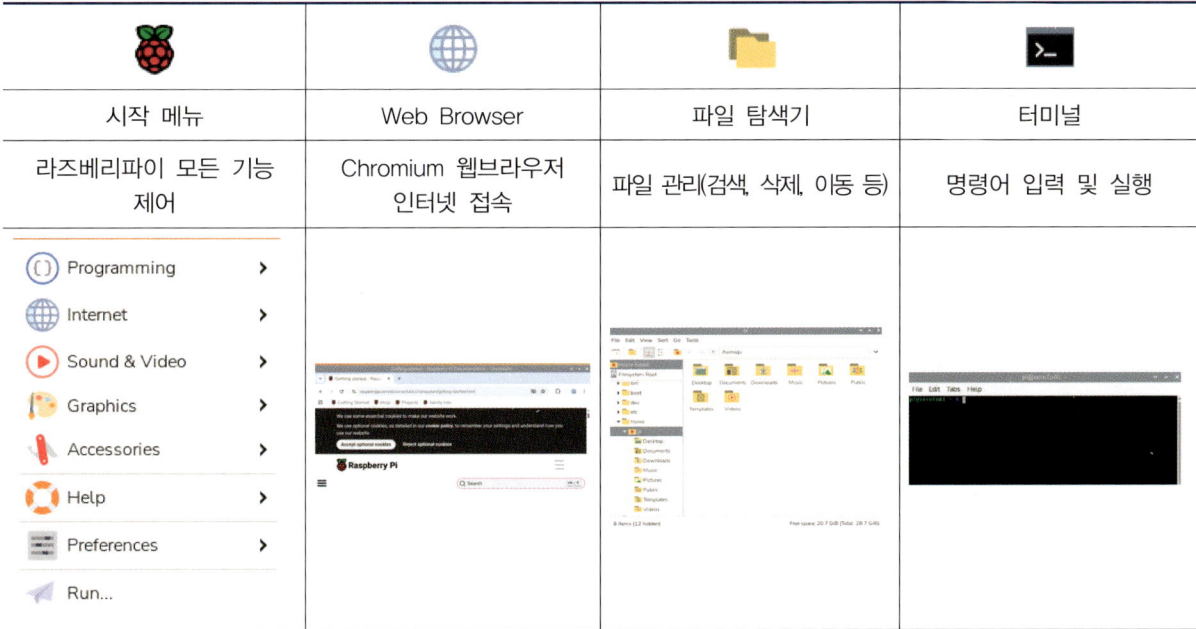

시작 메뉴	Web Browser	파일 탐색기	터미널
라즈베리파이 모든 기능 제어	Chromium 웹브라우저 인터넷 접속	파일 관리(검색, 삭제, 이동 등)	명령어 입력 및 실행

- 라즈베라피이 종료 - Shutdown... 클릭 후 Shutdown

② **상황 표시**

초기화면의 오른쪽 상단

시스템 업데이트가 있다는 표시	라즈베리파이 접속 해제	블루투스 기능 활성화 되어 있음	와이파이 접속 되어 있음.	현재 로컬 시간

(2) 업데이트 및 업그레이드

① 상황표시줄에서 ⬇ 후 Install Updates를 클릭하거나 터미널 창에 아래 명령어 입력

```
sudo apt update
sudo apt upgrade -y
```

② 부팅 후 처음으로 진행하면 시간이 걸린다.

(3) 라즈베리파이 OS 환경설정

① 화면 왼쪽 맨 위 시작메뉴 - Preference - Control Centre - Interfaces

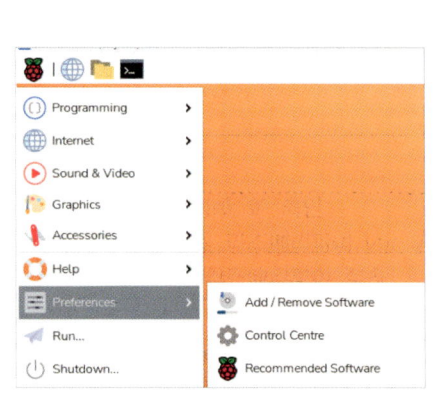
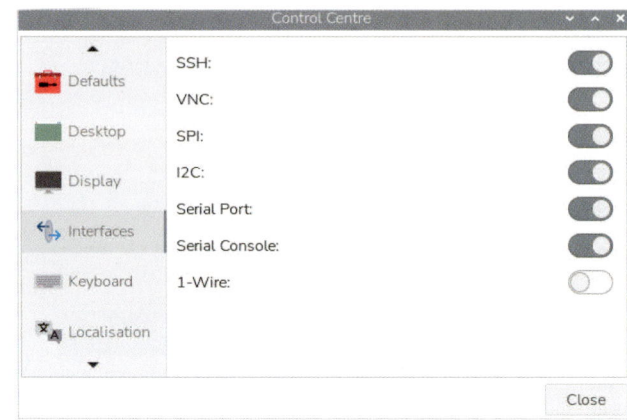

㉠ SSH : 원격접속 활성 (vs code에서 SSH 접속)
㉡ VNC : VNC 원격접속 활성 (VNC viewer 미러링 접속)
㉢ SPI : 시리얼 통신 활성 (아날로그 센서 및 MCP3008 사용)
㉣ I2C : SCL/SDA 통신 활성 (I2C LCD 사용)
㉤ Serial Port 활성 시리얼 통신

② **환경 설정 모드**

	GUI 모드	CLS 모드
특징	- 마우스 사용 - 윈도우와 비슷(시작버튼과 작업표시줄이 디스플레이 위쪽에 위치, 위치 변경 가능) - 초급사용자가 사용하기에 편리	- 키보드 사용 - 초기화면의 터미널을 이용 혹은 원격접속 등으로 접속시 사용하는 방식 - 고급사용자 및 원격접속 시 사용

	GUI 모드	CLS 모드
Control Centre	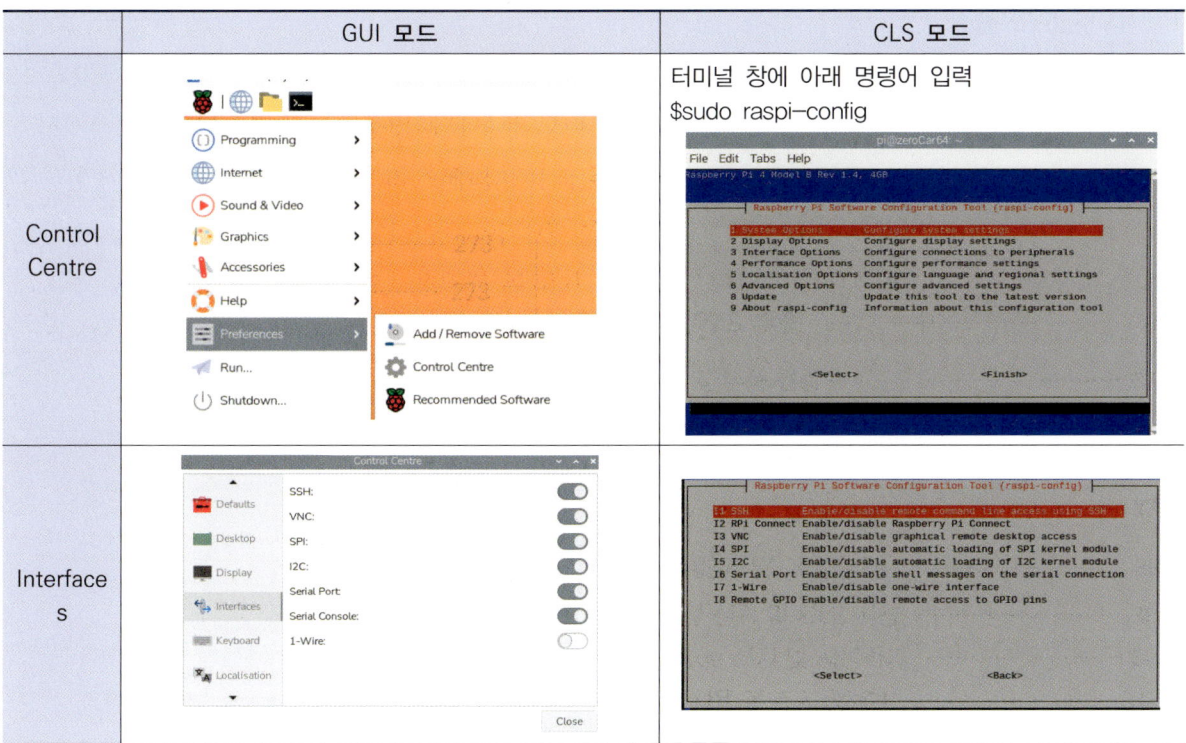	터미널 창에 아래 명령어 입력 $sudo raspi-config
Interfaces		

③ Desktop 탭

㉠ 바탕화면 변경

㉡ Desktop에서 Picture(이미지 선택), Layout(이미지 크기 선택)

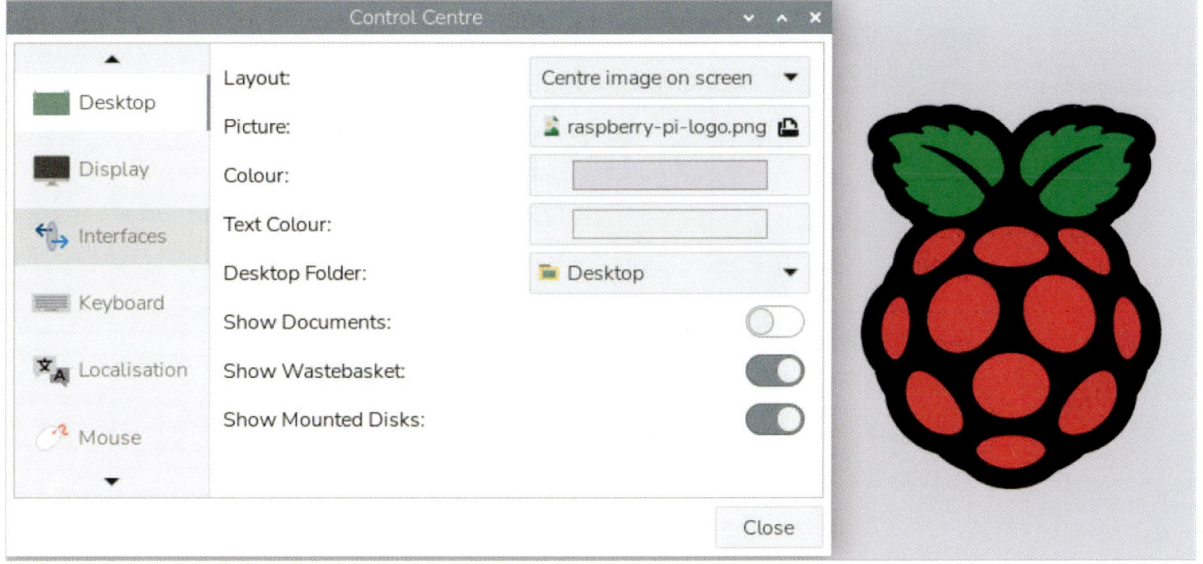

〈그림 1-38〉 CotrolCentr_Desktop_배경화면

④ Mouse 탭

㉠ 마우스 감도 조절

㉡ 마우스 Speed 및 더블 클릭 속도 조절

㉢ Left-handed : 왼손용 마우스(좌우 클릭 위치 변경)

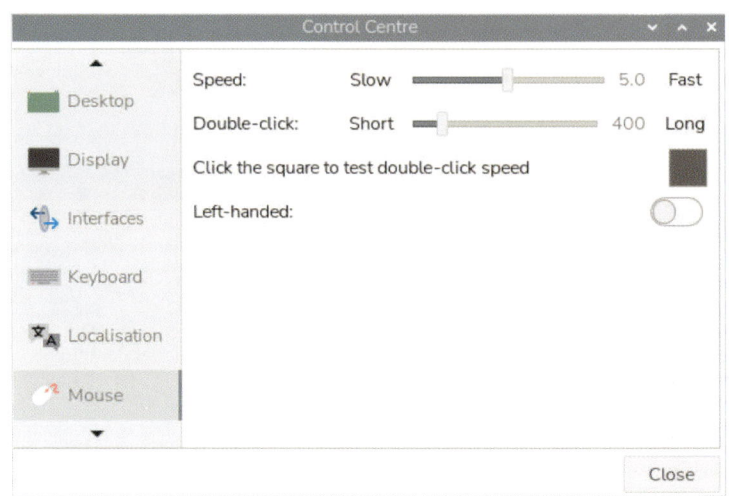

〈그림 1-39〉 CotrolCentr_Mouse_마우스 감도

⑤ Screens 탭

㉠ Screens : 모니터 해상도 조절

㉡ + / - : 모니터에 표시되는 글자 크기 조절

㉢ Apply : 변경한 내용 적용

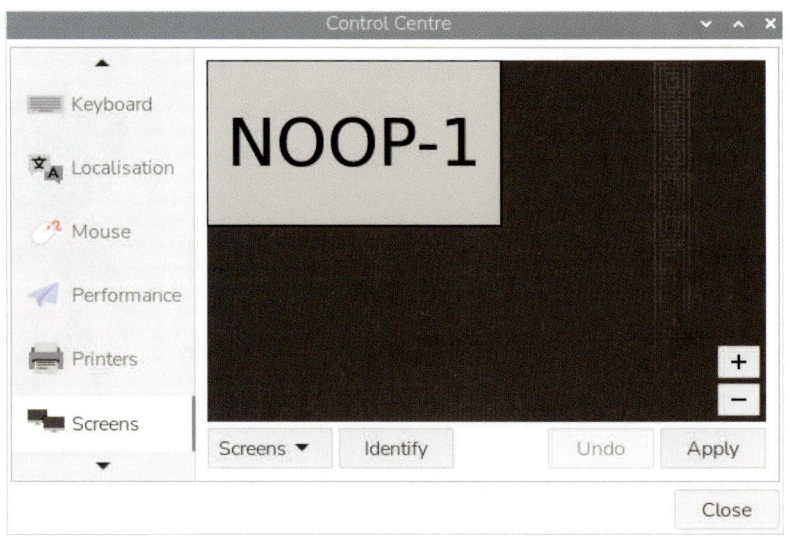

〈그림 1-40〉 CotrolCentr_Screens_창크기

⑥ System 탭

　㉠ 호스트 몇 비밀번호 확인 및 변경(★)

　㉡ desktop Auto Login : 부팅 후 자동 로그인, 활성화

　㉢ 기본 브라우저 : Chromium, Firefox 둘 중 선택

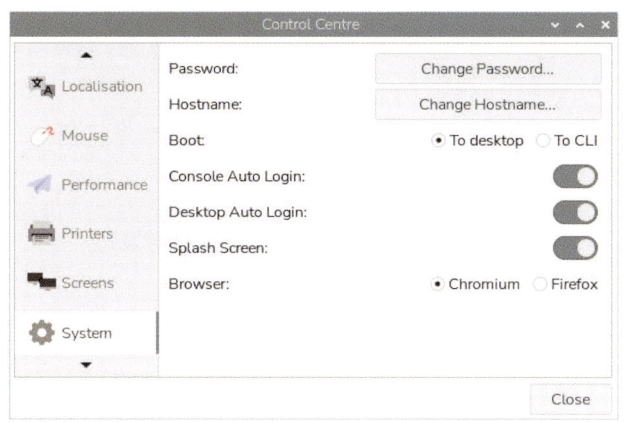

〈그림 1-41〉 CotrolCentr_System_시스템 설정

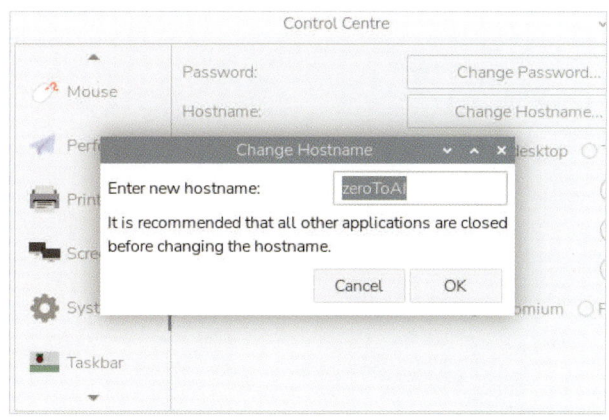

〈그림 1-42〉 CotrolCentr_System_호스트명

⑦ Taskbar 탭

　㉠ 작업표시줄 크기 및 위치 변경

　㉡ 마우스 커서 크기 변경

⑧ Theme

　㉠ Font : 기본 폰트 변경

　㉡ Mouse Cursro : 마우스 커서 크기 조절

　㉢ Theme : 전체 테마 변경(Light / Dark)

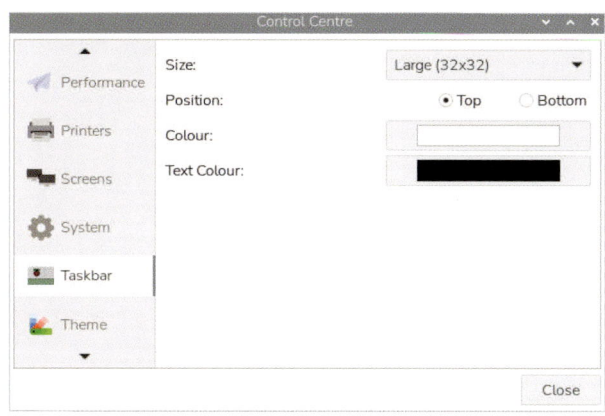

〈그림 1-43〉 CotrolCentr_TaskBar_작업표시줄

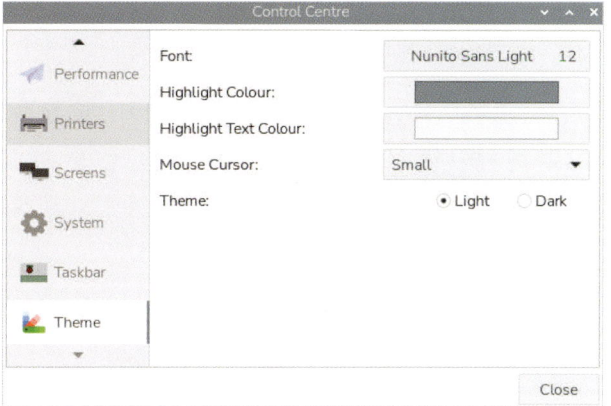

〈그림 1-44〉 CotrolCentr_Theme_전체 테마

(4) 네트워크 설정

라즈베리파이 4B 모델 이상부터는 기본으로 wi-fi를 사용 가능

① 사용언어 및 국가 선택 / wireless LAN Country 선택

㉠ 사용언어 및 국가는 선택사항이다.

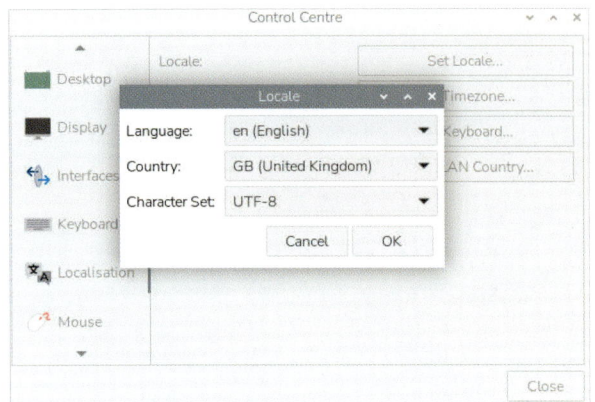

〈그림 1-45〉 CotrolCentr_로컬영역

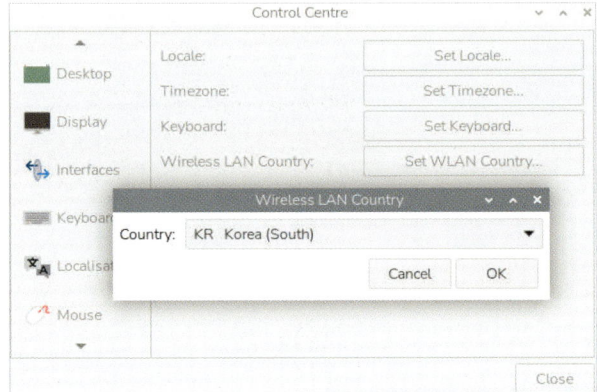

〈그림 1-46〉 CotrolCentr_무선랜 국가

㉡ Timezone 및 keyboard는 그대로 두면 된다.

② 유선랜카드(선택사항)

유선랜카드 설정은 고정 IP 설정 등의 추가적인 작업이 필요하지만 서버로 사용시에는 필수적으로 처리해야 한다. 웹서버(아파치 데몬) 등 사용시에도 필수적인 과정이다. 유선 고정 IP가 필요하다면 이 과정을 진행해야 한다.

```
$sudo nano /etc/dhcpcd.conf
```

```
유선 : eth0
무선 : wlan0

static ip_address=사용할 고정 IP 주소
static routers= 게이트 웨이 주소
static domain_name_servers=
static netmask=
```

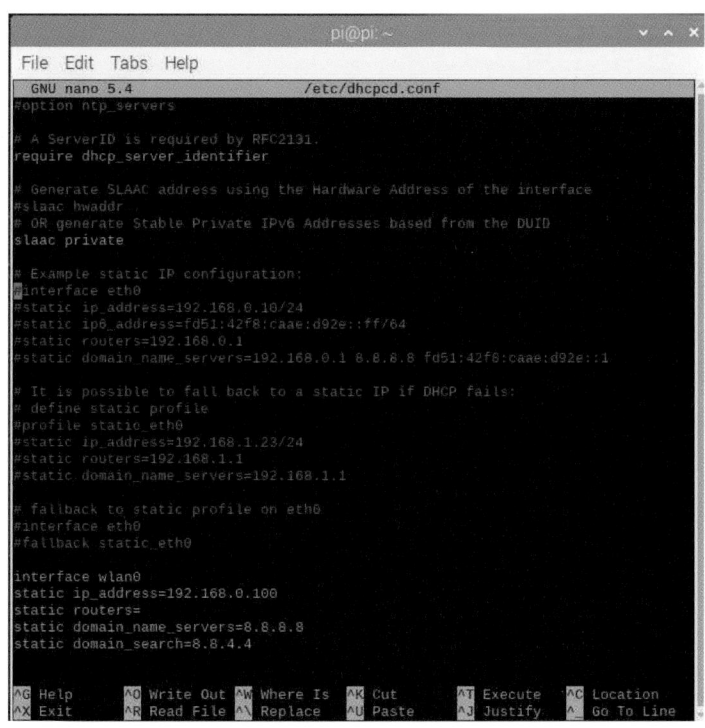

(5) 사운드 설정

라즈베리파이 3나 4에 있던 오디오 포트가 제거되어 라즈베리파이 5에는 아날로그 사운드 출력을 위한 3.5mm 오디오 포트를 제거하여 보드를 단순화했지만, 대신 HDMI, 블루투스, USB 등 다양한 디지털 방식으로 사운드를 출력할 수 있는 유연성을 제공

① **HDMI 포트 사용** : HDMI는 영상과 음성을 함께 전송하므로, 스피커가 내장된 모니터나 TV에 연결
② **블루투스 스피커/이어폰 사용** : 블루투스 기능을 이용하여 무선으로 사운드를 출력
③ **USB 사운드 카드/어댑터 사용** : USB 포트에 외장 사운드 카드나 오디오 어댑터를 연결하여 아날로그 스피커나 이어폰을 사용
④ **DAC HAT 모듈 사용** : GPIO 핀에 장착하는 DAC(Digital-to-Analog Converter) HAT(Hardware Attached on Top)을 사용하여 고품질의 아날로그 오디오 출력

04 라즈베리파이 원격 접속

(1) 개요

같은 네트워크에 있는 노트북 혹은 컴퓨터로 접속을 해서 라즈베리파이의 GPIO핀을 직접 제어하는 방법을 말한다. 라즈베리파이의 GPIO에 연결된 대부분의 센서를 제어할 수 있는 방법으로 캡스톤 및 프로젝트랩 등의 사용에 아주 중요하다.

① **telnet(SSH) 접속을 통한 제어**

PuTTY를 이용하여 원격으로 제어하는 방법이다. 이 방법은 일종의 터미널 형식으로 제어하게 되는데 가상환경을 만들어 제어하는 것보다는 다루기 어려운 방법으로 리눅스 운영체제의 기본 명령어들을 알고 있어야 하는 어려움이 따른다.

② **VNC**

윈도우상에서 VNC 프로그램을 사용하여 라즈베리파이에 접속하여 제어, 현재 사용하고 있는 컴퓨터를 활용함으로 별도의 모니터와 키보드, 마우스 없이 노트북 하나만으로 사용할 수 있는 방법이다. 라즈베리파이의 VNC 기능을 활성화한 후 사용이 가능하다. 초반에 라즈베리파이 진입을 위한 초기 환경설정 등을 진행해야 하는 어려움이 있다.

③ **windows의 원격 데스크톱 연결 기능**

Windows 운영체제에서 활용 가능한 방법으로 사용 IP를 가지고 와 원격 데스크톱 연결 기능을 이용하여 활용하는 것이다. 라즈베리파이도 일종의 컴퓨터이기 때문에 데스크톱 연결을 이용할 수 있는 듯하다. 연결한 이후에는 VNC와 마찬가지로 사용하면 된다. 호환성 문제 등이 발생하고 네트워크에 관한 기초지식이 필요하다.

④ **pigpio 데몬 활용**

pigpio기능을 이용하여 자신이 사용하고 있는 컴퓨터의 Windows환경에서 원격 제어할 수 있는 방법이다. 떨어진 곳에 라즈베리파이와 다양한 센서로 미리 구성된 시스템을 원격 제어하는 방식이다. 같은 네트워크(wi-fi 혹은 LAN 등)에 접속되어야 하고 라즈베리파이의 IP 정보를 알아야 접속이 가능하다.

- 본인의 컴퓨터에서 vs code로 접속해서 시스템을 구현할 수도 있다.
- 본 교재에서는 이 방법을 활용하도록 한다.

⑤ **스마트폰 앱 활용**

스마트폰 어플리케이션과의 연결을 통하여 사용하는 방법이다. 이것은 스마트폰에서 제어는 하지만 설정과 같은 세부 내용들은 컴퓨터로 먼저 코딩을 한 이후 사용 가능하기 때문에 완전한 제어는 아니지만 외부에서 센서를 조종할 수 있는 방법이다. 라즈베리파이에 연결된 센서들에 대해 간단한 제어가 가능하다.

⑥ **웹서버 구축을 통한 원격 제어**

라즈베리파이에 웹서버 데몬 프로그램인 아파치 데몬을 설치한 후 html 웹문서 작성 후 외부에서 웹브라우저를 통해 제어하는 방법이다. 아파치 웹서버 구축이 필요하며 또한 웹 프로그래밍의 기초(html, php, mysql 등)에 대한 지식이 필요하다. Flask를 사용하여 웹서버를 구축한 후, 스마트폰 브라우저에서 웹 UI를 통해 스마트홈을 제어하는 방식이다. 예를 들어 사용자가 인터넷 브라우저로 접속해 웹 인터페이스에서 버튼을 누르면 조명 ON/OFF 같은 명령이 Raspberry Pi로 전송되는 방식이다.

⑦ **네트워크 연결 (Wi-Fi & MQTT)**

라즈베리파이에 연결된 센서들의 값 등을 실시간으로 처리하고 실시간 모니터링 등이 필요할 때 사용한다. 라즈베리파이의 자체 wi-if 혹은 ESP8266 / ESP32 모듈을 사용하여 Wi-Fi를 통한 센서 및 액추에이터 제어를 진행하고 MQTT 프로토콜 사용하여 IoT간 메시지 전달, 값 전달, 제어 등을 진행할 수 있다.

⑧ **블루투스 연동**

HC-05와 같은 블루투스 모듈을 사용하여 스마트폰과 직접 연결하고 스마트폰에서 특정 명령을 블루투스 메시지로 보내면 Raspberry Pi가 이를 받아 처리하는 방식이다. 간단한 제어가 가능하고 wi-fi가 되지 않는 환경에서 사용이 가능한 방식이다. 다만 블루투스 환경 설정이 필요하고 거리가 멀면 제어가 안되는 한계도 존재한다.

(2) telnet 원격 접속

① **putty**

㉠ 다운로드 : https://www.chiark.greenend.org.uk/~sgtatham/putty/latest.html

㉡ 파일명 : putty-64bit-0.83-installer.ext (2025.10월 기준)

㉢ 설치 : 특별히 선택하실 것은 없다.

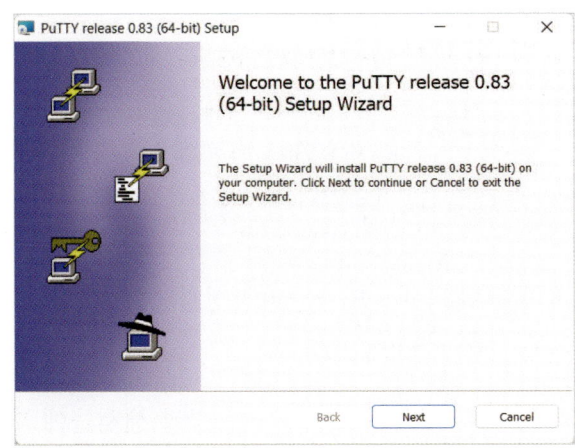
〈그림 1-47〉 Putty설치_초기화면

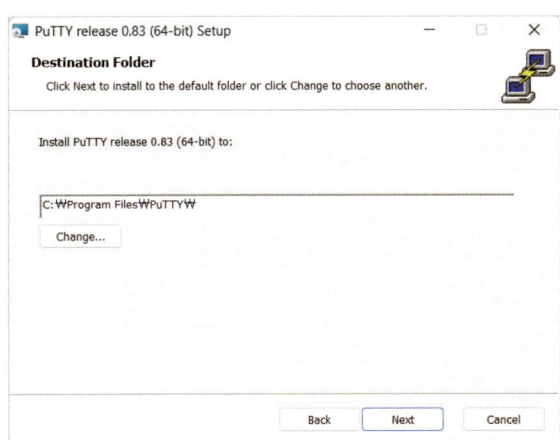
〈그림 1-48〉 Putty설치_경로

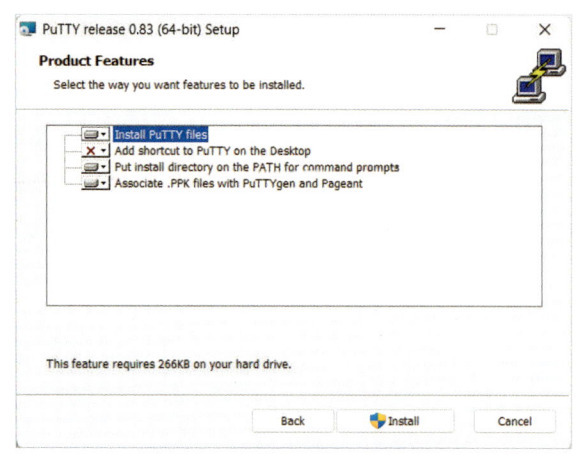

〈그림 1-49〉 Putty설치_항목

〈그림 1-50〉 Putty설치_완료

② **시작메뉴 - PuTTY 클릭 후 IP 입력 후 Open 으로 접속**

save로 설정 내용 저장

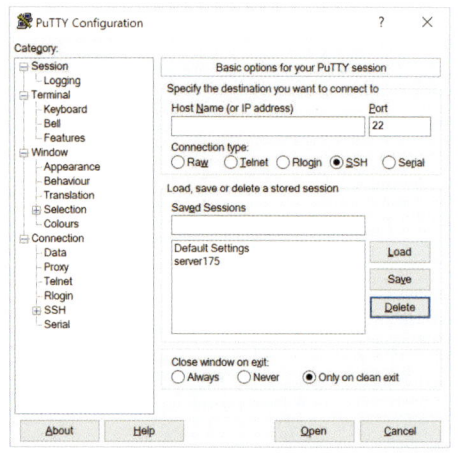
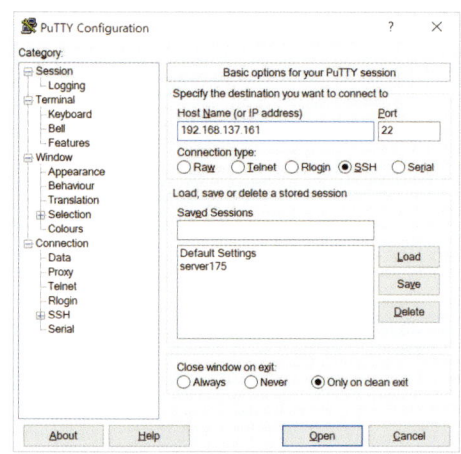

(3) 모바일 핫스팟 설정

① **작업용 컴퓨터의 윈도우에서 모바일 핫스팟 설정**

PC나 노트북의 Windows 운영체제에서 모바일 핫스팟 기능을 활용하여 라즈베리파이에서 와이파이에 접속하도록 한다. 라즈베리파이 접속 여부 및 IP를 알 수 있다.

㉠ 모바일 핫스팟 기능 활성화
- [윈도우] - [설정] - [네트워크 및 인터넷] - [모바일 핫스팟] - 켬(활성화)

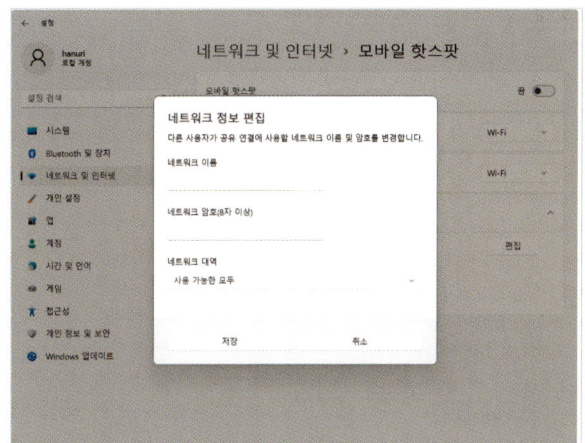

- 네트워크 편집 - 편집을 들어가서 '네트워크 이름', '비밀번호'를 입력 후 저장
  - 네트워크 이름
  - 비밀번호

- 접속하면 라즈베리파이의 연결 정보를 알 수 있다.

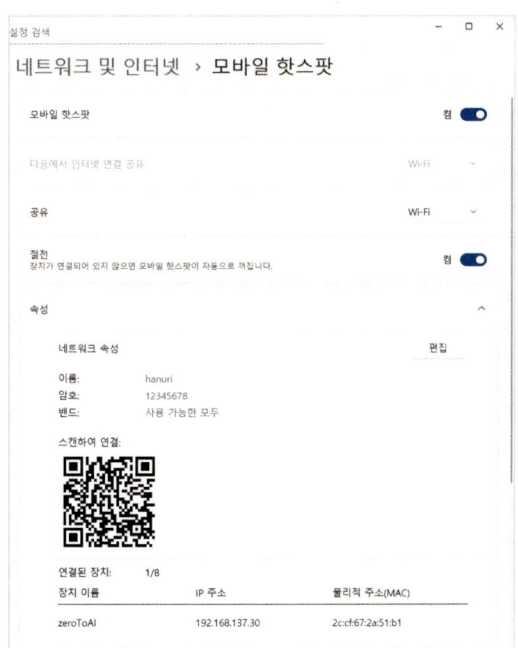

〈그림 1-51〉 모바일 핫스팟 연결

(4) 미러링 원격 접속

PC나 노트북에서 라즈베리파이로 원격 접속을 하여 작업할 때 telnet 접속이나 VNC 접속을 주로 이용한다. 간단한 작업을 한다면 putty 접속하면 되지만 모든 작업을 직접 명령어 입력 및 실행을 해야 하므로 어려움이 있다. 처음 시작하시는 분들은 자신의 컴퓨터에서 마우스를 통한 작업이 가능한 VNC 접속을 권장한다. 다만 VNC 접속시에는 작업 속도가 많이 느려짐으로 사양이 낮은 컴퓨터로 작업시에는 상당한 인내력이 필요하다.

① 라즈베리파이 IP 주소 확인

라즈베리파이에 미러링 방식으로 접근하려면 라즈베리파이 IP가 필요하다. IP을 알면 어디서든 접근이 가능하기 때문에 원격접속을 하기 위해선 중요한 과정이다. HDMI가 있는 여분의 모니터가 있다면 바로 확인이 가능하겠지만 모니터가 없는 경우에도 IP를 확인하는 방법에 대해 알아보도록 하자.

㉠ 라즈베리파이에 직접 연결할 모니터가 있는 경우

- 오른쪽 상단 작업표시줄 📶 마우스 이동 후 1초 정도 가만히 있으면 IP 주소 보임

㉡ 터미널에서

- 아래 명령어 입력 후 엔터

```
$ ifconfig
```

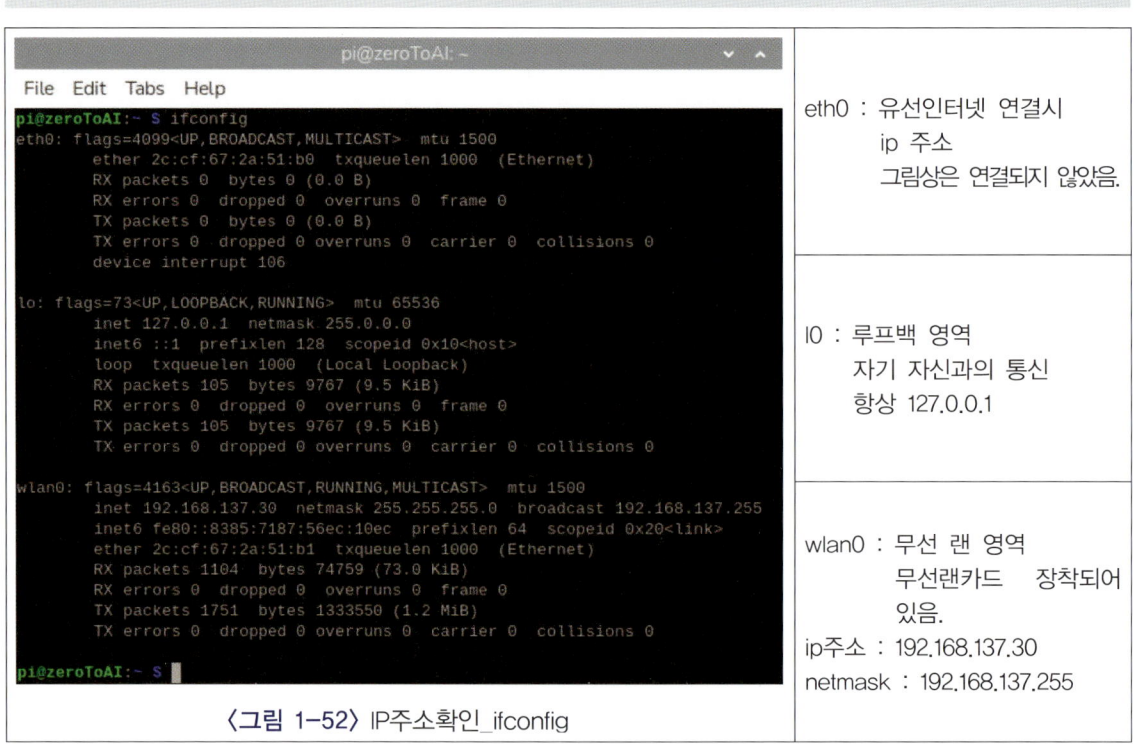

〈그림 1-52〉 IP주소확인_ifconfig

② VNC Viewer 활용 (★)

VNC(Virtual Network Computing)는 가상 네트워크 환경을 의미한다.

㉠ 라즈베리파이에서 사전에 VNC 기능이 활성화가 되어 있어야 한다.

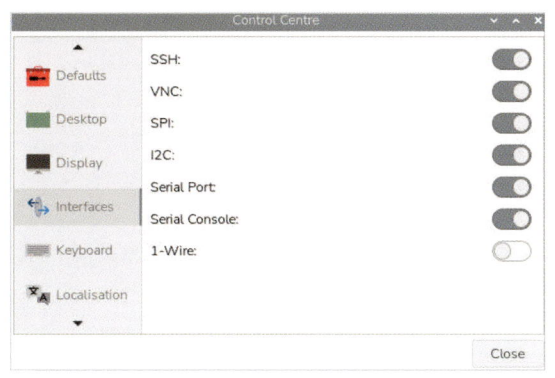

〈그림 1-53〉 CotrolCentr_Interfaces_VNC_활성화

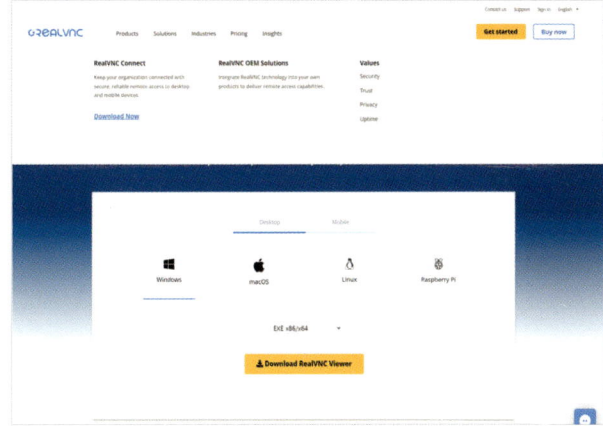

㉡ 컴퓨터에서 VNC Viewer 다운로드 및 설치·설정
- VNC Viewer 다운로드 : https://www.realvnc.com/en/connect/download/viewer/
  - 컴퓨터 운영체제에 맞게 다운로드
  - 파일명 : VNC-Viewer-7.15.1-Windows.exe (2025.10 기준)
- 설치

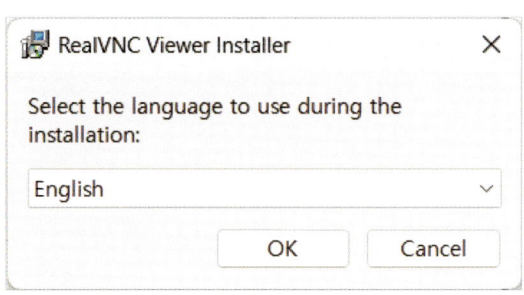

〈그림 1-54〉 VNC Viewer 설치_언어선택

〈그림 1-55〉 VNC Viewer 설치_Setup

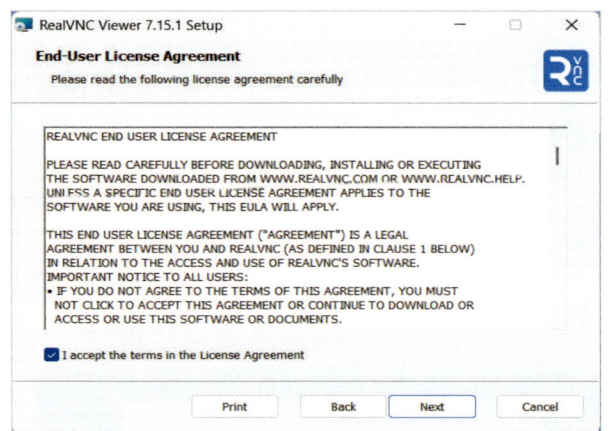
〈그림 1-56〉 VNC Viewer 설치_라이선스 동의

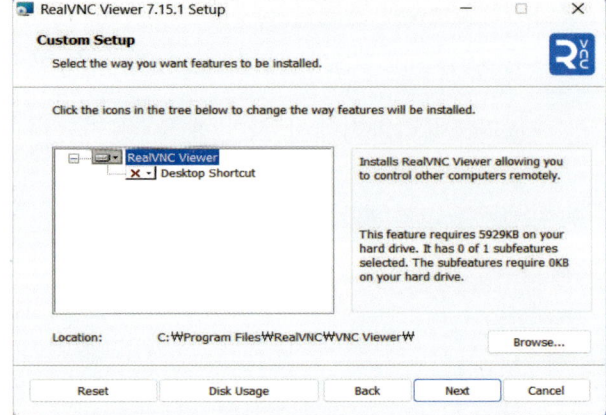
〈그림 1-57〉 VNC Viewer 설치_설치내용

〈그림 1-58〉 VNC Viewer 설치_설치시작준비

ⓒ 실행
- 시작메뉴 - VNC Viewer

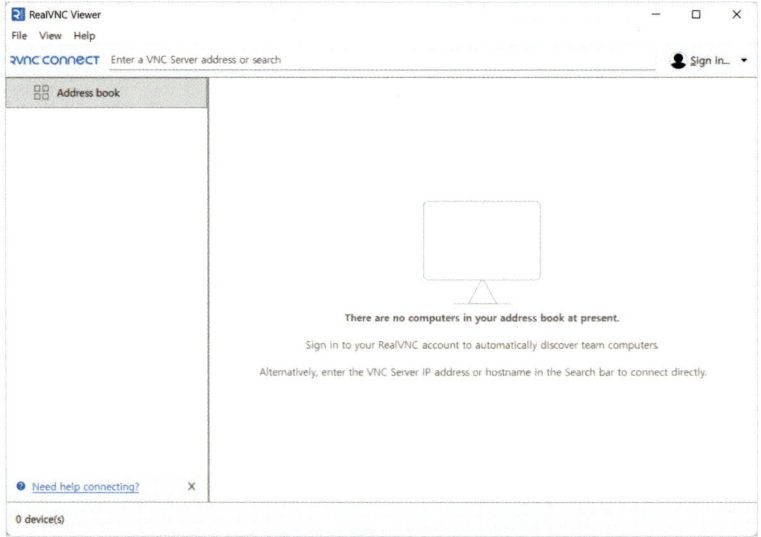
〈그림 1-59〉 VNC Viewer 실행_초기화면

㉣ 컴퓨터에서 VNC Viewer로 접속
- 상단에 라즈베리파이 IP 주소 입력 후 엔터
  - 모바일 핫스팟을 이용하면 IP 확인이 편하다.

〈그림 1-60〉 모바일 핫스판 연결_IP주소확인

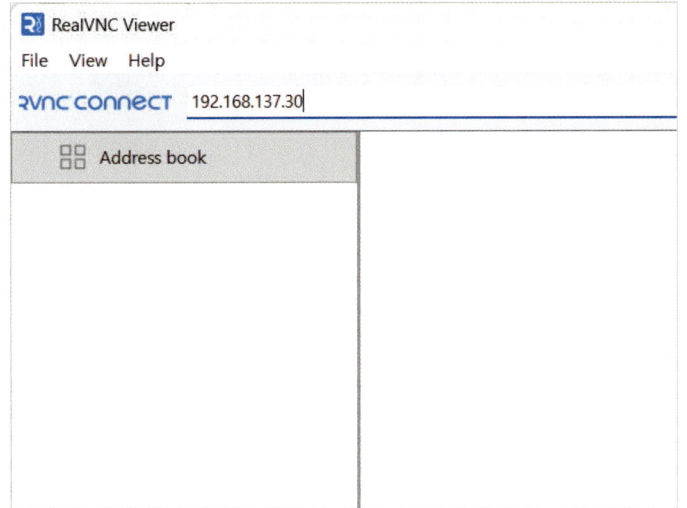

〈그림 1-61〉 VNC Viewer 실행_IP주소입력

- 아이디와 비밀번호 입력, 비밀번호 기억 체크
  - 아이디 : pi
  - 비밀번호 : 예)12345678
  - ☑ Remember password, 다음 접속시부터 아이디와 비밀번호 묻지 않고 바로 접속

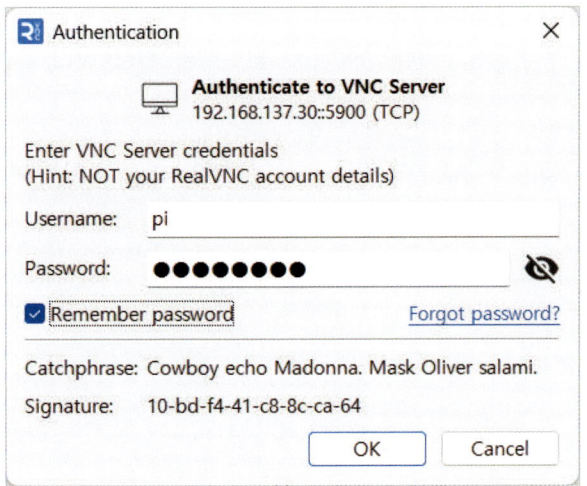

〈그림 1-62〉 VNC Viewer 실행_IP_pw_remember

- 접속성공 창의 왼쪽 상단에 ip 주소와 viewer 이 보임

〈그림 1-63〉 VNC Viewer 접속_라즈베리 화면 접속창

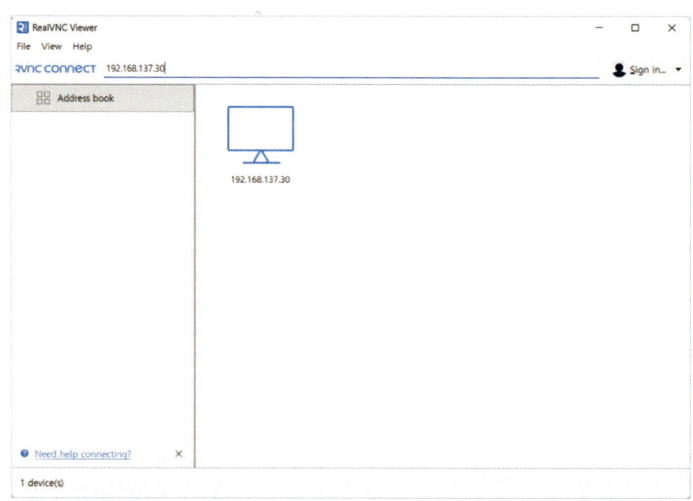

〈그림 1-64〉 VNC Viewer 접속_성공아이콘

- 이후부터 접속은 vnc Viewer의 아이콘을 더블클릭하면 된다.

05 GPIO 제어

(1) GPIO를 이용한 프로그래밍

① **다양한 언어로 제어**

다양한 프로그래밍 언어 및 도구를 사용하여 라즈베리파이의 GPIO 핀을 제어할 수 있다.

프로그래밍 언어	스크래치	C언어	파이썬
사용 라이브러리	Pi GPIO	wiringPI pigpio	RPi.GPIO gpiozero

본 교재에서는 파이썬 언어와 gpiozero 라이브러리를 주로 사용한다.

② **GPIO(General Purpose Input/Output : 다목적(범용) 입출력)**

라즈베리파이의 강력한 기능 한 가지는 보드 가장자리를 따라 배열된 GPIO(범용 입출력) 핀이다. 대부분의 라즈베리파이 보드에는 40 핀의 GPIO 헤더가 있다(파이 제로와 파이 제로 W에는 핀이 붙어있지 않다). 파이 1 모델 B+(2014년) 이전의 보드에는 26 핀 헤더가 있었다.

어떤 GPIO 핀이든 입력 또는 출력으로 설계할 수 있어(소프트웨어에서) 광범위한 목적에 사용할 수 있다.

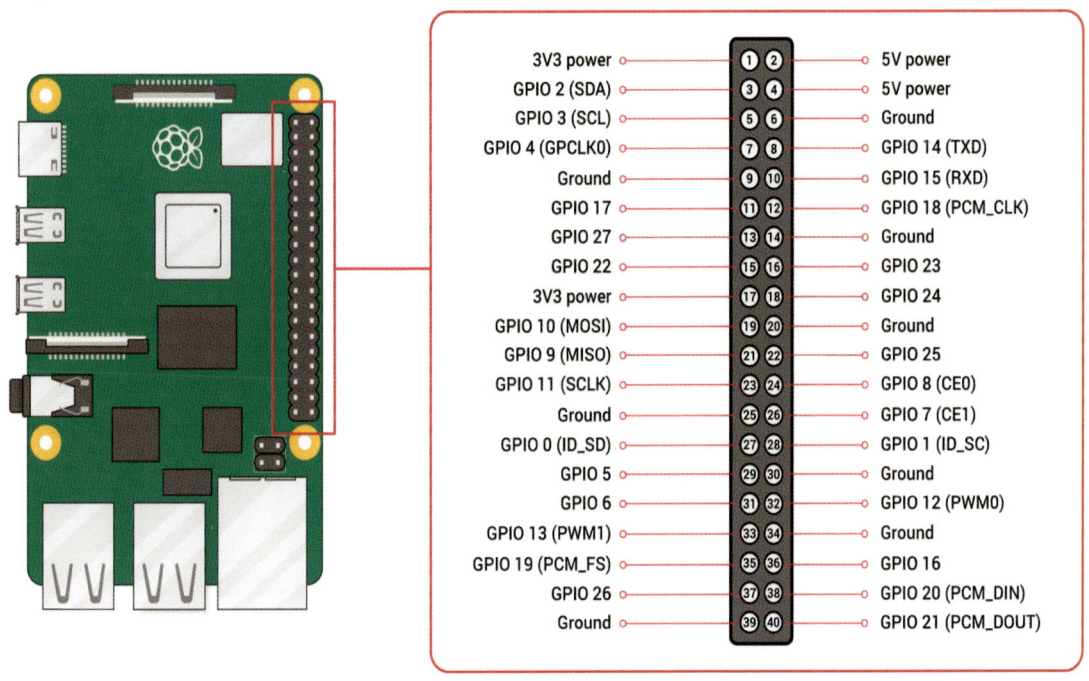

〈그림 1-65〉 라즈베리파이 GPIO핀 번호

GPIO 핀 번호체계는 순차적이지 않다. 위 그림의 가운데 1 ~ 40번은 물리적 핀번호로 순차적으로 번갈아 배열되어 있고 각각의 물리적 핀번호는 BCM(Broadcom chip-specific pin numbers) 핀번호로 불리운다. 즉 물리적 핀번호 11번은 GPIO 17, 물리적 핀번호 13번은 GPIO 27이다.

③ **라즈베리파이 GPIO 확인 : pinout**

GPIO Zero Python 라이브러리에서 제공되며 이 라이브러리는 Raspbian 데스크톱 이미지에는 기본적으로 설치되지만 Raspbian Lite 에는 설치되지 않는다.

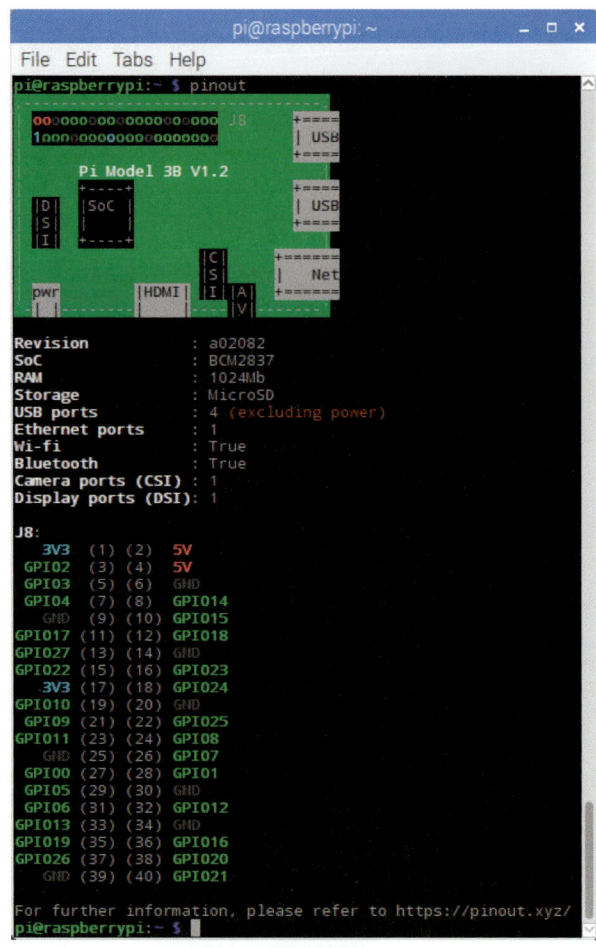

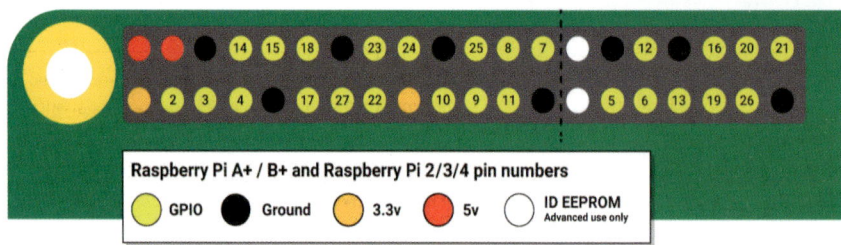

GPIO 핀 0과 1(물리적 핀 27과 28)은 보드에 존재하지만 고급 사용을 위한 핀이라 일반적으로는 사용하지 않는다.

기능	명칭	핀 개수		물리적 핀번호	표시
전압	5V	2		2, 4	빨강
	3V3	2		1, 17	주황
Ground	GND	6		6, 9, 14, 20, 25, 30, 34, 39	검정
GPIO	GPIO 핀번호	26	일반	13	4, 5, 6, 12, 13, 17, 18, 22, 23, 24, 25, 26, 27	노랑
			추가 특수기능	13	2, 3, 9, 7, 8, 16, 10, 11, 14, 15, 19, 20, 21	

④ **전압**

2개의 5V 핀과 2개의 3V3 핀과 다수의 접지(Ground) 핀 (0V)이고 나머지 핀은 모두 범용 3V3 핀으로, 출력은 3V3으로 설정되고 입력은 3V3 허용한다.

⑤ **출력**

출력 핀으로 지정된 GPIO 핀은 높음(3V3) 또는 낮음(0V)으로 설정한다.

⑥ **입력**

입력 핀으로 지정된 GPIO 핀은 높음(3V3, 5V) 또는 낮음(0V)으로 읽을 수 있다. 내부 풀업 또는 풀다운 저항을 사용하면 보다 쉽게 사용할 수 있는데, 핀 GPIO 2 및 GPIO 3에는 고정 풀업 저항이 있지만 다른 핀의 경우 소프트웨어상에서 구성한다.

⑦ **기타**

GPIO 핀은 간단한 입력 및 출력 장치뿐만 아니라 주변 장치와도 다양한 입출력을 지원한다.

㉠ PWM(펄스 폭 변조)
- 모든 핀에서 소프트웨어 PWM 사용 가능
- GPIO 12, GPIO 13, GPIO 18, GPIO 19에서 하드웨어 PWM 사용 가능

㉡ SPI(Serial Peripheral Interface)
- 1:N 연결, N이 높아질수록 물리적 연결이 많아져야 한다.
- 동시에 송수신 가능, I2C 대비 속도가 빠르다.

	SPI 0	SPI 1
MOSI (Master Out Slave In)	GPIO 10	GPIO 20
MISO (Master In Slave Out)	GPIO 9	GPIO 19
SCK (clock)	GPIO 11	GPIO 21
CE 0	GPIO 8	GPIO 18
CE 1	GPIO 7	GPIO 17
CE 2		GPIO 16

㉢ I2C(Inter Integrated Circuit) 통신
- N개 master, M개 slave (최대 127개) 구조
- Clock 기능을 사용하기 때문에 전송시간 자유로움
- 긴 data에는 부적합
- 데이터(SDA) : GPIO 2
- 클럭(SCL) : GPIO 3
- EEPROM 데이터 : (GPIO0); EEPROM 클럭 (GPIO1)

㉣ 시리얼 통신
- TX(Transmitt : 송신) : GPIO 14
- RX(Receive : 수신) : GPIO 15

⑧ 아두이노 vs 라즈베리파이 GPIO

구분	아두이노 UNO	라즈베리파이 5
GPIO 개수	디지털 14개, 아날로그 6개	40
아날로그 입력	지원 (ADC 내장)	지원안함
PWM 출력	디지털 핀 이름 앞에 ~ 붙은 6개 (3, 5, 6, 9, 10, 11)	하드웨어 지원 : 4개 나머지는 소프트웨어 지원 가능
전압	5V	5V , 3.3V
멀티태스킹	단일작업	멀티태스킹 가능
인터페이스	SPI, I2C, UART 지원	SPI, I2C, UART 지원
운영체제	없음	리눅스 기반 OS

(2) GPIOZero 라이브러리

① 특징

㉠ 라즈베리파이에서 GPIO 핀을 쉽게 제어할 수 있도록 도와주는 파이썬 라이브러리

㉡ LED, 버튼, 모터, 센서 등 다양한 하드웨어를 간단한 코드로 컨트롤 할 수 있다.

② 홈페이지 : https://gpiozero.readthedocs.io/en/latest/index.html

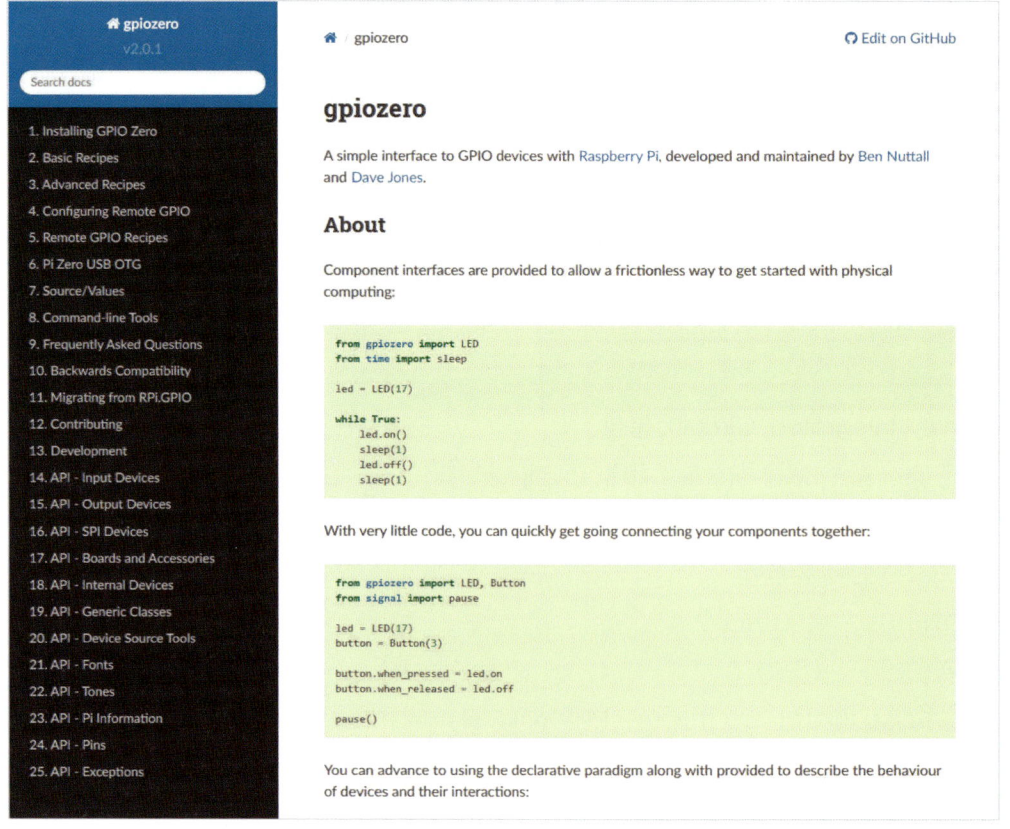

〈그림 1-66〉 gpiozero 홈페이지

③ 주요 기능

　㉠ 간단한 인터페이스
　　• 직관적인 코딩 및 인터페이스
　　• LED 켜기, 버튼 읽기, 센서 데이터 읽기 등의 작업에 간결한 인터페이스를 제공

　㉡ 다양한 디바이스 지원
　　• LED, 버튼, PWM(펄스 폭 변조), 서보 모터, 거리 센서 등 다양한 종류의 디바이스를 지원
　　• 아날로그, 디지털 등의 다양한 센서 지원

　㉢ 이벤트 기반 프로그래밍
　　• 버튼 누름, 센서 값 변경 등의 이벤트에 대해 콜백 함수를 설정하여, 특정 이벤트가 발생했을 때 원하는 동작을 수행
　　• 반복문을 사용하지 않고 작업 처리 가능

　㉣ 복합 디바이스 지원
　　• 여러 개의 디바이스를 하나처럼 동작
　　• 여러 개의 액추에이터(모터)를 하나처럼 동시 동작 가능

④ 설치
　• 라즈베리파이 OS에 기본 내장되어 있어 따로 설치할 필요 없음.
　• 설치 여부 확인

```
$ pip3 list | grep gpiozero
```

　　- | 기호는 키보드의 엔터키 위에 있다. shfit + ₩ 누르면 된다.

〈그림 1-67〉 gpiozero 설치 확인

　• 설치 명령어

```
$ sudo apt install python3-gpiozero
```

⑤ 사용 예

　㉠ 파이썬 실행

```
$ python3
```

ⓛ gpiozeor 라이브러리에서 LED 클래스를 불러온다.

```
>>> from gpiozero import LED
```

ⓒ LED 클래스에서 사용 가능한 메서드와 변수를 dir 명령어로 확인한다.

```
>>> dir(LED)
```

- 글자 앞 뒤로 __ (밑줄이 2개) 있는 것은 파이썬 특수 사용 변수나 메서드
- _(밑줄) 1개가 붙은 것은 사용자가 사용 가능한 변수나 메서드
- 아래쪽에 a~z 순으로 이름만 있는 것이 기본 변수와 메서드(함수)들

(3) 코드 구성 요소

메서드 사용은 객체 생성 시 만든 '객체명.메서드' 사용 (구분자 점(dot, .))

```python
# file: code_1.py              # code_1 모듈 파일

# 내장 라이브러리
from time import sleep         # time 라이브러리에서 sleep 함수 불러오기
from signal import pause       # signal 라이브러리에서 pause 함수 불러오기

# 외부 라이브러리
from gpiozero import LED       # gpiozero 라이브러리에서 LED 클래스 불러오기

led1 = LED(17)                 # LED 클래스로 led1 객체 생성
led2 = LED(27)                 # LED 클래스로 led2 객체 생성

count = 0                      # count 변수

print('Press Ctrl+C to exit')

def blink_led():               # blink_led() 함수 정의
    led1.on()                  # led1 객체의 on 메서드 호출
    led2.on()                  # led2 객체의 on 메서드 호출
    sleep(1)                   # sleep() 함수 호출
    led1.off()                 # led1 객체의 off 메서드 호출
    led2.off()                 # led2 객체의 off 메서드 호출
    sleep(1)
```

```
print('Press Ctrl+C to exit')
print('-'*30)

led1.source = blink_led          # led1 객체의 source 속성에 blink_led 함수 할당
led2.source = blink_led          # led2 객체의 source 속성에 blink_led 함수 할당

pause()
```

구분	예시 코드	설명
라이브러리 (패키지)	gpiozero	• 파이썬에서 특정 기능을 모아둔 코드 집합 • GPIO 제어 기능을 제공
모듈(module)	signal	• 라이브러리 안에 포함된 개별 파일 • time, signal
클래스(class)	Button	• 라이브러리 안에서 특정 기능을 정의한 설계도 • LED( ), Button( ), Buzzer( ), Motor( ) 등등
객체	led1 / led2	• 클래스로부터 생성된 실제 객체 • GPIO(17)번과 연결된 led1 객체 • GPIO(27)번과 연결된 led2 객체
함수	blink_led( )	• 특정 동작을 수행하는 코드들 • 정의하고 불러서 동작함
메서드	on( ) / off( ) / sleep( )	객체가 가진 동작(함수)을 의미
속성	source	객체가 가진 특성(속성)을 의미

① gpiozero vs RPi.GPIO

구분	gpiozero	RPi.GPIO
사용 편리성	• 고수준 API 제공 • 초보자들도 사용하기 쉬움	• 저수준 API 제공 • 직접 핀 설정등으로 어려움
설정방식	• 자동 설정 • LED(17)	• 수동 설정 • GPIO.setup(17, GPIO.OUT)
이벤트 처리	• 가능 • button.when_pressed = 실행 함수	• 가능 • GPIO.add_event_detect( )
PWM 지원	지원	지원
멀티스레딩	자동 지원	직접 설정 필요
외부 라이브러리 지원	지원	지원하지 않음
특징	라즈베리파이 OS 지원	많은 예제가 있음
대상	초보자 및 간단한 프로젝트	고급 사용자 및 세밀한 제어 필요

06 파이썬 프로그래밍 환경

(1) git 소스 코드 다운

본 교재의 모든 소스 파일 다운로드를 진행한다. 터미널에 작업한다.

① 터미널을 열고 아래 명령어를 입력한다.

```
$ git clone https://github.com/zerotoaiot/basic.git
```

② 작업 위치로 이동

```
$ cd basic/
pi@zeroToAI: ~basic $
```

③ 확인 : ls 명령어

```
pi@zeroToAI: ~basic $ ls
```

㉠ pi : 접속 사용자 아이디
㉡ zeroToAI : 라즈베리파이 호스트명
㉢ ~ : 사용자 홈 디렉터리, /home/pi임
㉣ basic : 현재 위치한 basic 디렉터리
㉤ ls : 파일 목록 보여주는 명령어

```
pi@zeroToAI:~ $ cd basic/
pi@zeroToAI:~/basic $ ls
ch02_Basic    ch04_Digital    ch06_Actuator    ch08_RemoteControl    ch10_appendix
ch03_Analog   ch05_Display    ch07_Camera      ch09_Project          requirements.txt
pi@zeroToAI:~/basic $
```

〈그림 1-68〉 basic 디렉터리 목록

(2) 개발 환경 - 라즈베리파이(Thonny)

IDE(Integrated Development Enronronment)는 통합개발환경 소프트웨어를 말하며 보통 프로그래밍을 할 수 있는 환경으로 GUI 환경과 CLS 환경으로 구분된다. 본 교재에서는 라즈베리파이에 기본 설치된 [Thonny Python IDE]를 이용한다.

	GUI	CLS 텍스트 에디터
기본설치	Thonny python	nano, vi
추가설치 필요	• jupyter notebook • Visual Studio code • pycharm • spyder • python IDLE	vim, emacs

jupyter notebook(설치 필요 용량 : 2.7G), pycharm, spyder, python IDLE 등 설치는 라즈베리파이 OS에서 사용되는 sd card의 용량에 따라 본인이 선택하여 설치하면 된다.

① 라즈베리파이 🍓 - [Programming] - [Thonny] 클릭

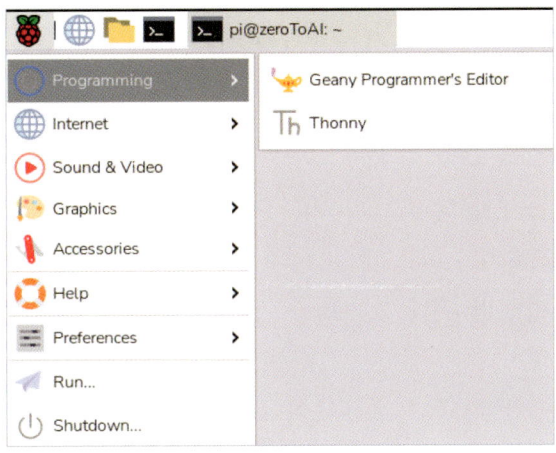

〈그림 1-69〉 시작_Programming 메뉴

Thonny는 Thonny 이름의 개발자가 만든 무료 오픈소스 파이썬 IDE이다. 라즈베리파이 OS에 기본적으로 설치되어 있다.

② **화면 구성**

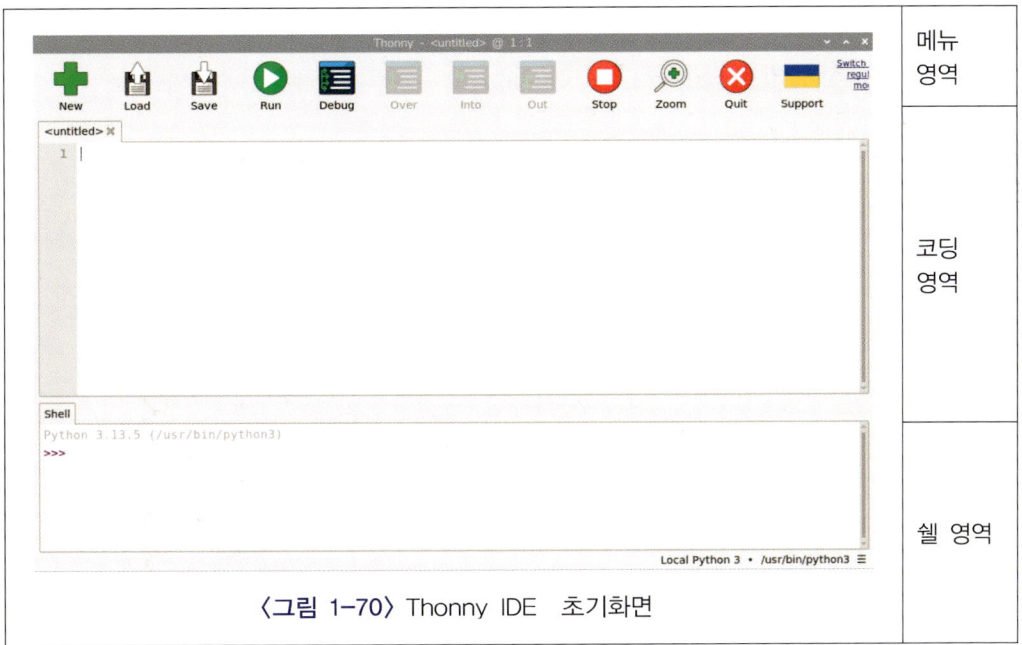

〈그림 1-70〉 Thonny IDE 초기화면

㉠ 메뉴
- New : 새로운 파일(탭) 생성
- Load : 기존 작업했던 파일을 불러오기
- Save : 현재 작업 내용 저장
- Run : 현재 작업 내용 실행
- Stop : 현재 실행 내용 중지
- Quit : Thoony IDE 종료

㉡ 프로그램 코딩 영역

실제 코드를 입력하면 된다.

㉢ 쉘
- 실행 창으로 실행 결과나 오류들이 표시됨.
- 실행 정지 단축키(ctrl + c)를 누를 때 쉘영역에서 누름.

(3) 개발환경 - 작업용 컴퓨터(VS Code)

① 특징
- 일반 PC(노트북)에서 VS Code의 Remote SSH를 이용하여 라즈베리파이의 가상 환경에 접속하여 코딩한다.
- 로컬 환경에서 작업하는 것처럼 라즈베리파이의 파일 시스템에 접근하du 코드를 편집하고, 실행, 가상 환경을 사용하면 프로젝트별로 독립적인 개발 환경을 구성할 수 있어 더욱 효과적이다.

② vs code 설치
㉠ 다운로드 : https://code.visualstudio.com/download
㉡ 컴퓨터 환경에 맞게 선택해서 다운

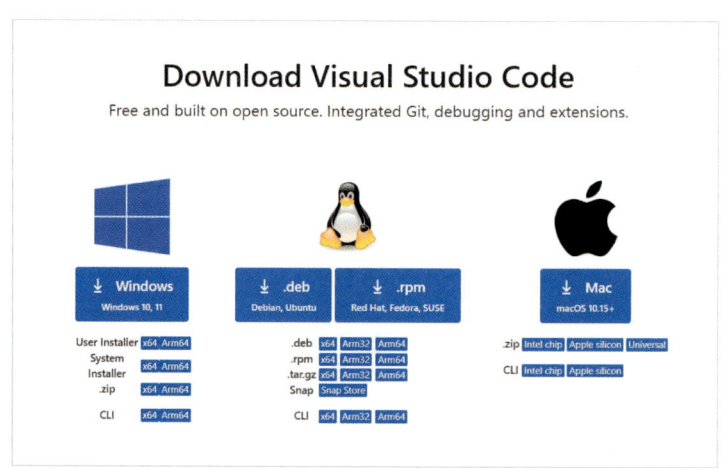

ⓒ 설치

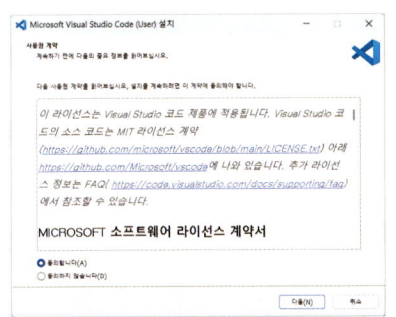
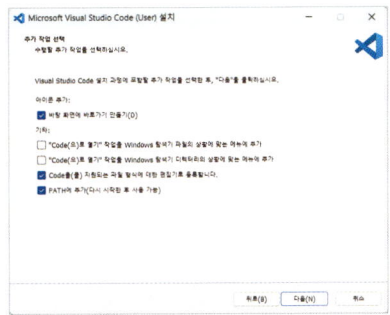
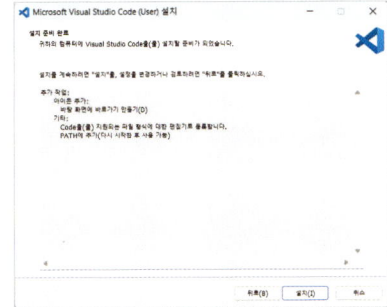

③ 확장 프로그램 설치

㉠ 파이썬 확장
- VS Code 좌측의 확장(Extensions) 탭(단축키: Ctrl+Shift+X).
- 검색창에 python 입력,,, python by microsoft 선택

〈그림 1-71〉 확장프로그램 python 설치

㉡ Remote - SSH 확장 프로그램 설치
- VS Code 좌측의 확장(Extensions) 탭(단축키: Ctrl+Shift+X).
- 검색창에 Remote - SSH를 입력
- 검색된 Remote - SSH 확장 프로그램을 찾아 Install 버튼을 눌러 설치

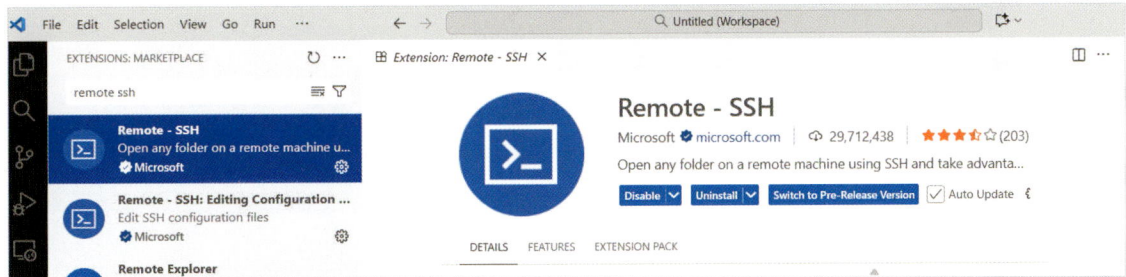

〈그림 1-72〉 확장프로그램 Remote SSH 설치

- Remote Development라는 확장 프로그램 팩을 설치해도 Remote-SSH가 포함되어 있어 동일하게 사용 가능

④ vs code 기본 사용
　㉠ 설정

- 화면 왼쪽 아래 톱니바퀴 ⚙ – Setting

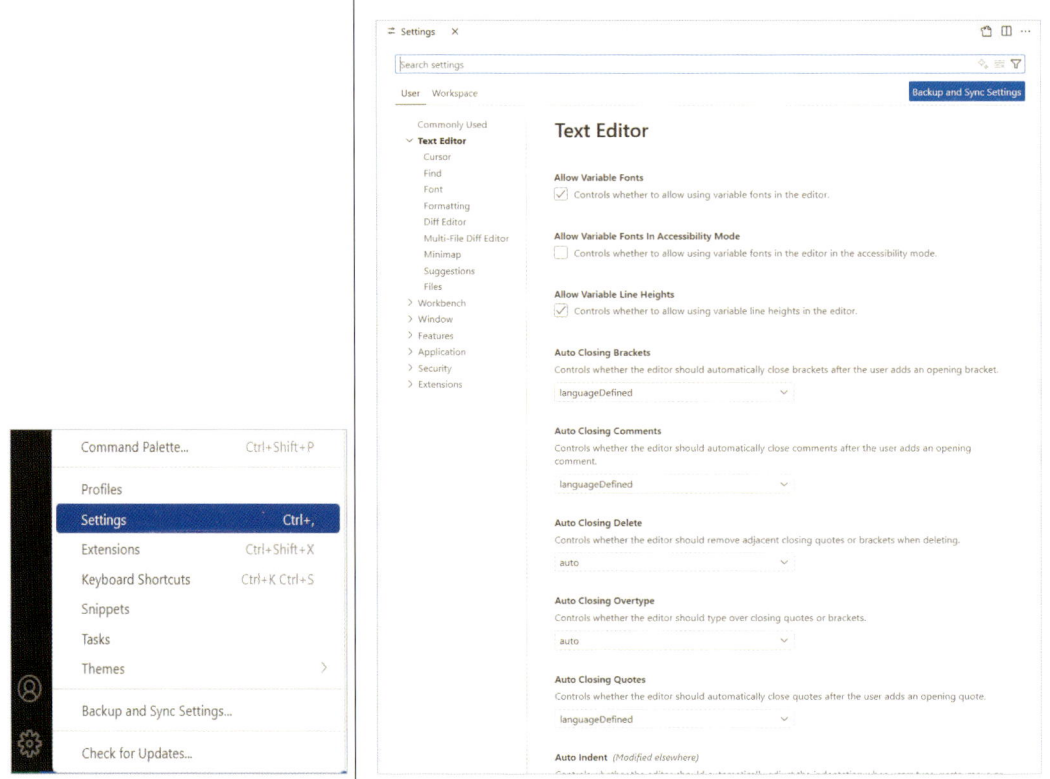

〈그림 1-73〉 vscode_setting　　〈그림 1-74〉 vscode_setting_TextEditro

㉡ 사이드 메뉴

메뉴	명칭	기능
📄	Explorer (Ctrl + Shift + E)	폴더 및 파일 탐색시
🔍	search (Ctrl + Shift + F)	검색, 작성한 파일이나 폴더 찾을 때
⑃	Source Control (Ctrl + Shift + G)	
▷	Run and Debug (Ctrl + Shift + D)	파일 실행 및 디버그
🖥	Remote Explorer	원격 접속 컴퓨터 목록 확인
⊞	Extensions (Ctrl + Shift + X)	vs code에 추가 확장 프로그램 설치

56　피지컬AI 컴퓨팅 _ 센서편

ⓒ Explorer

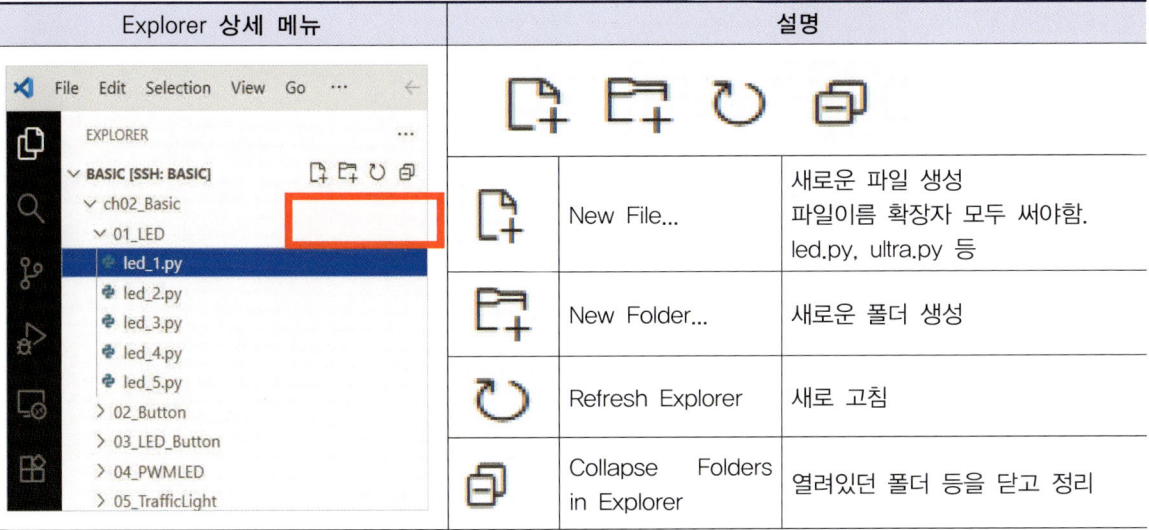

⑤ 접속 환경 설정

㉠ 라즈베리파이에서 먼저 SSH 접속이 활성화되어 있어야 한다.
- 저희는 라즈베리파이 OS Imager 세팅시 SSH를 이미 활성화하였다.
- 혹 이 부분을 놓쳤다면 아래 오른쪽 그림처럼 하면 된다.

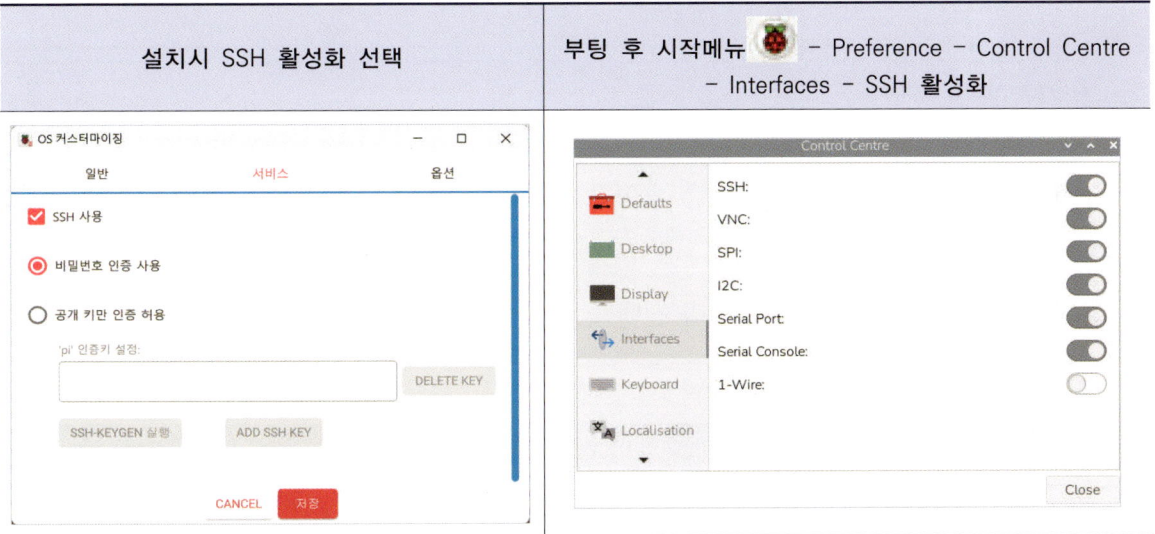

⑥ vs code에서 SSH 접속 환경 설정
- 명령 팔레트 엶(단축키 F1 또는 ctrl+shift+p)
- Remote-SSH: Open SSH Configuration File...을 입력하고 선택
- 설정 파일 선택 : C:₩Users₩hanuri₩.ssh₩config(컴퓨터 환경마다 다름)

- cofig 파일에서
  - 아이피와 호스트명 IP 주소, 접속 id 입력하고 저장

```
Host 접속할 명칭
  HostName 192.168.137.30      # 서버의 IP 주소
  User pi                      # 서버에 접속할 사용자 계정 이름
  Port 22                      # SSH 포트 번호 (기본값인 22번은 생략 가능)
```

```
≡ config  ●
C: > Users > hanuri > .ssh > ≡ config
  1    Host basic
  2        HostName 192.168.137.30
  3        User pi
```

〈그림 1-75〉 vscode_SSH접속_config 설정

⑦ vs code에서 접속

㉠ 맨 왼쪽 하단  클릭 하거나

㉡ 명령 팔레트 연다(단축키 F1 또는 ctrl+shift+p)

㉢ Remote-SSH: Connect to Host.. 클릭

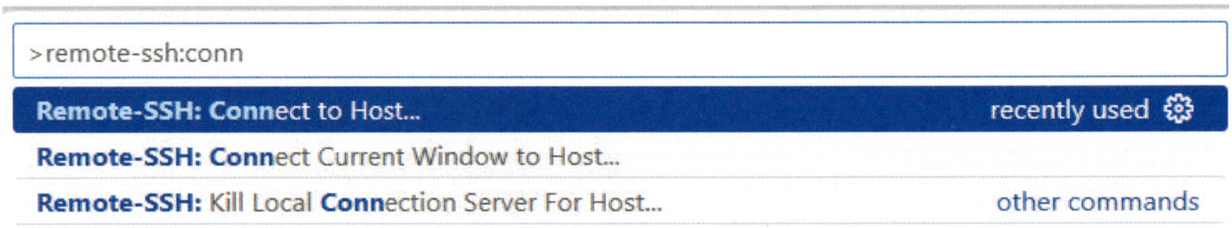

```
>remote-ssh:conn
Remote-SSH: Connect to Host...                           recently used ⚙
Remote-SSH: Connect Current Window to Host...
Remote-SSH: Kill Local Connection Server For Host...     other commands
```

㉣ git으로 받은 basic 디렉터리 선택

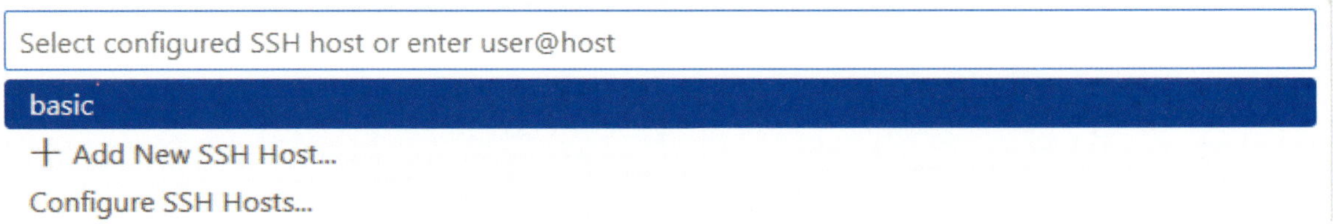

```
Select configured SSH host or enter user@host
basic
+ Add New SSH Host...
Configure SSH Hosts...
```

㉤ 라즈베리파이 OS가 리눅스임으로 'Linux' 선택

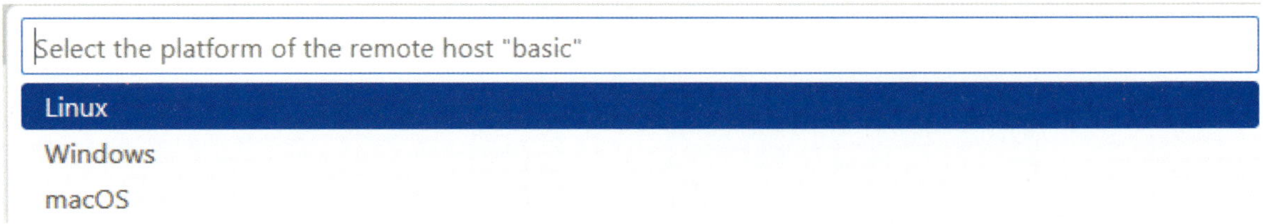

```
Select the platform of the remote host "basic"
Linux
Windows
macOS
```

ⓑ 보안 경고이다. 계속 진행

"basic" has fingerprint "SHA256:4xg0fhrioQg9TEBddRFM+Oy0KtOez/w0YwCgIPDQ3XE".

Are you sure you want to continue?

Continue

Cancel

ⓐ 다시 비밀번호 입력 후 엔터

Enter password for pi@192.168.137.30

Press 'Enter' to confirm your input or 'Escape' to cancel

ⓞ 초기화면
- 연결이 성공하면 VS Code 창의 왼쪽 하단에 초록색으로 SSH:basis가 표시
  - basic : 접속 서버 명칭
- welcome 초기 창 닫음.

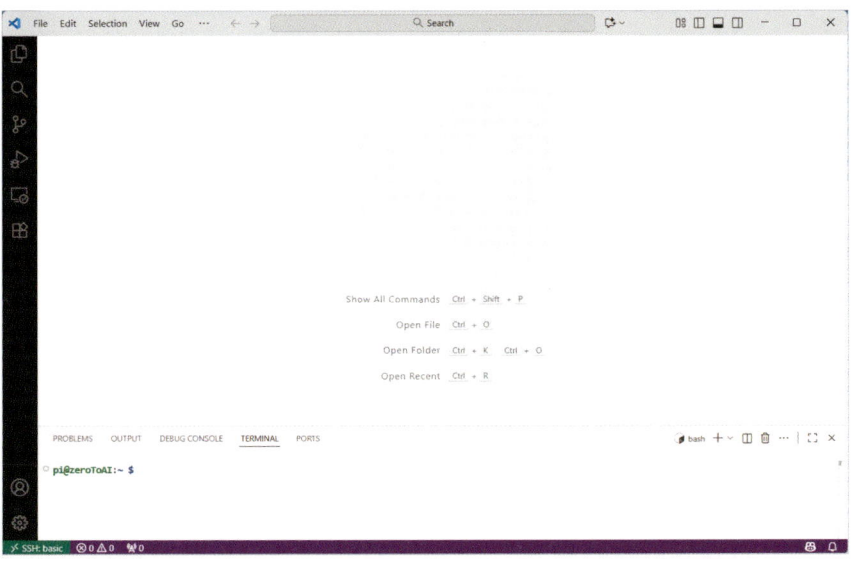

〈그림 1-76〉 vscode_SSH 접속 완료창

⑧ 소스 파일 열기
- basic 디렉터리 안의 모든 소스 파일 열기

㉠ 왼쪽 사이드 메뉴에서 [Exporer] 클릭 > Open Folder > basic 선택 후 OK 클릭

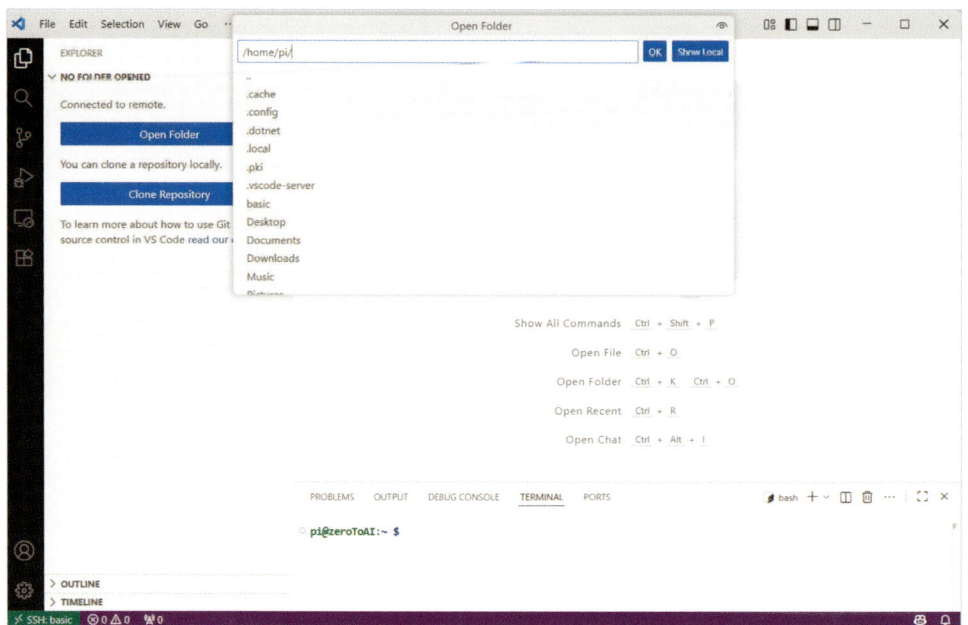

〈그림 1-77〉 vscode_basic디렉터리열기

㉡ 상단에 비밀번호 입력창이 나온다. 비밀번호(예 : 12345678) 입력 후 엔터
㉢ 처음으로 디렉터리 열 때 신뢰성에 대해 물어본다.
   꼭 ☑ Trust the authors of all files in the parent folder 'pi' 체크하고 |
   Yes, I Trust the authors 버튼 클릭. 다음부터 비밀번호를 물어보지 않는다.

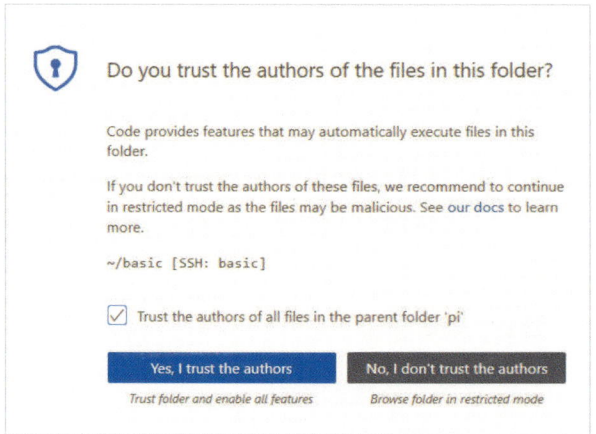

〈그림 1-78〉 vscode_basic디렉터리신뢰

ㄹ 왼쪽 화면에 챕터별로 소스가 있다. 클릭하면 오른쪽 메인창에 보인다.
- welcome 파일은 닫는다.

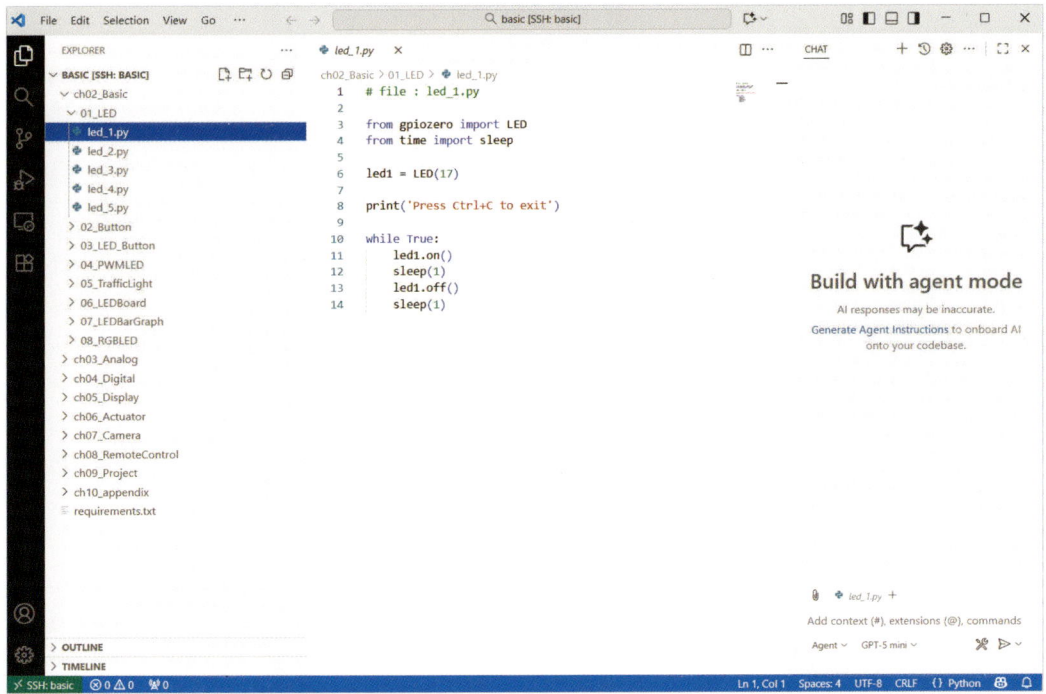

〈그림 1-79〉 vscode_basic 디렉터리_led_1 열기

(4) try ~ except ~ finally 구문

① 네트워크 환경 접속 및 제어시 다양한 에러가 발생할 가능성이 존재함으로 에러에 대한 정보 및 시스템 제어를 위해 사용
- try: 실행할 소스 코드를 입력하는 구간
- except: 에러 발생시 에러 출력 혹은 키보드 중단시 키보드 중지 출력
- finally: 소스코드 및 에러 코드가 끝나고 최종적으로 필수적으로 진행

② **기본 예**

㉠ led 제어

```
from gpiozero import LED
from time import sleep

led = LED(17)

try:
    while True:
        ledRed.on()
    sleep(1)
        ledRed.off()
        sleep(1)
```

```
except KeyboardInterrupt:
    print('Stopped. Ctrl+C pressed.')
except Exception as err:
    print(f'Error : {err}')

finally:
    print('finished..')
```

- except Exception as err:

  print(f'Error : {err}')

  에러 발생시 에러에 관한 정보 출력

  센서에 대한 기초에 좀 더 집중하고 코딩 오류 발생을 최소화 하기 위해 본 교재에서는 try - catch 구문을 최소로 사용한다.

07 전기·전자 기초

(1) 전압 : V

- 전위가 높은 쪽과 낮은 쪽의 차이 값
- 1쿨롱(coulomb: 전하의 단위)
- 라즈베리파이에서는 직류 3.3V와 5V 지원

(2) 전류 : A

- 1초당 1쿨롱의 전하가 단위 면적을 통과했을 때를 1A로 정의
- Arduino에서는 1/1000A 단위인 mA를 사용

(3) 저항 : Ω

① 특성

- 전류의 흐름을 방해하는 정도
- 색 띠나 숫자로 값을 표시
- 단위 기호 : Ω (옴, ohms)
- 옴의 법칙 : $R = \dfrac{V}{I}$
- 기호

② 저항값 읽기

색깔	수	승수	오차율
검정	0	10^0	
갈색	1	10^1	±1%
빨강	2	10^2	±2%
주황	3	10^3	
노랑	4	10^4	
초록	5	10^5	±0.5%
파랑	6	10^6	±0.25%
보라	7	10^7	±0.1%
회색	8	10^8	
	9	10^9	
금색		10^{-1}	±5%
		10^{-2}	±10%

㉠ 4색 저항값 읽기

- 220Ω

첫째 숫자	둘째 숫자	10 승수	저항값 오차
빨강	빨강	갈색	금색
2	2	101	5%

첫째 둘째 숫자 × 10의 승수 ± 오차
$22 \times 10^1 = 220Ω \pm 5\%$

- 330Ω

첫째숫자	둘째 숫자	10 승수	저항값 오차
주황	주황	갈색	금색
3	3	101	5%

첫째둘째숫자 × 10의 승수 ± 오차
$33 \times 10^1 = 330Ω \pm 5\%$

- 1kΩ

첫째 숫자	둘째 숫자	10 승수	저항값 오차
갈색	검정	빨강	금색
1	0	102	5%

첫째 둘째 숫자 × 10의 승수 ± 오차
$10 \times 10^2 = 1000Ω = 1KΩ \pm 5\%$

- 10kΩ

첫째 숫자	둘째 숫자	10 승수	저항값 오차
갈색	검정	주황	금색
1	0	103	5%

	첫째 둘째 숫자 × 10의 승수 ± 오차
	$10 \times 10^3 = 10000\Omega = 10K\Omega \pm 5\%$

ⓒ 5색 저항값 읽기

첫째 숫자	둘째 숫자	셋째 숫자	10 승수
빨강	파랑	검정	주황
2	6	0	1000

	첫째, 둘째 숫자, 셋째 숫자 × 10승수 ± 오차
	$260 \times 10^3 = 260,000\Omega = 260K\Omega \pm 10\%$

③ **종류**

명	탄소 피막 저항	칩 저항	시멘트 저항	가변 저항
특징	가격이 저렴하여 가장 많이 쓰인다. IoT회로 연습시에 주로 사용한다. 하지만 온도나 노화에 따른 저항값 변화가 심해 정밀한 회로에서는 사용하지 않는다.	저항값을 숫자로 바로 표기. SMD 저항이라고도 한다. 크기는 4자리 숫자로 표기하며 앞 두자리는 가로(mm), 뒷 두자리를 세로크기(mm)이다.	말 그대로 시멘트로 구성한 저항이다. 시멘트 및 세라믹 재질로 구성한다. 높은 엎에 잘 견디며 전류 제거 목적이 크다.	저항값을 변할 수 있게 한다. 드라이버 등으로 돌리거나 손잡이가 있는 부분을 돌려 저항값을 바꾼다.
이미지				

④ **저항 선택하기**

㉠ 저항값 계산

일반적인 적색 LED의 경우 1.8V의 전압강하가 있고 적정전류는 25mA이다. 그리고 라즈베리파이는 5V, 3V3 출력 전압을 지원하고 있다. 옴의 법칙을 이용하여 필요한 저항값을 계산해 보자.

예를 들어 라즈베리파이는 5V를 사용하고 LED의 전압강화는 1.8V, 적정전류는 0.025A 일 경우 계산상 128Ω이 필요하다.

$$R = \frac{V}{I} = \frac{출력단자전압 - \leq D전압강화}{적정전류} = \frac{5-1.8}{0.025} \geq 128\Omega$$

100Ω은 128Ω보다 저항값이 적으니 안되고, 다음이 220Ω이다. 128Ω보다 크고 쉽게 구할 수 있는 220Ω을 사용하면 된다. 이보다 매우 큰 저항을 사용하면 밝기가 약하다.

보통 쉽게 구할 수 있는 보편적인 저항은 아래와 같다.

{ 100, 220, 470, 1000, 2200, 4700, 10000 }

3V3 구성 요소에는 5V를 사용하면 안되며, 특히 모터 등은 GPIO 핀에 직접 연결하지 말고 대신 H 브리지 회로 또는 모터 컨트롤러 보드를 사용하여야 한다.

(4) 브레드보드(빵판)

회로를 연결할 때 사용한다.

용접을 하지 않아도 되기 때문에 시제품이라 실험용을 많이 사용한다.

① **400홀**

㉠ 중앙을 기준으로 위, 아래는 구분되어져 있다.

㉡ 가장자리 줄들은 각자로 연결되어 있다.

㉢ 오른쪽 회로도의 가운데는 5개씩 세로로 연결되어 있다.

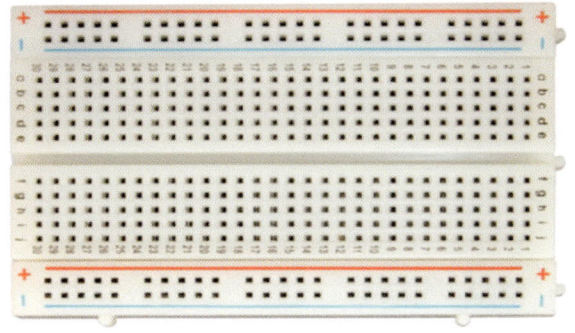
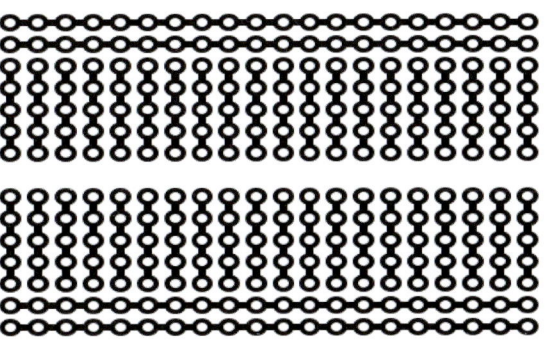

ⓔ 빨간 라인(+) 라즈베리파이의 VCC와 연결
　　ⓜ 파란 라인 (−) : 라즈베리파이의 GND(ground, 접지)와 연결
② **브레드보드 830핀 (56.5×165.5×8.5mm)**

양쪽 가장자리의 왼쪽 영역과 오른쪽 영역은 연결되어 있지 않는다.

CHAPTER 2

센서기초

CHAPTER 02 센서 기초

분류	부품	개수	라이브러리	이미지
LED	LED	5	LED	
저항	220Ω	7	–	
버튼	button	3	Button	
RGBLED	rgbled	1	RGBLED	
저항	330Ω	1	–	
연결선	수수	22		

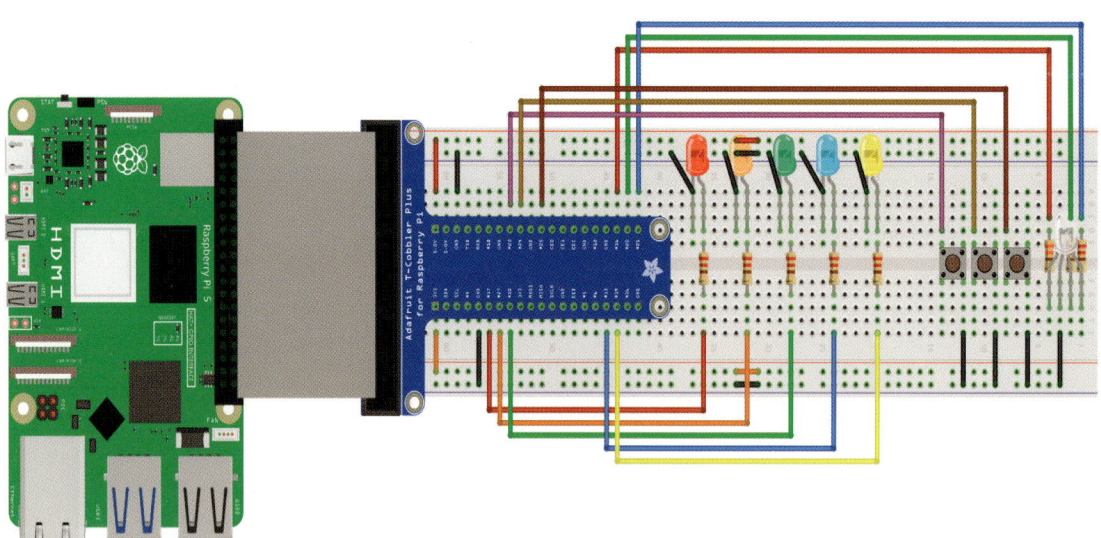

〈그림 2-1〉 센서기초_전체회로도

01 LED

(1) 개요

① LED(Light Emitted Diode), 발광 다이오드, 전기에너지를 빛 에너지로 변환
② 전력 소모가 적고 에너지 효율이 높고 수명이 길다.
③ Ga(갈륨), N(질소), In(인듐), Al(알루미늄), P(인), As(비소) 등의 원소를 합성하여 만들어진 화합물로, 재료의 구성에 따라 방출하는 빛의 파장(발광색)이 결정됨.
④ 용도
 ㉠ 전구, 가정용, 스포츠, 조명, 디스플레이, LCD 백라이트(TV, PC, 스마트폰 등)
 ㉡ 웨어러블 기기, 의료기기, 미용기기, 식물 육성용 조명, 살균 장치 등
 ㉢ 가로등, 교통 신호등, 자동차용 각종 라이트, 공공 교통 기관의 각종 표시기 등

〈그림 2-2〉 다양한 LED 들

⑤ 종류

램프(리드) 타입	칩 타입
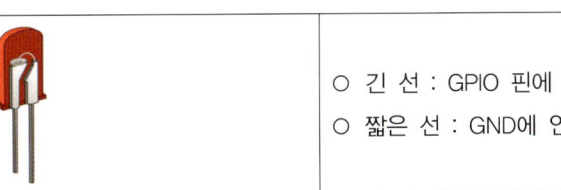	

⑥ 구조

	○ 긴 선 : GPIO 핀에 연결 ○ 짧은 선 : GND에 연결

⑦ LED 밝기

㉠ 저항에 따라 결정됨.

㉡ 저항이 크면 전류의 세기는 작아져 LED는 어두워짐

㉢ 저항이 작으면 전류의 세기는 커져 LED는 밝아짐.

㉣ 실습용 LED는 220Ω~330Ω의 저항을 사용. 저항이 필요없는 LED도 있음.

(2) 클래스 : LED

① 함수원형 및 parameters

```
LED(pin)
```

- pin : LED의 +에 연결한 GPIO 핀번호
- 예 :GPIO 17번에 연결

```
from gpiozero import LED
ledR = LED(17)
```

② 동작 method

- on( ) : 켠다
- off( ) : 끈다
- blink( ) : 1회 깜빡거린다.
- pulse( ) : 천천히 연속해서 깜빡임. 기본값은 1초, pwm가 True일 때 동작.
- sleep( ) : 실행 멈춤. second(초) 단위.

  예) 1초 멈춤 : sleep(1)
- toggle( ) : 현재 상태 반전
- close( ) : 사용 중단

③ 변수 property

- value : LED의 활성화 상태, 0 or 1 를 반환
- is_lit : LED 활성 여부, True or False 반환
- pin : LED 연결 핀 확인, LED가 연결되지 않았으면 None, pin.number로 연결핀 번호 확인

(3) 연결 정보 및 회로도

① 부품 및 연결 정보

부품명		이미지	수량	부품명	이미지	수량
LED 3mm	red		1	저항 220Ω		2
	orange		1			

sensor		라즈베리파이
LED	Red +	GPIO 17
	Orange +	GPIO 27
	GND	GND

② 회로도

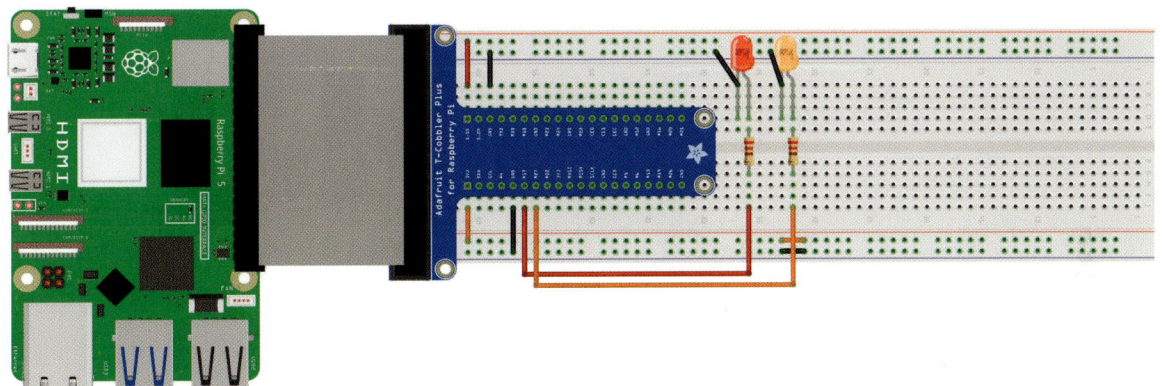

〈그림 2-3〉 센서기초_01LED_회로도

(4) 실습해보기

① led1를 1초 간격으로 on/off 해보자.

```
# file : led_1.py

from gpiozero import LED
from time import sleep

led1 = LED(17)

print('Press Ctrl+C to exit')

while True:
    led1.on()
    sleep(1)
    led1.off()
    sleep(1)
```

② led1, led2를 1초 간격으로 동시에 on/off 해보자.

```python
# file: led_2.py

from gpiozero import LED
from time import sleep

led1 = LED(17)
led2 = LED(27)

print('Press Ctrl+C to exit')

while True:
    led1.on()
    led2.on()
    sleep(1)

    led1.off()
    led2.off()
    sleep(1)
```

③ led1, led2를 1초 on, 0.5초 off로 깜빡이게 해보자.

㉠ blink( ) 함수 사용

```python
# file: led_3.py

from gpiozero import LED
from signal import pause

led1 = LED(23)
led2 = LED(24)

print('Press Ctrl+C to exit')

led1.blink(on_time=1, off_time=0.5)
led2.blink(on_time=1, off_time=0.5)

pause( )
```

(5) 응용해보기

① LED를 랜덤으로 on/off 해보자.

㉠ randint( ) 함수 사용

```python
# file: led_4.py

from gpiozero import LED
from random import randint
from time import sleep

led1 = LED(17)
led2 = LED(27)

print('Press Ctrl+C to exit')

while True:
    led1.value = randint(0, 1)
    led2.value = randint(0, 1)

    sleep(1)
```

㉡ rand( )함수 정의 및 활용

```python
# file: led_5.py

from gpiozero import LED
from random import randint
from signal import pause

led1 = LED(17)
led2 = LED(27)

def rand():
    while True:
        yield randint(0, 1)

print('Press Ctrl+C to exit')

led1.source_delay = 0.5
led1.source = rand()

led2.source_delay = 0.5
led2.source = rand()

pause()
```

02 버튼

(1) 개요

① Tactile Switch

㉠ 소형의 스위치로 버튼을 눌렀을 때 동작

② 구조

㉠ 1과 2, 3과 4는 각각 연결되어 있음

〈그림 2-4〉 택트 스위치

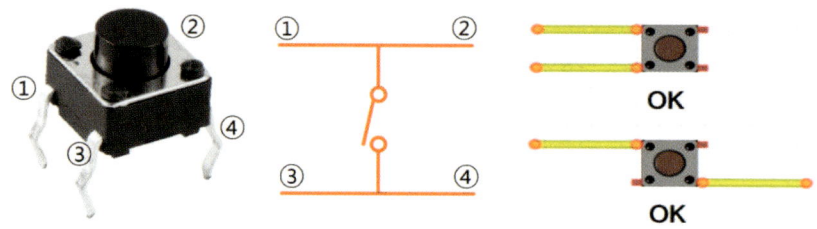

③ 연결(아래 중 하나의 방법만 사용)

㉠ 1 또는 2를 GPIO 핀에 연결시 3 또는 4를 GND에 연결

㉡ 3 또는 4를 GPIO 핀에 연결시 1 또는 2를 GND에 연결

(2) 클래스 : Button

① 함수원형 및 parameters

```
Button(pin)
```

- pin : 버튼의 +(1 혹은 3)에 연결한 GPIO 핀번호
- 예 : GPIO 23번에 버튼 연결

```
from gpiozero import Button
btn = Button(23)
```

② 동작 method

- is_pressed( ) : 버튼이 눌러지는 여부, true/false 값 반환
- wait_for_press(timeout=None) : 버튼 눌러졌는지 여부
  - timeout : 기본값이 None일 경우 버튼 눌러질때까지 대기
- wait_for_release(timeout=None) : 버튼을 뗄 때까지 대기
- when_pressed( ) : 버튼이 눌러지면 동작
- when_released( ) : 버튼 눌렀다 떼면 동작

③ 변수 property
- value : 버튼이 현재 눌려 있으면 1을 반환하고, 눌려 있지 않으면 0을 반환

(3) 연결 정보 및 회로도

① 연결 정보

재료명	이미지	수량	sensor		라즈베리파이
button 택트 스위치		3	button	btn1	GPIO 23
				btn2	GPIO 24
				btn3	GPIO 25
				GND	GND

② 회로도

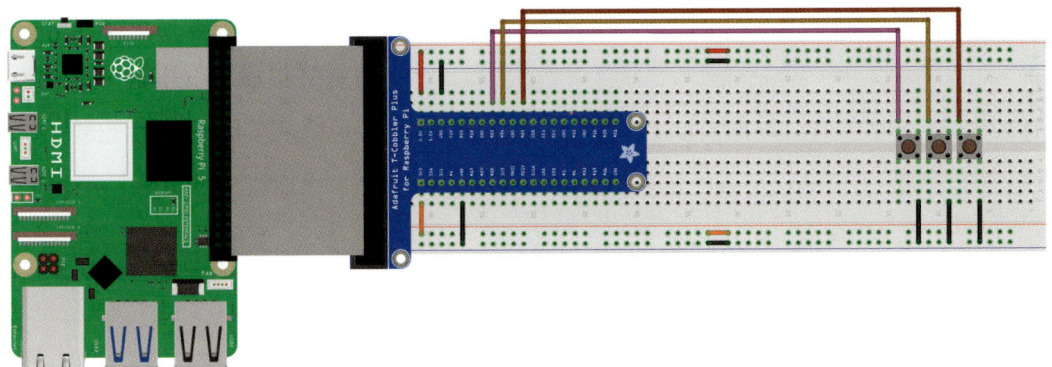

〈그림 2-5〉 센서기초_02 버튼_회로도

(4) 실습해보기

① btn1 버튼 눌러지면 'Button pressed' 출력해 보자. (while 문 사용)

```python
# file: button_1.py

from gpiozero import Button
from signal import pause

btn1 = Button(23)

print('Press Ctrl+C to exit')

while True:
    btn1.wait_for_press()
    print('Button pressed')

pause()
```

② btn1 버튼 누르고 있으면 'Button pressed' 출력해 보자.
- 이벤트 방식 : .when_pressed

```
# file: button_2.py

from gpiozero import Button
from signal import pause

btn2 = Button(24)

def btn_pressed( ):
    print('Button2 was pressed')

print('Press Ctrl+C to exit')

btn2.when_pressed = btn_pressed

pause( )
```

- 기기에 부담을 주는 while 사용을 최소화
- pause( ) : 대기
- when_press는 이벤트 방식으로 btn_press( )가 아님. 끝에 ( )입력 금지

③ btn1 버튼을 누르면 'Button pressed', 띄었을 때 'Button released' 출력해 보자.
- while문 활용

```
# file: button_3.py

from gpiozero import Button
from time import sleep

btn1 = Button(23)

print('Press Ctrl+C to exit')

while True:
    if btn1.is_pressed:
        print('Button1 is pressed')
    else:
        print('Button1 is not pressed')
    sleep(2)
```

- is_pressed : 버튼이 눌러지면 print('Button pressed') 실행
  그렇지 않으면 print('Button not pressed') 실행

④ btn1 버튼 눌러지면 'Button is pressed', 떨어지면 'Button is not pressed' 출력해 보자.

```
# file: button_4.py

from gpiozero import Button
from signal import pause

btn1 = Button(23)
```

```
def on_press():
    print('Button pressed')

def on_release():
    print('Button is not pressed')

print('Press Ctrl+C to exit')

btn1.when_pressed = on_press
btn1.when_released = on_release

pause()
```

- on_press( ) : 버튼이 눌릴 때 실행할 함수
- on_release( ) : 버튼이 떼어질 때 실행할 함수

⑤ btn1 버튼 눌러지면 'hello', 떨어지면 'Goodbye'를 출력해 보자.

```
# file: button_5.py

from gpiozero import Button
from signal import pause

btn1 = Button(23)

def hi( ):
    print('Hi. everyone!!')

def bye( ):
    print('Bye. see you again')

print('Press Ctrl+C to exit')

btn1.when_pressed = hi
btn1.when_released = bye

pause( )
```

- .when_pressed : 이벤트 방식 콜백 함수, 눌러지면 hi 함수 실행
- .when_released : 이벤트 방식 콜백 함수, 띄어지면 bye 함수 실행

(5) 응용해보기

① 디바운스 처리

㉠ 디바운스란 스위치를 누르거나 떼는 순간에 접점이 여러 번 붙었다 떨어지는 바운스 현상을 방지하기 위해 처리하는 방법

㉡ 소프트웨어적으로 처리

- bounce_time=0.1 : 바운싱 효과 방지를 위해 0.1초의 디바운스 시간 부여

ⓒ 3개의 버튼에서 버튼을 누르면 각 버튼에 대해 출력메시지를 출력해 보자.

```python
# file: button_6.py

from gpiozero import Button
from signal import pause

btn1 = Button(23, bounce_time=0.1)
btn2 = Button(24, bounce_time=0.1)
btn3 = Button(25, bounce_time=0.1)

def btn1_pressed( ):
    print('Button 1 was pressed')

def btn2_pressed( ):
    print('Button 2 was pressed')

def btn3_pressed( ):
    print('Button 3 was pressed')
print('Press Ctrl+C to exit')

btn1.when_pressed = btn1_pressed
btn2.when_pressed = btn2_pressed
btn3.when_pressed = btn3_pressed

pause( )
```

(6) 도전해보기

① 목표

3개의 LED와 3개의 버튼을 서로 연결해서 버튼을 누르면 해당 LED가 on되게 해 보자.
- btnRed을 누르면 ledRed on, 떼면 off
- ledOrange을 누르면 ledOrange on, 떼면 off
- btnGreen을 누르면 ledGreen on, 떼면 off

② 부품

재료명 모델명	이미지	수량	재료명	이미지	수량
LED 3mm		3	button 택트 스위치		3
저항 220Ω		3			

③ 연결 정보

sensor		라즈베리파이
LED	LED1 +	GPIO 17
	LED2 +	GPIO 27
	LED3 +	GPIO 22
	GND	GND

sensor		라즈베리파이
Button	button1 +	GPIO 23
	button2 +	GPIO 24
	button3 +	GPIO 25
	GND	GND

④ 회로도

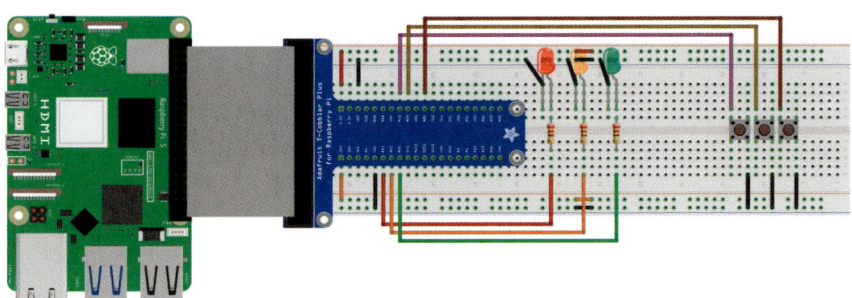

〈그림 2-6〉 센서기초_02 버튼_회로도_도전

⑤ source code

```
# file: led_button_5.py

from gpiozero import LED, Button
from signal import pause

ledRed = LED(17)
ledOrange = LED(27)
ledGreen = LED(22)

btnRed = Button(23, bounce_time=0.1)
btnOrange = Button(24, bounce_time=0.1)
btnGreen = Button(25, bounce_time=0.1)

print('Press Ctrl+C to exit')

ledRed.source = btnRed
ledOrange.source = btnOrange
ledGreen.source = btnGreen

pause( )
```

㉠ 리스트 활용 코드 최적화(고급)

```python
# file: led_button_6.py

from gpiozero import LED, Button
from signal import pause

leds = [LED(17), LED(27), LED(22)]
buttons = [Button(23, bounce_time=0.1), Button(24, bounce_time=0.1), Button(25, bounce_time=0.1)]

print('Press Ctrl+C to exit')

for button, led in zip(buttons, leds):
    button.when_pressed = led.on
    button.when_released = led.off

pause()
```

- 리스트 : leds = [LED(17), LED(27), LED(22)]
- zip( ) 함수
  - 여러 개의 iterable(객체)들을 하나로 묶어주는 함수이다.
  - 여기서는 led와 button을 순서대로 짝을 지어 튜플 형태로 처리

03 PWMLED

(1) 개요

① 특징

㉠ PWM(Pulse-width modulation), 파형(pulse)의 폭(width)을 변조(modulation)

디지털 값	전압	duty cycle
0	low	0%
1	high	100%

㉡ pulse : 파형, 구형파(矩形波), 사각파, 디지털신호의 high/low

㉢ duty cycle : pulse에서 high의 비율

※ duty cycle을 0 ~ 100% 사이값으로 조절하여 LED 밝기를 조절

② **디밍(Dimming)**

- PWM(Pulse Width Modulationl)로 LED에 들어오는 전력을 조절하여 밝기를 조절
- 고속의 스위칭으로 High와 Low 신호의 비율을 조절하여 LED의 밝기, 모터의 회전 등을 조절하는 방법

(2) 클래스 : PWMLED

① 함수원형 및 parameters

```
PWMLED(pin)
```

- pin : LED의 +에 연결한 GPIO 핀번호
- 예 : GPIO 23번에 LED의 + 연결

```
from gpiozero import PWMLED
ledRed = PWMLED(23)
```

② 동작 method

- pulse( ) : LED를 0 ~ 100까지 밝기를 변화시킨다.
- close( ) : 사용 중단

③ 변수 property

- value : LED의 활성화 상태, 0 or 1 를 반환
- is_lit : LED 활성 여부, True or False 반환
- pin : LED 연결 핀 확인, LED가 연결되지 않았으면 None, pin.number로 연결핀 번호 확인

(3) 연결 정보 및 회로도

① 연결 정보

재료명	이미지	수량
LED 3mm		3
저항 220Ω		3

sensor		라즈베리파이
LED	red +	GPIO 17
	orange +	GPIO 27
	green +	GPIO 22
	GND	GND

② 회로도

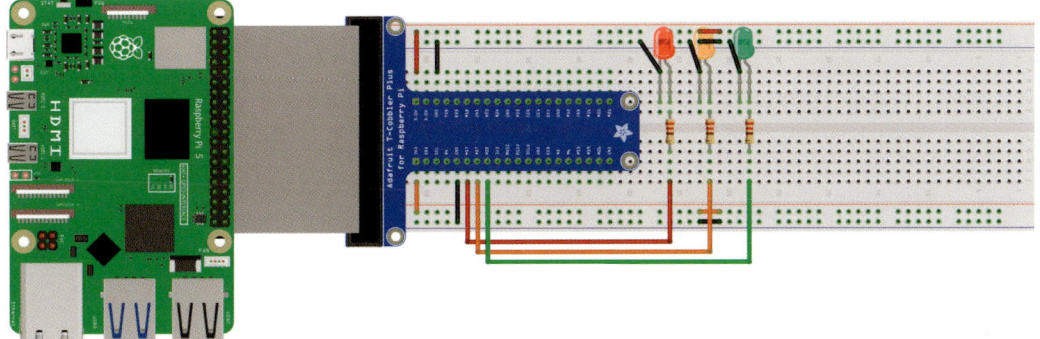

〈그림 2-7〉 센서기초_03 PWMLED_회로도

(4) 실습해보기

① 1개 LED의 밝기를 변화시켜 보자.

- value로 밝기값 지정(0 ~ 1 사이값)

```python
# file: PWMLED_1.py

from gpiozero import PWMLED
from time import sleep

ledRed = PWMLED(17)

print('Press Ctrl+C to exit')

while True:
    ledRed.value= 0                # 꺼진 상태
    sleep(0.5)

    ledRed.value= 0.5              # 중간 밝기
    sleep(0.5)

    ledRed.value= 1.0              # 최대 밝기
    sleep(0.5)
```

② 3개의 LED의 밝기를 동시에 조절해 보자.

- while 활용

```python
# file: PWMLED_2.py

from gpiozero import PWMLED
from time import sleep

ledRed = PWMLED(17)
ledOrange = PWMLED(27)
ledGreen = PWMLED(22)

print('Press Ctrl+C to exit')

while True:
    ledRed.value = 0
    ledOrange.value = 0
    ledGreen.value = 0
    sleep(0.5)

    ledRed.value = 0.5
    ledOrange.value = 0.5
    ledGreen.value = 0.5
    sleep(0.5)

    ledRed.value = 1
    ledOrange.value = 1
    ledGreen.value = 1
    sleep(0.5)
```

- pulse( ) 사용

```
# file: PWMLED_3.py

from gpiozero import PWMLED
from signal import pause

ledRed = PWMLED(17)
ledOrange = PWMLED(27)
ledGreen = PWMLED(22)

print('Press Ctrl+C to exit')

ledRed.pulse( )
ledOrange.pulse( )
ledGreen.pulse( )

pause( )
```

(5) 응용해보기

① LED의 밝기를 점진적으로 증가 감소시켜 보자.

```
# file: PWMLED_4.py

from gpiozero import PWMLED
from time import sleep

ledRed = PWMLED(17)
ledOrange = PWMLED(27)
ledGreen = PWMLED(22)

print('Press Ctrl+C to exit')

while True:
    for i in range(256):
        value = i / 255
        ledRed.value = value
        ledOrange.value = value
        ledGreen.value = value
        sleep(0.03)

    for i in range(256):
        value = (255 - i) / 255
        ledRed.value = value
        ledOrange.value = value
        ledGreen.value = value
        sleep(0.03)
```

② 각 LED의 밝기를 서로 다르게 해보자.

```python
# file : PWMLED_5.py

from gpiozero import PWMLED
from time import sleep

ledRed = PWMLED(17)
ledOrange = PWMLED(27)
ledGreen = PWMLED(22)

print('Press Ctrl+C to exit')

while True:
    for i in range(256):
        ledRed.value = i / 255                      # 빨간색 LED : 점진적 밝기 증가
        ledOrange.value = (255 - i) / 255           # 주황색 LED : 점진적 밝기 감소
        ledGreen.value = abs((i % 128) - 64) / 64   # 초록색 LED : 주기적 변화
        sleep(0.03)
```

- 빨간색 LED: i/255 → 0%에서 100%로 선형 증가
- 주황색 LED: (255−i)/255 → 100%에서 0%로 선형 감소
- 초록색 LED: abs((i%128)−64)/64 → 삼각파 패턴 (0 → 100 → 0 → 100 반복)

04 신호등

(1) 개요

① **목표** : 신호등 색의 3개의 LED를 제어해 보자.

(2) 클래스 : TrafficLights

① **함수원형 및 parameters**

```
TrafficLights(red, amber, green)
```

- red : Red LED의 +와 연결된 핀번호
- amber : Amber(호박색, 주황색) LED의 +와 연결된 핀번호

- green : Green LED +와 연결된 핀번호

```
from gpiozero import TrafficLights

light = TrafficLights(17, 27, 22)

light.red.on( )
light.amber.on( )
light.green.on( )
```

② 동작 mothod
- on( ) : led 켬
- off( ) : led 끔
- close( ) : 사용 중단

(3) 연결 정보 및 회로도

① 연결 정보

재료명	이미지	수량
LED 3mm		3
저항 220Ω		3

sensor		라즈베리파이
LED	red +	GPIO 17
	orange +	GPIO 27
	green +	GPIO 22
	GND	GND

② 회로도

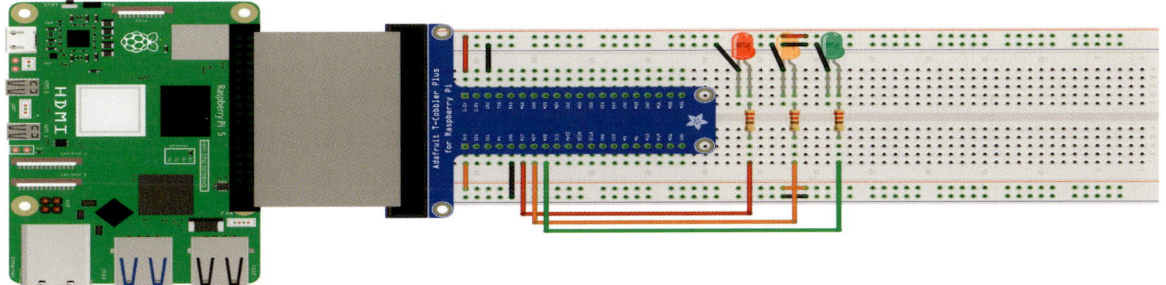

〈그림 2-8〉 센서기초_04 신호등_회로도

(4) 실습해보기

① 모든 LED를 1초 on, 0.5초 off를 반복해서 처리해 보자.

㉠ 비교 : TrafficLights 라이브러리 사용과 LED 라이브러리 사용

TrafficLights 라이브러리 사용
- TrafficLight_1.py

```python
# file: TrafficLight_1.py

from gpiozero import TrafficLights
from time import sleep

light = TrafficLights(17, 27, 22)

print('Press Ctrl+C to exit')

while True:
    light.red.on()
    sleep(1)
    light.red.off()
    sleep(0.5)

    light.amber.on()
    sleep(1)
    light.amber.off()
    sleep(0.5)

    light.green.on()
    sleep(1)
    light.green.off()
    sleep(0.5)
```

LED 라이브러리 사용

```python
# 예시

from gpiozero import LED
from time import sleep

ledR = LED(17)
ledA = LED(27)
ledG = LED(22)

print('Press Ctrl+C to exit')

while True:
    ledR.on()
    sleep(1)
    ledR.off()
    sleep(0.5)

    ledA.on()
    sleep(1)
    ledA.off()
    sleep(0.5)

    ledG.on()
    sleep(1)
    ledG.off()
    sleep(0.5)
```

ⓛ 함수정의를 통한 최적화를 해보자.

```python
# file: TrafficLight_2.py

from gpiozero import TrafficLights
from time import sleep

light = TrafficLights(17, 27, 22)

def change_light(color, duration):
    color.on()
    sleep(duration)
    color.off()
    sleep(0.5)

print('Press Ctrl+C to exit')

while True:
    change_light(light.red, 1)
    change_light(light.amber, 1)
    change_light(light.green, 1)
```

함수정의
　　color : 신호등 색
　　duration : 시간

　　duration이 1초이면
　　sleep(duration) 1초 동안 켜짐

(5) 응용해보기

① 실제 신호등처럼 초록색 LED 10초, yellow(amber) LED 1초, 빨간 RED 10초, red+orange(amber) LED 1초의 단위로 운영되는 신호등을 구현해 보자.

- 간략 코드

```python
# file: TrafficLight_3.py

from gpiozero import TrafficLights
from time import sleep

light = TrafficLights(17, 27, 22)

def change_light(color, duration):
    color.on()
    sleep(duration)
    color.off()

print('Press Ctrl+C to exit')

while True:
    change_light(light.green, 5)
    change_light(light.amber, 1)
    change_light(light.red, 5)
```

- 메시지 출력 포함

```python
# file: TrafficLight_4.py

from gpiozero import TrafficLights
from time import sleep

light = TrafficLights(17, 27, 22)

def change_light(color, duration, message):
    color.on()
    print(message)
    sleep(duration)
    color.off()

print('Press Ctrl+C to exit')

while True:
    change_light(light.green, 5, 'Green ON, GO!!')
    change_light(light.amber, 1, 'Amber ON, SLOW DOWN!!')
    change_light(light.red, 5, 'Red ON, STOP!!')
```

05 LEDboard

(1) 개요

① **목표** : 5개의 LED를 제어해 보자.

(2) 클래스 : LEDBoard

① 함수원형 및 parameters

```
LEDBoard(pin, pin, .....)
```

- pin : LED +와 연결된 핀번호들
- 예
  - GPIO 17, 27, 22, 13, 19핀에 LED의 + 를 연결
  - leds.on() : 모든 LED를 켬

```python
from gpiozero import LEDBoard

leds = LEDBoard(17, 27, 22, 13, 19)
leds.on( )
```

② 동작 mothod
- on( ) : 켠다
- off( ) : 끈다
- blink( ) : 1회 깜빡거린다.
- pulse( ) : 천천히 연속해서 깜빡임. 기본값은 1초, pwm이 True일 때 동작
- sleep( ) : 실행 멈춤. second(초) 단위
  - 예) 1초 멈춤 : sleep(1)
- toggle( ) : 현재 상태 반전
- close( ) : 사용 중단

(3) 연결 정보 및 회로도

① 연결 정보

재료명	이미지	수량	sensor		라즈베리파이
LED 3mm		5	LED	red +	GPIO 17
				orange +	GPIO 27
				green +	GPIO 22
저항 220Ω		5		white +	GPIO 13
				yellow +	GPIO 19
				GND	GND

② 회로도

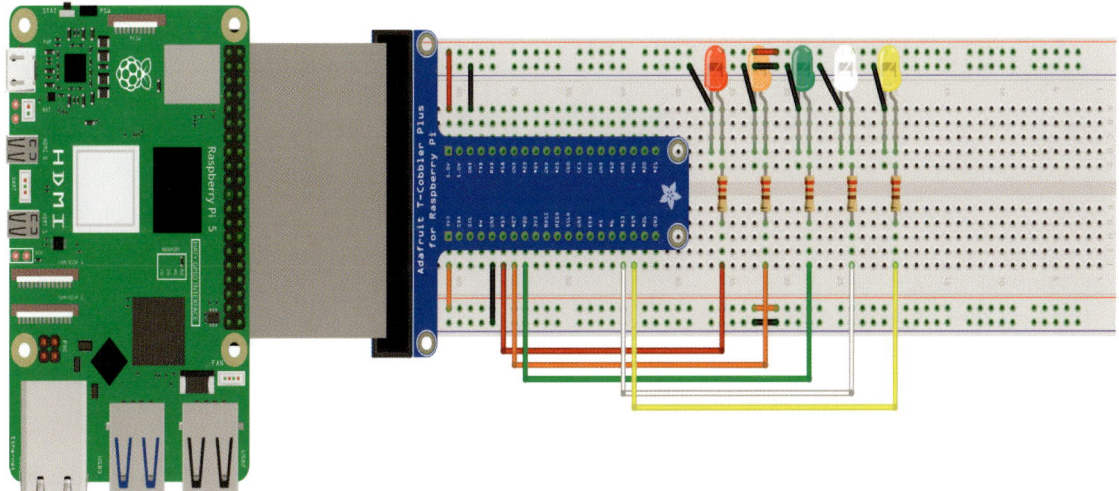

〈그림 2-9〉 센서기초_05 LED보드_회로도

(4) 실습해보기

① 5개의 LED를 0.5초 간격으로 차례대로 on

```python
# file: LEDBoard_1.py

from gpiozero import LEDBoard
from time import sleep

leds = LEDBoard(17, 27, 22, 13, 19)

print('Press Ctrl+C to exit')

while True:
    leds.on()
    sleep(1)
    leds.off()
    sleep(1)

    leds.value=(1, 0, 0, 0, 0)      # Red
    sleep(0.5)
    leds.value=(0, 1, 0, 0, 0)      # Green
    sleep(0.5)
    leds.value=(0, 0, 1, 0, 0)      # Blue
    sleep(0.5)
    leds.value=(0, 0, 0, 1, 0)      # Yellow
    sleep(0.5)
    leds.value=(0, 0, 0, 0, 1)      # Purple
    sleep(0.5)

    leds.value=(0, 0, 0, 0, 0)      # Off
    sleep(1)
```

② 5개의 LED중 1개 LED를 랜덤하게 1초동안 on, 0.5초 동안 off 해보자.

```python
# file: LEDBoard_2.py

from gpiozero import LEDBoard
from time import sleep
from random import choice

leds = LEDBoard(17, 27, 22, 13, 19)

print('Press Ctrl+C to exit')

while True:
    led = choice(leds)
    led.on()
    sleep(1)
    led.off()
    sleep(1)
```

③ LEDBoard의 PWM기능을 활용하여 각 LED를 순차적으로 조절해 보자.

㉠ 1번째 LED 밝기 0.2, 2번째 0.4, 3번째 0.6, 4번째 0.8, 5번째 1.0
- LEDBoard_3.py

```python
# file: LEDBoard_3.py

from gpiozero import LEDBoard
from signal import pause

leds = LEDBoard(17, 27, 22, 13, 19, pwm=True)

print('Press Ctrl+C to exit')

leds.value = (0.2, 0.4, 0.6, 0.8, 1.0)

pause()
```

(5) 응용해보기

① LED 개수 선택 랜덤, LED 랜덤, 밝기 랜덤으로 처리하도록 하자.

```python
# file: LEDBoard_4.py

from gpiozero import LEDBoard
from signal import pause
import random
from threading import Timer

leds = LEDBoard(17, 27, 22, 13, 19, pwm=True)

def update_leds():
    num_leds = random.randint(1, len(leds))
    selected_leds = random.sample(list(leds), num_leds)

    for led in selected_leds:
        brightness = random.uniform(0, 1)
        led.value = brightness
        print(f'LED on GPIO {led.pin.number}, brightness {brightness:.2f}')

    Timer(1, update_leds).start()

print('Press Ctrl+C to exit')

update_leds()

pause()
```

- num_leds = random.randint(1, len(leds)) # 랜덤 LED 개수 선택
- selected_leds = random.sample(list(leds), num_leds) # LED 리스트 변환 후 샘플링

06 LEDBarGraph

(1) 개요

① **목표** : 5개의 LED로 크기값을 표현해 보자.

(2) 클래스 : LEDBarGraph

① **개요**

㉠ 설정한 여러 개의 LED를 하나의 객체로 인식하여 %값(value)를 표시함.

㉡ 5개의 LED를 사용할 경우 20%일 경우 첫번째 LED on, 60%일 경우 왼쪽부터 LED 3개가 on, 80%일 경우 4개의 LED on 등으로 표시

㉢ 값의 변화를 표시하기에 적당한 라이브러리

② **함수원형 및 parameters**

```
LEDBarGraph(pin, pin, .....)
```

- pin : LED +와 연결된 GPIO 핀번호들을 순서대로 기입
- 예

```
from gpiozero import LEDBarGraph

ledBar = LEDBarGraph(17, 27, 22, 13, 19)
```

③ **동작 mothod**

- on( ) : 켠다
- off( ) : 끈다
- blink( ) : 1회 깜빡거린다.
- pulse( ) : 천천히 연속해서 깜빡임. 기본값은 1초, pwm이 True일 때 동작
- sleep( ) : 실행 멈춤. second(초) 단위
  - 예) 1초 멈춤 : sleep(1)
- toggle( ) : 현재 상태 반전
- close( ) : 사용 중단

(3) 연결 정보 및 회로도

① 연결 정보

재료명		이미지	수량
LED 3mm			6
저항	220Ω		6

sensor		BCM 핀번호
LED	red +	GPIO 17
	orange +	GPIO 27
	green +	GPIO 22
	white +	GPIO 13
	yellow +	GPIO 19
	GND	GND

② 회로도

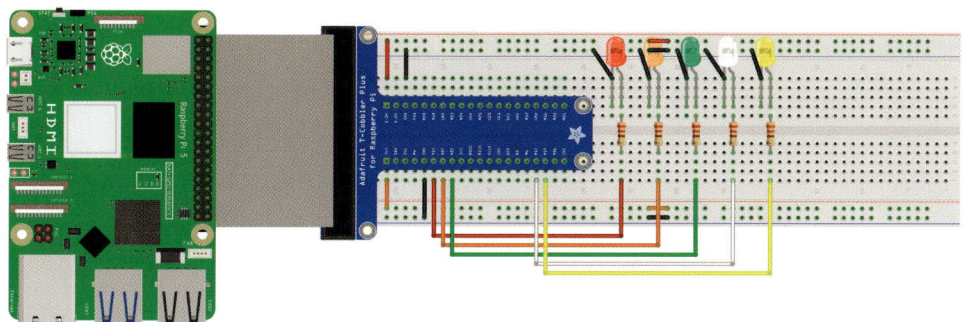

〈그림 2-10〉 센서기초_06 LED바그래프_회로도

(4) 실습해보기

① 5개의 LED를 활용하여 분수값을 LED로 표현해 보자.

- 분수 : 1/5, 2/5, 3/5, 4/5, 1

```python
# file: LEDBarGraph_1.py

from gpiozero import LEDBarGraph
from time import sleep

ledBar = LEDBarGraph(17, 27, 22, 13, 19)

print('Press Ctrl+C to exit')

while True:
    ledBar.value = 0        # (0, 0, 0, 0, 0)       # Off
    sleep(1)
    ledBar.value = 1/5      # (1, 0, 0, 0, 0)       # one LED on
    sleep(1)
    ledBar.value = 2/5      # (1, 1, 0, 0, 0)       # two LEDs on
    sleep(1)
    ledBar.value = 3/5      # (1, 1, 1, 0, 0)       # three LEDs on
    sleep(1)
    ledBar.value = 4/5      # (1, 1, 1, 1, 0)       # four LEDs on
    sleep(1)
    ledBar.value = 1        # (1, 1, 1, 1, 1)       # five LEDs on
    sleep(1)
```

- for문을 활용

```python
# file: LEDBarGraph_2.py

from gpiozero import LEDBarGraph
from time import sleep

ledBar = LEDBarGraph(17, 27, 22, 13, 19)
DELAY = 0.5

print('Press Ctrl+C to exit')

while True:
    for i in range(6):
        ledBar.value = i / 5
        sleep(DELAY)
```

(5) 응용해보기

LED의 밝기를 점점 증가시켰다가 감소시키는 애니메이션을 반복시켜 보자.

```python
# file: LEDBarGraph_3.py

from gpiozero import LEDBarGraph
from time import sleep

ledBar = LEDBarGraph(17, 27, 22, 13, 19)
DELAY = 0.5

print('Press Ctrl+C to exit')

while True:
    # Incremental brightness (0 ~ 5)
    for i in range(6):
        ledBar.value = i / 5
        print(f'LEDBarGraph value {i}/5')
        sleep(DELAY)

    # Decremental brightness (5 ~ 0)
    for i in range(5, -1, -1):
        ledBar.value = i / 5
        print(f'LEDBarGraph value set to {i}/5')
        sleep(DELAY)
```

- 첫 번째 for 루프: i가 0부터 5까지 증가하면서 LED의 밝기를 점점 증가시킨다.
  - ledBar.value = i / 5 → 0.0, 0.2, 0.4, ..., 1.0
  - LED가 하나씩 더 켜지며 밝아지는 효과
- 두 번째 for 루프: i가 5부터 0까지 감소하면서 LED의 밝기를 점점 줄인다.
  - LED가 하나씩 꺼지며 어두워지는 효과

07 RGB LED

(1) 개요

① 특성

- RGB LED, 빛의 삼원색 표현
- 하나의 LED로 Red, Green, Blue 색 표현 가능
- 표현 가능한 색상 (이론상)
  - 256(red) * 256(green) * 256(blue) = 16,777,216 색

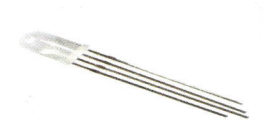

〈그림 2-11〉 RGBLED_4핀

〈그림 2-12〉 RGBLED_모듈

② 구조 및 연결

㉠ RGB LED 4핀(왼쪽)

- Cathode : 제일 긴 핀에 GND(-)에 연결

sensor	라즈베리파이 / ADC
	Red, 라즈베리파이 GPIO 핀에 연결
	GND
	Green, 라즈베리파이 GPIO 핀에 연결
	Blue라즈베리파이 GPIO 핀에 연결

㉡ RGB LED 모듈(오른쪽)일 경우는 위에서 Red, Green, Blue, GND로 연결

(2) 클래스 : RGBLED

① 함수원형 및 parameters

```
RGBLED(red, green, blue)
```

- red : RED 색상 표현 GPIO 연결 핀번호
- green : GREEN 색상 표현 GPIO 연결 핀번호
- blue : BLUE 색상 표현 GPIO 연결 핀번호
- 예

```
from gpiozero import RGBLED

rgbled = RGBLED(16, 20, 21)
```

② 동작 method
- on( ) : 켠다.
- off( ) : 끈다.
- blink( ) : 1회 깜빡거린다.
- pulse( ) : 천천히 연속해서 깜빡임. 기본값은 1초, pwm이 True일 때 동작
- sleep( ) : 실행 멈춤. second(초) 단위
  - 예) 1초 멈춤 : sleep(1)
- toggle( ) : 현재 상태 반전
- close( ) : 사용 중단

③ 변수 property
- color : 색 이름
- is_lit : RGB LED 상태. True이면 활성상태. False이면 비활성상태
- value : (red, green, blue)의 3가지 tuple 값
  - red색이면 (1, 0, 0)
  - yellow색이면 (1, 1, 0)
  - black색이면 (0, 0, 0),
  - white색이면 (1, 1, 1)
  - orange색이면 (1, 0.5, 0)
  - violet색이면 (1, 0, 1)
- 자주 사용하는 RGB 색상값 정리

색	color	rgbled.color=(0, 0, 0)	색	color	rgbled.color=(0, 0, 0)
검정색	black	(0, 0, 0)	보라색	violet	(0.5, 0, 0.5)
하얀색	white	(1, 1, 1)	연두색	lime	(0.5, 1, 0)
빨간색	red	(1, 0, 0)	갈색	brown	(0.6, 0.3, 0)
주황색	orange	(1, 0.5, 0)	회색	gray	(0.5, 0.5, 0.5)
노란색	yellow	(1, 1, 0)	와인색	burgundy	(0.5, 0, 0)
초록색	green	(0, 1, 0)	하늘색	skyblue	(0.678, 0.847, 0.902)
파란색	blue	(0, 0, 1)	자주색	purple	(0.5, 0, 0.5)
남색	navy	(0, 0, 0.5)	분홍색	pink	(1, 0.75, 0.8)

(3) 연결 정보 및 회로도

① 부품

재료명 모델명	이미지	수량	재료명		이미지	수량
RGB LED (cathode형)		1	저항	330Ω		1
				220Ω		2

② 연결 정보

sensor		라즈베리파이	저항값
	Red	GPIO 16	330Ω
	Com	GND	GND
	Green	GPIO 20	220Ω
	Blue	GPIO 21	220Ω

- 330Ω : RED 핀
- 220Ω : Green, Blue 핀

③ 회로도

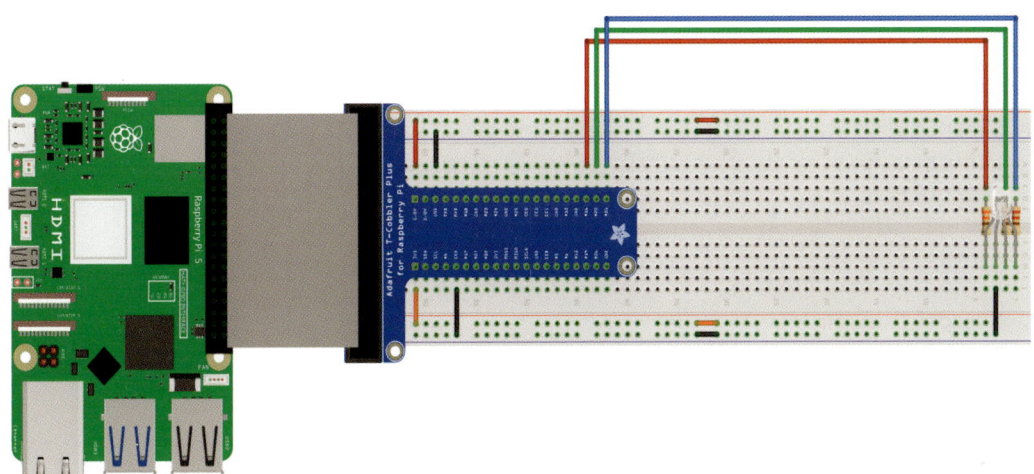

〈그림 2-13〉 센서 기초_07 RGBLED_회로도

(4) 실습해보기

① red, green, blue 색을 차례로 표현해 보자.

```
# file: RGBLED_1.py

from gpiozero import RGBLED
from time import sleep

rgbled = RGBLED(16, 20, 21)

print('Press Ctrl+C to exit')

while True:
    rgbled.red = 1    # Red
    sleep(1)
    rgbled.green = 1  # Green
    sleep(1)
    rgbled.blue = 1   # Blue
    sleep(1)
```

② black, red, green, blue, white 색 표현해 보자.

```python
# file: RGBLED_2.py

from gpiozero import RGBLED
from time import sleep

rgbled = RGBLED(16, 20, 21)

print('Press Ctrl+C to exit')

while True:
    rgbled.color=(0, 0, 0)            # off, black
    sleep(1)
    rgbled.color=(1, 0, 0)            # red
    sleep(1)
    rgbled.color=(1, 1, 0)            # yellow
    sleep(1)
    rgbled.color=(0, 1, 0)            # green
    sleep(1)
    rgbled.color=(0, 0, 1)            # blue
    sleep(1)
    rgbled.color=(0, 1, 1)            # cyan
    sleep(1)
    rgbled.color=(1, 0, 1)            # magenta
    sleep(1)
    rgbled.color=(1, 1, 1)            # white
    sleep(1)
```

③ 리스트로 미리 색 지정
- colors 리스트에 색을 미리 정의
- for 반복문에서 차례대로 읽어와 색상 표시

```python
# file: RGBLED_3.py

from gpiozero import RGBLED
from time import sleep

rgbled = RGBLED(16, 20, 21)
DELAY = 1

colors = [
    (0, 0, 0),   # Off
    (1, 0, 0),   # Red
    (1, 1, 0),   # Yellow
    (0, 1, 0),   # Green
    (0, 0, 1),   # Blue
    (0, 1, 1),   # Cyan
    (1, 0, 1),   # Magenta
    (1, 1, 1),   # White
    # 여기에 색 추가하면 됨
]
```

```python
print('Press Ctrl+C to exit')

while True:
    for color in colors:
        rgbled.color = color
        print(f'LED color is {color}')
        sleep(DELAY)
```

(5) 응용하기

① red, green, blue 색깔의 밝기를 0~100까지 0.1초 간격으로 나타내 보자.

- RGBLED_4.py

```python
from gpiozero import RGBLED
from time import sleep

rgbled = RGBLED(16, 20, 21)

def color_increase(target_color):
    for n in range(101):
        rgbled.color = (target_color[0] * (n / 100),
                        target_color[1] * (n / 100),
                        target_color[2] * (n / 100))
        sleep(0.1)

print('Press Ctrl+C to exit')

while True:
    color_increase((1, 0, 0))  # Red
    color_increase((0, 1, 0))  # Green
    color_increase((0, 0, 1))  # Blue

rgbled.off()
```

```
꺼짐 → 연한 빨강 → 진한 빨강 → 최대 빨강 → 꺼짐
↓꺼짐 → 연한 초록 → 진한 초록 → 최대 초록 → 꺼짐
↓꺼짐 → 연한 파랑 → 진한 파랑 → 최대 파랑 → 꺼짐
↓반복...
```

(6) 도전해보기

① 색 이름을 입력받아 RGBLED에 구현해 보자.

- 라즈베리파이에 한글 설정이 되어 있지 않은 경우에 한글색 이름 사용이 어려움으로 색이름을 영어로 처리하였음.

```python
# file: RGBLED_5.py

from gpiozero import RGBLED
from time import sleep

rgbled = RGBLED(16, 20, 21)

color_map = {
    'black': (0, 0, 0),
    'white': (1, 1, 1),
    'red': (1, 0, 0),
    'orange': (1, 0.5, 0),
    'yellow': (1, 1, 0),
    'green': (0, 1, 0),
    'blue': (0, 0, 1),
    'navy': (0, 0, 0.5),
    'purple': (0.5, 0, 0.5),
    'lime': (0.5, 1, 0),
    'brown': (0.6, 0.3, 0),
    'gray': (0.5, 0.5, 0.5),
    'wine': (0.5, 0, 0),
    'skyblue': (0.678, 0.847, 0.902),
    'magenta': (0.5, 0, 0.5),
    'pink': (1, 0.75, 0.8)
}

# Function to set the color
def set_color(color_name):
    if color_name in color_map:
        rgbled.color = color_map[color_name]
        print(f'LED color set to {color_name}.')
    else:
        print(f'Sorry. {color_name} is an unknown color.')

# Function to show available colors
def show_available_colors():
    for name in color_map.keys():
        print(f'Color: {name}')

# Initial message
print('Enter a color name to set the LED. Type exit to quit.')
show_available_colors()  # Display available colors

print('Available colors:')

while True:
```

```
    # Get user input
    color_name = input('Enter color or type exit: ')
    if color_name.lower() == 'exit':  # Exit condition
        break
    set_color(color_name)

rgbled.off()  # Turn off LED
print('Program finished.')
```

```
Enter a color name to set the LED. Type exit to quit.
Color: black
Color: white
Color: red
Color: orange
Color: yellow
Color: green
Color: blue
Color: navy
Color: purple
Color: lime
Color: brown
Color: gray
Color: wine
Color: skyblue
Color: magenta
Color: pink
Available colors:
Enter color or type exit:

Enter color or type exit: red
LED color set to red.

Enter color or type exit: rainbow
Sorry, rainbow is an unknown color.
```

CHAPTER
3

아날로그 센서

CHAPTER 03 아날로그 센서

분류	부품	개수	라이브러리	이미지
1. ADC (공통)	MCP3008	1	MCP3008	
	LED	1	LED	
2. 가변저항	Potentiometer	1	–	
	RGBLED	1	RGBLED	
3. 조도센서	조도센서	1	MCP3008	
4. 온도센서	온도센서 (TMP36)	1		
5. 수위센서	수위센서	1		
6. 소리감지	소리감지센서	1		
7. 조이스틱	조이스틱	1		
8. 부저	피에조부저	1	Buzzer TonalBuzzer Tone	

104 피지컬AI 컴퓨팅 _ 센서편

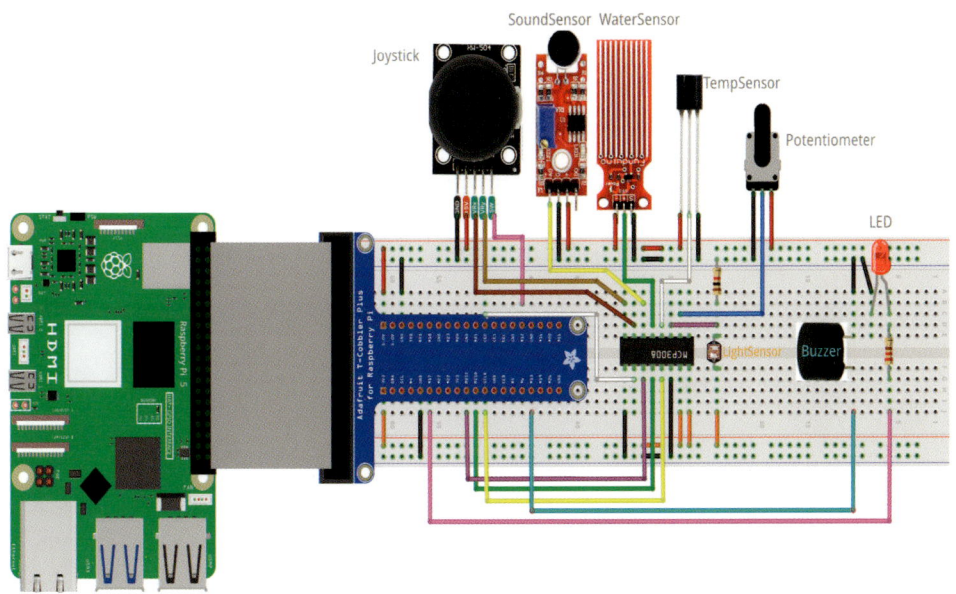

〈그림 3-1〉 아날로그센서_전체 회로도

MCP3008 핀에 연결된 센서 정리

아날로그 센서	조이스틱		사운드센서	수위센서	온도센서	조도센서	가변저항	
센서 연결핀	VRy	VRx	data	가운데	가운데	가운데	가운데	-
MCP3008	CH7	CH6	CH5	CH4	CH3	CH2	CH1	CH0
	8	7	6	5	4	3	2	1

 ADC & MCP

(1) ADC(Analog to Digital Converters)

① 필요성

㉠ 라즈베리파이에서는 아날로그 데이터값을 직접 읽을 수 없기 때문에 아날로그 데이터를 디지털로 변환이 필요

㉡ 아두이노는 ADC를 내장하고 있지만 라즈베리파이는 ADC가 내장되어 있지 않음

	아날로그		디지털
센서	• 가변저항(Potentiometer) • 압력센서 • 온도센서 • 적외선거리측정	• 조도센서(Cds) • 사운드 센서 • 수분 센서	• DHT11 온습도 • 기울기 • 초음파 • PIR 적외선 모션 감지 센서 • sw-18020P (충격센서, 진동 스위치)

대부분의 센서는 아날로그와 디지털 2가지 존재함.

② 라즈베리파이 SPI 통신
　㉠ SPI 통신을 통해 라즈베리파이와 MCP3008간의 데이터 통신
　㉡ 라즈베리파이 SPI 통신 활성화
　　• [시작] - [Preferences] - [Raspberry Pi Configuration] 클릭
　　• [Interfaces] 탭 - SPI 활성화

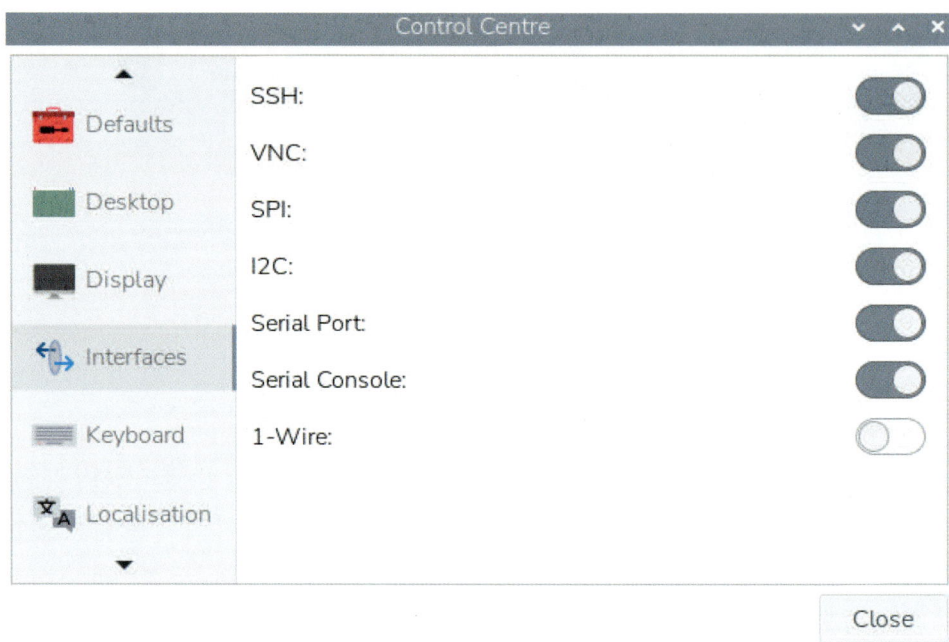

〈그림 3-2〉 CotrolCentr_Interfaces_SPI_활성화

(2) MCP(Multi-Chip Package)

① 기능
　㉠ ADC(Analog Degital Converter)
　㉡ 아날로그 센서의 입력값을 디지털 값으로 변환 전송
　㉢ MCP IC칩들은 SPI 통신으로 데이터를 전송

② MCP 계열 종류
MCP3001, MCP3002, MCP3004, MCP3008, MCP3201, MCP3202, MCP3204, MCP3008, MCP3301, MCP3302, MCP3304 등등

③ MCP-3008
　㉠ 10bit 8채널(채널 0부터 7까지) ADC
　㉡ 라즈베리파이와 SPI 통신을 통해 데이터 송수신
　㉢ 칩이 살짝 들어간 부분이 있는 쪽이 1번 핀쪽

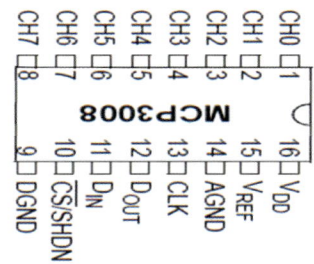

㉣ 기본 회로 연결

라즈베리파이			MCP3008	
BCM 핀번호	40Pin 물리핀 번호	기능	핀번호	기능
3V3	1	3V3	16	VDD
3V3	1	3V3	15	VREF
GND	39	GND	14	AGND
GPIO 11	23	SCLK	13	CLK
GPIO 09	21	MISO	12	DOUT
GPIO 10	19	MOSI	11	DIN
GPIO 08	24	CE0	10	CS/SHDN
GND	39	GND	9	DGND

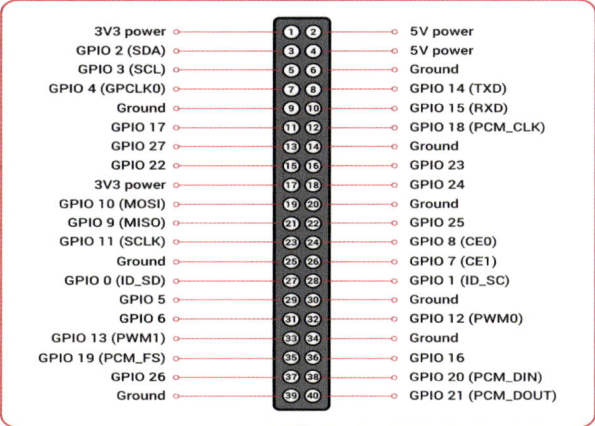

〈그림 3-3〉 라즈베리파이 GPIO핀 번호

㉤ 기본 연결

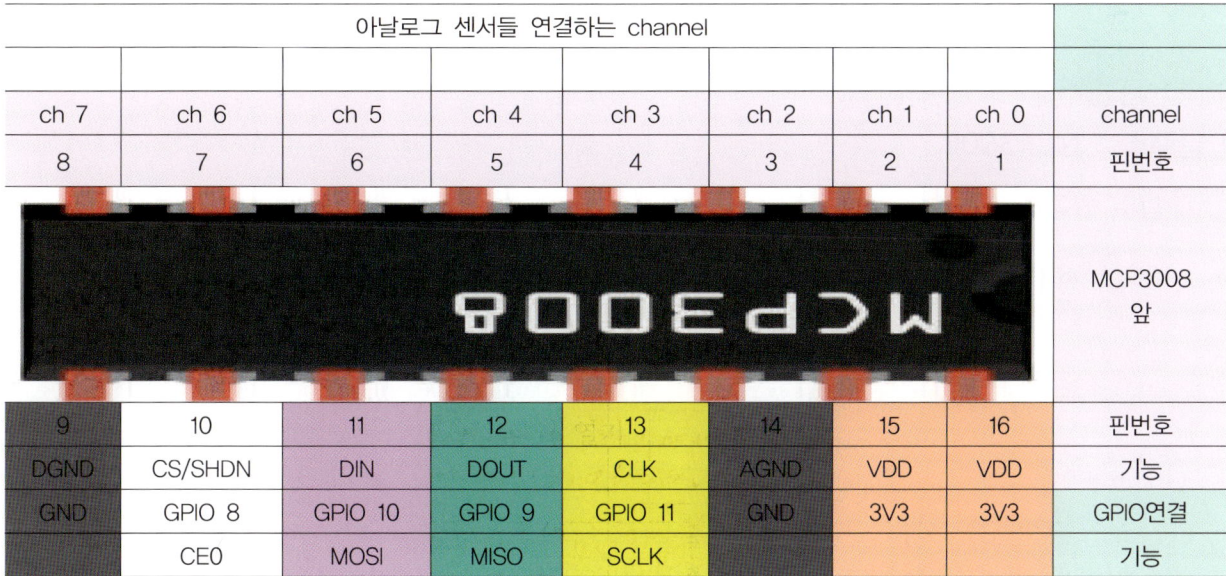

			아날로그 센서들 연결하는 channel					
ch 7	ch 6	ch 5	ch 4	ch 3	ch 2	ch 1	ch 0	channel
8	7	6	5	4	3	2	1	핀번호
9	10	11	12	13	14	15	16	핀번호
DGND	CS/SHDN	DIN	DOUT	CLK	AGND	VDD	VDD	기능
GND	GPIO 8	GPIO 10	GPIO 9	GPIO 11	GND	3V3	3V3	GPIO연결
	CE0	MOSI	MISO	SCLK				기능

Chapter 03 아날로그 센서 **107**

ⓗ 회로도
- SPI 통신을 위한 라즈베리파이와 연결

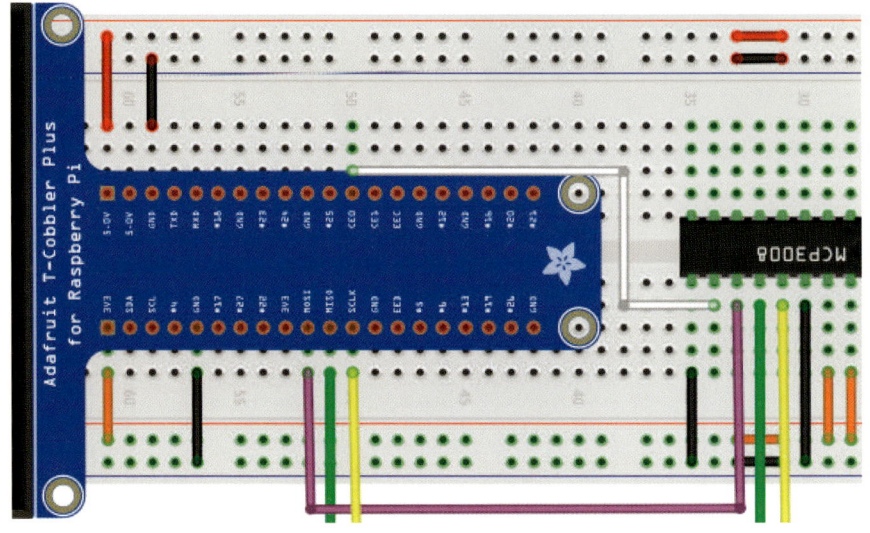

- 0~7채널에서 측정된 전압(V)에 따른 V_{REF}에 변환되는 값

  MCP3008은 10bit 데이터 처리로 아날로그 0~3.3V = 0~5V = 0~1024 값을 가진다.
  예를 들어 아날로드 센서 측정값이 1V라면 MCP에 연결된 전압값에 따라 실제 변환값은 아래와 같다.

  - 3V3 이용시 : $\dfrac{1V}{3.3V} \times 1024(2^{10bit}) = 310.3$

  - 5V 이용시 : $\dfrac{1V}{5V} \times 1024(2^{10bit}) = 204.8$

(3) 클래스 : MCP3008

① **함수 원형**

```
MCP3008(channel=0,
        differential=False,
        max_voltage=3.3,
        **spi_args
        )
```

- channel : 데이터 채널, 아날로그 센서 연결 채널
  - 8개(0~7)의 채널
- differential : 채널별로 상대적인 값 입력, 상대값을 표시하는 상대 채널 확인 필요함.
  - True : 채널별 상대값 입력
  - False : 채널별 독립적인 값 입력
- max_voltage : 최대 전압 표시

② 예

```
from gpiozero import MCP3008

MCP3008(channel=0)
MCP3008(channel=0, clock_pin=11, mosi_pin=10, miso_pin=9, select_pin=8)
```

③ 변수 property
- value : 채널에서 입력된 값을 0 ~ 1사이 값으로 조정하여 표시

02 가변저항(Potentiometer)

(1) 개요

① 특징
- 가변저항(potentiometer; 포텐쇼미터)은 전자회로에서 저항값을 임의로 바꿀 수 있는 저항기.
- 전압을 가하면 설정에 따라 전압 일부를 전달하는 역할을 한다.
- 주로 오디오 장비나 동작 감지기 같은 센서에서 감도, 밸런스, 입력, 출력 등을 조절하는데 사용한다.

② 구조 및 연결

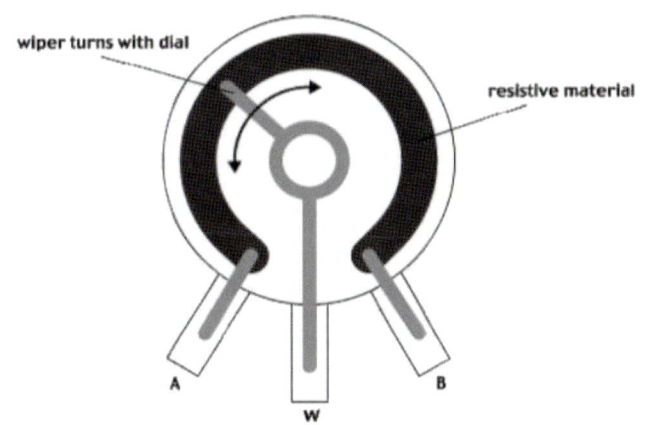
〈그림 3-4〉 가변저항 내부 구조

〈그림 3-5〉 가변저항 외부 모습

핀	연결
A, B	각각 vcc, gnd로 연결 (바꿔 연결되도 상관없음)
w (가운데)	signal.

Chapter 03 아날로그 센서

㉠ 저항물질(resistive material)

가장자리에 둥글게 연결된 띠는 탄소로 이루어져 전기가 흐르며 저항의 역할을 한다. 양쪽 단자(A, B)로 연결되어 있다. 극성은 없기 때문에 A, B를 +, - 어느 중에 연결하여도 상관없다.

㉡ 회전막대(wiper-turns with dial)

회전하면 회전막대 끝이 저항물질에 연결되면 연결되며 저항의 길이가 변화가 생기며 길이가 길어질수록 저항값이 커진다.

(2) 연결 정보 및 회로도

① 부품

재료명 모델명		이미지	수량	재료명		이미지	수량
MCP3008			1	가변 저항	1k		1
LED 3mm	red		1	저항	220Ω		1

② 연결 정보

sensor		연결
	GND	GND
	sig	MCP 3208 channel 1
	+	V5

sensor		라즈베리파이
LED	+	GPIO 17
	-	GND

㉠ 포텐쇼미터
- 가운데 Sig를 MCP3008의 channel 1에 연결
- 양쪽 핀을 각각 5V, GND에 연결

㉡ LED
- LED의 +핀을 라즈베리파이의 GPIO17에 연결
- LED의 -핀을 GND에 연결

③ 회로도

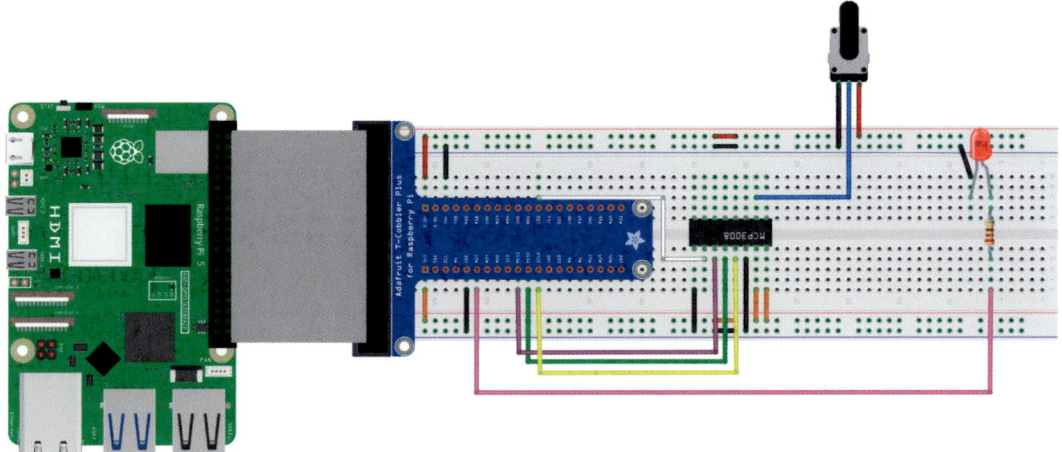

〈그림 3-6〉 아날로그센서_01 가변저항_회로도

(3) 실습해보기

① 포텐쇼미터의 값을 표시해 보자.

```
# file: potentiometer_1.py

from gpiozero import MCP3008
from time import sleep

mcp = MCP3008(channel=1)

print('Press Ctrl+C to exit')

while True:
    print(f'{mcp.value :.3f}')

    sleep(0.1)
```

- .3f : 소수점 3자리 값 표시

(4) 응용하기

① 포텐쇼미터로 LED 밝기를 조절해 보자.

```
# file: Potentiometer_2.py

from gpiozero import MCP3008, PWMLED
from time import sleep

mcp = MCP3008(channel=1)
led = PWMLED(17)

print('Press Ctrl+C to exit')
```

```
while True:
    print(f'{mcp.value :.3f}')
    led.source = mcp.value

    sleep(0.1)
```

```
Press Ctrl+C to exit
0.000
0.123
0.456
0.789
0.999
```

(5) 도전해보기

① **목표** : 포텐쇼미터를 활용해서 RGBLED의 색을 변화시켜 보자.

② **연결 정보**

sensor		라즈베리파이
	–	GND
	B	GPIO 26
	G	GPIO 19
	R	GPIO 13

③ **회로도**

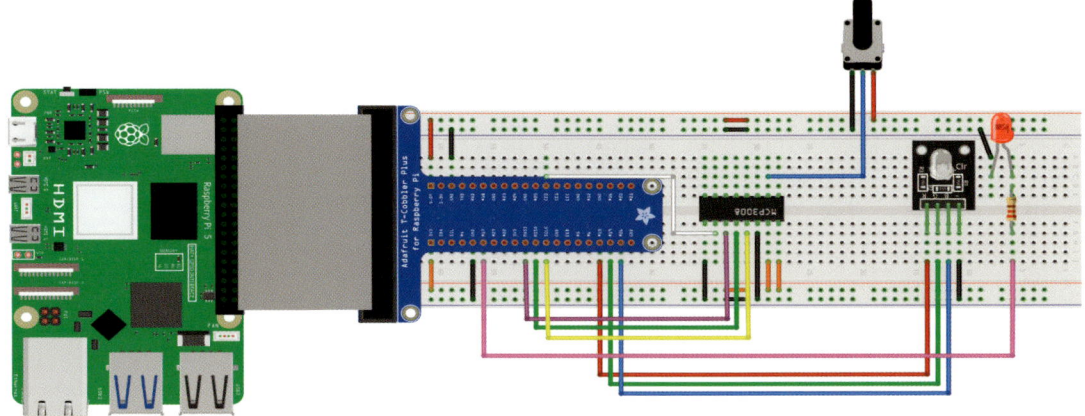

〈그림 3-7〉 아날로그센서_02 가변저항_RGBLED_회로도

④ source code

```
# file: Potentiometer_3.py

from gpiozero import MCP3008, RGBLED
from time import sleep

 = MCP3008(channel=1)
rgbled = RGBLED(13, 19, 26)

print('Press Ctrl+C to exit')

while True:
    print(f'{pot.value :.3f}')
    red = pot.value
    green = 1 - pot.value
    blue = 0.5

    rgbled.color = (red, green, blue)

    sleep(0.1)
```

```
Press Ctrl+C to exit
0.000
0.123
0.456
0.789
0.999
```

포텐쇼미터 값	빨간색	초록색	파란색	결과 색상
0.0	0.0	1.0	0.5	초록+파랑 (청록)
0.25	0.25	0.75	0.5	초록 계열
0.5	0.5	0.5	0.5	회색
0.75	0.75	0.25	0.5	빨강 계열
1.0	1.0	0.0	0.5	빨강+파랑 (보라)

 조도센서(Light Sensor)

(1) 개요

① 광저항기(광센서)

광센서는 빛이 들어오면 전도성 특성을 나타내는 반도체로서, 빛의 세기에 따라 저항 값이 변하는 (빛의 세기가 셀수록 저항이 작아짐) 광 가변저항이다. 즉, 저항을 여러 가지 수준의 빛으로 변환하는 구성부품(소자)를 말한다. LDR (Light Dependent Resistor), Photo resister, Photo cell로 불리운다.

② **CdS(Cadmium Sulfide : 황화카드뮴)**

일반적으로 황화카드뮴을 사용한 센서를 CdS라고 한다. 광센서 중에서 가장 간단하고 저렴하지만 아침이면 꺼지는 가로등, 아침이면 열리는 커튼, 카메라의 노출계 등은 우리 주변의 많은 곳서 활용되고 있다.

㉠ 특징
- CdS분말을 세라믹 기판 위에 압축하여 제작§빛이 많이 들어오면 저항이 작아지고 적게 들어오면 저항이 커지는 성질
- ADC를 이용하여 변화된 저항에 전압을 인가하여 전압의 변화를 감지
- 자동 조명장치, 조도 측정 등에 사용

③ **연결**

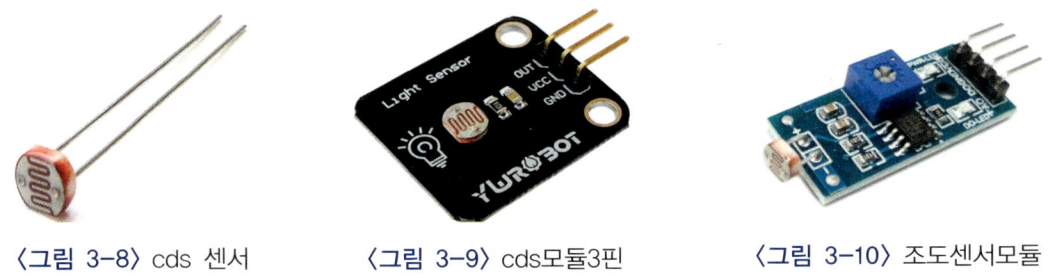

〈그림 3-8〉 cds 센서   〈그림 3-9〉 cds모듈3핀   〈그림 3-10〉 조도센서모듈

㉠ 조도센서 2핀(왼쪽 그림)은 아날로그 출력, 특성이 따로 없음. 저항연결 필요
  • MCP3008의 채널에 한쪽 연결, 다른쪽은 GND 연결
㉡ 조도센서 3핀(가운데 그림)은 아날로그 출력, 자체 내부저항 포함
㉢ 조도센서 모듈(4핀 오른쪽 그림)일 경우는 디지털 출력(D0), 아날로그 출력(A0) 선택 가능

(2) 연결 정보 및 회로도

① **부품**

재료명 모델명	이미지	수량	재료명	이미지	수량
MCP3008		1	LED		1
CDS 조도센서		1	저항 1kΩ		1
			220Ω		1

② 연결 정보

라즈베리파이 / ADC	sensor	sensor		BCM 핀번호
라즈베리파이 GND		LED	+	GPIO 17
MCP3008 channel 2			GND	GND

③ 회로도

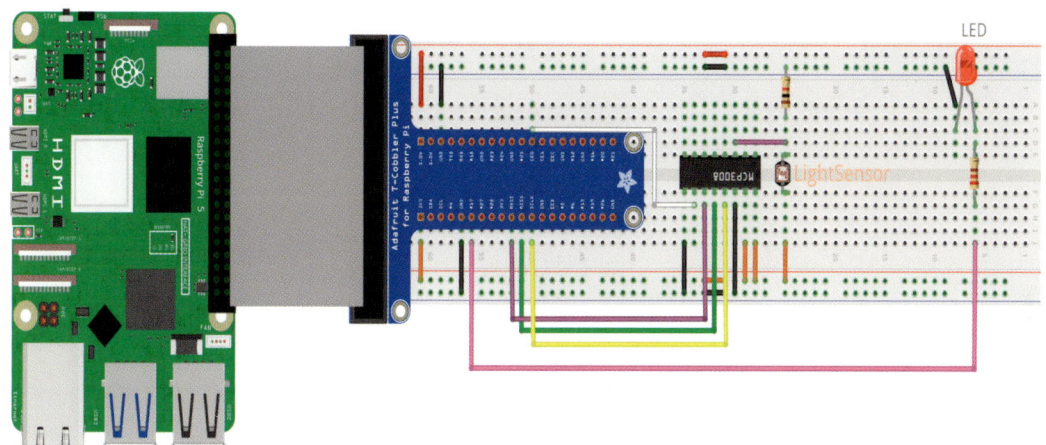

〈그림 3-11〉 아날로그센서_03조도센서_회로도

(3) 실습해보기

① 조도센서가 감지한 빛의 값을 출력해 보자.

```python
# file: LightSensor_1.py

from gpiozero import MCP3008
from time import sleep

mcp = MCP3008(channel=2)

print('Press Ctrl+C to exit')

while True:
    print(f'mcp value : {mcp.value :.3f}')

    sleep(0.5)
```

- 소수점 3자리까지 출력 .3f

㉠ 조도센서가 0.5이상이면 "Light!!", 그렇지 않으면 "Dark!!" 출력해 보자.
- 조도센서 값도 같이 출력하도록 하자.

```python
# file: LightSensor_2.py

from gpiozero import MCP3008
from time import sleep

mcp = MCP3008(channel=2)

print('Press Ctrl+C to exit')

while True:
    if mcp.value < 0.5:
        print(f'Dart!!, value : {mcp.value:.3f}')
    else:
        print(f'Light!!, value : {mcp.value:.3f}')

    sleep(1)
```

```
Press Ctrl+C to exit
Dart!!, value : 0.234
Light!!, value : 0.567
Light!!, value : 0.623
Dart!!, value : 0.189
Light!!, value : 0.678
```

② 조도센서가 어두워지면(0.5이하) LED on, 밝아지면 LED off 되도록 하자.

```python
# file: LightSensor_3.py

from gpiozero import MCP3008, LED
from signal import pause

mcp = MCP3008(channel=2)
led = LED(17)
threshold = 0.2

def control():
    while True:
        print(f'Light value: {mcp.value:.3f}')
        yield 1 if mcp.value < threshold else 0

print('Press Ctrl+C to exit')

led.source = control()
led.source_delay = 0.5

pause()
```

```
Press Ctrl+C to exit
Light value: 0.234 ← LED ON
Light value: 0.567 ← LED OFF
Light value: 0.623 ← LED OFF
Light value: 0.189 ← LED ON
Light value: 0.678 ← LED OFF
```

㉠ yield 1 if mcp.value < 0.5 else 0

값이 0.5 이하일 때(어두울 때) 즉 1 일 때 LED on, 0 일 때 LED off

조도 센서값	LED	출력 예
0.0 ~ 0.499	on(1)	Light value = 0.123
0.5 ~ 1.0	off(0)	Light value = 0.789

(4) 응용해보기

① 조도센서와 5개의 LED, LEDBarGraph( )를 활용해서 어두워지면 더 많은 LED가 들어오도록 하자.

```python
# file: LightSensor_4.py

from gpiozero import LEDBarGraph, MCP3008
from time import sleep

led_bar = LEDBarGraph(17, 27, 22, 13, 19, pwm=True)
mcp = MCP3008(channel=2)

print('Press Ctrl+C to exit')

while True:
    led_bar.value = 1 - mcp.value
    print(f'Light value: {mcp.value:.3f}')
    
    sleep(1)
```

04 온도센서

(1) 개요

① 특징
- ㉠ 온도를 측정하는 저전압 아날로그 온도 센서로, 온도 값을 전압 신호로 변환하여 출력한다.
- ㉡ 대표적으로 사용하는 온도센서로는 열전대, 저항 온도계(RTD), 서미스터, 반도체 온도센서 등이 있다.
- ㉢ 사용분야 : 산업, 자동차, 의료 등

② TMP36 특징
- ㉠ 전압 입력(Vcc) :- 작동 전압: 2.7V ~ 5.5V
- ㉡ 출력 신호 : 온도는 아날로그 전압으로 출력.
- ㉢ 넓은 온도 범위 : 섭씨 -40℃ ~ +125℃까지 측정 가능
- ㉣ 정확성 : ±1℃ 오차 범위 내에서 동작
- ㉤ 간편성 : 캘리브레이션이 필요 없이 바로 사용할 수 있다.
- ㉥ 전압을 온도로 변환
  - TMP36은 전압으로 온도를 표현, 출력된 전압을 섭씨 온도로 변환하려면 공식이 필요
  $$T = (sensorvalue * MAXvolt - 0.5) * 100$$
- 0.5V는 0℃, 0.01V당 1℃씩 증가
  - 0.5 초과 : 영상 온도
  - 0.5 미만 : 영하 온도
- 예를 들어 MAX_vlot가 5V일 경우

온도	ADC 값	MAX_volt	ACD 값 × MAX-volt	계산 과정
-40℃	0.02	5	0.02 × 5 = 0.1	(0.1 - 0.5) × 100 = -40℃
-20℃	0.06	5	0.06 × 5 = 0.3	(0.3 - 0.5) × 100 = -20℃
0℃	0.1	5	0.1 × 5 = 0.5	(0.5 - 0.5) × 100 = 0℃
25℃	0.15	5	0.15 × 5 = 0.75	(0.75 - 0.5) × 100 = 25℃
50℃	0.2	5	0.2 × 5 = 1.0	(1.0 - 0.5) × 100 = 50℃
100℃	0.3	5	0.3 × 5 = 1.5	(1.5 - 0.5) × 100 = 100℃
℃	℃	5	0.35 × 5 = 1.75	(1.75 - 0.5) × 100 = 125℃

ⓢ mcp 측정 전압 코드

```
# mcp 변환 전압 = mcp 측정값 × 최대 전압
mcp_volt = mcp.value * max_volt
```

- mcp.value : 센서에서 측정된 ADC 값, 0.0 ~ 1.1
- max_volt : 최대 전압으로 5.0V 또는 3.3v (교재에서는 5.0V 사용하였음)
- mcp_volt : mcp 변환 전압

◎ 온도 계산 공식

```
# 온도 = (mcp 변환 전압 - 0.5) × 100
temp = (mcp_volt - 0.5) * 100
```

```
# 1단계: ADC 값 읽기          (0.0 ~ 1.0, 0.1값이 0C)
mcp.value = 0.200

# 2단계: 전압 변환
mcp_volt = 0.200 × 5.0V = 1.0V

# 3단계: 온도 계산
temp = (1.0V - 0.5V) × 100 = 50.0°C

# 4단계: 출력
mcp value: 0.200 , temperature: 50.0 C
```

(2) 연결 정보 및 회로도

① 부품

재료명 모델명	이미지	수량	재료명	이미지	수량
MCP3008		1	LED		1
온도센서 (TMP-36)		1	저항 220Ω		1

② 연결 정보

㉠ 핀 구성

- Vcc (전원): 센서에 전압 공급 (2.7V ~ 5.5V 입력 가능)
- GND (접지): 전원 및 아날로그 신호의 기준 전압
- Vout (출력): 온도를 전압 형태로 출력 (10mV/°C)

sensor	라즈베리파이 / ADC
Vcc	Vcc
	MCP3008 channel 3
	라즈베리파이 GND

sensor		라즈베리파이
LED	+	GPIO 17
	GND	GND

- 앞 : 센서의 둥근부분
- 뒤 : 평평하고 글자 있는 곳

③ 회로도

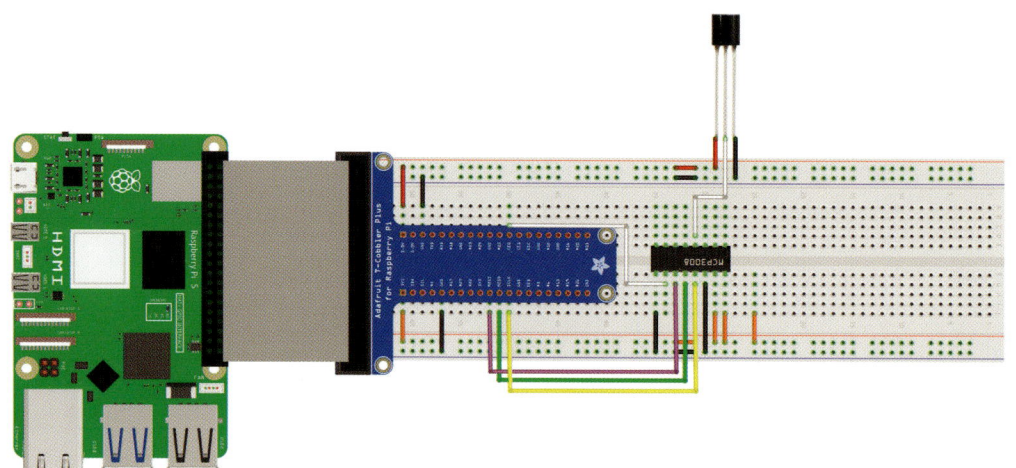

〈그림 3-12〉 아날로그센서_04 온도센서_회로도

(3) 실습해보기

① 온도 센서값을 출력해 보자.

```python
# file: temp_1.py

from gpiozero import MCP3008
from time import sleep

mcp = MCP3008(channel=3)

print('Press Ctrl+C to exit')

while True:
    print(f'mcp value : {mcp.value :.3f}')
    
    sleep(0.5)
```

② 온도 공식을 활용하여 온도를 출력해 보자.

```python
# file: temp_1.py

from gpiozero import MCP3008
from time import sleep

mcp = MCP3008(channel=3)
max_volt = 5.0                      # 5.0 or 3.3

print('Press Ctrl+C to exit')

while True:
    mcp_volt = mcp.value * max_volt
    temp = (mcp_volt - 0.5) * 100    #TMP36 25C 0.5V

    print(f'Temperature : {temp:.1f} C')
    sleep(1)
```

```
Press Ctrl+C to exit
Temperature : 22.3 C
Temperature : 22.4 C
Temperature : 22.5 C
Temperature : 22.6 C
Temperature : 22.7 C
Temperature : 22.8 C
```

㉠ 온도 계산 함수를 활용 전압에 따른 전압, 온도 표시

```python
# file: temp_3.py

from gpiozero import MCP3008
from time import sleep

mcp = MCP3008(channel=3)
max_volt = 5.0                      # 5.0 or 3.3

def get_temperature(mcp_value):
    mcp_volt = mcp_value * max_volt
    temp = (mcp_volt - 0.5) * 100    #TMP36 25C 0.5V
    return temp

print('Press Ctrl+C to exit')

while True:
    temp = get_temperature(mcp.value)
    print(f'Voltage: {mcp.value:.1f} V, Temperature: {temp:.1f} °C')
    sleep(1)
```

- temp = get_temperature(mcp.value) : get_temperature( )함수에서 계산되어 온 온도

```
Press Ctrl+C to exit
mcp value: 2.1 V, Temperature: 21.0 °C
mcp value: 2.2 V, Temperature: 22.0 °C
mcp value: 2.3 V, Temperature: 23.0 °C
mcp value: 2.4 V, Temperature: 24.0 °C
mcp value: 2.5 V, Temperature: 25.0 °C
```

(4) 응용해보기

① 온도가 30도 이상이면 LED on, 30도 미만이면 LED off 해보자.

```python
# file: temp_4.py

from gpiozero import LED, MCP3008
from time import sleep

mcp = MCP3008(channel=3)
max_volt = 5.0                    # 5.0 or 3.3
led = LED(17)

def get_temperature(mcp_value):
    mcp_volt = mcp_value * max_volt
    temp = (mcp_volt - 0.5) * 100
    return temp

print('Press Ctrl+C to exit')

while True:
    temp = get_temperature(mcp.value)

    if temp >= 30:
        led.on( )
        print(f'Temperature: {temp:.1f} C, LED on')
    else:
        led.off( )
        print(f'Temperature: {temp:.1f} C, LED off')

    sleep(1)
```

05 수위 측정 센서

(1) 개요

① **특징**
  ㉠ 액체의 높이를 감지하는 센서
  ㉡ 수위 센서는 접촉형과 비접촉형으로 구분
   - 접촉형 : 액체와 직접 접촉
   - 비접촉형 : 초음파나 레이저와 같은 기술을 활용
  ㉢ 액체의 성질(전도성, 점도)에 따라 구분
   - 물과 같은 전도성 액체는 전극 기반 센서가 효과적이고, 유류와 같은 비전도성 액체는 초음파 센서가 더 적합
  ㉣ 출력 신호 : 센서가 감지한 수위 정보를 전압, 전류 또는 디지털 데이터로 출력
  ㉤ 응용 분야
   - 물탱크 수위 모니터링, 배수 관리, 정수처리 시스템, 산업용 액체 관리, 선박의 연료 상태 측정 등 다양한 산업에서 활용

② **작동 원리**
  ㉠ 전도성 센서(Conductive Sensor)
   - 액체의 전도성을 활용해 전극 간의 저항이나 전류 흐름을 측정하여 수위를 감지
   - 두 전극이 액체와 접촉할 경우, 전도성의 변화로 신호를 생성
   - 물탱크와 같은 환경에서 널리 사용된다.

센서	동작원리
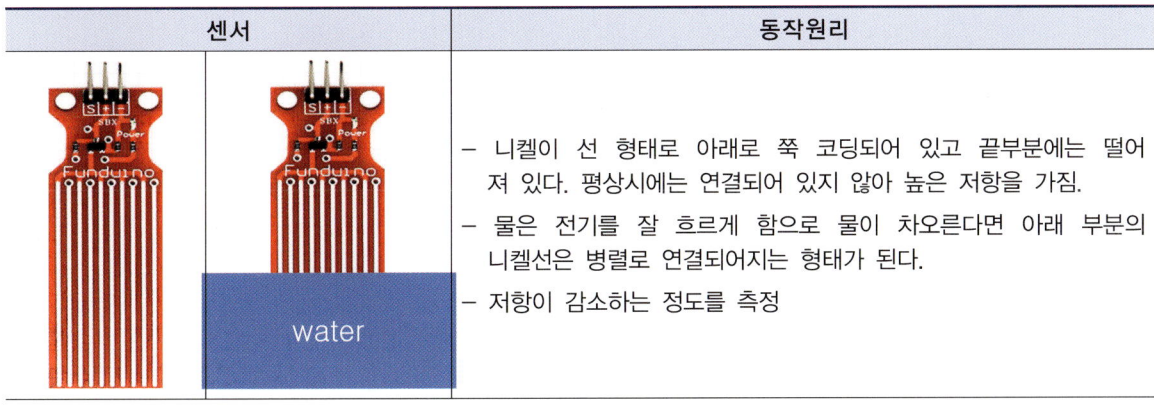	- 니켈이 선 형태로 아래로 쭉 코딩되어 있고 끝부분에는 떨어져 있다. 평상시에는 연결되어 있지 않아 높은 저항을 가짐. - 물은 전기를 잘 흐르게 함으로 물이 차오른다면 아래 부분의 니켈선은 병렬로 연결되어지는 형태가 된다. - 저항이 감소하는 정도를 측정

  ㉡ 초음파 센서(Ultrasonic Sensor)
   - 초음파를 발사하고, 액체 표면에서 반사되는 신호의 시간을 측정하여 수위를 계산
   - 비접촉 방식으로 동작하며, 유류와 같은 비전도성 액체에서도 효과적이다.
  ㉢ 용량성 센서(Capacitive Sensor)
   - 액체와 센서 간의 전기 용량 변화를 감지하여 수위를 측정

ㄹ 부표 센서(Float Sensor)
- 물리적으로 부표를 사용하여 액체 수위 변화에 따라 스위치를 작동시킨다.
- 비교적 단순한 구조로, 많은 산업에서 활용된다.

③ 장점

ㄱ 간단한 설치 및 사용
ㄴ 다양한 액체에 적응 가능
ㄷ 실시간 모니터링 및 높은 신뢰성
ㄹ 고정밀도 측정 가능

④ 단점
ㄱ 특정 환경에서 센서의 정확성 저하 (예: 고온, 오염된 액체)
ㄴ 접촉형 센서는 물리적 마모 발생 가능

⑥ 수위 계산 원리
ㄱ mcp 측정 전압 코드

```
# mcp 변환 전압 = mcp 측정값 × 최대 전압

mcp_volt = mcp.value * max_volt
```

- mcp.value : 센서에서 측정된 ADC 값, 0.0 ~ 1.1
- max_volt : 최대 전압으로 5.0V 또는 3.3V (교재에서는 5.0V 사용하였음)
- mcp_volt : mcp 변환 전압

ㄴ 온도 계산 정규화

```
# 수위(%) = (mcp 변환 전압 ÷ 최대 전압) × 최대수위(100)
water_level = (mcp_volt / max_volt) * full_level
```

```
# 1단계: ADC 값 읽기              (0.0 ~ 1.0)
mcp.value = 0.456

# 2단계: 전압 변환
mcp_volt = 0.456 × 5.0V = 2.28V

# 3단계: 수위 측정
temp = (2.28V / 5.0V) × 100 = 45.6 %

# 4단계: 출력
mcp value: 0.456 , temperature: 45.6 %
```

(2) 연결 정보 및 회로도

① 부품

재료명 모델명	이미지	수량	재료명	이미지	수량
MCP3008		1	LED		1
수위측정센서		1	저항 220Ω		1

② 연결 정보

㉠ 핀 구성

- Vcc (전원): 센서에 전압 공급 (2.7V ~ 5.5V 입력 가능)
- GND (접지): 전원 및 아날로그 신호의 기준 전압
- Vout (출력): 온도를 전압 형태로 출력 (10mV/°C)

sensor		라즈베리파이 / ADC
	SIG	MCP3008 channel 4
	VCC	Vcc
	GND	GND

sensor		라즈베리파이
LED	+	GPIO 17
	GND	GND

③ 회로도

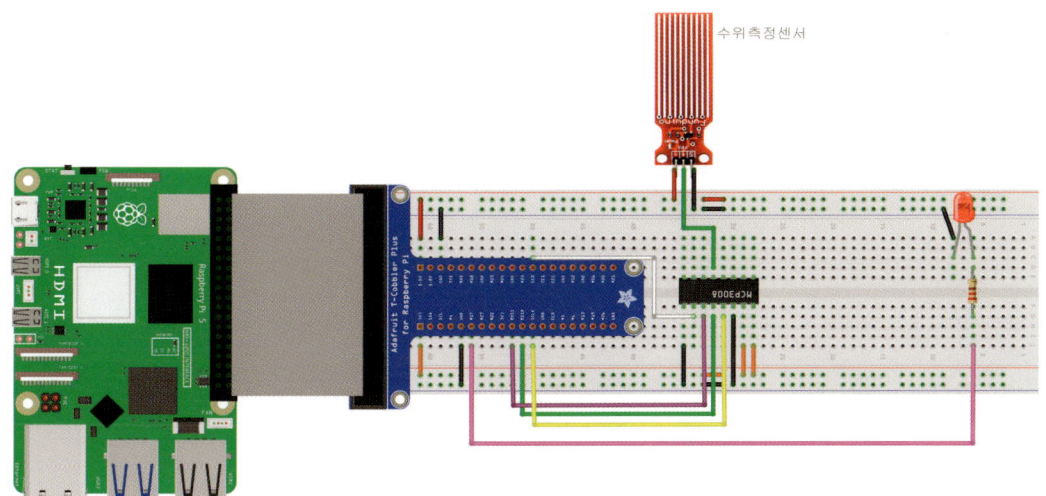

〈그림 3-13〉 아날로그센서_05 수위측정센서_회로도

(3) 실습해보기

① 수위 측정 센서값을 출력해 보자.

```python
# file: water_1.py

from gpiozero import MCP3008
from time import sleep

mcp = MCP3008(channel=4)

print('Press Ctrl+C to exit')

while True:
    print(f'mcp value : {mcp.value :.3f}')

    sleep(0.5)
```

② 측정된 센서값을 수위(%)로 출력해 보자.

- 센서에 따라 변환 공식이 다를 수 있음.
- while 활용

```python
# file: water_2.py

from gpiozero import MCP3008
from time import sleep

mcp = MCP3008(channel=4)
max_volt = 5.0
full_level = 100.0

print('Press Ctrl+C to exit')

while True:
    mcp_volt = mcp.value * max_volt
    water_level = (mcp_volt / max_volt) * full_level   # 0 ~ 100

    print(f'water level : {water_level:.1f}%')

    sleep(0.5)
```

Press Ctrl+C to exit water level : 0.0% water level : 12.5% water level : 25.0% water level : 37.5% water level : 50.0% water level : 62.5% water level : 75.0% water level : 87.5% water level : 100.0%	0.0% : 물이 없음. 센서 완전 노출 50.0% : 물 중간 잠김, 센서 절반 100.0% : 물 완전 잠김, 센서 완전 잠김

- 함수 활용

```python
# file: water_3.py

from gpiozero import MCP3008
from time import sleep

mcp = MCP3008(channel=4)
max_volt = 5.0
full_level = 100.0

def get_water_level(value, full_level):
    mcp_volt = value * max_volt
    water_level = (mcp_volt / max_volt) * full_level
    return water_level

print('Press Ctrl+C to exit')

while True:
    water_level = get_water_level(mcp.value, full_level)

    print(f'mcp value: {mcp.value:.3f} , Water Level: {water_level:.1f}%')
    sleep(1)
```

(4) 응용해보기

① 물의 수위가 임계값보다 작으면 LED on, 그렇지 않으면 LED를 off해 보자.

- 예를 들어 물탱크에 물이 임계값보다 적으면 LED on..
- 임계값 threshold = 20

```python
# file: water_4.py

from gpiozero import MCP3008, LED
from time import sleep

mcp = MCP3008(channel=4)
led = LED(17)
max_volt = 5.0
full_level = 100.0
threshold = 20.0

def get_water_level(value, full_level):
    mcp_volt = value * max_volt
    water_level = (mcp_volt / max_volt) * full_level
    return water_level

print('Press Ctrl+C to exit')

while True:
    water_level = get_water_level(mcp.value, full_level)

    if water_level < threshold:
        led.on()
        print(f'water level is low {water_level:.1f}%, LED on')
    else:
        led.off()
        print(f'water level is high {water_level:.1f}%, LED off')

    sleep(1)
```

06 소리 감지 센서

(1) 개요

① 특징

- 주위의 음향 신호(소리)를 감지하고 이를 전기 신호로 변환하는 장치
- 소리 강도나 특정 주파수를 감지

② 구조

㉠ 전원 : 3.3V ~ 5V

㉡ 구조
- 마이크 : 소리를 전기 신호로 변환
- 증폭기 : 마이크에서 생성된 전기 신호를 증폭
- 필터 : 특정 주파수를 감지하거나 노이즈 제거
- ADC : 아날로그 디지털 변환. 부품에 따라 없을 수 있음.
- 조절기 : 민감도 조절
- 핀
  - D0 : 소리 감지(특정값에 도달)하면 HIGH(1), 아니면 LOW(0) 출력
  - A0 : 아날로그 출력. 실시간 마이크 레벨에 따른 신호 출력

(2) 연결 정보 및 회로도

① 부품

재료명 모델명	이미지	수량	재료명	이미지	수량
MCP3008		1	LED		1
소리감지센서 (KY-037)		1	저항 220Ω		1

② 연결 정보

㉠ 핀 구성
- A0 : 아날로그 출력
- GND (접지): 전원 및 아날로그 신호의 기준 전압
- Vcc (전원): 센서에 전압 공급 (3.3V ~ 5V)

sensor		라즈베리파이 / ADC
	D0	사용안함.
	+	Vcc
	G	GND
	A0	MCP3008 channel 5

sensor		라즈베리파이
LED	+	GPIO 17
	GND	GND

③ 회로도

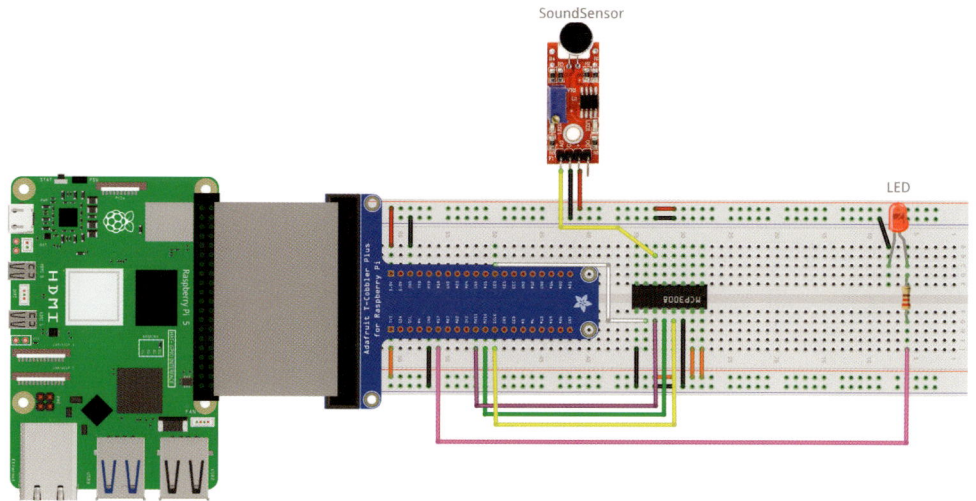

〈그림 3-14〉 아날로그센서_06 소리감지센서_회로도

(3) 실습해보기

① 측정된 소리값을 표시해 보자.

```python
# file: sound_1.py

from gpiozero import MCP3008
from time import sleep

mcp = MCP3008(channel=5)

print('Press Ctrl+C to exit')

while True:
    print(f'mcp value : {mcp.value :.3f}')
    
    sleep(0.5)
```

② 소리값에 따라 high, medium, low 텍스트를 출력해 보자.

```python
# file: sound_2.py

from gpiozero import MCP3008
from time import sleep

mcp = MCP3008(channel=5)

print('Press Ctrl+C to exit')

while True:
    print(f'mcp value : {mcp.value :.3f}')

    if mcp.value > 0.7:
        print('sound level is high')
    elif mcp.value < 0.3:
        print('sound level is low')
    else:
        print('sound level is medium')

    sleep(0.5)
```

(4) 응용해보기

① 높은 소리(임계값 0.7)가 감지되면 LED를 on시키자.

- while 활용

```python
# file: sound_3.py

from gpiozero import MCP3008, LED
from time import sleep

mcp = MCP3008(channel=5)
led = LED(17)
threshold = 0.7

print('Press Ctrl+C to exit')

while True:
    if mcp.value > threshold:
        led.on()
        print(f'sound level is {mcp.value:.3f}, LED on')
    else:
        led.off()
        print(f'sound level is {mcp.value:.3f}, LED off')
    sleep(0.5)
```

- 함수 활용 및 이벤트 방식

```
# file: sound_4.py

from gpiozero import MCP3008, LED
from signal import pause

mcp = MCP3008(channel=5)
led = LED(17)
threshold = 0.7

def control_led():
    while True:
        print(f'mcp value: {mcp.value:.3f}')

        # 소리 레벨이 임계값보다 높으면 LED 켜기 (1), 낮으면 끄기 (0)
        if mcp.value > threshold:
            yield 1                     # LED 켜기
        else:
            yield 0                     # LED 끄기

print('Press Ctrl+C to exit')

led.source = control_led()
led.source_delay = 0.5

pause()
```

07 조이스틱 (Joystick)

(1) 개요

① 특징

㉠ X, Y축 움직임에 따라 저항 값이 변하는 가변저항
㉡ 4방향(up, down, left, right), 중앙 감지
㉢ 수직으로 눌렀을 때 스위치 기능도 가능
㉣ 풀업저항 : 스위치 눌렀을 경우 : LOW

(2) 연결 정보 및 회로도

① 출력(아날로그) 값 맵핑

㉠ x축, y축 기본값 : 2.5V
㉡ x축, y축 값 : 0V ~5V (움직이는 방향에 따라 출력값 변동)
㉢ Z축 출력값 : 디지털 값(0 또는 1)

② 연결 정보

라즈베리파이 / ADC	sensor
GND	GND
VCC	+5V
MCP3008 channel 6	VRx
MCP3008 channel 7	VRy
GPIO 12	SW

sensor		라즈베리파이
LED	+	GPIO 17
	GND	GND

- GND : 라즈베리파이의 GND 핀에 연결
- VCC : 라즈베리파이의 3.3V 또는 5V 핀에 연결
- VRX : X축 데이터를 읽을 MCP3008 channle 7번에 연결
- VRY : Y축 데이터를 읽을 MCP3008 channle 6번에 연결
- SW : 버튼 입력을 읽을 GPIO 12핀에 연결

③ 회로도

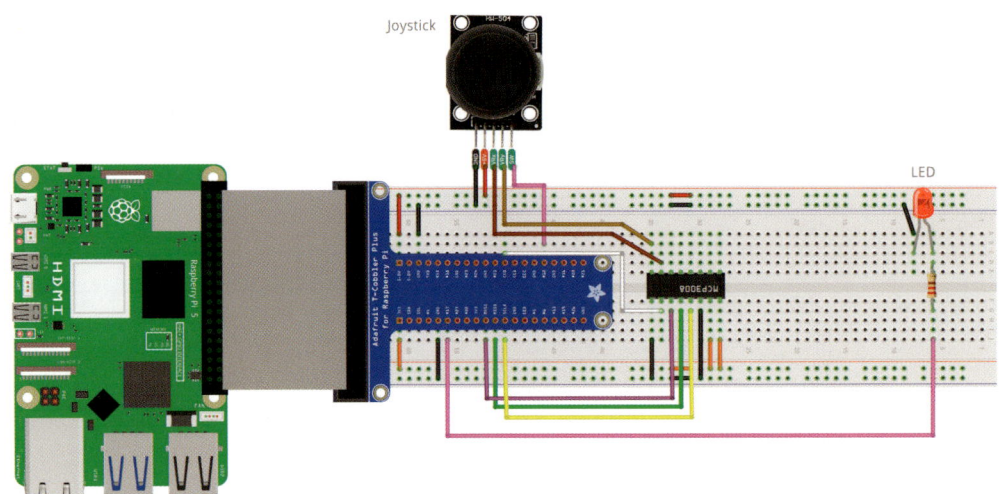

〈그림 3-15〉 아날로그센서_07 조이스틱_회로도

(3) 실습해보기

① 조이스틱 위치값을 출력해 보자.

- 조이스틱의 움직임에 따라 x, y 축 위치값(소수점 3자리) 출력

```
# file: Joystick_1.py

from gpiozero import MCP3008
from time import sleep

mcp_x = MCP3008(channel=6)
mcp_y = MCP3008(channel=7)

print('Press Ctrl+C to exit')
```

```
while True:
    print(f'X axis: {mcp_x.value:.3f}, Y axis: {mcp_y.value:.3f}')

    sleep(0.5)
```

② 조이스틱의 위치값을 9개의 위치로 출력해 보자.

	left-up x범위 : 0.3 미만 y범위 : 0.7 초과	up x범위 : 0.3 ~ 0.7 y범위 : 0.7 초과	right-up x범위 : 0.7 초과 y범위 : 0.7 초과
	left x범위 : 0.3 미만 y범위 : 0.3 ~ 0.7	center x범위 : 0.3 ~ 0.7 y범위 : 0.3 ~ 0.7	right x범위 : 0.7 초과 y범위 : 0.3 ~ 0.7
	Left-down x범위 : 0.3 미만 y범위 : 0.3 미만	down x범위 : 0.3 ~ 0.7 y범위 : 0.3 미만	right-down x범위 : 0.7 초과 y범위 : 0.3 미만

y값 1.0, y값 0.7, y값 0.3, (0, 0), (1, 1), (1, 0)
x값 0.3, x값 0.7
y 증가 ↑, x 증가 →

```
# file: Joystick_3.py

from gpiozero import MCP3008
from time import sleep

mcp_x = MCP3008(channel=6)
mcp_y = MCP3008(channel=7)

print('Press Ctrl+C to exit')

while True:
    x = mcp_x.value
    y = mcp_y.value

    if x < 0.3 and y < 0.3:
        pos = 'Left-Down'
    elif 0.3 <= x <= 0.7 and y < 0.3:
        pos = 'Down'
    elif x > 0.7 and y < 0.3:
        pos = 'Right-Down'
    elif x < 0.3 and 0.3 <= y <= 0.7:
        pos = 'Left'
    elif 0.3 <= x <= 0.7 and 0.3 <= y <= 0.7:
        pos = 'Center'

    elif x > 0.7 and 0.3 <= y <= 0.7:
        pos = 'Right'
```

```
    elif x < 0.3 and y > 0.7:
        pos = 'Left-Up'
    elif 0.3 <= x <= 0.7 and y > 0.7:
        pos = 'Up'
    elif x > 0.7 and y > 0.7:
        pos = 'Right-Up'

    print(f'X axis: {x:.3f}, Y axis: {y:.3f}, Position: {pos}')
    sleep(0.5)
```

```
Press Ctrl+C to exit
X axis: 0.500, Y axis: 0.500, Position: Center
X axis: 0.200, Y axis: 0.200, Position: Left-Down
X axis: 0.500, Y axis: 0.200, Position: Down
X axis: 0.200, Y axis: 0.800, Position: Left-Up
X axis: 0.500, Y axis: 0.800, Position: Up
X axis: 0.800, Y axis: 0.800, Position: Right-Up
```

(4) 응용해보기

① 조이스틱 버튼을 누르면 led가 on, 띄면 off

- pull_up=False 는 버튼이 눌리지 않을 때 1, 눌리면 0
  버튼을 누를 때 꺼지면 위의 옵션 활용

```python
# file: Joystick_2.py

from gpiozero import MCP3008, LED, Button
from signal import pause

mcp_x = MCP3008(channel=6)
mcp_y = MCP3008(channel=7)
sw = Button(12)           # sw = Button(12, pull_up=False)
led = LED(17)

def button_pressed():
  print('button pressed. LED on!!!')
  led.on()

def button_released():
  print('button released. LED off!!')
  led.off()

print('Press Ctrl+C to exit')

sw.when_pressed = button_pressed
sw.when_released = button_released

pause()
```

```
Press Ctrl+C to exit
button pressed. LED on!!!
button released. LED off!!
button pressed. LED on!!!
button released. LED off!!
button pressed. LED on!!!
```

08 부저(buzzer)

(1) 개요

① 특성

전자석의 코일에 전류를 보낸 전기적 신호로 진동판을 진동시켜 소리를 출력하는 부품.
마그네틱 부저, 피에조 부저, 기계식 부저 등이 있음

㉠ 마그네틱부저
- 스피커와 같은 구조
- 전원만 입력되면 소리 출력

㉡ 기계식 부저
- 전자석으로 진동판을 진동시켜 소리 출력
- 자동화장비, 주차장 입구 경고 장치 등

㉢ 피에조 부저(압전 세라믹 부저)
- 진동판만 연결된 단순 구조
- 일정 주파수를 입력시켜 다양한 음을 낼 수 있음
- 가격이 저렴

마그네틱 부저　　　　　피에조 부저　　　　　기계식 부저

〈그림 3-16〉 부저

② 피에조 부저

㉠ 능동 부저(Active Buzzer)
- 내장 진동 회로가 있어 부저 자체가 동작음 발생
- 입력 전압만 연결하면 작동하며, 단순 ON/OFF 신호로 제어 가능
- 사용이 간단하며, 일정한 주파수로 고정된 소리를 냄
- 예: 경고음이나 알람 장치에 주로 사용

㉡ 수동 부저(Passive Buzzer)
- 내부에 진동 회로가 없음
- 소리를 내기 위해 PWM 신호 또는 특정 주파수의 입력이 필요
- 주어진 신호의 주파수에 따라 다양한 소리 가능

- 주파수를 제어하기 위해 마이크로컨트롤러나 추가 회로 필요
- 예: 멜로디 생성이나 다양한 알림음을 표현할 때 사용

(2) 클래스 : Buzzer

능동 부저를 활용해서 경고음을 내고자 할 때 사용

① 함수원형 및 parameters

```
Buzzer(pin)
```

- pin(int or str) : 연결핀 번호
- 예

```
from gpiozero import Buzzer

bz = Buzzer(3)
bz.on( )
bz.beep(on_time=1, off_time=1, n=10)        #1초 간격 울리고 1초 중지, 10회 반복
```

② 동작 method

- beep(on_time=1, off_time=1, n=None, background=True)
  - 부저를 켜고 끄고를 반복한다.
  - on_time(float) : 켜진 시간(초). 기본값은 1초
  - off_time(float) : 꺼진 시간(초). 기본값은 1초
  - n(int 또는 None) : 깜박일 횟수(int : 정수값). None(기본값, 연속)
- on( ) : 장치를 켬
- off( ) : 장치를 끔

③ 변수 property

- is_active : 장치의 활성 여부 값을 반환할지를 결정
  - True : 장치 활성 여부 값을 반환(value 로 알 수 있음)
  - False : 장치 활성 여부 값을 반환지 않음(value 값은 항상 False임)
- value : 장치 활성 여부 확인, 활성시 1, 비활성시 0

(3) 클래스 : TonalBuzzer

① 개요
㉠ 수동 부저를 이용해서 다양한 주파수로 음계소리를 내고자 할 때 사용
㉡ PWM 사용하여 특정 주파수 소리 제어
㉢ 다양한 입력형식
- 문자 : 음계 이름("C4", "A4")
- 정수값 : 주파수 값(440hz)

② 함수원형 및 parameters

```
TonalBuzzer(pin, mid_tone=Tone('A4'), octaves=1, )
```

- pin(int or str) : 연결핀 번호
- mid_tone(int or str) : 장치의 중간값을 나타내는 톤. 생략시 기본값 'A4'(MIDI 69),
- octaves(int) : 기본음에서 옥타브를 높이고 낮이는 수. 생략시 기본값은 1(A4),
  - int 값이 -1이면 한 옥타브 낮은 A3, +2이면 2옥타브 올린 (A6)이 된다.
- 예 : 라(A4, 440) 소리

```python
from gpiozero import TonalBuzzer
from gpiozero.tones import Tone

bz = TonalBuzzer(13)

bz.play("A4")
sleep(0.3)

bz.play(tone(440))
sleep(0.3)

bz.stop( )
```

③ 동작 method
- play(tone) : tone 음 발생
  - 실수값 입력 : hz 단위 주파수 발생
  - 정수값 입력 : MIDI 값 주파수 발생
- stop( ) : 장치 끔. (value=None 장치 끔)

④ 변수 property
- is_active : 장치의 활성 여부 값을 반환할지를 결정 True/False
- max_tone : 부저가 재생할 수 있는 가장 높은 톤을 지정, 값이 1일 때 재생됨.
- mid_tone : 부저가 재생할 수 있는 중간 톤. 값이 0일 때 재생
- min_tone : 부저가 재생할 수 있는 낮은 톤. 값이 -1일 때 재생

- ocataves : 사용 가능한 옥파브 수를 지정
- tone : 지정된 톤을 발생. 부저가 무음이면 None
- value : 장치 활성화 상태, 0 or 1 를 반환

(4) 클래스 : Tone

① 함수 원형

```
Tone(value)
```

- value
  - frequency : 주파수, 실숫값
  - note : 문자값, 음계+옥타브로 구성, A음계의 4옥타브는 'A4'
  - midi : 정수값, midi note tabel 숫자
  - 예) 아래 표현은 같음.
  - Tone(440.0) = Tone('A4') = Tone(69)
- TonalBuzzer와 함께 사용하여 음악 톤을 숫자로 쉽게 표현 가능
- 예

```
from gpiozero.tones import Tone

Tone(440.0)             # 440hz 소리 발생
Tone(69)                # MIDI 69 번째 소리 발생
```

② 주파수와 계이름

- 기본 옥타브 - 4옥타브(A4)

음 주파수(hz)

옥타브 음계	1	2	3	4	5	6	7	8
C	32.7032	65.4064	130.8128	261.6256	523.2511	1046.502	2093.005	4186.009
c#	34.6478	69.2957	138.5913	277.1826	554.3653	1108.731	2217.461	4434.922
D	36.7081	73.4162	146.8324	293.6648	587.3295	1174.659	2349.318	4698.636
D#	38.8909	77.7817	155.5635	311.1270	622.2540	1244.508	2489.016	4978.032
E	41.2034	82.4069	164.8138	329.6276	659.2551	1318.510	263.020	5274.041
F	43.6535	87.3071	174.6141	349.2282	698.4565	1396.913	2793.826	5587.652
F#	46.2493	92.4986	184.9972	369.9944	739.9888	1479.978	2959.955	5919.911
G	48.9994	97.9989	195.9977	391.9954	783.9909	1567.982	3135.963	6271.927
G#	51.9130	103.8262	207.6523	415.3017	830.6094	1661.219	3322.438	6644.875
A	55.0000	110.0000	220.0000	440.0000	880.0000	1760.000	3520.000	4040.000
A#	58.2705	116.5409	233.0819	466.1638	932.3275	1864.655	3729.310	7458.620
B	61.7354	123.4708	246.9417	193.8833	987.7566	1975.533	3951.066	7902.133

Midi note Number

note	-1	0	1	2	3	4	5	6	7	8	9
C	0	12	24	36	48	60	72	84	96	108	120
c#	1	13	25	37	49	61	73	85	97	109	121
D	2	14	26	38	50	62	74	86	98	110	122
D#	3	15	27	39	51	63	75	87	99	111	123
E	4	16	28	40	52	64	76	88	100	112	124
F	5	17	29	41	53	65	77	89	101	113	125
F#	6	18	30	42	54	66	78	90	102	114	126
G	7	19	31	43	55	67	79	91	103	115	127
G#	8	20	32	44	56	68	80	92	104	116	
A	9	21	33	45	57	69	81	93	105	117	
A#	10	22	34	46	58	70	82	94	106	118	
B	11	23	35	47	59	71	83	95	107	119	

③ 동작 method

- down(n=1) : 현재 옥타브에서 1옥타브 내린다.
- up(n=1) : 현재 옥타브에서 1옥타브 올린다.

④ 변수 property
- frequency : 현재 소리 주파수 값 반환(hz)
- midi : 현재 소리 주파수에 가장 가까운 MIDI 음표 값 반환
  - 0 ~ 127 정수값으로 표현
  - 현재 주파수가 8Hz ~ 12500Hz 범위가 넘으면 오류(ValueError)
- note : 현재 소리 주파수에 가장 가까운 옥타브 값 반환
  - A0 ~ G9으로 표현(옥타브값 참조)
  - 예) A0의 27.5Hz 값보다 작거나 G9의 12,500Hz 값보다 크면 오류(ValueError)

(5) 연결 정보 및 회로도

① 부품 및 연결 정보

재료 모델명	이미지	모듈연결위치	BCM 핀번호
buzzer (피에조 수동)		buzzer 1	GND
		buzzer +	GPIO 13

② 회로도

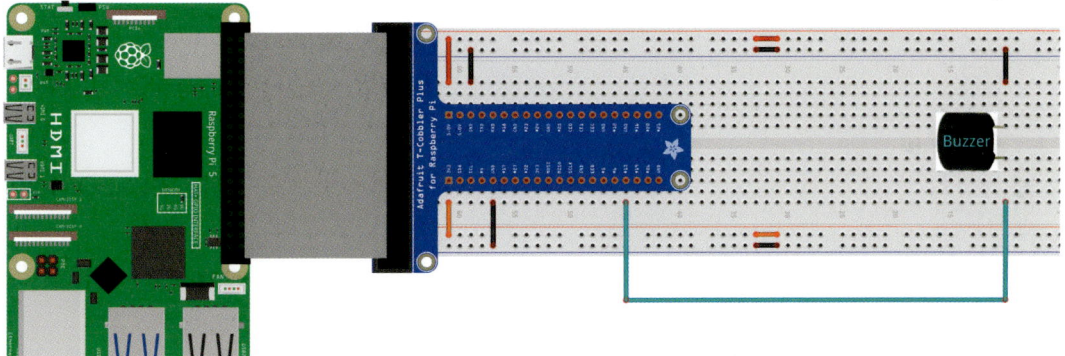

〈그림 3-17〉 아날로그센서_08 부터_회로도

(6) 실습해보기

① 도레미파솔라시도(C4 ~ C5) 음을 발생시켜 보자.

- TonalBuzer 라이브러리 사용

```python
# file: buzzer_1.py

from gpiozero import TonalBuzzer
from time import sleep

bz = TonalBuzzer(7)

sound = ['C4', 'D4', 'E4', 'F4', 'G4', 'A4', 'B4', 'C5']

print('Press Ctrl+C to exit')

while True:
    for s in sound:
        bz.play(s)
        print(f'{s} sound playing')
        sleep(1)

    bz.stop()
    sleep(0.1)
```

```
C4 sound playing
D4 sound playing
E4 sound playing
F4 sound playing
G4 sound playing
A4 sound playing
B4 sound playing
C5 sound playing
C4 sound playing
D4 sound playing
...
```

- Tone 라이브러리 활용

```python
# file: buzzer_1.py

from gpiozero import TonalBuzzer
from time import sleep

bz = TonalBuzzer(7)

sound = ['C4', 'D4', 'E4', 'F4', 'G4', 'A4', 'B4', 'C5']

print('Press Ctrl+C to exit')
while True:
    for s in sound:
        bz.play(s)
        print(f'{s} sound playing')
        sleep(1)

    bz.stop()
    sleep(0.1)
```

```
Press Ctrl+C to exit
60 sound playing
62 sound playing
64 sound playing
65 sound playing
67 sound playing
69 sound playing
71 sound playing
72 sound playing
(1초 휴지)
60 sound playing
62 sound playing
...
```

(7) 응용해보기

① 자동차 후진시 나오는 멜로디(엘리제를 위하여) 첫 소절

- TonaleBuzzer의 음계 이름으로 연주

```python
# file: buzzer_elise_1.py

from gpiozero import TonalBuzzer
from time import sleep

bz = TonalBuzzer(13)

sound = ['E5', 'D#5', 'E5', 'D#5', 'E5', 'B4', 'D5', 'C5', 'A4','C4', 'E4', 'A4',
'B4', 'E4', 'G#4', 'B4', 'C5']
interval = [0.5, 0.5, 0.5, 0.5, 0.5, 0.5, 0.5, 0.5, 1, 0.5, 0.5, 0.5, 1, 0.5, 0.5,
0.5, 1]

print('Press Ctrl+C to exit')

for s, i in zip(sound, interval):
    bz.play(s)
    sleep(i)

bz.stop()
sleep(0.5)
```

- Tone의 midi 번호로 연주

```
# file: buzzer_elise_2.py

from gpiozero import TonalBuzzer
from gpiozero.tones import Tone
from time import sleep

bz = TonalBuzzer(13)

midi = [76, 75, 76, 75, 76, 71, 74, 72, 69, 60, 64, 69, 71, 64, 68, 71, 72]
interval = [0.5, 0.5, 0.5, 0.5, 0.5, 0.5, 0.5, 0.5, 1, 0.5, 0.5, 0.5, 1, 0.5, 0.5, 0.5, 1]

print('Press Ctrl+C to exit')

for m, i in zip(midi, interval):
    bz.play(Tone(m))
    sleep(i)

bz.stop()
sleep(0.5)
```

㉠ 반복 재생

```
from gpiozero import TonalBuzzer
from gpiozero.tones import Tone
from time import sleep

bz = TonalBuzzer(13)
speed = 0.3

midi = [76, 75, 76, 75, 76, 71, 74, 72, 69, 60, 64, 69, 71, 64, 68, 71, 72]
speederval = [speed, speed, speed, speed, speed, speed, speed, speed, speed+0.3, speed, speed, speed, speed+0.3, speed, speed, speed, speed+0.3]

try:
    while True:
        for m, i in zip(midi, speederval):
            bz.play(Tone(m))
            sleep(i)

        bz.stop()
        sleep(0.3)

except KeyboardInterrupt:
    bz.stop()
```

- except KeyboardInterrupt: 반복 재생 노래 멈춤 ctrl + c

CHAPTER 4

디지털 센서

CHAPTER 04 디지털 센서

분류	부품	개수	라이브러리	이미지
1. 초음파	HC-SR04	1	DistanceSensor	
	LED	2	LED	
2. 적외선라인 감지	HC-SR505	1	MotionSensor	
3. Line Sensor	TCRT5000	1	LineSensor	
4. 온습도센서	DHT11	1	Adafruit_DHT	

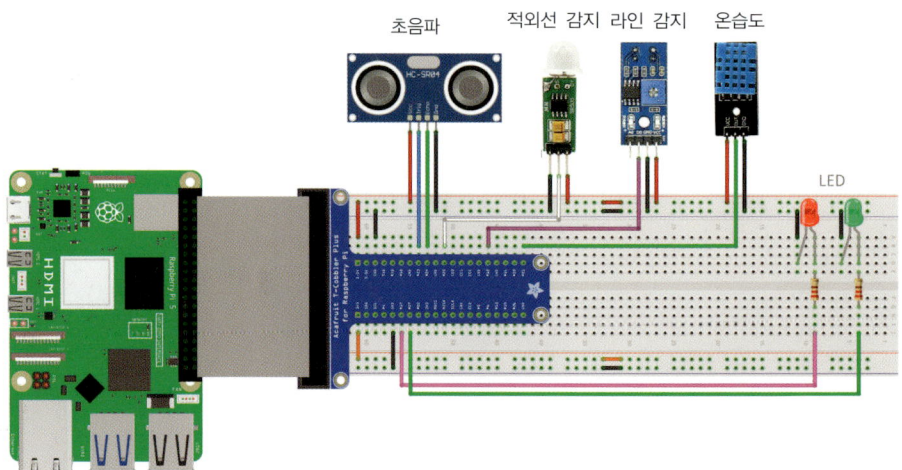

〈그림 4-1〉 디지털 센서_전체회로도

01 초음파 센서

(1) 개요

① 초음파 센서

㉠ trigger(송신부)에서 일정 간격의 초음파 펄스를 방출하고 전방 대상물에 부딪혀 돌아온 신호를 echo(수신부)에서 받아 이에 대한 시간차를 기반으로 거리를 산출.

㉡ 전방에 장애물의 유무 및 물체와의 거리, 속도 등을 측정

㉢ 거리 계산
- 이동거리(m) = 속도(m/s) × 소요시간(s)
- 초음파 속도 : 340m/s
- 왕복소요시간 : duration(μm) = 소요시간 / 2

$$이동거리(m) = 340(m/s) \times \frac{소요시간(s)}{2}$$

펄스 소요시간 $t(\mu s)$로 변환하려면,
$$이동거리(m) = 340(m/s) \times \frac{소요시간(\mu s)}{2 \times 1000000}$$
$$이동거리(m) = 0.00017 \times t$$

② 구조 : HC-SR04

- 약 40Hz의 주파수의 초음파를 발사하여 물체에 반사되어 돌아오는 시간을 측정
- 외부 환경에 강한 특징을 갖고 있고, 물체의 색깔에 상관없이 사용할 수 있으며, 투명한 물체도 감지 가능하며 물이나 먼지 등이 있더라도 감지할 수 있는 장점이 있음
- 저렴한 가격으로 활용도가 높음.
- trigger에서 신호 출력, echo에서 신호 입력
  - Trigger Pin에서 스타트 펄스 신호를 주면 전방으로 사운드웨이브 발생(ping)
  - 물체에 반사되어 돌아오는 시간만큼 Echo 핀으로 펄스 신호 보냄
  - 밀리초(ms)단위로 초음파 왕복 시간을 측정한 후 거리 변환

(2) 클래스 : DistanceSensor( )

① 함수원형 및 parameters

```
DistanceSensor(echo, trigger, max_distance, threshold_distance)
```

- echo : 센서의 Echo와 연결된 GPIO 핀번호
- trigger : 센서의 Trig와 연결된 GPIO 핀번호

- max_distance : 최대 거리 설정
  - 거리 설정 범위 : 0m ~ 4m
  - 생략시 기본값 : 1m
- threshold_distance
  - 기본 감지거리를 설정. 기본값 0.3m
  - 0.3m 거리안으로 들어오면... in_range 상태
  - 0.3m 거리를 벗어나면 out_of_range 상태
- 예 : echo는 GPIO 24, Trig는 GPIO 23

```
from gpiozero import DistanceSensor

sensor = DistanceSensor(24, 23)
print('Distance: ', senser.distance, " m")
```

② **동작 method**
- wait_for_in_range(timeout=None) : 센서가 감지상태(distanc < threshold_distance)가 될 때까지 대기
  - 물체가 설정된 임계거리(threshold_distance) 안으로 들어올 때까지 프로그램 멈추고 기다리고 있음.
  - timeout이 None이면 무한정 대기
- wait_for_out_of_range(timeout=None) : 물체가 임계거리 밖으로 나갈 때까지 프로그램 멈춤
- when_in_range( ) : 기본 거리(threshold_distance) 안이 되면 즉 감지가 되면 이벤트 동작
- when_out_of_range( ) : 기본 거리 벗어나면 이벤트 동작

실시간 처리	순차적 처리
when_in_range( ) whein_out_of_range( )	wait_for_in_range( ) wait_for_out_of_range( )
이벤트 기반 처리	블로킹 방식 처리

③ **변수 property**
- distance : 측정값
- value : 연결된 장치의 값
  - 범위 : 0~1

(3) 연결 정보 및 회로도

① 부품

재료명 모델명		수량	재료명	이미지	수량
초음파센서 (HC-SR04)		1	LED		2
			저항 220Ω		2

② 연결 정보

라즈베리파이	sensor		sensor	BCM 핀번호
5V	VCC		red +	GPIO 17
GPIO 23	Trig	LED	green +	GPIO 27
GPIO 24	Echo		GND	GND
GND	GND			

③ 회로도

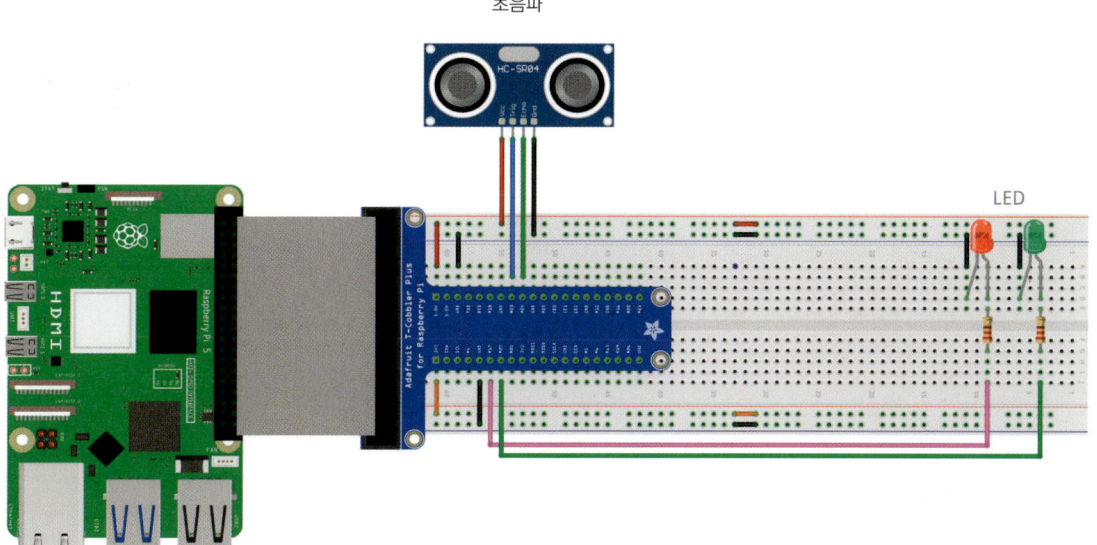

〈그림 4-2〉 디지털 센서_01 초음파센서_회로도

(4) 실습해보기

① 초음파 센서를 이용하여 전방 물체의 거리(m)를 표시해 보자.

- 거리를 m 단위로 출력

```python
# file: DistanceSensor_1.py

from gpiozero import DistanceSensor
from time import sleep

#ultra = DistanceSensor(echo=24, trigger=23)
ultra = DistanceSensor(24, 23)

print('Press Ctrl+C to exit')
print('-'*30)

while True:
    print(f'Distance : {ultra.distance :.3f} m')

    sleep(1)
```

- ultra.distance : .3f : 소숫점 3자리까지 출력

```
Press Ctrl+C to exit
------------------------------
Distance : 0.153 m
Distance : 0.152 m
Distance : 0.154 m
Distance : 0.127 m
Distance : 0.189 m
...
```

㉠ 출력하는 횟수를 함께 출력해 보자.

- .3f : 소숫점 3자리까지 출력

```python
# file: DistanceSensor_2.py

from gpiozero import DistanceSensor
from time import sleep

#ultra = DistanceSensor(echo=24, trigger=23)
ultra = DistanceSensor(24, 23)
i=0

print('Press Ctrl+C to exit')
print('-'*30)

while True:
    i+=1
    print(f'{i}. Distance : {ultra.distance :.3f} m')
    sleep(1)
```

```
Press Ctrl+C to exit
------------------------------
1. Distance : 0.153 m
2. Distance : 0.152 m
3. Distance : 0.154 m
4. Distance : 0.127 m
5. Distance : 0.189 m
6. Distance : 0.201 m
...
```

ⓒ 0.2m 거리 안으로 장애물이 들어오거나 벗어날 때 메시지를 출력해 보자.

- max_distance=1.0 : 최대 거리 1.0m
- threshold_distance=0.2 설정, 생략시 감지 거리는 0.3m
- 초음파(ultra)의 감지거리 안(when_in_range)으로 들어오면 object_detect 함수 실행
  ultra.when_in_range = ojbect_detected

```python
# file: DistanceSensor_3.py

from gpiozero import DistanceSensor
from signal import pause

#ultra = DistanceSensor(echo=24, trigger=23)
ultra = DistanceSensor(24, 23, max_distance=1.0, threshold_distance=0.2)

def object_detected():
    print('Object detected')

def object_not_detected():
    print('Object not detected')

print('Press Ctrl+C to exit')
print('-'*30)

ultra.when_in_range = object_detected
ultra.when_out_of_range = object_not_detected

pause()
```

```
Press Ctrl+C to exit
------------------------------
Object not detected
Object detected
Object not detected
Object detected
...
```

- 함수에 실행 내용 추가

```
# file: DistanceSensor_4.py

from gpiozero import DistanceSensor
from signal import pause

#ultra = DistanceSensor(echo=24, trigger=23)
ultra = DistanceSensor(24, 23, max_distance=1.0, threshold_distance=0.2)

def object_detected():
    print('Object detected!')
    print(f'Distance: {ultra.distance:.3f} m')

def object_not_detected():
    print('Object not detected!')
    print(f'Distance: {ultra.distance:.3f} m')

print('Press Ctrl+C to exit')
print('-'*30)

ultra.when_in_range = object_detected
ultra.when_out_of_range = object_not_detected

pause()
```

```
Press Ctrl+C to exit
------------------------------
Object not detected!
Distance: 0.457 m
Object detected!
Distance: 0.124 m
Object not detected!
Distance: 0.283 m
...
```

(5) 응용해보기

① 목표

초음파 센서가 1초마다 거리를 표시하도록 하고 20cm 이하로 장애물이 감지되면 red_led에 불이 들어오게 하고 그렇지 않으면 green_led 불이 들어오게 해보자.

② source code

```python
# file: DistanceSensor_5.py

from gpiozero import DistanceSensor, LED
from signal import pause

red_led = LED(17)
green_led = LED(27)
ultra = DistanceSensor(24, 23, max_distance=1.0, threshold_distance=0.2)

red_led.off()
green_led.off()

def object_detected():
    print('Object detected')
    print(f'Distance: {ultra.distance:.3f} m')
    red_led.on()
    green_led.off()

def object_not_detected():
    print('Object not detected')
    print(f'Distance: {ultra.distance:.3f} m')
    red_led.off()
    green_led.on()

print('Press Ctrl+C to exit')
print('-'*30)

ultra.when_in_range = object_detected
ultra.when_out_of_range = object_not_detected

pause()
```

```
Press Ctrl+C to exit
------------------------------
Object not detected
Distance: 0.450 m
Object not detected
Distance: 0.420 m
Object detected
Distance: 0.280 m
...
```

02 적외선(PIR) 센서

(1) 개요

① 적외선 인체감지 센서(PIR: Passive Infrared Sensor)
  ㉠ 피동형 적외선 센서
  ㉡ 프레넬 렌즈를 통해 9 ~ 12도 구간의 인체 이동을 감지
  ㉢ 인체가 방출하는 9㎛ ~ 11㎛ 적외선을 집광렌즈인 Fresnel Lens를 통과하여 센서 표면에 위치한 편광필터인 Window에 닿게 하여 검출

② 종류
  ㉠ HC-SR501
  - 작동 전압 범위 : DC4.5 ~ 20V
  - 대기 전류 : 50㎂

  ㉡ HC-SR505
  - 작동 전압 범위 : DC4.5 ~ 20V
  - 감지 거리 : 2 ~ 3m
  - 측정 각 : < 100 degree cone angle
  - 출력값 : 디지털값(0 or 1)
    - 움직임 감지 : 1
    - 움직임 감지 없음 : 0

(2) 클래스 : MotionSensor

① 함수원형 및 parameters

```
MotionSensor(pin)
```

- pin : 장치의 출력신호(signal)과 연결된 GPIO 핀번호
- 예

```
from gpiozero import MotionSensor
sensor = MotionSensor(25)
sensor.wait_for_motion( )
```

② 동작 method
- wait_for_motion( ) : 모션이 감지될 때까지 대기
- wait_for_no_motion( ) : 모션이 감지되지 않을 때까지 대기
- when_motion( ) : 비활성상태에서 활성상태로 변경될 때 실행
- when_no_motion( ) : 활성상태에서 비활성상태로 변경될 때 실행

③ 변수 property
- motion_detected : True / False 반환, 임계값 초과시 True 그렇지 않으면 False
- pin : motion sensor 연결 핀 번호 반환
- value : 움직임 감지하면 1, 그렇지 않으면 0

(3) 연결 정보 및 회로도

① 부품

재료명 모델명		수량	재료명	이미지	수량
PIR센서 (HC-SR505)		1	LED		2
			저항 220Ω		2

② 연결 정보

라즈베리파이	sensor		sensor		BCM 핀번호
GND	GND		LED	red +	GPIO 17
GPIO 25	SIG			green +	GPIO 27
5V	VCC			GND	GND

㉠ + : 라즈베리파이의 5V 연결
㉡ - : 라즈베리파이의 GND 연결
㉢ out : 라즈베리파이의 GPIO

③ 회로도

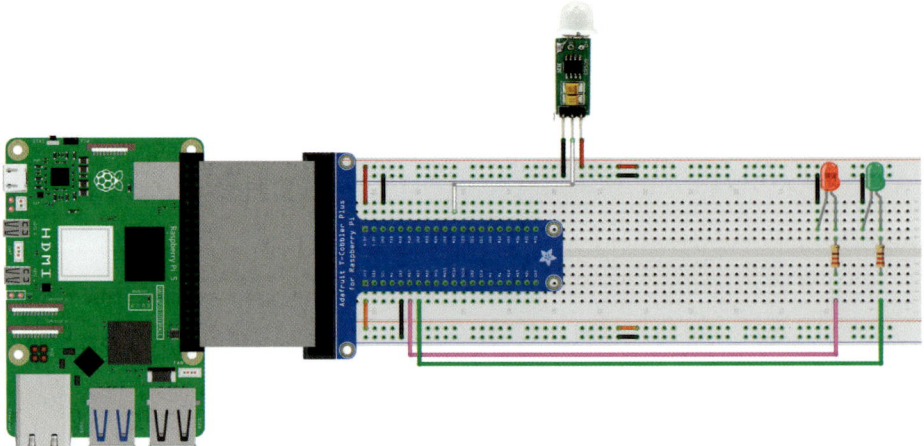

〈그림 4-3〉 디지털 센서_02 인체감지센서_회로도

(4) 실습해보기

① 움직임을 감지하면 텍스트를 출력하자.

- white 활용

```python
# file: MotionSensor_1.py

from gpiozero import MotionSensor
from time import sleep

pir = MotionSensor(25)

print('Press Ctrl+C to exit')
print('-'*30)

while True:
    if pir.motion_detected:
        print('Motion detected')
    else:
        print('No motion detected')

    sleep(1)
```

```
Press Ctrl+C to exit
------------------------------
No motion detected              # 움직임 감지 못함
Motion detected                 # 잠깐 움직임 감지
No motion detectcd
Motion detected                 # 다시 움직임 감지
No motion detected
```

- 이벤트 함수 활용

```python
# file: MotionSensor_2.py

from gpiozero import MotionSensor
from signal import pause

pir = MotionSensor(25)

def motion_detected():
    print('Motion detected')

def no_motion_detected():
    print('No motion detected')

print('Press Ctrl+C to exit')
print('-'*30)

pir.when_motion = motion_detected          #.when_motion : 움직임 이벤트함수
pir.when_no_motion = no_motion_detected    #.when_no_motion : 움직임 없음 이벤트함수

print('PIR sensor active. Waiting for motion...')

pause()
```

- 출력 결과는 위의 결과와 같음

(5) 응용하기

① 움직임이 감지되면 red LED on, 움직임이 감지되지 않으면 green LED on

```python
# file: MotionSensor_3.py

from gpiozero import MotionSensor, LED
from signal import pause

pir = MotionSensor(25)
red_led = LED(17)
green_led = LED(27)

red_led.off()
green_led.on()

def motion_detected():
    red_led.on()
    green_led.off()
    print('Motion detected: red_led ON, green_led OFF')

def no_motion_detected():
    red_led.off()
    green_led.on()
    print('No motion detected: red_led OFF, green_led ON')
```

```
print('Press Ctrl+C to exit')
print('-'*30)

pir.when_motion = motion_detected
pir.when_no_motion = no_motion_detected

pause()
```

- motion_detected( ) 함수 : 움직임이 감지되면 실행
- no_motion_detected( ): 움직임이 감지되지 않으면 실행
- 센서(pir)가 움직임을 감지(when_motion)되면 motion_detected( ) 함수 실행

  pir.when_motion = motion_detected
- 센서(pir)가 움직임을 감지 못하게(when_no_motion)되면 no_motion_detected( ) 함수 실행

  pir.when_no_motion = no_motion_detected

```
Press Ctrl+C to exit
------------------------------
No motion detected: red_led OFF, green_led ON
Motion detected: red_led ON, green_led OFF    # 잠깐 움직임 감지
No motion detected: red_led OFF, green_led ON
No motion detected: red_led OFF, green_led ON
Motion detected: red_led ON, green_led OFF    # 다시 움직임 감지
No motion detected: red_led OFF, green_led ON
```

 Line Sensor

(1) 개요

① **특징**

㉠ 트랜지스터 및 적외선 발광 다이오드(LED)를 포함한 광전적 센서 모듈로, 주로 물체의 감지 및 트래킹에 사용된다. 이 센서는 빛이 물체에 반사되어 다시 센서로 돌아오는 것을 감지하여 물체의 존재 여부를 확인한다.

㉡ 주로 반사광을 이용한 감지 기술을 사용하며, 검은색과 흰색의 반사율 차이를 측정하여 라인의 위치를 판별한다.

② **출력 방식**

㉠ 디지털 출력 : 특정 임계값을 기준으로 ON/OFF 신호 제공

㉡ 아날로그 출력 : 반사된 빛의 강도에 따라 값 제공

③ 응용 분야
  ㉠ 라인 추적 로봇: 사전에 설정된 경로를 따라 이동
  ㉡ 산업용 로봇 : 물체 정렬 포장 공정 등에서 라인을 따라 자동 작업 수행
  ㉢ 위치 확인 시스템 : 특정 영역에서 라인을 감지애 이동 경로 지정 등

④ TCRT5000

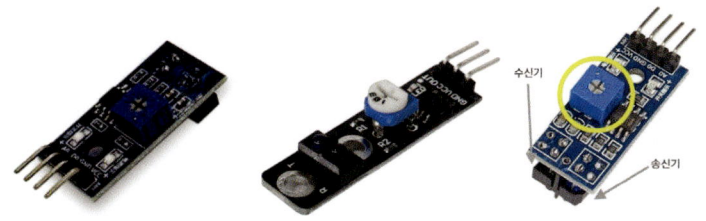

  ㉠ 사양
    • 정격 전압 : 3.3V ~ 5V
    • 동작범위 : 0.2mm ~ 2.5mm, (적정 2.5mm)
      동작 범위가 좁아 실습시 면과 바닥과의 거리를 많이 가깝게 해야 동작 여부 확인 가능.
    • 출력형식 : 아날로그 / 디지털
      - D0 : 디지털 측정값 (0 또는 1)
      - A0 : 아날로그 측정값(0.0 ~ 1.0)

⑤ 작동 방식
  • 적외선 LED (발광부)
  • 광트랜지스터 또는 광다이오드
  • 감지신호 처리하는 회로(디지털 또는 아날로그 출력)

  ㉠ 색 구분 : 반사된 적외선 양을 측정
    • 반사양이 많으면(측정값이 0에 가까우면) 흰색
    • 반사양이 적으면(측정값이 1에 가까우면) 검정색

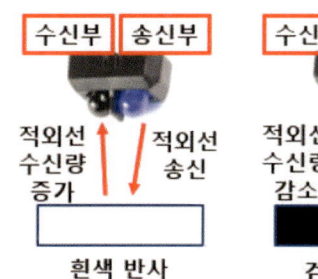

수신부	송신부	가변저항
검은색 포토 트랜지스터	파란색 포토 트랜지스터	트랜지스터 감도 조절 시계방향은 거리 증가 반시계방향은 거리 감소
적외선(빛) 받음	적외선(빛) 보냄	

(2) 클래스 : LineSenor

① 함수원형 및 parameters

```
LineSensor(pin)
```

- pin : 센서의 D0과 연결핀 GPIO 번호
- 예

```python
from gpiozero import LineSensor

line = LineSensor(12)

line.when_line = line.when_deactivated      # 검은색 감지 시 호출
line.when_no_line = line.when_activated     # 흰색 감지 시 호출
line.wait_for_line = line.wait_for_inactive # 검은색 감지 대기
line.wait_for_no_line = line.wait_for_active # 흰색 감지 대기

print("Line Sensor activated! Waiting for detection...")
```

② 동작 method

- wait_for_line(timeout=None) : 선을 검출할 때까지 동작 안함.
  - None : 기본값, 선을 검출할 때까지 무한 대기
- wait_for_no_line(timeout=None) : 선을 검출하지 않을 때까지 동작 안함.
- line_detected( ) : 라인 감지시 True
- when_line( ) : 라인 검출상태에서 비검출상태로 변할 때 실행
- when_no_line( ) : 라인 비검출상태에서 검춤상태로 변할 때 실행

③ 변수 property

- value : 라인센서 값(1 : 검정색, 0 : 하얀색)

(3) 연결 정보 및 회로도

① 부품

모델명	이미지	수량	재료명	이미지	수량
TCRT5000		1	LED		2
			저항 220Ω		2

② **연결 정보**

sensor		라즈베리파이	sensor		BCM 핀번호
	VCC	5V	LED	red +	GPIO 17
	GND	GND		green +	GPIO 27
	D0	GPIO 12		GND	GND
	A0	사용안함			

③ **회로도**

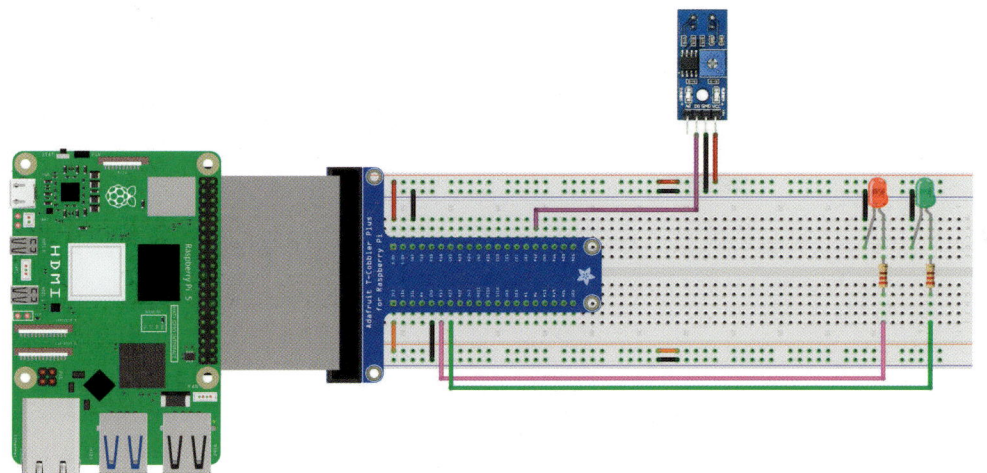

〈그림 4-4〉 디지털 센서_03 라인감지센서_회로도

④ **라인 트레이서 테스트**

㉠ 제공된 라인트레이서테스트.pdf 파일을 출력해서 사용한다.

㉡ 라인 트레이서 출력 값
- 검은색 라인 : 적외선을 흡수, 센서가 감지함. **값 1**
- 하얀색 바닥 : 적외선을 반사, 센서가 감지하지 못함. **값 0**

㉢ 값이 제대로 나오지 않을 경우에 라인 트레이서의 감도를 조절해 주어야 한다.
- 아래 그림에서 노란색 원이 조절기이다.

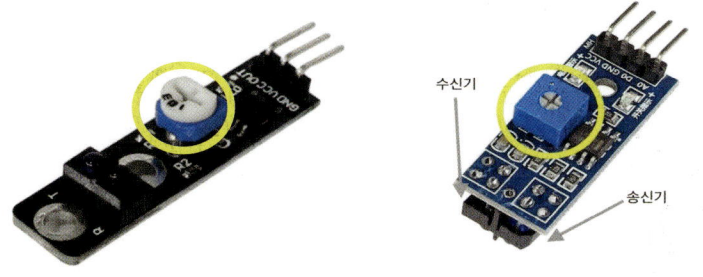

- 현재 조명 환경에 따라 매번 달라진다. 번거롭지만 매번 조절해줘야 한다.

(4) 실습해보기

① LineSensor를 활용하여 검정색을 인식하면 "black_1", 하얀색일 경우 "white_0"출력하도록 하자.

- while 활용

```python
# file: LineSensor_1.py

from gpiozero import LineSensor
from time import sleep

line = LineSensor(12)

print('Press Ctrl+C to exit')
print('-'*30)

while True:
    if line.value == 1:
        print('black_1')
    else:
        print('white_0')

    sleep(1)
```

- line.value : 라인트레이서 값

- if line.value == 1: line.value 값이 1이면 검정, 아니면 흰색

```
Press Ctrl+C to exit
------------------------------
white_0     # 흰색 배경에서 시작
white_0     # 계속 흰색
black_1     # 검은색 라인 감지!
black_1     # 라인 위에 있음
white_0     # 라인을 벗어남
black_1     # 다시 라인 감지
white_0     # 라인을 벗어남
```

- 이벤트 방식 활용

```python
# file: LineSensor_2.py

from gpiozero import LineSensor
from signal import pause

line = LineSensor(12)

def on_line():
    print('black_1')

def off_line():
    print('white_0')
```

```
print('Press Ctrl+C to exit')
print('-'*30)

line.when_line = on_line
line.when_no_line = off_line

pause()
```

- 출력은 위와 동일하다.

(5) 응용해보기

① 목표

검은색을 검출하면 LED1(red), 하얀색을 검출되면 LED2(녹색)에 불이 들어오게 하자.

```
# file: LineSensor_3.py

from gpiozero import LineSensor, LED
from signal import pause

line = LineSensor(12)
red_led = LED(17)
green_led = LED(27)

def on_line():
    print('black_1')
    red_led.on()
    green_led.off()

def off_line():
    print('white_0')
    red_led.off()
    green_led.on()

print('Press Ctrl+C to exit')
print('-'*30)

line.when_line = on_line
line.when_no_line = off_line

pause()
```

- 출력은 위와 동일하다.
  'black_1'일 경우에 red_led on, 'white_0'일 경우 green_led가 on

04 온습도 센서

(1) 개요

① 온습도 센서(Humidity and Temperature Sensor)

DHT11 모듈은 내부에 정전식 습도 센서와 서미스터를 포함하고 있으며, 이를 통해 습도와 온도를 측정한다. 센서는 데이터를 디지털 신호로 변환하여 마이크로 컨트롤러로 전송한다.

부품명	DHT-11	DHT11 모듈
이미지		
온도측정범위	-20℃ ~ 50℃ ±2℃	
습도측정범위	5% ~ 95%RH ±5RH	
출력값	디지털	
전원	3.3V ~ 5V	

② I2C 통신 기능 활성화

㉠ 라즈베리파이와의 데이터 송수신은 I2C 통신을 통해 이루어짐.

㉡ 라즈베리파이 configuration - interface Options에서 I2C 활성화

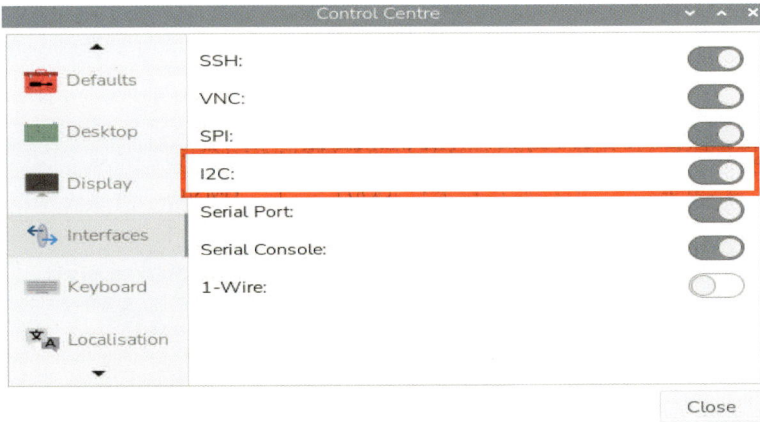

(2) 라이브러리 : adafruit-circuitpython-dht

① 개요

㉠ DHT 시리즈 온습도 센서를 제어하기 위해 Adafruit에서 제공하는 Python 라이브러리

㉡ source : https://github.com/adafruit/Adafruit_CircuitPython_DHT

㉢ DHT11, DHT22, AM2302와 같은 센서를 지원

㉣ 라즈베리파이에서 온도와 습도를 쉽게 읽을 수 있도록 설계

㉤ 구버전인 Adafruit_python_DHT는 더 이상 지원하지 않음.

② 필수 패키지 설치

　㉠ 시스템 패키지 업데이트

```
$ sudo apt update
$ sudo apt upgrade -y
```

　㉡ GPIO 제어용 라이브러리 설치

```
$ sudo apt install libgpiod3 -y
```

　- y : 설치 사전 동의
　- 설치 버전 : (2.2.1-2). (2025.11월 기준)

　㉢ adafruit-blinka 패키지 설치

```
$ pip3 install adafruit-blinka --break-system-packages
```

　- adafruit-blinka : CircuitPython 라이브러리를 Raspberry Pi에서 쓸 수 있게 해줌
　- --break-system-packages : 강제로 전역 설치, 강제 설치는 권장하지 않지만 i2c LCD 테스트를 하기 위한 용도로 사용한다. 가상환경에서 사용을 권장한다.

　㉣ python 패키지 설치

```
$ pip3 install adafruit-circuitpython-dht --break-system-packages
```

③ 주요 함수

　㉠ adafruit_dht.DHT11(pin number)
　　• DHT11 및 DHT22 센서 객체를 생성
　　　- pin number : 센서가 연결된 BCM GPIO 번호
　　• 예 : 21번 핀에 연결, dht 객체 생성

```
import board
import adafruit_dht

dht = adafruit_dht.DHT11(board.D21)
```

　　• 연결 후 동작되지 않을 경우
　　　- Adafruit의 adafruit_dht 라이브러리는 원래 CircuitPython 보드(Feather, Metro, ESP32 등)를 위해 만들어졌고, 이 라이브러리에서 DHT 센서를 읽을 때는 pulseio라는 모듈을 사용
　　　- pulseio는 **핀의 펄스 길이(High/Low 시간)**를 아주 정밀하게 측정하는 기능을 제공
　　　- DHT11/22 센서는 데이터를 1-wire 방식으로 보내 펄스 길이로 0과 1을 구분
　　　- 라즈베리파이의 CircuitPython 환경에는 pulseio 모듈이 지원되지 않음.

– 라즈베리파이에서 adafruit_dht.DHT11(board.D21)처럼 그냥 쓰면 에러가 나기도 함.

```
import board
import adafruit_dht

dht = adafruit_dht.DHT11(board.D21, use=pulseio=False)
```

ⓒ dht.temperature : 온도 값

ⓒ dht.humidity : 습도 값

- dht 센서에서 온도(dht.temperature)를 읽어 temp 변수에 저장
- dht 센서에서 습도(dht.humidity)를 읽어 hum 변수에 저장

```
temp = dht.temperature
hum = dht.humidity
```

④ 에러 상황시

㉠ Error reading sensor: A full buffer was not returned. Try again.

- 센서 인식 못함. 다시 실행하면 됨.

㉡ Unable to set line 21 to input

- 센서가 이미 실행되고 있다는 의미
- 아래 명령어 실행한 후 프로그램 다시 실행

```
$ sudo pkill -f python3
```

(3) 연결 정보 및 회로도

① 부품

재료명 모델명		수량	재료명	이미지	수량
온습도 모듈 (DHT-11)		1	LED		2
			저항 220Ω		2

② 연결 정보

라즈베리파이	sensor		sensor		BCM 핀번호
5V	VCC		LED	red +	GPIO 17
GPIO 21	OUT			green +	GPIO 27
GND	GND			GND	GND

③ 회로도

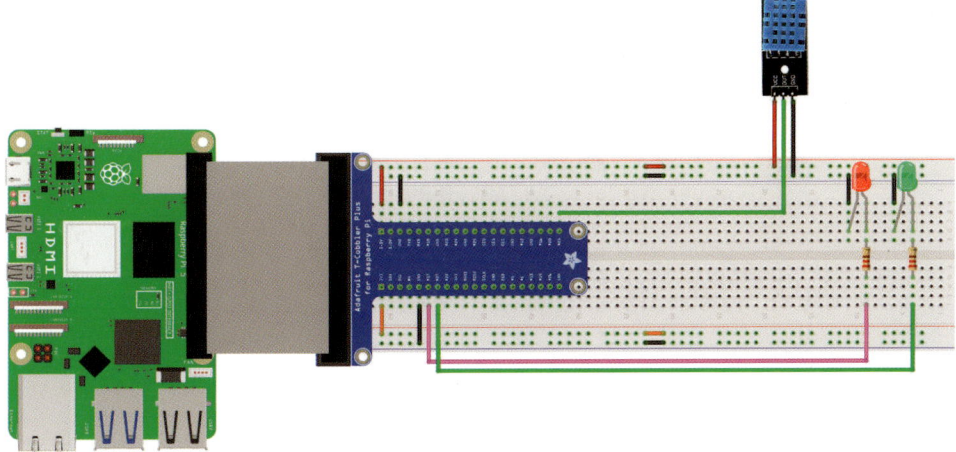

〈그림 4-5〉 디지털 센서_04 온습도센서_회로도

(4) 실습해보기

① 2초 간격으로 온습도 센서가 측정한 값을 표시해 보자.

- 직접 호출 방식

```python
# file: hum_temp_1.py

import board, adafruit_dht
from time import sleep

dht = adafruit_dht.DHT11(board.D21, use_pulseio=False)

print('Press Ctrl+C to exit')
print('-'*30)

while True:
    temp = dht.temperature
    print(f'Temperature: {temp:.1f}C')

    hum = dht.humidity
    print(f'Humidity: {hum:.1f}%')

    print(f'Temperature : {temp:.1f}C, Humidity : {hum:.1f}%')

    print('-'*30)

    sleep(2)
```

- GPIO 21핀에 연결 : adafruit_dht.DHT11(board.D21)
- 라즈베리파이의 CircuitPython 환경에서 사용 use_pulseio=False
- 한줄에 온도, 습도 표시 : print(f'Temperature : {temp:.1f}C, Humidity : {hum:.1f}%')

```
Shell ×
>>> %Run hum_temp_1.py
    Press Ctrl+C to exit
    ------------------------------
    Temperature: 22.3C
    Humidity: 47.0%
    Temperature : 22.3C, Humidity : 47.0%
    ------------------------------
    Temperature: 21.8C
    Humidity: 47.0%
    Temperature : 21.8C, Humidity : 47.0%
    ------------------------------
```

- 함수 호출 방식

```
# file: hum_temp_2.py

import board, adafruit_dht
from time import sleep

dht = adafruit_dht.DHT11(board.D21, use_pulseio=False)

def read_temperature():
    temp = dht.temperature
    print(f'Temperature: {temp:.1f}C')

def read_humidity():
    hum = dht.humidity
    print(f'Humidity: {hum:.1f}%')

print('Press Ctrl+C to exit')
print('-'*30)

while True:
    read_temperature()
    read_humidity()

    sleep(2)
```

㉠ 2초 간격으로 온도 및 습도에 따라 메시지를 다르게 출력하자.

- 온도 : 30℃이상이면 'Temperature is high.', 15℃이하이면 'Temperature is low.' 그 이외에는 "optimal"
- 습도 : 70%이상이면 "humidity is high.", 30%이하이면 "humidity is low.", 그 외에는 "optimal"

```python
# file: hum_temp_3.py

import board, adafruit_dht
from time import sleep

dht = adafruit_dht.DHT11(board.D21, use_pulseio=False)

def check_temperature(temp):
    if temp is not None:
        if temp >= 30:
            print(f'Temperature: {temp:.1f}C, Temperature is high.')
        elif temp <= 15:
            print(f'Temperature: {temp:.1f}C, Temperature is low.')
        else:
            print(f'Temperature: {temp:.1f}C, Temperature is optimal.')
    else:
        print('No temperature data. Please check the sensor.')

def check_humidity(hum):
    if hum is not None:
        if hum >= 70:
            print(f'Humidity: {hum:.1f}%, Humidity is high.')
        elif hum <= 30:
            print(f'Humidity: {hum:.1f}%, Humidity is low.')
        else:
            print(f'Humidity: {hum:.1f}%, Humidity is optimal.')
    else:
        print('No humidity data. Please check the sensor.')

print('Press Ctrl+C to exit')
print('-'*30)

while True:
    temp = dht.temperature
    hum = dht.humidity

    check_temperature(temp)
    check_humidity(hum)

    print('-'*30)

    sleep(2)
```

```
Press Ctrl+C to exit
------------------------------
Temperature: 23.0C, Temperature is optimal.
Humidity: 45.0%, Humidity is optimal.
------------------------------
Temperature: 8.0C, Temperature is low.
Humidity: 46.0%, Humidity is optimal.
------------------------------
...
```

(5) 응용해보기

① 학습 목표

㉠ 온도와 습도에 따라 temp_red_led, hum_green_led를 on/off 해보자.

㉡ 온도기 30℃ 이상이면 temp_red_led on

㉢ 습도가 30% 이하이면 hum_green_led on

㉣ 그 이외에는 temp_red_led, hum_green_led 둘다 off

② hum_temp_3.py 파일을 이용

```python
# file: hum_temp_4.py

import board, adafruit_dht
from gpiozero import LED
from time import sleep

dht = adafruit_dht.DHT11(board.D21, use_pulseio=False)
temp_red_led = LED(17)
hum_green_led = LED(27)

def check_temperature(temp):
    if temp is not None:
        if temp >= 30:
            print(f'Temperature: {temp:.1f}C, temp_red_led.on')
            temp_red_led.on()
        elif temp <= 15:
            print(f'Temperature: {temp:.1f}C, temp_red_led.off')
            temp_red_led.off()
        else:
            print(f'Temperature: {temp:.1f}C, temp_red_led.off')
            temp_red_led.off()
    else:
        print('No temperature data. Please check the sensor.')

def check_humidity(hum):
    if hum is not None:
        if hum >= 70:
            print(f'Humidity: {hum:.1f}%, hum_green_led.off')
            hum_green_led.off()
        elif hum <= 30:
            print(f'Humidity: {hum:.1f}%, hum_green_led.off')
            hum_green_led.off()
        else:
            print(f'Humidity: {hum:.1f}%, hum_green_led.on')
            hum_green_led.on()
    else:
        print('No humidity data. Please check the sensor.')

print('Press Ctrl+C to exit')
print('-'*30)
while True:
    temp = dht.temperature
    hum = dht.humidity

    check_temperature(temp)
    check_humidity(hum)

    sleep(2)
```

```
Press Ctrl+C to exit
------------------------------
Temperature: 25.3C, temp_red_led.off( )
Humidity: 45.2%, hum_green_led.on( )
------------------------------
Temperature: 28.7C, temp_red_led.off( )
Humidity: 52.1%, hum_green_led.on( )
------------------------------
...
```

③ 프로그램 최적화

```
# file: Hum_Temp_5.py

import board, adafruit_dht
from gpiozero import LED
from signal import pause
from time import sleep

dht = adafruit_dht.DHT11(board.D21, use_pulseio=False)
led_temp = LED(17)
led_hum = LED(27)

interval = 2

def check_temp():
    while True:
        temp = dht.temperature
        if temp is not None:
            print(f'Temperature: {temp:.1f}C')
            yield 1 if temp >= 30 else 0
        else:
            yield 0
        sleep(interval)

def check_hum():
    while True:
        hum = dht.humidity
        if hum is not None:
            print(f'Humidity: {hum:.1f}%')
            yield 1 if hum <= 30 else 0
        else:
            yield 0
        sleep(interval)

led_temp.source = check_temp()
led_hum.source = check_hum()

print('Press Ctrl+C to exit')
print('-'*30)

pause()
```

CHAPTER
5

디스플레이

CHAPTER 05 디스플레이

분류	부품	개수	라이브러리	이미지
1. FND 7-세그먼트	7-segment	1	LEDCharDisplay	
2. 4-digit 7-세그먼트	4-digit 7-segment	1	LEDMultiCharDisplay	
3. LCD	I2C LCD	1	drivers the-raspberry-pi-guy	

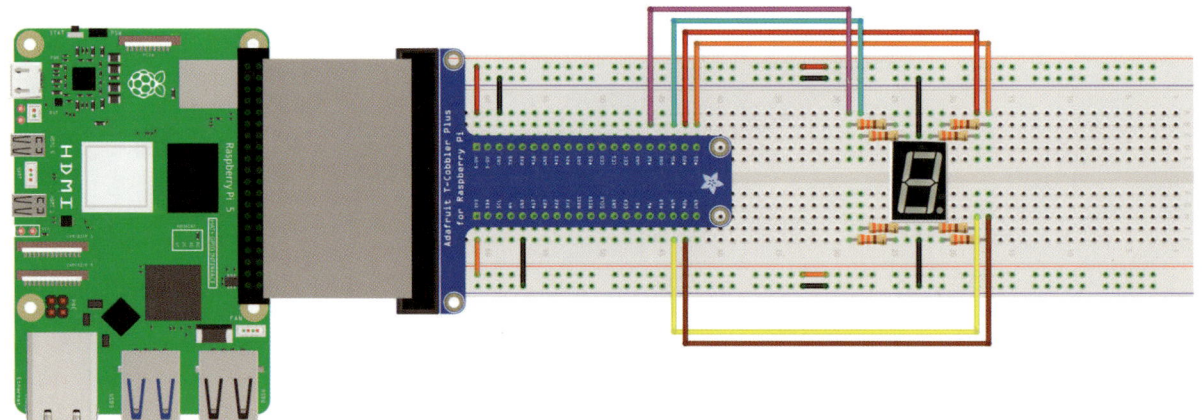

〈그림 5-1〉 디스플레이_01 FND_회로도

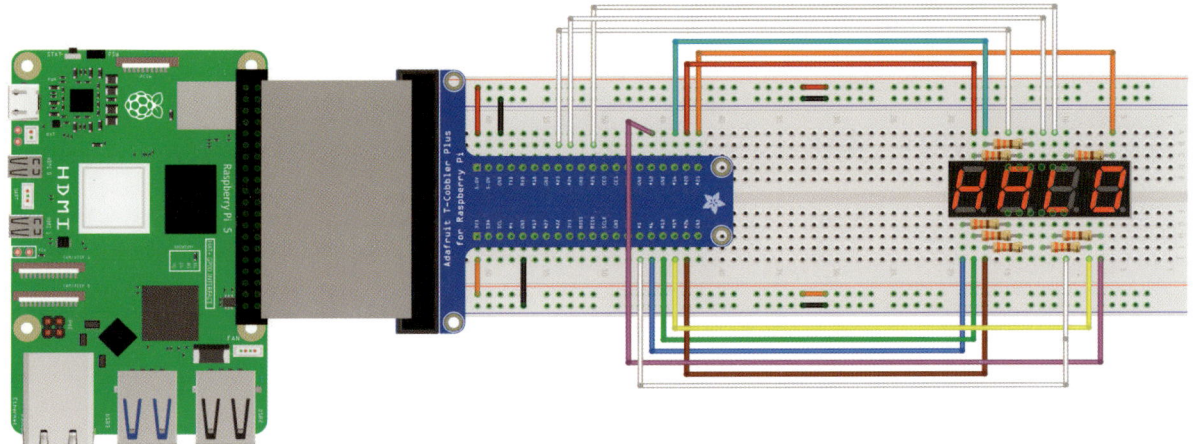

〈그림 5-2〉 디스플레이_024digitFND_회로도

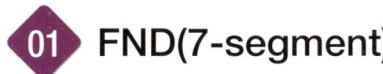 **FND(7-segment)**

(1) 개요

① FND(Flexible Numeric Display)

    ㉠ LED의 조합으로 숫자를 표시하는 장치

    ㉡ 7개의 LED를 사용하기 때문에 7-segment 라고도 함.

    ㉢ 숫자 뿐만 아니라 간단한 기호나 16진수까지 표현 가능

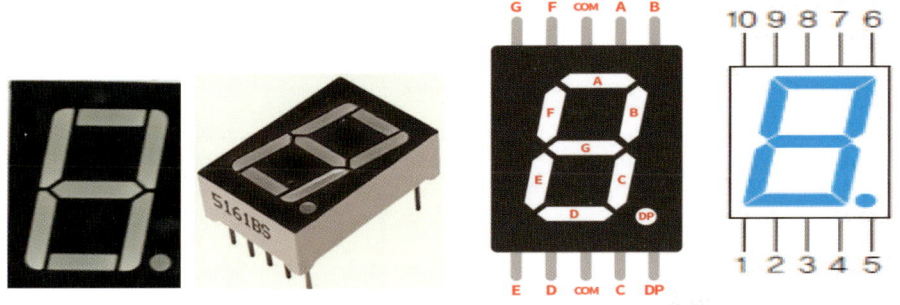

② **구조**

    ㉠ 윗면 중앙(8번), 아랫면 중앙(3번) : GND 연결

    ㉡ 7-segment 8개(1, 2, 4, 5, 6, 7, 9, 10)에 각각 330Ω 저항을 연결 후 라즈베리파이의 GPIO 핀에 각각 연결

(2) 클래스 : LEDCharDisplay

① 함수원형 및 parameters

```
LEDCharDisplay(pins, dp=None, initial_value=0.0, active_high=True )
```

- pins : a ~ g까지 연결된 GPIO 핀 번호를 순서대로 입력
- dp : dot pont(.) 연결된 GPIO 핀번호, 기본값은 None
- initial_value(float) : 초기값설정,
  - float : 0~1 사이의 실수값으로 LED 초기 밝기 지정
  - 생략시 0 (기본값) : LED가 off 상태로 시작
- active_high : FND 방식이 cathode/anode 에 따라 설정
  - 생략 : True, Cathode방식, 대부분 제품에 해당
  - active_high=False : Anode 방식일 경우 사용
- 예

```
from gpiozero import LEDCharDispay

display = LEDCharDisplay(20, 21, 19, 13, 6, 16, 12, dp=26)
display.value = '3'                #숫자 3이 표시
```

- display.value = '3', 3의 작은 따옴표(' ') 생략하면 에러.. 숫자를 문자 형태로 표시

② 변수 property

- value : 표시할 글자

(3) 연결 정보 및 회로도

① 부품

재료명 모델명	이미지	수량	재료명	이미지	수량
FND 5011AS		1	저항	330Ω	8

② 연결 정보

연결 GPIO 핀번호		12	16	GND	20	21	기능	연결선 색	GPIO 핀번호
7-segment	기능	g	f	GND	a	b	a	빨강	20
	칩						b	주황	21
							c	노랑	19
							d	초록	13
							e	파랑	6
							f	남색(cyan)	16
	기능	e	d	GND	c	dp	g	보라	12
GPIO 핀번호		6	13	GND	19	26	dot	갈색	26

㉠ abcdefg 연결선을 무지개 색순으로 표현
㉡ a 연결은 빨간 연결선, b는 주황 연결선, c는 노랑 연결선 순으로 표현
㉢ 무지개 남색은 cyan 연결선으로 표시, dp는 갈색으로 표시

③ 회로도

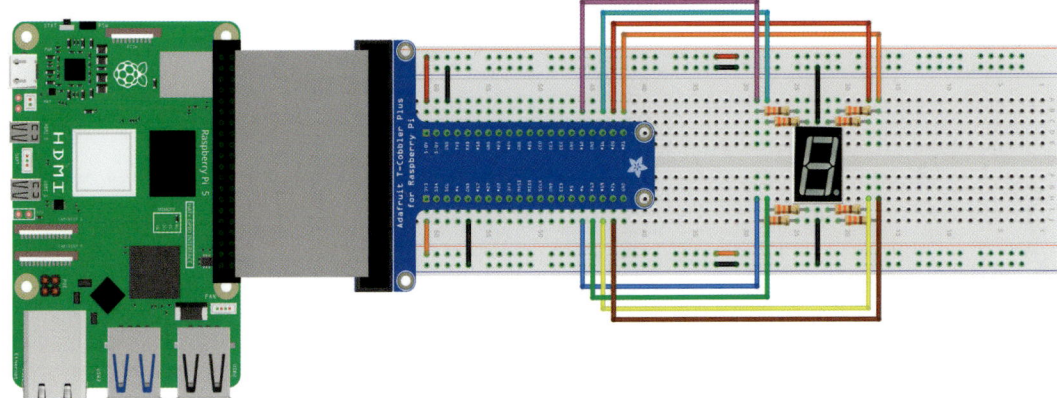

〈그림 5-3〉 디스플레이_01 FND_회로도

- 저항끼리 서로 붙지 않도록 세밀하게 연결한다.

Chapter 05 디스플레이

(4) 실습해보기

① fnd에 8FAH를 표시해 보자.

```python
# file: fnd_1.py

from gpiozero import LEDCharDisplay
from signal import pause

display = LEDCharDisplay(20, 21, 19, 13, 6, 16, 12, dp=26)
#display = LEDCharDisplay(20, 21, 19, 13, 6, 16, 12, dp=26, active_high=False)

print('Press Ctrl+C to exit')

display.source_delay = 1
display.source ='8FAH'

pause()
```

- display.source_delay = 1 : 1초 지연. 생략시 첫글자 8이 표시되지 않음. 숫자표시 준비시간
- 문자 표시할 때 반대로 켜지는 경우에 active_high=False 활용

㉠ 7-segment에 0에서 9까지 카운트다운을 1초 단위로 표시해 보자.
- 이벤트 방식

```python
# file: fnd_2.py

from gpiozero import LEDCharDisplay
from signal import pause

display = LEDCharDisplay(20, 21, 19, 13, 6, 16, 12, dp=26)

print('Press Ctrl+C to exit')

display.source_delay = 1
display.source = '0123456789'

pause()
```

- while() 활용

```python
# file: fnd_3.py

from gpiozero import LEDCharDisplay
from time import sleep

display = LEDCharDisplay(20, 21, 19, 13, 6, 16, 12, dp=26)

print('Press Ctrl+C to exit')

while True:
    for i in range(10):
        display.value = str(i)
        sleep(1)
```

- str() 함수 : 숫자를 문자형으로 변환

(5) 응용해보기

① 7-segment에 0~9까지의 숫자 중 1개를 3초 단위로 랜덤하게 표시

```python
# file: fnd_4.py

from gpiozero import LEDCharDisplay
from time import sleep
import random

display = LEDCharDisplay(20, 21, 19, 13, 6, 16, 12, dp=26)

print('Press Ctrl+C to exit')

while True:
    # 0부터 9까지의 랜덤 숫자 생성
    random_number = random.randint(0, 9)

    # 디스플레이에 숫자 표시
    display.value = random_number

    # 3초 대기 후 다음 숫자 표시
    sleep(3)
```

② 7-segment에 0~9까지의 숫자를 왼쪽에서 오른쪽으로 흐르도록 표시

- fnd_4.py

```python
# file: fnd_5.py

from gpiozero import LEDCharDisplay
from time import sleep

display = LEDCharDisplay(20, 21, 19, 13, 6, 16, 12, dp=26)
pattern = ['0', '1', '2', '3', '4', '5', '6', '7', '8', '9']

print('Press Ctrl+C to exit')

while True:
    for char in pattern:
        display.value = char
        sleep(0.3)

    sleep(1)
```

③ 문자를 왼쪽에서 오른쪽으로 흐르도록 표시

```python
# file: fnd_6.py

from gpiozero import LEDCharDisplay
from time import sleep
```

```
display = LEDCharDisplay(20, 21, 19, 13, 6, 16, 12, dp=26)
pattern = ['Z', 'E', 'R', 'O', 'T', 'O', 'A', 'I']
#pattern = ['P', 'H', 'Y', 'S', 'I', 'C', 'A', 'L', 'A', 'I']

print('Press Ctrl+C to exit')

while True:
    for char in pattern:
        display.value = char
        sleep(0.3)
    
    sleep(1)
```

02 4-digit FND

(1) 개요

① **특징**
- ㉠ LED의 조합으로 숫자를 표시하는 장치
- ㉡ 4자리 FND(Flexible Numeric Display)
- ㉢ 7-segment 4개를 연결
- ㉣ 숫자 뿐만 아니라 간단한 기호나 16진수까지 표현 가능

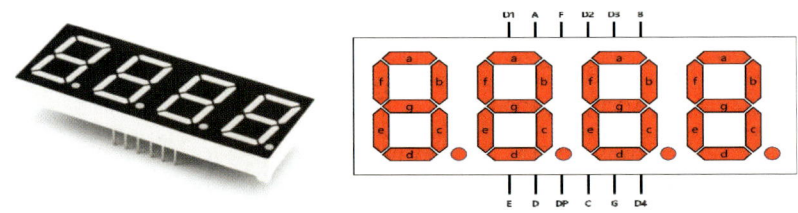

② **멀티플렉싱 기술(Multiplexing Technique)**
- ㉠ 시력의 지속성으로 동시에 4개의 FND가 켜지는 것처럼 보이는 현상
  - 예를 들어 2022를 표시할 때
  - D1 활성화, 2를 표시후 D1 비활성화(꺼짐)
  - D2 활성화, 0를 표시 후 D2 비활성화(꺼짐)
  - D3 활성화, 2를 표시 후 D3 비활성화(꺼짐)
  - D4 활성화, 2를 표시 후 D4 비활성화(꺼짐)
  - 위의 4단계가 1초 안에 빠르게 진행되면 우리 눈에는 동시에 켜진 것처럼 보이는 기술

③ 모듈 타입 종류

　㉠ Common Cathode : 기본값(active_high = True)

　㉡ Common Anode : 설정시 active_high = False 설정해야 함.

- active_high 생략시 거꾸로 led가 켜짐.
- 예를 'FFFF' 표시할 때 F 영역의 led가 꺼지고 다른 영역의 led가 켜짐.

④ 구조

　㉠ 12개의 핀으로 구성

- 8개 핀: a ~ g, dot
- 4개 핀 : 4개의 FND 지정, 왼쪽부터 D1~D4

⑤ 연결

　㉠ 4개 LED(D1, D2, D3, D4)를 라즈베리파이의 GPIO에 연결

　㉡ A ~ G까지 7개의 LED에 330Ω 저항을 연결한 후 라즈베리파이의 GPIO에 연결

(2) 클래스 : LEDMultiCharDisplay

① 함수원형 및 parameters

```
LEDMultiCharDisplay(char, pins)
```

- char : LEDCharDisplay 클래스
- pins(int or str) : D1, D2, D3, D4 연결 핀번호들, 구분은 쉼표(',')
  - D1, D2, D3, D4로 핀번호를 순서대로 지정
- 예
  - a ~ g와 점 까지 8개의 LED 연결 LEDCharDisplay(20, 21, 19, 13, 6, 16, 12, dp=26)
  - 4개 숫자 영역(D1 ~ D4) : LEDMultiCharDisplay(char, 23, 24, 25, 5)

```
from gpiozero import LEDCharDisplay, LEDMultiCharDisplay

display = LEDCharDisplay(20, 21, 19, 13, 6, 16, 12, dp=26)
#char = LEDCharDisplay(20, 21, 19, 13, 6, 16, 12, dp=26, active_high=False)
multi_display = LEDMultiCharDisplay(display, 23, 24, 25, 5)

display.value = 'GPIO'
```

② 변수 property

- value : 표시할 글자
- plex_delay : 문자 지연시간, 즉 하나의 문자를 표시하는 시간, 기본값 0.005

③ 4digit FND 표시 특성

  ㉠ 이벤트 방식 활용
  - 실시간 데이터: 온도, 습도, 압력 등
  - 사용자 상호작용: 버튼, 스위치 입력
  - 외부 통신: 네트워크, 블루투스 데이터

  ㉡ 불필요한 경우
  - 정적 메시지: "LOVE", "8888" 등
  - 단순 표시: 고정된 텍스트나 숫자

(3) 연결 정보 및 회로도

① 부품

재료명 모델명	이미지	수량	재료명	이미지	수량
4-digit FND		1	저항	330Ω		8

② 연결 정보

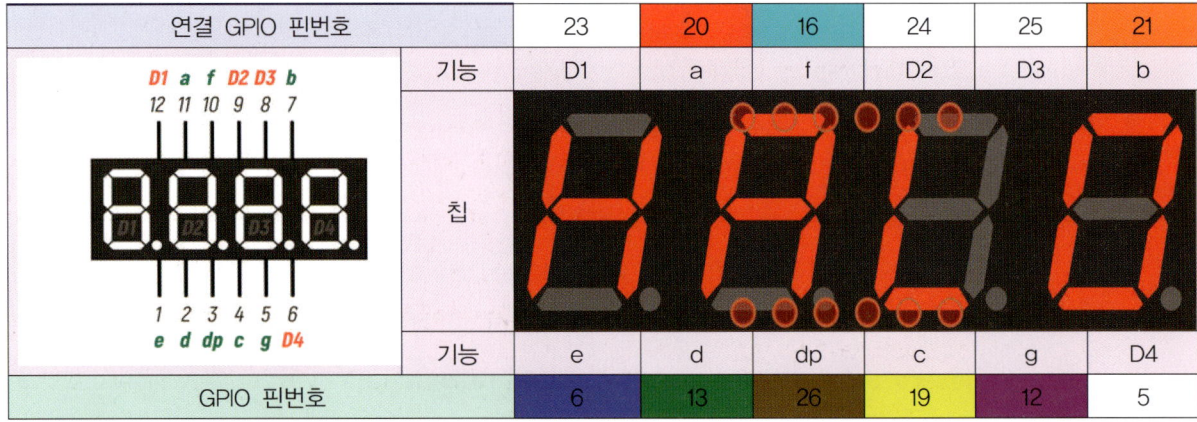

연결 GPIO 핀번호	23	20	16	24	25	21
기능	D1	a	f	D2	D3	b
칩						
기능	e	d	dp	c	g	D4
GPIO 핀번호	6	13	26	19	12	5

기능	연결선 색	GPIO 핀번호	기능	연결선 색	GPIO 핀번호
a	빨강	20	g	보라	12
b	주황	21	dot	갈색	26
c	노랑	19	D1	하얀	23
d	초록	13	D2	하얀	24
e	파랑	6	D3	하얀	25
f	남색(cyan)	16	D4	하얀	5

  ㉠ abcdefg 연결선을 무지개 색순으로 연결
  ㉡ a 연결은 빨간 연결선, b는 주황 연결선, c는 노랑 연결선 순으로 표현
  ㉢ 무지개 남색은 cyan 연결선으로 표시, dp는 갈색으로 표시

③ 회로도

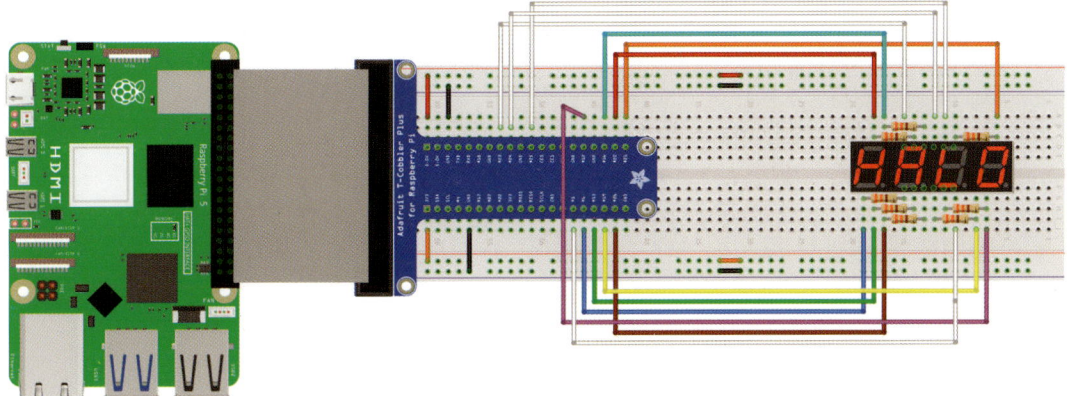

〈그림 5-4〉 디스플레이_024digitFND_회로도

(4) 실습해보기

① 숫자 '8888'를 표시해 보자.

```
# file: 4digit_fnd_1.py

from gpiozero import LEDCharDisplay, LEDMultiCharDisplay

display = LEDCharDisplay(20, 21, 19, 13, 6, 16, 12, dp=26)
multi_display = LEDMultiCharDisplay(display, 23, 24, 25, 5)

print('Press Ctrl+C to exit')

while True:
    multi_display.value = '8888'

'''
10~11행과 같은 기능을 함
# 한 번만 설정
multi_display.value = '8888'
pause()  # 무한 대기
'''
```

② 단어를 순차적으로 표시해 보자.

```
# file: 4digit_fnd_2.py

from gpiozero import LEDCharDisplay, LEDMultiCharDisplay
from time import sleep

display = LEDCharDisplay(20, 21, 19, 13, 6, 16, 12, dp=26)
multi_display = LEDMultiCharDisplay(display, 23, 24, 25, 5)

words = ['1234', 'ZERO', '8888', 'LIFE']

print('Press Ctrl+C to exit')
```

```
        print('-'*30)

        while True:
            for word in words:
                multi_display.value = word
                print(f'Displaying: {word}')
                sleep(2)
```

③ 10개의 단어를 랜덤하게 표시해 보자.

```
# file: 4digit_fnd_3.py

from gpiozero import LEDCharDisplay, LEDMultiCharDisplay
from time import sleep

display = LEDCharDisplay(20, 21, 19, 13, 6, 16, 12, dp=26)
multi_display = LEDMultiCharDisplay(display, 23, 24, 25, 5)

words = ['AI', 'ZERO', 'TOAI', 'AIOT', 'GPIO', 'ADC', 'FND', 'FARM', 'HOME', 'CODE']

print('Press Ctrl+C to exit')

while True:
    for word in words:
        multi_display.value = word
        print(f'Displaying: {word}')
        sleep(2)
```

(5) 응용해보기

① 'I LOVE YOU!!' 문자를 왼쪽으로 이동하면서(흐르게) 표시

```
# file: 4digit_fnd_4.py

from gpiozero import LEDCharDisplay, LEDMultiCharDisplay
from time import sleep

display = LEDCharDisplay(20, 21, 19, 13, 6, 16, 12, dp=26)
multi_display = LEDMultiCharDisplay(display, 23, 24, 25, 5)

text = 'ILOVEYOU!!'

print('Press Ctrl+C to exit')
print('-'*30)

while True:
    for i in range(len(text) - 3):
        multi_display.value = text[i:i+4]
        sleep(0.3)

    sleep(1)
```

- text[i:i+4] : 4글자씩 왼쪽으로 흐르게

② 왼쪽으로 흐르는 문자를 반짝이는 효과 추가

```python
# file: 4digit_fnd_5.py

from gpiozero import LEDCharDisplay, LEDMultiCharDisplay
from time import sleep

display = LEDCharDisplay(20, 21, 19, 13, 6, 16, 12, dp=26)
multi_display = LEDMultiCharDisplay(display, 23, 24, 25, 5)

text = 'ILOVEYOU!!'

print('Press Ctrl+C to exit')
print('-'*30)

while True:
    for i in range(len(text) - 3):
        multi_display.value = text[i:i+4]
        sleep(0.3)
        multi_display.off()
        sleep(0.1)
        multi_display.on()
```

③ 현재의 시간 표시하기

```python
# file: 4digit_fnd_6.py

from gpiozero import LEDCharDisplay, LEDMultiCharDisplay
from time import sleep
from datetime import datetime

display = LEDCharDisplay(20, 21, 19, 13, 6, 16, 12, dp=26)
multi_display = LEDMultiCharDisplay(display, 23, 24, 25, 5)

print('Press Ctrl+C to exit')
print('-'*30)

while True:
    current_time = datetime.now().strftime('%H%M')
    multi_display.value = current_time
    print(f'Displaying: {current_time}')

    sleep(60)            # 60초, 즉 1분마다 업데이트
```

- 현재 시간을 가져옴 (datetime.now().strftime("%H%M"))
- datetime.now()를 사용하여 현재 시간을 가져옴.
- .strftime("%H%M")를 사용하여 시간을 "HHMM" 형식으로 변환 (예: 13:45 → 1345)
- 디스플레이에 현재 시간 표시 (display.value = current_time)

03 LCD

(1) 개요

① **액정 표시 장치** : Liquid Crystal Display
   ㉠ 얇은 액정판 아래 조명을 비추는 장치로서 액정판의 전류 흐름을 제어하여 문자나 그림을 표시
   ㉡ Liquid Crystal이란 액체처럼 유체의 성질을 가지면서 고체처럼 광학적 성질을 가지는 물질
   ㉢ 액정은 고체 표면에 액정이 특정 방향으로 정렬할 수도 있어, 전기적 신호를 가해 원하는 방향으로 배열하여 빛을 투과시키거나 차단시킬 수 있음

② **종류**
   ㉠ 16×2 LCD
   - 가장 일반적인 LCD로 한줄에 5*8 dot 크기의 문자(1byte)를 16개 표현 가능한 2줄의 LCD
   - 5V 전원공급, 3.3V 전원공급도 가능
   - 기본적으로 PIN1, PIN2, PIN15, PIN16으로 LCD를 구동하며 A and K로 구동
   - 16×2 LCD는 16개의 핀이 있고 전원을 빼더라도 라즈베리파이의 GPIO 12개가 필요
   - 라즈베리파이의 GPIO의 핀을 많이 사용하는 단점

〈그림 5-5〉 WH1602W 16×2 LCD

〈그림 5-6〉 I2C LCD 앞면과 뒷면

   ㉡ 16개 핀 기능

1	2	3	4	5	6	7	8
VSS	VCC	VEE	RS	R/W	E	DB0	DB1
GND핀	5V 전원 핀	LCD밝기 조절 핀	레지스터 선택 핀	읽기쓰기모드 선택 핀	레지스터에 쓰기위한핀	데이터 입출력 핀	데이터 입출력 핀
9	10	11	12	13	14	15	16
DB2	DB3	DB4	DB5	DB6	DB7	LED+ (A)	LED- (K)
데이터 입출력 핀	데이터 입출력 핀	데이터 입출력 핀	데이터 입출력 핀	데이터 입출력 핀	데이터 입출력 핀	LED 5V 전원 핀	LED GND핀

   ㉢ I2C LCD
   - Inter-Integrated Circuit LCD - '아이-투-씨'라 읽으면 된다.
   - 전원과 GND을 제외하면 2개의 GPIO핀(GPIO 2, GPIO 3)만 사용

DCLCD	GPIO	DCLCD	GPIO
VCC	라즈베리파이 5V	GND	라즈베리파이 GND
SDA	라즈베리파이 GPIO 2 (SDA)	SCL	라즈베리파이 GPIO 3 (SCL)

③ I2C 통신 연결

㉠ 개념
- 마이크로프로세서끼리 연결, 마이크로프로세서와 센서 연결 후 데이터 통신
- 하나의 마스터와 하나 이상의 슬레이브(이론상 127개)와 시리얼 통신 가능
- 동기 양방향 2선식 bus
- 데이터 오류에 대한 안정성은 없다.
- 데이터 안정을 위해서는 smbus 통신 활용이 필요

㉡ 신호
- 데이터 통신(양방향) : SDA (GPIO 2)
- 클럭 신호 : SCL (GPIO 3)

④ 라즈베리파이 환경설정
- GUI환경에서 I2C 통신 - enable

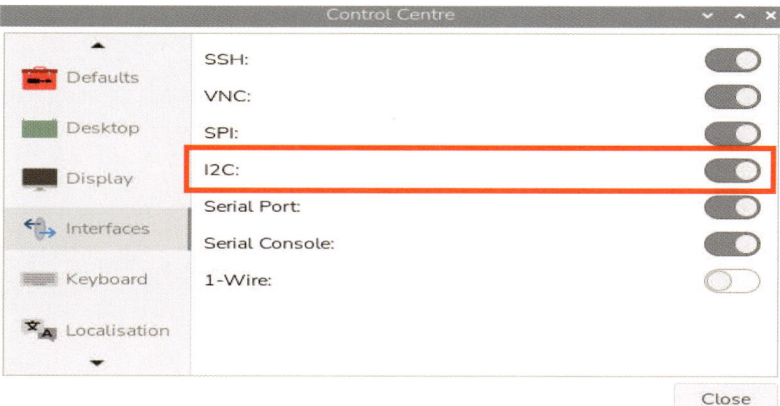

(2) 라이브러리 : RPLCD

① 개요

㉠ RPLCD (Raspberry Pi Liquid Crystal Display)

㉡ 라즈베리파이에서 HD44780 컨트롤러 기반의 문자 LCD(예: 16x2, 20x4)를 제어하기 위한 파이썬 라이브러리(한글 지원 안됨)

㉢ 간단한 파이썬 명령어로 LCD에 글자를 쓰거나 커서를 이동시키는 등의 작업을 수행할 수 있게 한다.

㉣ CharLCD 클래스를 활용

② 연결 방식
- ㉠ I2C 방식
    - PCF8574와 같은 I/O 확장 칩을 통해 단 2개의 GPIO 핀(SDA, SCL)만으로 LCD를 제어. (가장 널리 쓰이는 방식)
- ㉡ GPIO (병렬) 방식
    - 6개 또는 10개의 GPIO 핀을 LCD에 직접 연결하여 제어

③ 필수 패키지 설치하기
- ㉠ SMBus(Simple Management Bus) 라이브러리
    - 파이썬 코드에서 I2C 장치와 직접 통신할 수 있게 함
    - I^2C는 기본적으로 2선(SDA, SCL) 직렬 통신 규격
    - smbus는 I^2C 버스를 파이썬에서 쉽게 제어할 수 있도록 함수 제공
    - 주요 용도 : LCD, RTC, DHT온습도, MPU6050 관성장치 등 같은 I^2C 기반 장치 제어

    ```python
    import smbus

    bus = smbus.SMBus(1)        # I²C 채널 1 사용
    address = 0x27              # LCD나 센서의 I²C 주소
    bus.write_byte(address, 0x01) # 해당 장치에 데이터 전송
    ```

- ㉡ i2c-tools 라이브러리
    - I^2C 디바이스 진단/테스트용 리눅스 유틸리티 모음
    - 설치 후 제공되는 명령어
        - i2cdetect : 연결된 I^2C 장치의 주소 스캔 (★)
        - i2cget : 특정 장치 레지스터 값 읽기
        - i2cset : 특정 장치 레지스터에 값 쓰기
        - i2cdump : 장치의 전체 레지스터 덤프
- ㉢ 설치

    ```
    $ sudo apt update
    $ sudo apt upgrade -y
    $ sudo apt install python3-smbus i2c-tools -y
    ```

④ 설치
- ㉠ 강제 설치 : --break-system-packages 옵션 사용

    ```
    $ pip install RPLCD --break-system-packages
    ```

```
pi@zeroToAI:~ $ pip install RPLCD --break-system-packages
Defaulting to user installation because normal site-packages is not writeable
Collecting RPLCD
 Downloading rplcd-1.4.0-py3-none-any.whl.metadata (6.2 kB)
Downloading rplcd-1.4.0-py3-none-any.whl (48 kB)
Installing collected packages: RPLCD
Successfully installed RPLCD-1.4.0
```

- 강제 설치는 권장하지 않지만 테스트용으로만 사용한다. 프로젝트나 개발 시에는 가상환경 활용을 권장한다.

ⓒ i2c LCD 연결 장치 주소 확인

lcd를 연결한 후 아래 명령으로 연결 여부 확인

```
$ sudo i2cdetect -y 1
```

```
pi@zeroToAI:~ $ sudo i2cdetect -y 1
     0  1  2  3  4  5  6  7  8  9  a  b  c  d  e  f
00:                         -- -- -- -- -- -- --
10: -- -- -- -- -- -- -- -- -- -- -- -- -- -- -- --
20: -- -- -- -- -- -- -- 27 -- -- -- -- -- -- -- --
30: -- -- -- -- -- -- -- -- -- -- -- -- -- -- -- --
40: -- -- -- -- -- -- -- -- -- -- -- -- -- -- -- --
50: -- -- -- -- -- -- -- -- -- -- -- -- -- -- -- --
60: -- -- -- -- -- -- -- -- -- -- -- -- -- -- -- --
70: -- -- -- -- -- -- -- --
pi@zeroToAI:~ $
```

파악된 주소는 27. 16진수이기에 표기 및 사용은 '0x27'로 하면 된다.

⑤ **동작 method**

㉠ 기본 제어 (Basic Control)

LCD의 화면을 관리하는 기본적인 함수들이다.

- clear( ) (함수)
  - LCD 화면의 모든 텍스트를 지우고 커서를 맨 앞(0, 0)으로 이동시킨다.
  - 예시 : lcd.clear( )
- home( ) (함수)
  - 화면의 텍스트는 지우지 않고, 커서만 맨 앞(0, 0)으로 이동시킨다.
  - 예시 : lcd.home( )
- close(clear=False) (함수)
  - LCD 사용을 종료하고 GPIO 핀 등 사용한 리소스를 정리
  - clear=True로 설정하면 화면을 지우면서 종료한다.
  - 예시 : lcd.close( ) 또는 lcd.close(clear=True)

ⓛ 텍스트 및 커서 (Text & Cursor)

화면에 글자를 쓰거나 커서의 위치와 모양을 제어한다.

- write_string('문자열') (함수)
  - 현재 커서 위치부터 문자열을 쓴다.
  - ₩r₩n (또는 ₩n₩r) 문자를 포함하면 줄바꿈을 지원한다.
  - 예시: lcd.write_string('Hello World')
  - 예시 (줄바꿈): lcd.write_string('Line 1₩r₩nLine 2')
- cursor_pos = (행, 열) (속성)
  - 커서 위치를 지정한 (행, 열)로 즉시 이동시킨다.(행과 열은 0부터 시작)
  - 예시: lcd.cursor_pos = (1, 0) (두 번째 줄 첫 번째 칸으로 이동)
- cursor_visible = True / False (속성)
  - 커서의 표시 여부를 설정한다.
  - True로 설정하면 밑줄(_) 모양의 커서가 나타남. False로 설정하면 커서가 사라짐.
  - 예시: lcd.cursor_visible = False(커서 숨기기)
- blink = True / False (속성)
  - 커서의 깜빡임 여부를 설정한다.
  - True로 설정하면 커서가 깜빡인다.(cursor_visible이 True여야 보인다)
  - 예시: lcd.blink = True(커서 깜빡이기)

ⓒ 백라이트 제어 (Backlight Control)

I2C 방식 LCD 모듈의 백라이트를 켜고 끈다.(GPIO 병렬 연결 방식에서는 작동하지 않을 수 있다.)

- backlight_enabled = True / False (속성)
  - True로 설정하면 백라이트를 켜고, False로 설정하면 끈다.
  - 예시: lcd.backlight_enabled = True (백라이트 켜기)

ⓛ 고급 기능 (Advanced)

- create_char(location, bitmap) (함수)
  - 사용자 정의 문자를 생성하여 LCD의 CGRAM(문자 생성 메모리)에 저장한다.
  - location: 문자를 저장할 위치 (0부터 7까지, 총 8개).
  - bitmap: 문자 모양을 정의하는 8개의 8-bit 값 리스트 (5x8 픽셀).
  - 사용법 :
  - create_char로 문자를 등록한다.
  - write_string('₩x00') 처럼 해당 위치(0~7)의 제어 코드를 write_string으로 전송하여 화면에 표시한다.
  - 예시 (하트 모양 생성)

```
heart = [
    0b00000,
    0b01010,
    0b11111,
    0b11111,
    0b01110,
    0b00100,
    0b00000,
    0b00000
]
lcd.create_char(0, heart) # 0번 위치에 하트 등록
lcd.write_string('\x00') # 0번 위치의 커스텀 문자(하트) 표시
```

(3) 연결 정보 및 회로도

① 연결 정보

sensor		라즈베리파이
	GND	GND
	VCC	Vcc
	SDA	GPIO 2
	SCL	GPIO 3

② 회로도

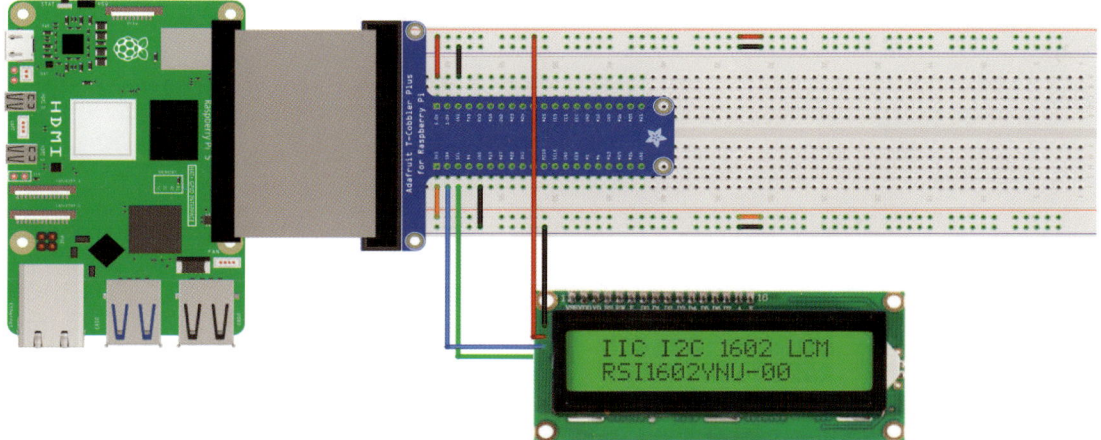

〈그림 5-7〉 디스플레이_03 LCD_회로도

(4) 실습해보기

① 첫번째줄에는 "Zero To AI !!", 두번째 줄에는 "Physical AI !!" 를 출력해 보자.

```python
# file: lcd_1.py

import time
from RPLCD.i2c import CharLCD

# I2C 설정
# 1. i2cdetect -y 1 명령으로 확인한 LCD 주소 (예: 0x27)
# 2. I2C 포트 번호 (일반적으로 1)
# 3. LCD 크기 (예: 16x2)
lcd = CharLCD(i2c_expander='PCF8574',
              address=0x27,
              port=1,
              cols=16,
              rows=2,
              charmap='A00')

# LCD 초기화
lcd.clear()
lcd.backlight_enabled = True # 백라이트 켜기

print('Press Ctrl+C to exit')
print('-'*30)

while True:
    lcd.cursor_pos = (0, 0)        # 첫 번째줄 커서 위치 (row, column)
    lcd.write_string('Zero To AI !!')

    lcd.cursor_pos = (1, 0)        # 두 번째줄 커서 position (row, column)
    lcd.write_string('Physical AI !!')

    sleep(2)

    lcd.clear()

    sleep(1)
```

- i2c_expander='PCF8574' : I²C 방식의 LCD 백팩 모듈(확장 칩)
- A00: HD44780 LCD 컨트롤러의 표준 문자 세트, 영문/숫자/기본 기호만 표시, 한글은 지원 안함.

(5) 응용해보기

① 현재 날짜, 시간을 1초 단위로 표시해 보자.

㉠ 1번째 줄에는 오늘 날짜, 2번째 줄에는 현재 시간을 출력해 보자.

```python
# file: lcd_2.py

from time import sleep
from datetime import datetime
from RPLCD.i2c import CharLCD

# I2C LCD 설정
lcd = CharLCD(i2c_expander='PCF8574',
              address=0x27,
              port=1,
              cols=16,
              rows=2,
              charmap='A00')

# initialize LCD
lcd.clear()
lcd.backlight_enabled = True # backlight on

print('Press Ctrl+C to exit')
print('-'*30)

# continuously display date and time
while True:
    # 현재 날짜와 시간 가져오기
    now = datetime.now()

    # 날짜 포맷 (예: 2024-01-15)
    date_str = f'Date {now.strftime("%Y-%m-%d")}'

    # 시간 포맷 (예: 14:30:25)
    time_str = f'Time {now.strftime("%H:%M:%S")}'

    # 첫 번째 줄에 날짜 표시
    lcd.cursor_pos = (0, 0)
    lcd.write_string(date_str)

    # 두 번째 줄에 시간 표시
    lcd.cursor_pos = (1, 0)
    lcd.write_string(time_str)

    # 1초마다 업데이트
    sleep(1)
```

② 문자가 흐르도록 해보자.

```python
# file: lcd_2.py

from time import sleep
from RPLCD.i2c import CharLCD

lcd = CharLCD(i2c_expander='PCF8574',
              address=0x27,
              port=1,
              cols=16,
              rows=2,
              charmap='A00')

# initialize LCD
lcd.clear()
lcd.backlight_enabled = True # backlight on

print('Press Ctrl+C to exit')
print('-'*30)

message1 = 'Welcome to ZeroToAI !!'
message2 = 'Physical AI is coming !! '

# 텍스트 흐르게 하는 함수
def scroll_both_lines(text1, text2, delay=0.3):
    # 문자 앞뒤로 공백 추가
    padded_text1 = ' ' * 16 + text1 + ' ' * 16
    padded_text2 = ' ' * 16 + text2 + ' ' * 16

    # 가장 긴 텍스트 선택
    max_length = max(len(padded_text1), len(padded_text2))

    for i in range(max_length - 15):
        lcd.clear()

        # 첫 번째 줄
        lcd.cursor_pos = (0, 0)
        if i < len(padded_text1) - 15:
            lcd.write_string(padded_text1[i:i+16])

        # 두 번째 줄
        lcd.cursor_pos = (1, 0)
        if i < len(padded_text2) - 15:
            lcd.write_string(padded_text2[i:i+16])

        sleep(delay)

while True:
    scroll_both_lines(message1, message2, 0.3)
    sleep(1)
```

(6) 도전해보기

① 동작 감지 센서를 이용해서 동작 감지 여부를 LCD에 표시해 보자.

㉠ 참고 파일 : ch04_Digital/02_MotionSensor/MotionSensor_1.py

㉡ 동작 감지 할 경우
- LCD 1번째 줄 : Warning !!
- LCD 2번째 줄 : Motion detected !

㉢ 동작 감지 못할 경우
- LCD 1번째 줄 : All clear !!
- LCD 2번째 줄 : No Motion !

㉣ 연결 정보

sensor		라즈베리파이	
-GND	GND	GND	
-VCC	VCC	Vcc	
-SDA	SDA	GPIO 2	
-SCL	SCL	GPIO 3	

라즈베리파이		sensor
GND	GND	
GPIO 25	SIG	
5V	VCC	

㉤ 회로도

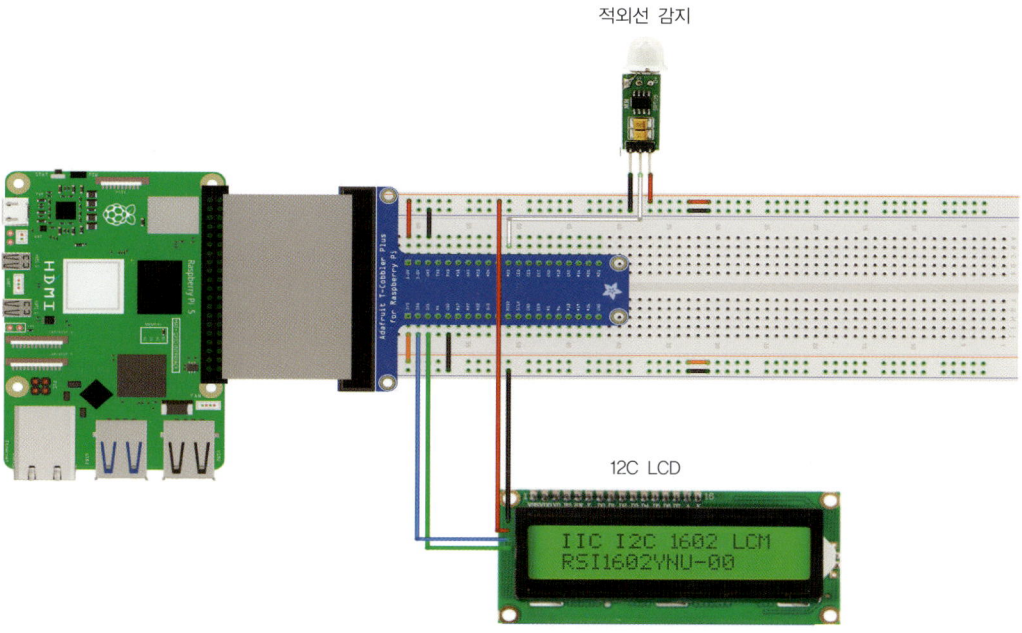

〈그림 5-8〉 디스플레이_03 LCD_인체감지_회로도

ⓗ source code
- while( ) 활용

```python
# file: lcd_4.py
# 참고 샘플 : ch04_Digital/02_MotionSensor/MotionSensor_1.py

from gpiozero import MotionSensor
from time import sleep
from RPLCD.i2c import CharLCD

pir = MotionSensor(25)

lcd = CharLCD(i2c_expander='PCF8574',
              address=0x27,
              port=1,
              cols=16,
              rows=2,
              charmap='A00')

lcd.clear()
lcd.backlight_enabled = True

print('Press Ctrl+C to exit')
print('-'*30)

while True:
    lcd.lcd_clear()

    if pir.motion_detected:
        print('Motion detected')
        lcd.write_string('Motion detected',(0, 0))
        lcd.write_string('Motion detected',(1, 0))
    else:
        print('No motion detected')
        lcd.write_string('No motion detected',(0, 0))
        lcd.write_string('No motion detected',(1, 0))

    sleep(0.5)
```

- 이벤트 방식의 함수 활용

```python
# file: lcd_5.py

from signal import pause
from gpiozero import MotionSensor
from RPLCD.i2c import CharLCD

pir = MotionSensor(25)

lcd = CharLCD(i2c_expander='PCF8574',
              address=0x27,
              port=1,
              cols=16,
              rows=2,
              charmap='A00')

lcd.clear()
lcd.backlight_enabled = True


print('Press Ctrl+C to exit')
print('-'*30)

def motion_detected():
    print('Motion detected!')
    lcd.clear()
    lcd.cursor_pos = (0, 0)
    lcd.write_string('Warning !!')
    lcd.cursor_pos = (1, 0)
    lcd.write_string('Motion Detected !!')

def motion_stopped():
    print('Motion stopped')
    lcd.clear()
    lcd.cursor_pos = (0, 0)
    lcd.write_string('All clear !!')
    lcd.cursor_pos = (1, 0)
    lcd.write_string('No Motion !!')

pir.when_motion = motion_detected
pir.when_no_motion = motion_stopped

# Initial display
lcd.cursor_pos = (0, 0)
lcd.write_string('Motion Detector')
lcd.cursor_pos = (1, 0)
lcd.write_string('Ready !!')

pause()
```

② **초음파 센서를 이용해서 동작 감지 여부를 LCD에 표시해 보자.**

㉠ 참고 파일 : ch04_Digital/02_MotionSensor/MotionSensor_1.py

㉡ 동작 감지 할 경우
- LCD 1번째 줄 : Warning !!
- LCD 2번째 줄 : Motion detected

㉢ 동작 감지 못할 경우
- LCD 1번째 줄 : All clear !!
- LCD 2번째 줄 : No Motion detected

㉣ 연결 정보

sensor		라즈베리파이
	GND	GND
	VCC	Vcc
	SDA	GPIO 2
	SCL	GPIO 3

라즈베리파이	sensor	
5V	VCC	
GPIO 23	Trig	
GPIO 24	Echo	
GND	GND	

㉤ 회로

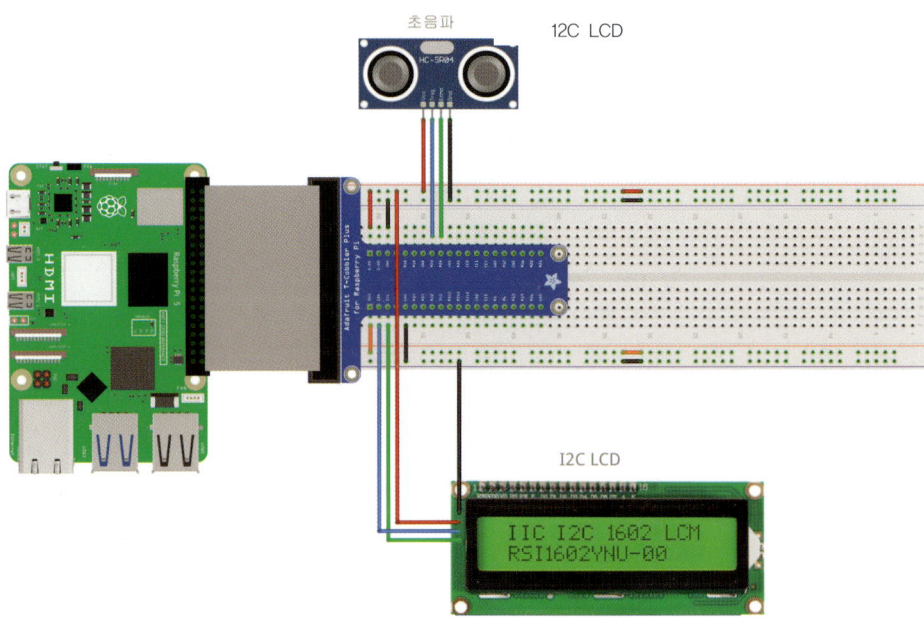

〈그림 5-9〉 디스플레이_03 LCD_초음파_회로도

ⓗ source code

```python
# file: lcd_6.py
# example : ch04_Digital/01_DistanceSensor/DistanceSensor_3.py

from gpiozero import DistanceSensor
from RPLCD.i2c import CharLCD
from signal import pause

ultra = DistanceSensor(24, 23, max_distance=1.0, threshold_distance=0.2)
lcd = CharLCD(i2c_expander='PCF8574',
              address=0x27,
              port=1,
              cols=16,
              rows=2,
              charmap='A00')

lcd.clear()
lcd.backlight_enabled = True

def object_detected():
    lcd.clear()
    distance = ultra.distance
    lcd.cursor_pos = (0, 0)
    lcd.write_string('Object detected')
    lcd.cursor_pos = (1, 0)
    lcd.write_string(f'Distance: {distance:.2f}m')
    print(f'Distance: {distance:.2f}m')

def object_not_detected():
    lcd.clear()
    lcd.cursor_pos = (0, 0)
    lcd.write_string('No object detected')
    lcd.cursor_pos = (1, 0)
    lcd.write_string('No object detected')
    print('No object detected')

print('Press Ctrl+C to exit')
print('-'*30)

ultra.when_in_range = object_detected
ultra.when_out_of_range = object_not_detected

pause()
```

③ 온습도 센서를 이용해서 온도와 센서를 LCD에 표시해 보자.
　㉠ LCD 1번째 줄 : 온도, LCD 2번째 줄 : 습도

④ 연결 정보

sensor		라즈베리파이	
	GND	GND	GND
	VCC	VCC	Vcc
	SDA	SDA	GPIO 2
	SCL	SCL	GPIO 3

라즈베리파이	sensor	
5V	VCC	
GPIO 21	OUT	
GND	GND	

⑤ 회로도

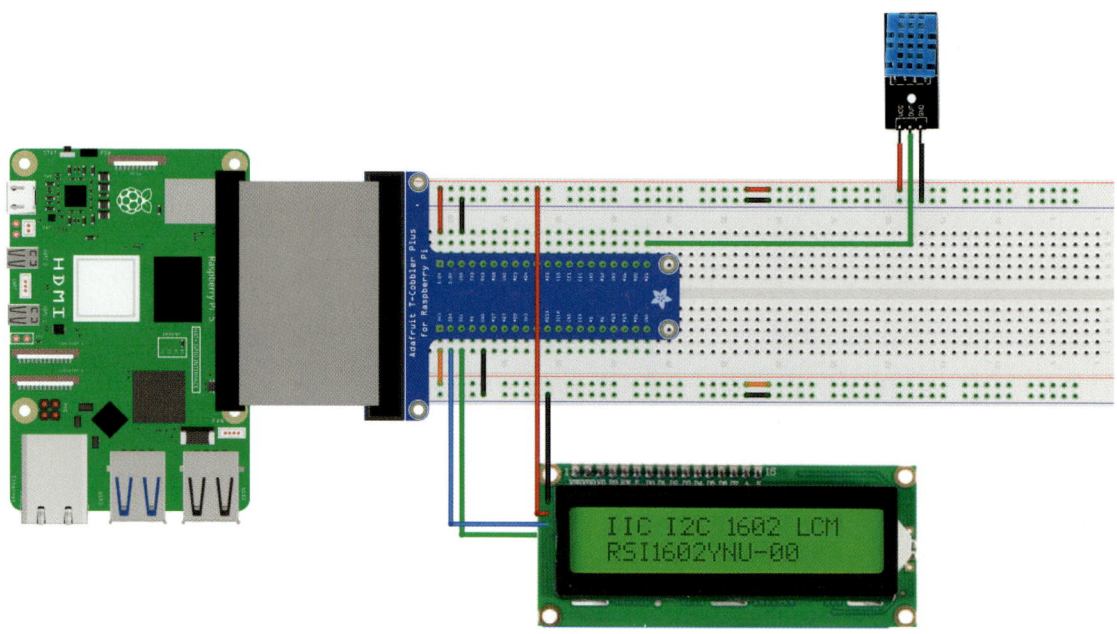

〈그림 5-10〉 디스플레이_03 LCD_온습도_회로도

⑥ source code

```python
# file: lcd_7.py

import board, adafruit_dht
from RPLCD.i2c import CharLCD
from time import sleep

dht = adafruit_dht.DHT11(board.D21, use_pulseio=False)

lcd = CharLCD(i2c_expander='PCF8574',
              address=0x27,
              port=1,
              cols=16,
              rows=2,
              charmap='A00')

lcd.clear()
lcd.backlight_enabled = True

print('Press Ctrl+C to exit')
print('-'*30)

while True:
    temp = dht.temperature
    hum = dht.humidity
    lcd.clear()

    if hum is not None and temp is not None:
        lcd.cursor_pos = (0, 0)
        lcd.write_string(f'Temp : {temp:.1f}C')
        lcd.cursor_pos = (1, 0)
        lcd.write_string(f'Hum  : {hum:.1f}%')
        print(f'Temperature : {temp:.1f}C, Humidity : {hum:.1f}%')
        print('-'*30)
        sleep(2)
    else:
        lcd.clear()
        lcd.cursor_pos = (0, 0)
        lcd.write_string('Failed to read sensor data.')
        print('Failed to read sensor data.')
```

- temp = dht.temperature : 온도 읽기
- hum = dht.humidity : 습도 읽기
- lcd.lcd_display_string(f"Temp: {temp:.1f}C", 1) : 1번째 줄에 온도 표시
- lcd.lcd_display_string(f"Hum: {hum:.1f}%", 2) : 2번째 줄에 습도 표시
- .1f : 소숫점 1자리

CHAPTER
6

액추에이터
(Actuator)

CHAPTER 06 액추에이터(actuator)

분류	부품	개수	라이브러리	이미지
1. servo 모터	servo motor	1	servo AngularServo	
	button	3	Button	
2. 모터드라이버 chip	SN754410	1	–	
3. DC 모터	geared DC motor	2	Motor Robot	
	SN754410	1	–	
	외부 전원 (망간건전지)	1	9V	
	건전지홀더	1	–	

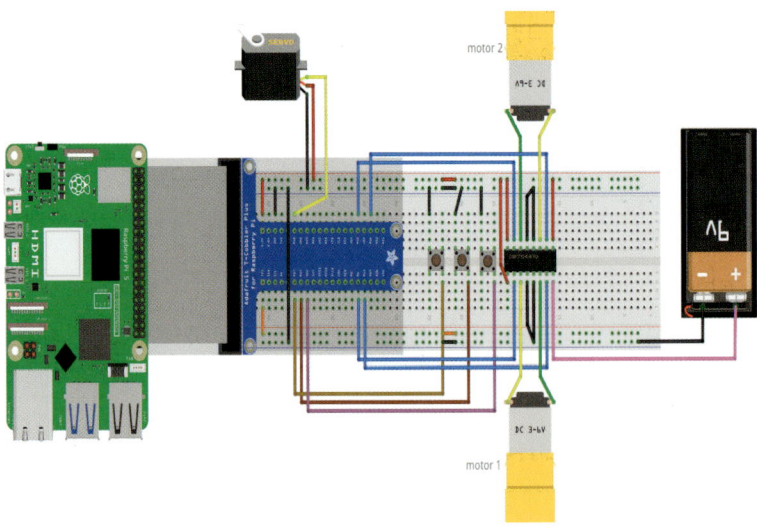

〈그림 6-1〉 액추에이터_전체 회로도

01 액추에이터란?

(1) 개요

① 개요
액추에이터는 시스템을 움직이거나 제어하는 데 사용되는 기계 장치로서 전기, 유압, 압축 공기 등을 이용하는 원동 구동장치를 말한다. 모터와 비슷한 의미로 사용되지만, 모터는 '원동기'의 의미가 강한 반면 액추에이터는 원하는 움직임을 구현하는 '시스템'의 의미가 더 강하다

② 액추에이터의 종류
- ㉠ 유압 액추에이터: 유압 에너지를 기계 에너지로 변환하여 밸브를 움직이고 시스템의 가스 또는 유체 유량을 제어한다.
- ㉡ 밸브 액추에이터: 가스, 석유, LPG, 화공약품 등 유동성을 지닌 액체와 기체를 수송하는 관의 유동량, 압력, 속도 등을 제어한다.
- ㉢ 로터리 액추에이터: 압축 공기압을 운동 에너지로 변환하여 모든 기계류를 구동한다. 공장의 작업용 로봇이나 세차기, 제품 포장 등에 이용된다.
- ㉣ 리니어 액추에이터: 모터의 회전 동작을 선형 또는 밀거나 당기는 직선 동작으로 변환한다. 힘으로 틸팅, 리프팅, 풀링(당기기) 또는 푸싱(밀기)이 필요한 모든 유형의 응용 제품에 이상적이다.

③ 특징
- ㉠ 모터(Motor, 전동기)는 전력(전기적 에너지)을 이용하여 회전 운동의 힘(기계적 에너지)을 얻는 기계
- ㉡ 전력을 공급하면 전동기의 중심축이 회전하고 이 회전력을 이용하여 각종 기계를 동작
- ㉢ 이름 그대로 직류전압으로 구동되는 데 건전지도 이용할 수 있는 작은 용량의 모터
- ㉣ 종류 : servo motor, dc motor, geared motor 등

02 Servo motor

(1) 개요

① 서보 모터(servo motor)
- 기계적인 위치, 속도, 가속도 등을 제어하는 모터
- 산업용 서보모터는 로봇의 관절, 공작 기계의 위치 제어 등에 사용
- RC용 서보모터는 RC 자동차나 RC 비행기에 사용
- 왼쪽부터 산업용, RC용 모터, sg90 소형모터

② 구조 - sg90
- PWM 신호를 주면 0 ~ 180의 회전범위로 동작
- PWM 펄스 폭 : 0.6[ms] ~ 2.4[ms]
- 모터 구동 입력 전압 : 3.5V ~7.2V

③ 연결
- Signal : PWM 선, (주황색선/노란색)
- Vcc: + 연결, (빨간선)
- GND : 접지 연결 (갈색선/검정선)

(2) 클래스 : servo

① 함수 원형

```
Servo(pin, initial_value=0)
```

- pin : servor Motor의 SIG와 연결된 GPIO 핀 번호
- initial_value(float) : 서보 시작 위치 시정. 중앙(기본값 0), float : -1 ~ 1
- 예

```
from gpiozero import Servo
sv = Servo(18)
```

② 동작 method
- detach( ) : 서보 모터 일시적으로 비활성화
- max( ) : servoMotor를 180°로 돌린다.
- mid( ) : servoMotor를 90°로 돌린다.
- min( ) : servoMotor를 0°로 돌린다.

③ 변수 property
- value : -1 ~ 1 범위 값, 서보모터 위치 값

(3) 클래스 : AngularServo

① 개요
㉠ 서보모터 회전을 각도로 조정

② 함수 원형

```
AngularServo(pin, initial_angle=0, min_angle=-90, max_angle=90)
```

- pin : servor Motor의 SIG와 연결된 GPIO 핀 번호
- initial_angle=0, : 서보모터 시작 위치, 생략시 기본값 0,
- min_angle=-90 : 최소 각도 지정, 생략시 기본값은 -90
- max_angle=90 : 최대 각도 지정, 생략시 기본값은 90
- 예

```
from gpiozero import AngularServo

servo = AngularServo(18, min_angle=-90, max_angle=90)

servo.angle = -90
servo.angle = 90
```

③ 동작 method
- max( ) : 설정한 최대 각도로 돌림
- mid( ) : 설정한 중간 각도로 돌림
- min( ) : 설정한 최소 각도로 돌림.

④ 변수 property
- angle : 설정한 각도(최소 ~ 최대) 범위 내에서 각도 조정, 실수값
- is_active : 활성 상태 여부
- max_angle : 설정한 최대 각도로 돌림
- min_angle : 설정한 최소 각도로 돌림
- value : 현재 각도값

(4) 연결 정보 및 회로도

① 부품

재료명 모델명	이미지	수량	재료명	이미지	수량
servomotor (sg90)		1	button		3

② 연결 정보

라즈베리파이	sensor			sensor	라즈베리파이
GPIO 18	PWM	PWM=Orange		button 1	GPIO 17
5V	Vcc	Vcc = Red (+)		button 2	GPIO 27
GND	GND	Ground=Brown (−)		button 3	GPIO 22
				button −	GND

③ 회로도

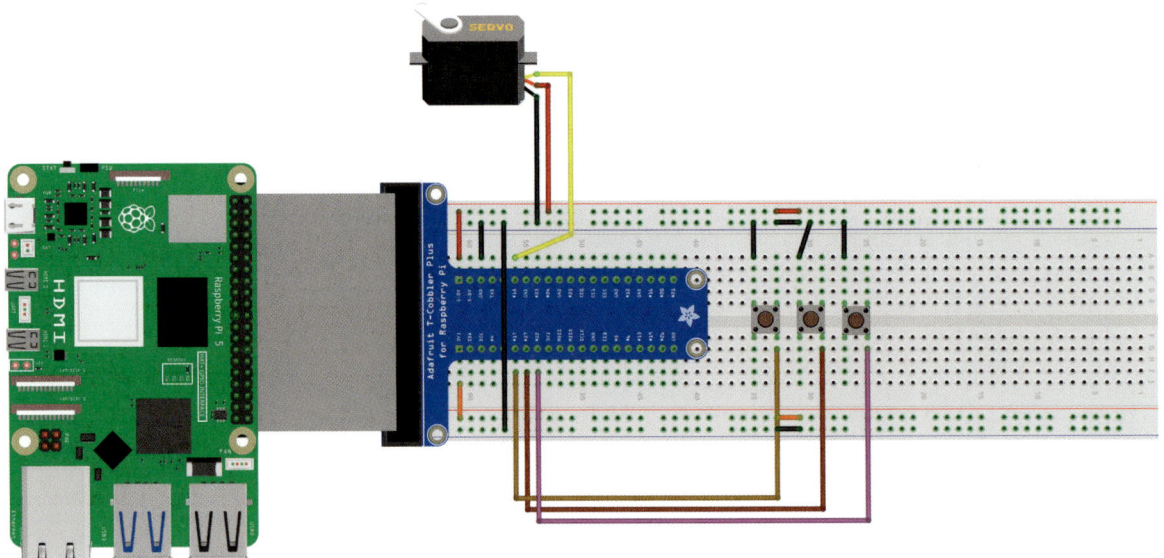

〈그림 6-2〉 액추에이터_02 서보모터_회로도

(5) 실습해보기

① 서보모터를 -90, 0, 90, 0, -90 순으로 반복해서 동작해 보자.

- Servo 라이브러리 활용

```python
# file: servo_1.py

from gpiozero import Servo
from time import sleep

servo = Servo(25)

while True:
    servo.min()         #servo.value=0.0
    sleep(1)
    servo.mid()         #servo.value=0.5
    sleep(1)
    servo.max()         #servo.value=1.0
    sleep(1)
    servo.mid()         #servo.value=0.5
    sleep(1)
    servo.min()         #servo.value=0.0
    sleep(1)
```

- AngularServo 라이브러리 활용

```python
# file: servo_2.py

from gpiozero import AngularServo
from time import sleep

servo = AngularServo(25, min_angle=-90, max_angle=90)

while True:
    servo.angle = -90
    sleep(2)
    servo.angle = 0
    sleep(2)
    servo.angle = 90
    sleep(2)
    servo.angle = 0
    sleep(2)
```

(6) 응용해보기

① 서보모터를 처음에 중앙에서 주어진 각도로 움직이게 하자.
- servo_angle = [0, 45, 90, 45, 0, -45, -90, -45, 0]

```python
# file: servo_3.py

from gpiozero import AngularServo
from time import sleep

servo = AngularServo(25, min_angle=-90, max_angle=90)

servo_angle = [0, 45, 90, 45, 0, -45, -90, -45, 0]

print('Press Ctrl+C to exit')
print('-'*30)

while True:
    for angle in servo_angle:
        print(f'Servo angle: {angle}')
        servo.angle = angle
        sleep(1)

    servo_angle.reverse()
```

- servo_angle.reverse() : 반대로 다시 움직이도록 한다.

(7) 도전해보기

① 목표
  ㉠ 버튼을 활용해서 서보모터를 지정된 각도로 움직이게 하자.
  ㉡ button1 : -90° / button2 : 0° / button3 : 90°

② source code
- servo_3.py

```python
from gpiozero import AngularServo, Button
from signal import pause

servo = AngularServo(18, min_angle=-90, max_angle=90)

# 버튼 설정 (버튼 1 → -90°, 버튼 2 → 0°, 버튼 3 → 90°)
btn1 = Button(17, bounce_time=0.1)
btn2 = Button(27, bounce_time=0.1)
btn3 = Button(22, bounce_time=0.1)

def move_to_min():
    servo.angle = -90
    print("Servo moved to -90°")
```

```
def move_to_mid():
    servo.angle = 0
    print("Servo moved to 0°")

def move_to_max():
    servo.angle = 90
    print("Servo moved to 90°")

print('Press Ctrl+C to exit')
print('-'*30)

# 버튼이 눌리면 해당 함수 실행
btn1.when_pressed = move_to_min
btn2.when_pressed = move_to_mid
btn3.when_pressed = move_to_max

pause()
```

03 모터

(1) 개요

① SN754410 IC

㉠ 주로 모터 제어 및 기타 고전류 애플리케이션에서 사용되는 H-브리지 드라이버로 L298, L298N 등과 많이 사용됨

㉡ 직류 모터를 양방향으로 제어할 수 있도록 설계

㉢ 1개의 ic chip으로 2개의 DC 모터 제어 가능

〈그림 6-3〉 sn754410

〈그림 6-4〉 L298N

② 특징

㉠ H-브리지 구성

- H-브리지 회로를 사용하여 모터의 회전 방향을 제어
- 모터를 시계방향 또는 반시계방향으로 회전

ⓛ 출력 전류
- 각 채널에서 최대 1A의 지속적인 출력 전류를 제공
- 저전력 DC 모터 및 기타 고전류 부하를 제어하는데 적합

ⓒ 전압 범위
- 4.5V에서 36V까지의 전압을 지원

ⓔ 보호 기능
- 과열 및 단락 보호 기능이 내장

ⓜ 입력 신호
- 입력 핀은 TTL 또는 CMOS 호환 신호로 동작

ⓗ 쉬운 배치
- DIP 패키지 형태
- 프로토타입 작업이나 PCB 설계 시 쉽게 사용

(2) 구조

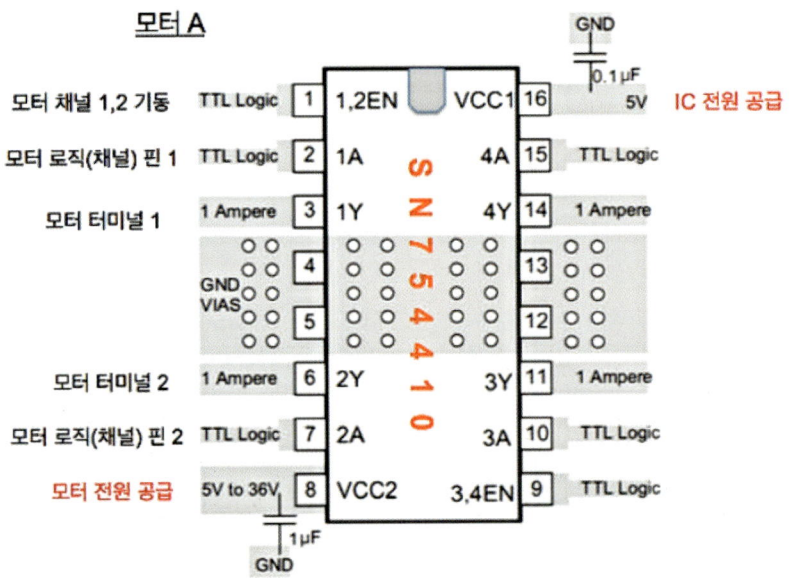

pin name	pin no.	Type	설명
1, 2EN	1	I	• Enable driver channels 1 and 2 (active high input) • 드라이버 채널 1 및 2(액티브 하이 입력) 활성화
〈1:4〉A	2, 7, 10, 15	I	• Driver inputs, non-inverting • 드라이버 입력, 비반전
〈1:4〉Y	3, 6, 11, 14	O	• Driver outputs • 드라이버 출력
GROUND	4, 5, 12, 13	–	• Device ground and heat sink pin. Connect to circuit board ground plane with multiple solid vias • 디바이스 접지 및 방열판 핀. 여러 솔리드 비아로 회로 보드 접지 평면에 연결
Vcc2	8	–	• Power VCC for drivers 4.5V to 36V • 모터 외부 전원 VCC 4.5V ~ 36V
3,4en	9	I	• Enable driver channels 3 and 4 (active high input) • 드라이버 채널 3 및 4(액티브 하이 입력) 활성화
Vcc1	16	–	• 5V supply for internal logic translation • 내부 로직 변환을 위한 5V 공급

(3) 연결

GPIO	기능		모터2 입력제어	모터2 출력			모터2 출력	모터2 입력제어	
	GPIO	5V	GPIO 핀	dcmotor	GND	GND	dcmotor	GPIO 핀	5V
SN754410	기능	Vcc1	4A	4Y	GND	GND	3Y	3A	3,4EN
	핀번호	16	15	14	13	12	11	10	9
	칩 앞쪽	chip image SN754410							
	핀번호	1	2	3	4	5	6	7	8
	기능	1,2EN	1A	1Y	GND	GND	2Y	2A	Vcc2
GPIO	GPIO	5V	GPIO 핀	dcmotor	GND	GND	dcmotor	GPIO 핀	
	기능		모터1 입력제어	모터1 출력			모터1 출력	모터1 입력제어	외부전원

① 회로도

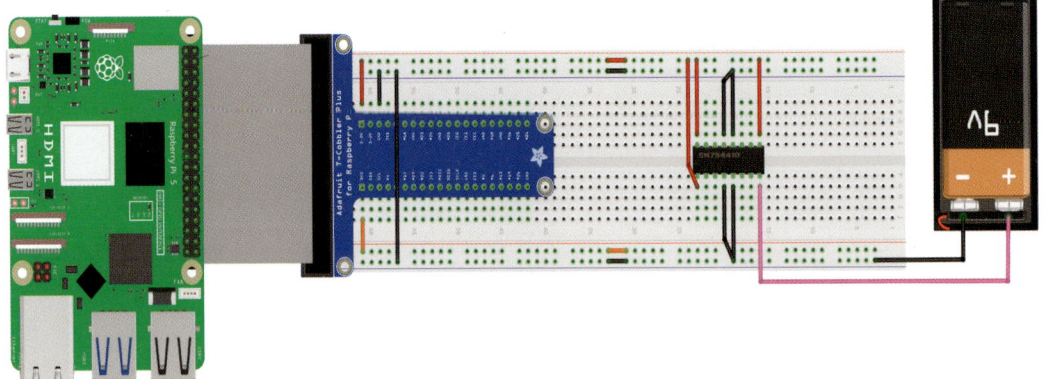

〈그림 6-5〉 액추에이터_03모버드라이버_SN754410_회로도

04 DC Motor

(1) 개요

전기 에너지를 기계적인 회전 운동으로 변환하는 전기 기기이다. DC 모터는 직류 전원을 받아들여서 회전하는 구조를 가지고 있으며, 다양한 크기와 종류가 존재한다.

① 동작원리
- 코일에 전류를 흐르게 하고 이때 코일과 고정자 사이에 전류와 자력선의 방향에 따른 힘이 발생(플레밍의 왼손 법칙). 이 힘은 코일에 흐르는 전류와 코일의 길이 자속에 비례하게 됨
- 회전자가 회전하더라도 전류의 방향은 일정하게 유지 (회전자의 회전에 상관없이 전류의 방향 일정)
- 브러시가 없고 회전자에 직접 전선이 연결되어 있다면 회전자의 힘은 방향이 바뀌어 힘의 방향이 바뀌면서 회전하지 않는다.

② 종류
- brushless motor
  - 브러시를 사용하지 않고 센서에 의해서 전류의 흐름을 제어
  - 반영구적인 수명, 별도의 제어장치 필요
  - 긴 수명과 높은 신뢰성
  - 컴퓨터의 냉각팬, 쿼드로터의 프로펠러, 산업용 모터 등에 주로 사용됨.
- geared motor
  - 기어가 내장된 기어드 모터
  - 교육용 로봇 바퀴 등

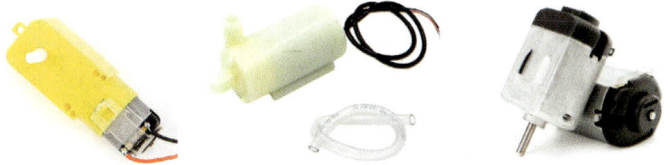

③ 구조

㉠ DC 기어드 모터 DM148

- 작동전압: 3V ~ 12V

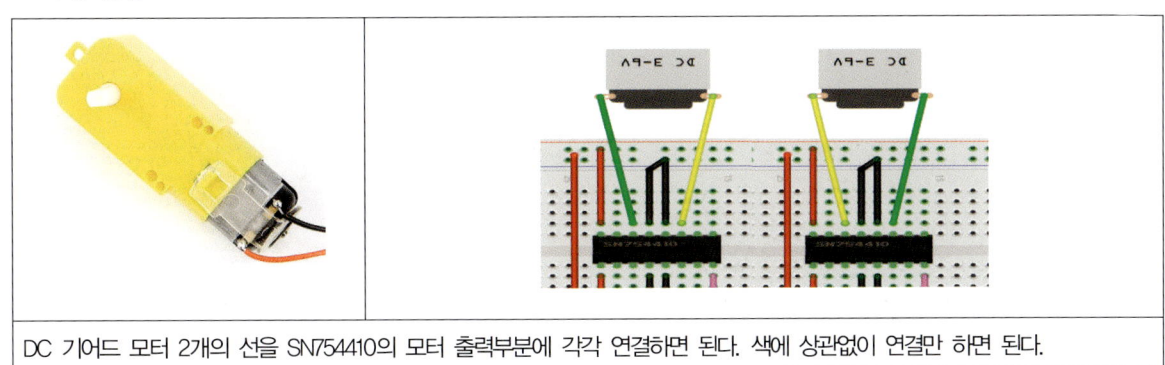

DC 기어드 모터 2개의 선을 SN754410의 모터 출력부분에 각각 연결하면 된다. 색에 상관없이 연결만 하면 된다.

(2) 클래스 : Motor( )

① 함수원형 및 parameters

```
Motor(forward, backward)
```

- forward : 모터와 연결된 GPIO 번호
- backward : 모터와 연결된 GPIO 번호
- 예

```
from gpiozero import Motor

motor1 = Motor(6, 13)          # Motor( ) 클래스로부터 motor1 객체 생성

motor1.forward(1)              # 1초간 최대속도(1)로 전진
sleep(1)
motor1.backward(0.5)           # 1초간 0.5 속도로 후진
sleep(1)
```

② 동작 method

- forward(speed, *, curve_left=0, curve_right=0) : 전진
  - speed : 실수값. 0.0 ~ 1.0, 생략시 기본값 1
  - curve_left=0 : 실수값, 0.0~ 1.0, 기본값 0(커브 없이 직진)
    왼쪽으로 곡선을 그리는 정도(값이 클수록 회전반경이 커짐)
    curve_right와 함께 사용할 수 없음.

- curve_right=0 : 실수값, 0.0~ 1.0, 기본값 0(커브 없이 직진)
- 오른쪽으로 곡선을 그리는 정도(값이 클수록 회전반경이 커짐)
- curve_left와 함께 사용할 수 없음.

curve_left / curve_right	동작 의미
0	커브 없이 직진
0.2	약간 꺾어서 이동
0.8	많이 꺾어서 이동
1	최대한 꺾어서 이동

- backward(speed) : 후진
  - speed : 실수값. 0.0 ~ 1.0
  - curve_right, curve_left
- reverse(speed) : 모터 역방향
  - speed : 실수값. 0.0 ~ 1.0
- stop( ) : 모터 정지

③ 변수 property 값

㉠ value : 모터 속도 값, -1.0 ~ 1.0
속도를 튜플 형태로 (왼쪽 모터 속도, 오른쪽 모터 속도)
- (1, 1)은 최대 속도로 전진
- (-1, -1)은 최대 속도로 후진
- (0, 0)은 정지 상태
- (0.5, -0.5) : 왼쪽모터는 0.5 속도로 전진, 오른쪽 모터는 0.5속도로 후진
  즉, 오른쪽으로 회전

(3) 클래스 : Robot( )

2개의 DC motor 제어 가능

① 함수원형 및 parameters

```
Robot( motor1=(tuple), motor2=(tuple) )
```

- left=(tuple) : 모터 1의 전진과 후진 제어를 위한 연결 핀들. tuple는 ( )안에 핀 번호 입력
- right=(tuple) : 모터 2의 전진과 후진 제어를 위한 연결 핀들. tuple는 ( )안에 핀 번호 입력
- 예 :
  - DC 모터 1 : 라즈베리파이 GPIO 6, 13번에 연결
  - DC 모터 2 : 라즈베리파이 GPIO 12, 16번에 연결

```
from gpiozero import Robot, Motor

frontwheel = Robot(left=(6, 13), right=(12, 16))
frontwheel.forward(1.0)
frontwheel.backward(0.5)
```

② 동작 method
- ㉠ forward(speed=1) : 2개 모터 전진
  - speed : 실수값. 0.0 ~ 1.0
- ㉡ backward(speed=1) : 2개 모터 후진
- ㉢ reverse( ) : 2개 모터 반대 방향으로 회전
- ㉣ right( ) : 오른쪽 방향 회전, 왼쪽 모터 전진, 오른쪽 모터 후진
- ㉤ left( ) : 왼쪽방향 회전, 왼쪽 모터 후진, 오른쪽 모터 전진
- ㉥ stop( ) : 모터 정지

③ 변수 property
- value : 모터 속도, -1.0 ~ 1.0

(4) 연결 정보 및 회로도

① 부품

재료명	이미지	수량	재료명	이미지	수량
DC 기어드 모터 (DM148)		2	SN754410		1
건전지 홀더		3	건전지 (9V)		1
button		3			

② 연결 정보

모터	SN754410	라즈베리파이 GPIO	모터	SN754410	라즈베리파이 GPIO
회로도 위 motor 2	15 핀	GPIO 12	회로도 아래 motor 1	7 핀	GPIO 13
	10 핀	GPIO 16		2 핀	GPIO 6

GPIO	기능		모터2 입력제어	모터2 출력			모터2 출력	모터2 입력제어	
	GPIO	5V	12	dcmotor	GND	GND	dcmotor	16	5V
SN754410	기능	Vcc1	4A	4Y	GND	GND	3Y	3A	3,4EN
	핀번호	16	15	14	13	12	11	10	9
	칩								
	핀번호	1	2	3	4	5	6	7	8
	기능	1,2EN	1A	1Y	GND	GND	2Y	2A	Vcc2
GPIO	GPIO	5V	6	dcmotor	GND	GND	dcmotor	13	
	기능		모터1 입력제어	모터1 출력			모터1 출력	모터1 입력제어	외부전원

㉠ 외부 전원 : 9V
- SN75441 8번 핀

③ **회로도**

㉠ 아래 회로도의 아래쪽 모터가 motor 1, 위쪽 모터가 motor 2임

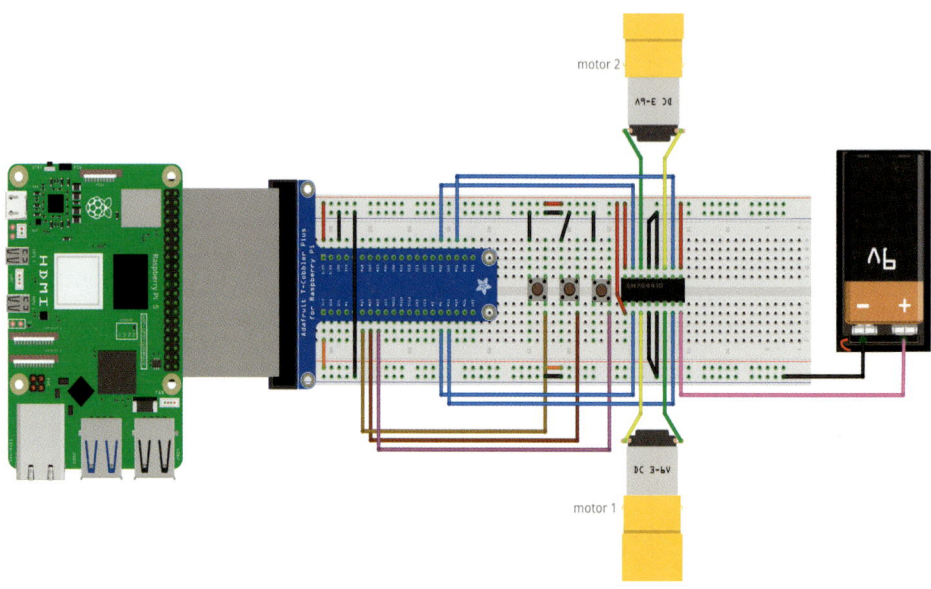

〈그림 6-6〉 액추에이터_전체 회로도

(5) 실습해보기 : Motor( )

① motor1를 계속 전진해 보자.

- dcmotor_1.py

```
# file: dcmotor_1.py

from gpiozero import Motor

Motor1 = Motor(forward=6, backward=13)

print('Press Ctrl+C to exit')

while True:
    Motor1.forward()
```

- 모터 방향이 반대로 회전하면 핀번호를 서로 바꿔준다.
- Motor1 = Motor(forward=13, backward=6)

② motor2를 계속 전진해 보자.

```python
# file: dcmotor_2.py

from gpiozero import Motor

Motor2 = Motor(forward=12, backward=16)

print('Press Ctrl+C to exit')

while True:
    Motor2.forward()
```

- 모터 방향이 반대로 회전하면 핀번호를 서로 바꿔준다.
- Motor2 = Motor(forward=16, backward=12)

③ motor1, 2를 동시에 전진 3초, 정지 1초 후 후진 2초 해보자.
- motor1, 2를 동시에 동작
- **후진시는 50% 속도**

```python
# file: dcmotor_3.py

from gpiozero import Motor
from time import sleep

Motor1 = Motor(forward=6, backward=13)
Motor2 = Motor(forward=12, backward=16)

print('Press Ctrl+C to exit')
print('-'*30)

while True:
    print('Motor1 forward, Motor2 forward')
    Motor1.forward()
    Motor2.forward()
    sleep(3)

    print('Motor1 stop, Motor2 stop')
    Motor1.stop()
    Motor2.stop()
    sleep(2)

    print('Motor1 backward, Motor2 backward')
    Motor1.backward(speed=0.5)
    Motor2.backward(speed=0.5)
    sleep(3)
```

(6) 실습해보기 : Robot( )

① motor 1, 2 동시에 전진, 정지, 후진

```python
# file: dcmotor_4.py

from gpiozero import Robot
from time import sleep

robot = Robot(left=(6, 13), right=(12, 16))

print('Press Ctrl+C to exit')
print('-'*30)

while True:
    print('Robot forward')
    robot.forward(speed=1)
    sleep(3)

    print('Robot stop')
    robot.stop()
    sleep(2)

    print('Robot backward')
    robot.backward(speed=0.5)
    sleep(3)
```

⊙ motor1, 2를 좌우 회전시키기

```python
# file: dcmotor_5.py

from gpiozero import Robot
from time import sleep

robot = Robot(left=(6, 13), right=(12, 16))

print('Press Ctrl+C to exit')
print('-'*30)

while True:
    print('Robot left')
    robot.left(speed=0.7)
    sleep(3)

    print('Robot stop')
    robot.stop()
    sleep(2)

    print('Robot right')
    robot.right(speed=0.7)
    sleep(3)

    print('Robot stop')
    robot.stop()
    sleep(2)
```

ⓛ 직진, 후진, 왼쪽 회전, 오른쪽 회전, 정지를 반복해 보자.
- dcmotor_6_1.py

```python
# file: dcmotor_6.py

from gpiozero import Robot
from time import sleep

robot = Robot(left=(6, 13), right=(12, 16))

def move_forward(speed, duration):
    print(f'Moving forward {speed}')
    robot.forward(speed=speed)
    sleep(duration)
    robot.stop()

def move_backward(speed, duration):
    print(f'Moving backward')
    robot.backward(speed=speed)
    sleep(duration)
    robot.stop()

def move_turn_left(speed, duration):
    print(f'Truning left')
    robot.left(speed=speed)
    sleep(duration)
    robot.stop()

def move_turn_right(speed, duration):
    print(f'Truning left')
    robot.right(speed=speed)
    sleep(duration)
    robot.stop()

print('Press Ctrl+C to exit')
print('-'*30)

while True:
    move_forward(speed=1.0, duration=2)   # 전진
    move_backward(speed=0.6, duration=2)  # 후진
    move_turn_left(speed=0.7, duration=2) # 좌회전
    move_turn_right(speed=0.7, duration=2) # 우회전
    robot.stop()
```

(7) 도전하기

① 3개의 버튼으로 모터의 전진, 정지, 후진하도록 제어해 보자.

- 버튼 1을 누르면 모터 전진, 버튼 2를 누르면 모터 정지, 버튼 3을 누르면 모터 후진

㉠ 내장 함수 활용

- 모터를 단순하게 움직이려면 내장 method를 활용하면 간단하다.
- 내장 method : forward, stop, backward, left, right 등

```python
# file: dcmotor_7.py

from gpiozero import Robot, Button
from signal import pause

robot= Robot(left=(6, 13), right=(12, 16))

btn1 = Button(17, bounce_time=0.1)
btn2 = Button(27, bounce_time=0.1)
btn3 = Button(22, bounce_time=0.1)

btn1.when_pressed = robot.forward
btn2.when_pressed = robot.stop
btn3.when_pressed = robot.backward

pause()
```

㉡ 함수 활용

- 모터 제어뿐만 아니라 출력 등의 추가 작업시에는 def 문을 활용하면 좋다.

```python
# file: dcmotor_7_1.py

from gpiozero import Robot, Button
from signal import pause

robot = Robot(left=(6, 13), right=(12, 16))

btn1 = Button(17, bounce_time=0.1)
btn2 = Button(27, bounce_time=0.1)
btn3 = Button(22, bounce_time=0.1)

def move_forward():
    print('Moving forward')
    robot.forward(speed=1)

def stop_robot():
    print('Stopping')
    robot.stop()

def move_backward():
    print('Moving backward')
    robot.backward(speed=0.5)

btn1.when_pressed = move_forward
btn2.when_pressed = stop_robot
btn3.when_pressed = move_backward

pause()
```

(8) 도전하기

① 초음파 센서를 활용해서 거리가 0.2m 이상일 때는 전진, 0.2m 이하는 정지 후, 0.5초간 후진하도록 한다.

㉠ 초음파 센서 20cm 설정 : threshold_distance=0.2

```python
# file: dcmotor_9.py

from gpiozero import Robot, DistanceSensor
from signal import pause

dis = DistanceSensor(23, 24, max_distance=1, threshold_distance=0.2)
robot = Robot(left=(5, 6), right=(25, 16))

def forward(speed):
    robot.forward(speed)

def backward(speed):
    robot.backward(speed)

def stop():
    robot.stop()

def object_detected():
    print('Object detected')
    stop()
    robot.backward(speed=0.5)

def object_not_detected():
    print('Object not detected')
    print('Moving forward')
    forward(speed=1.0)

print('Distance Sensor Activate')
print('Press Ctrl+C to exit')
print('-'*30)

dis.when_in_range = object_detected
dis.when_out_of_range = object_not_detected

pause()
```

CHAPTER 7

이미지 센서

CHAPTER 07 이미지 센서

01 카메라(camera)

(1) 개요

① 특징
  ㉠ 라즈베리파이에서 사용할 수 있는 카메라
  ㉡ 라즈베리파이의 눈 역할을 하는 이미지 센서 탑재

② 라즈베리파이 카메라 모듈

〈그림 7-1〉 라즈베리파이 4

〈그림 7-2〉 라즈베리파이 5

- 라즈베리파이 4와 5의 카메라 연결

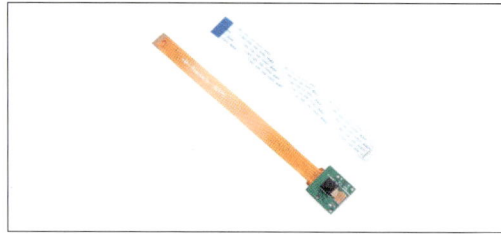	라즈베리파이 4 : 하얀색 연결 라즈베리파이 5 : 금색 연결

③ 연결 정보
  - 포트를 살짝 들어 올린 다음 카메라 연결선을 끼운 후 다시 잠근다.
  - 라즈베리파이에는 폭이 좁은 연결선 쪽 사용
    검정색 띠가 HDMI 연결 포트쪽으로 하고 금색 신호선이 랜 케이블 연결포트 쪽으로

- 카메라쪽에는 폭이 넓은 연결선 쪽 사용

  검정색 띠가 카메라 반대편쪽, 금색 신호선이 카메라쪽으로

④ **카메라 설정 - 라즈베리파이**

라즈베리파이의 CSI(Camera Serial Interface) 포트에 직접 연결하여 사용

- CSI(Camera Serial Interface) 연결 후 라즈베리파이 4B모델 이후부터는 카메라 연결시 자동 연결됨, interface 설정하지 않아도 됨.

⑤ **연결 확인**

㉠ 라즈베리파이 OS 버전 확인

```
$ cat /etc/os-release
```

```
PRETTY_NAME="Debian GNU/Linux 13 (trixie)"
NAME="Debian GNU/Linux"
VERSION_ID="13"
VERSION="13 (trixie)"
VERSION_CODENAME=trixie
DEBIAN_VERSION_FULL=13.1
ID=debian
HOME_URL="https://www.debian.org/"
SUPPORT_URL="https://www.debian.org/support"
BUG_REPORT_URL="https://bugs.debian.org/"
```

- VERSION이 13, trixie 로 기본적으로 libcamera 기반으로 동작 됨.

㉡ 동작 테스트

- 캡처 진행

```
$ libcamera-hello
```

- 캡처 진행 - 파일 이름 지정

```
$ libcamera-jpeg -o test.jpg
```

- 동영상 촬영 10초간 진행, 파일이름 지정
  - 10초 : 10000
  - 파일이름 test.h264

```
$ libcamera-vid -t 10000 -o test.h264
```

(2) 라즈베리파이 카메라 제어용 명령어 모음 : rpicam-apps

① 개요

㉠ 라즈베리파이 터미널에서 파이카메라 제어용 명령어 모음
㉡ 기존 : libcamera-*에서 rpicam-*로 변경
㉢ 최선 버전 라즈베리파이 OS에는 포함되어 있음.

주요 명령어	기능
rpicam-hello	카메라의 "hello world"와 동등한 것으로, 카메라 미리보기 스트림을 시작하여 화면에 표시, 연결 테스트
rpicam-jpeg	미리보기 창을 실행한 다음 고해상도 정지 이미지를 캡처
rpicam-still	raspistill 애플리케이션의 많은 기능을 에뮬레이트
rpicam-vid	비디오를 캡처
rpicam-raw	센서에서 직접 원시(처리되지 않은 Bayer) 프레임을 캡처
rpicam-detect	기본적으로 없지만 Raspberry Pi에 TensorFlow Lite가 설치되어 있으면 사용자가 사용할 수 있다. 특정 개체가 감지되면 JPEG 이미지를 캡처

② rpicam-hello

㉠ rpicam-hello: 카메라의 "hello world"와 동등한 기능으로, 카메라 미리보기 스트림을 시작하고 화면에 표시한다.

```
$ rpicam-hello
```

- 0초 대기. 즉시 실행, 화면 계속해서 보임.
  - 종료시 화면 x 클릭

```
$ rpicam-hello --timeout 0
```

- 5초후 미리보기 실행

```
$ rpicam-hello --timeout 5
```

- 미리보기 창 실행하지 않고 바로 카메라 모드 실행

```
$ rpicam-hello -n
```

- 미리보기 창 제목표시줄에 " " 텍스트 표시
  - %rg : red 게이지 값 표시

- %bg : blue 게이지 값 표시

```
$ rpicam-hello --info-text "red gain %rg, blue gain %bg"
```

③ rpicam-jpeg

㉠ 미리보기 창을 5초 실행한 다음 고해상도 정지 이미지를 캡처한다.

```
rpicam-jpeg --output test.jpg
```

㉡ 2초간 미리보기 창, 640*480 해상도, test.jpg 파일 저장
- -timeout 2000 : 미리보기 창 2초
- -width 640 : 너비 640 픽셀
- -height 480 : 높이 480 픽셀

```
rpicam-jpeg --output test.jpg --timeout 2000 --width 640 --height 480
```

④ rpicma-still
- rpicam-jpeg와 같이 이미지 캡처
- g(기본형식), png, bmp, RGB, YUV 형식 지원

㉠ 최고 해상도로 이미지 캡처

```
$ rpicam-still --output test.jpeg
```

㉡ encoders
- Alias: -e
- Default value: jpg
- jpg - JPEG, png - PNG, bmp - BMP, rgb - binary dump of uncompressed RGB pixels, yuv420 - binary dump of uncompressed YUV420 pixels
- --encoding png : png 파일 형식으로 캡처
  - output test.png : test.png이름으로 저장

```
$ rpicam-still --encoding png --output test.png
```

⑤ rpicam-vid
- bitstream 형식의 비디오 녹화
- 동영상 파일 인코딩. h264

㉠ 10초간 동영상(test.h264) 촬영
- -t 10s : 10초
- -o test.h264 : 출력, test.h264 파일명으로 저장

```
$ rpicam-vid -t 10s -o test.h264
```

- VLC로 동영상 보기

  ```
  $ vlc test.h264
  ```

ⓒ encoder

10초간 촬영, mpeg, YUV420 포맷

```
$ rpicam-vid -t 10000 --codec mjpeg -o test.mjpeg
$ rpicam-vid -t 10000 --codec yuv420 -o test.data
```

(3) 라이브러리 : Picamera2

① 개요

ⓐ Raspberry Pi의 카메라 시스템에 접근할 수 있는 Python 라이브러리
ⓑ Raspberry Pi의 카메라와 이미징 하드웨어의 기능을 효과적으로 활용

② 주요 특징

기능	내용
동영상 및 사진촬영 지원	capture_file( ), start_recording( )
프리뷰 기능 지원	start_preview( )로 실시간 화면 미리보기 가능
다중 스트림 기능	create_still_configuration( ) + capture_file( )로 JPEG 저장
비동기 캡처	capture_arrays( ) / capture_video( ) 파이프라인을 멈추지 않고 프레임 수집
opencv 호환성 증가	Picamera2 라이브러리가 numpy 배열(RGB/BGR) 반환하여 바로 CV 파이프라인으로 넘김
편리한 파라미터 프리셋	create_video_configuration(encode='h264') 등 한 줄 구성

③ 연결 확인(터미널)

- 아래 두 개의 명령어 중 한 개만 실행해보자.
  - preview 상태가 보이면 정상

  ```
  (basic) $ libcamera-hello
  ```

  ```
  (basic) $ rpicam-hello
  ```

④ image capture

```
# file: camera_1.py

from picamera2 import Picamera2
from time import sleep

cam = Picamera2()              # 카메라 객체 생성

cam.start()
sleep(5)                       # 카메라 준비 시간, 5초

cam.capture_file('camera_test.jpg')

cam.close()
```

- cam : 카메라 객체, 객체 이름 변경 가능. myCam, ccTV, homeCam...
- cam.capture_file( ) : 캡처 명령어. cam은 위에서 생성한 카메라 객체명

㉠ preview 활용
- 카메라 영상 미리보기

```
# file: camera_2.py

from picamera2 import Picamera2, Preview
from time import sleep

cam = Picamera2()

cam.start_preview(Preview.QTGL)   # OpenGL preview window
cam.start()
sleep(5)

cam.stop_preview()
cam.capture_file('camera_preview_test.jpg')

cam.close()
```

- cam.start_preview( ) : 미리보기 창 시작
- cam.stop_preview( ) : 미리보기 창 정지

⑤ 동영상 촬영

```
# file: camera_3.py

from picamera2 import Picamera2
from time import sleep

cam = Picamera2()                              #카메라 객체 생성
cam.start_recording('video_test.h264')         #video_test 이름의 동영상
sleep(10)

cam.stop_recording()                           #비디오 중지

cam.close()
```

- .h264 : 라즈베리파이 기본 동영상 파일 확장자

Chapter 07 이미지 센서　**229**

⑥ 주요 캡처용 메서드 비교

   ㉠ create_still_configuration( ) : 스마트팜 등의 식물 고화질이 필요할 때 사용

   ㉡ create_preview_configuration( ) : 자율주행 RC car에서 사용

항목	create_still_configuration( )	create_preview_configuration( )
용도	고해상도 이미지 캡처용	실시간 프리뷰(컴퓨터 비전처리)용
저장 성능	해상도 중시 → 정적 이미지 촬영	실시간 처리 중시
해상도 설정	고해상도 가능 (예: 1920×1080, 3280×2464 등)	보통 중·저해상도 (예: 640×480)
프레임레이트	낮을 수 있음 (고품질 사진용)	높음. 실시간 비디오 처리에 적합
지연 시간	비교적 느림 (촬영/저장 시간 있음)	반응성 높음 (저지연 스트리밍)
결과 캡처 방식	capture_file( ) 또는 capture_array( )로 이미지 저장	start( ) 후 실시간 capture_array( ) 반복 획득
컴퓨터 비전 활용	객체 탐지 결과 저장용 등 분석 전용	라인트레이싱, 이미지 기반 주행 등 실시간 제어에 사용
예시 활용	사진 촬영 앱, 스냅샷 로그	OpenCV 기반 차선/색상 인식 자율주행

⑦ cam.create_still_configuration( )

   ㉠ 특징

- 다중 스트림 구성으로 하나의 촬영으로 여러 종류의 이미지 동시에 얻을 수 있게 구성
  - main : 주 이미지 스트림, 최종 저장될 고해상도 이미지 설정
  - lores : 저해상도(low-resolution) 스트림, 이미지 분석이나 LCD 디스플레이용으로 사용. 처리 속도가 빠름
  - raw: 센서에서 가공되지 않은 원본(RAW) 데이터를 얻기 위한 스트림. 후처리를 통해 최상의 이미지 품질을 얻고자 할 때 사용

```python
# 고해상도 촬영과 동시에 640x480 크기의 미리보기용 이미지 동시 생성

config = cam.create_still_configuration(
    main={
        'size':(1920, 1080),
        'format':'RGB888',              # RGB 포맷
    },
    lores={
        'size':(640, 480),
        'format':'BGR888',              # BGR 포맷, openCV에서 이미지 처리용
    },
    display={
        'lores'                         # 미리보기 창에 lores 이미지 표시
    }
)
```

ⓒ main(메인)
- 해상도 크기 size : 640*480, 1920*1080
- 이미지 형식 format : JPEG, YUV420, RGB888
- 초당 프레임수 fps : 30

```
config = {
    "size": (1920, 1080),    # 해상도 설정
    "format": "RGB888",       # 이미지 포맷 설정 (기본: JPEG)
    "fps": 30                 # 초당 프레임 (일반적으로 사진 촬영에서는 영향 없음)
}
```

ⓒ lores(저해상도)

```
lores={
    "size": (640, 480),   # 저해상도 스트림을 설정
    "format": "YUV420"    # 낮은 품질의 포맷으로 데이터 저장 가능
}
```

ⓔ raw(원본 이미지)

```
raw={
    "size": (4056, 3040),  # 최대 해상도로 RAW 이미지 캡처 가능
    "format": "SRGGB10"    # RAW 이미지 데이터 포맷 설정
}
```

⑧ controls 스크림

㉠ controls(카메라 세부설정)

```
controls={
    "ExposureTime": 5000,    # 노출 시간 (마이크로초 단위)
    "AnalogueGain": 1.5,     # 아날로그 감도(Gain)
    "FrameDuration": 33333   # 프레임 지속 시간
}
```

㉡ 사용 기본

```
still_config = cam.create_still_configuration(
    main = {
'size': (1920, 1080),                    # 원하는 해상도 지정
'format' : RGB888                        # RGB 방식으로 저장
        },
    controls = {
'ExposureTime' : 10000                   # 노출시간 10 ms
            }
    transform=libcamera.Transform(hflip=True, vflip=True)  # 좌우/상하 반전
)

cam.configure(still_config)
```

(4) 실습해보기

① **해상도 크기** size : 1920*1080
② **이미지 형식** format : RGB888 (JPEG)
③ **빠른 이미지 캡처** buffer_count : 4 or 6
④ **밝은 이미지** AnalogueGain : 1.4 (기본값은 1.0)
⑤ **저장 디렉터리** : /home/pi/basic/images
　㉠ 파일명 : test.png

```python
# file: camera_4_2.py

from picamera2 import Picamera2, Preview
from time import sleep
import os

cam = Picamera2()

config = cam.create_still_configuration(
    main={
        'size':(1920, 1080),
        'format':'RGB888',
    },
    lores={
        'size':(640, 480),
        'format':'BGR888',
    },
    controls={
        'ExposureTime': 10000,      # 10 ms
        'AnalogueGain': 1.4
    }
)

cam.configure(config)

save_dir = '/home/pi/basic/images'              # 저장 디렉터리
os.makedirs(save_dir, exist_ok=True)            # 디렉터리가 없으면 생성

cam.start_preview(Preview.QTGL)  # OpenGL preview window

cam.start()
sleep(5)

filename = os.path.join(save_dir, 'test.png')
cam.capture_file(filename)

cam.stop_preview()
cam.close()

print(f'Saved as {filename}')
```

⑥ 5초마다 사진 캡처해 보자

㉠ 파일 이름은 img_001.jpg, img_002.jpg, img_003.jpg, .. 형식으로 저장한다.

```python
# file: camera_5.py

from picamera2 import Picamera2, Preview
from time import sleep
import os

cam = Picamera2()                    # 카메라 객체 생성

config = cam.create_still_configuration(    # 환경 설정
    main={
        'size':(1920, 1080),
        'format':'RGB888',
    }
)

cam.configure(config)

cam.start_preview(Preview.QTGL)      # 미리보기
cam.start()
sleep(5)

save_dir = '/home/pi/basic/images'            # 저장 디렉터리
os.makedirs(save_dir, exist_ok=True)          # 저장 디렉터리 없으면 생성

INTERVAL = 5                         # 5초 간격

counter = 1   # image counter

print('Press Ctrl+C to exit')
print('-'*30)

while True:
    filename = os.path.join(save_dir, f'img_{counter:03d}.jpg')
    cam.capture_file(filename)
    print(f'Captured {filename}')
    counter += 1
    sleep(INTERVAL)
```

㉡ filename = os.path.join(save_dir, f'img_{counter:03d}.jpg')
- 03d : 고정 3 자리 숫자

```
Press Ctrl+C to exit
------------------------------
Captured /home/pi/basic/images/img_001.jpg
Captured /home/pi/basic/images/img_002.jpg
Captured /home/pi/basic/images/img_003.jpg
Captured /home/pi/basic/images/img_004.jpg
Captured /home/pi/basic/images/img_005.jpg
...
```

(5) 응용해보기

① 5초마다 사진 캡처. 파일 이름은 현재 날짜, 시간의 타임스탬프 형식

- 특정 시간의 간격만큼 실시간으로 파일 저장할 때 사용

```python
# file: camera_6.py

from picamera2 import Picamera2, Preview
from time import sleep
import os
from datetime import datetime

cam = Picamera2()
config = cam.create_still_configuration(
    main={
        'size':(1920, 1080),
        'format':'RGB888',
    }
)
cam.configure(config)

save_dir = '/home/pi/basic/img'
os.makedirs(save_dir, exist_ok=True)

cam.start_preview(Preview.QTGL)
cam.start()
sleep(5)

INTERVAL = 5     # 5 seconds

print('Press Ctrl+C to exit')
print('-'*30)

while True:
    timestamp = datetime.now().strftime('%Y-%m-%d_%H-%M-%S')
    filename = os.path.join(save_dir, f'{timestamp}.jpg')

    cam.capture_file(filename)
    print(f'Captured {filename}')

    sleep(INTERVAL)
```

```
Press Ctrl+C to exit
------------------------------
Captured /home/pi/basic/img/2024-01-15_14-30-25.jpg
Captured /home/pi/basic/img/2024-01-15_14-30-30.jpg
Captured /home/pi/basic/img/2024-01-15_14-30-35.jpg
Captured /home/pi/basic/img/2024-01-15_14-30-40.jpg
...
```

- 촬영 간격 설정 예

```
INTERVAL = 1 * 60             # 1분 (1 * 60초)보안카메라용
INTERVAL = 1 * 60 * 60        # 1시간 (1 * 60분 * 60초)    환경 모니터링
INTERVAL = 12 * 60 * 60       # 12시간 (12 * 60분 * 60초)  식물 성장 기록용
INTERVAL = 24 * 60 * 60       # 24시간 (24 * 60분 * 60초)  환경 기록용
```

(6) 도전해보기

① 버튼 클릭시 카메라 캡처 실행

㉠ 연결 정보 : btn1(GPIO 23)

㉡ 회로도

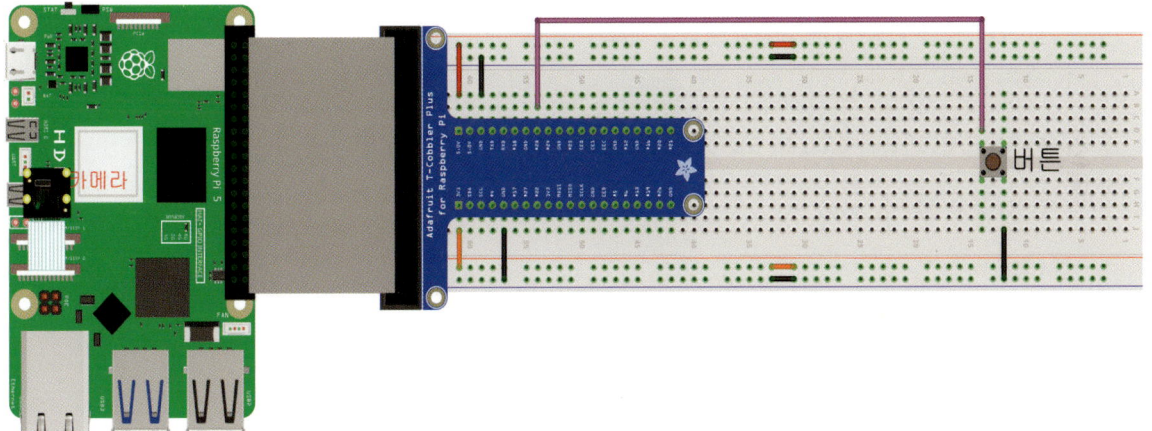

〈그림 7-3〉 이미지 센서_버튼_회로도

㉢ 파일 이름에 현재의 시간타임. jpg로 저장한다.

```python
# file: camera_7.py

from picamera2 import Picamera2, Preview
from gpiozero import Button
from signal import pause
import os
from time import sleep
from datetime import datetime

cam = Picamera2()
config = cam.create_still_configuration(
    main={
        'size':(1920, 1080),
        'format':'RGB888',
    }
)
cam.configure(config)

save_dir = '/home/pi/basic/img'
```

```python
os.makedirs(save_dir, exist_ok=True)

button = Button(23)

def capture_image():
    timestamp = datetime.now().strftime('%Y-%m-%d_%H-%M-%S')
    filename = os.path.join(save_dir, f'{timestamp}.jpg')

    cam.start_preview(Preview.QTGL)
    cam.start()
    sleep(3)

    cam.capture_file(filename)
    print(f'Captured {filename}')
    cam.stop_preview()
    cam.stop()
    print('Camera stopped')

button.when_pressed = capture_image     # 버튼 누르면 caputer_image() 함수 실행

print('Press the button to capture an image.')
print('Press Ctrl+C to exit')
print('-'*30)

pause()
```

- 출력

```
Press the button to capture an image.
Press Ctrl+C to exit
------------------------------
Captured /home/pi/basic/img/2024-01-15_14-30-25.jpg
Captured /home/pi/basic/img/2024-01-15_14-30-28.jpg
Captured /home/pi/basic/img/2024-01-15_14-30-35.jpg
```

② 버튼을 클릭하여 동영상 촬영을 5초간 해보자.
   ㉠ 동영상 파일 확장자는 파이 기본 확장자인 h264를 사용
   ㉡ camera_7.py과 구조 비슷

```python
# file: camera_8.py

from picamera2 import Picamera2
from gpiozero import Button
from datetime import datetime
import os
from time import sleep
from signal import pause

cam = Picamera2()
config = cam.create_still_configuration(
  main={
    'size':(1920, 1080),
    'format':'YUV420',         # 비디오용 포맷
  }
)
cam.configure(config)

save_dir = '/home/pi/basic/video'
os.makedirs(save_dir, exist_ok=True)

button = Button(23)
record_time = 5   # 5 seconds

def record_video():
  timestamp = datetime.now().strftime('%Y-%m-%d-%H-%M-%S')
  filename = os.path.join(save_dir, f'video_{timestamp}.h264')

  cam.start_recording(filename)
  sleep(record_time)
  cam.stop_recording()
  print(f'Video saved as {filename}')

button.when_pressed = record_video           # 버튼을 누르면 촬영 시작

print('Press the button to start recording...')
print('Press Ctrl+C to exit')
print('-'*30)

pause()
```

- 출력

```
Press the button to start recording...
Press Ctrl+C to exit
-----------------------------
Video saved as /home/pi/basic/video/video_2024-01-15-14-30-25.h264
Video saved as /home/pi/basic/video/video_2024-01-15-14-30-30.h264
Video saved as /home/pi/basic/video/video_2024-01-15-14-30-35.h264
Video saved as /home/pi/basic/video/video_2024-01-15-14-30-42.h264
Video saved as /home/pi/basic/video/video_2024-01-15-14-30-48.h264
```

CHAPTER
8

원격제어

CHAPTER 08 원격 제어

분류	부품	개수	라이브러리	이미지
1. LED	LED	2	LED	
2. 적외선센서(pir)	HC-SR505	2	MotionSensor	
3. lcd	I2C LCD	1	ada	
4. buzzer	피에조 수동부저	1	TonalBuzzer Tone	
5. camera	pi camera	1	Picamera2	

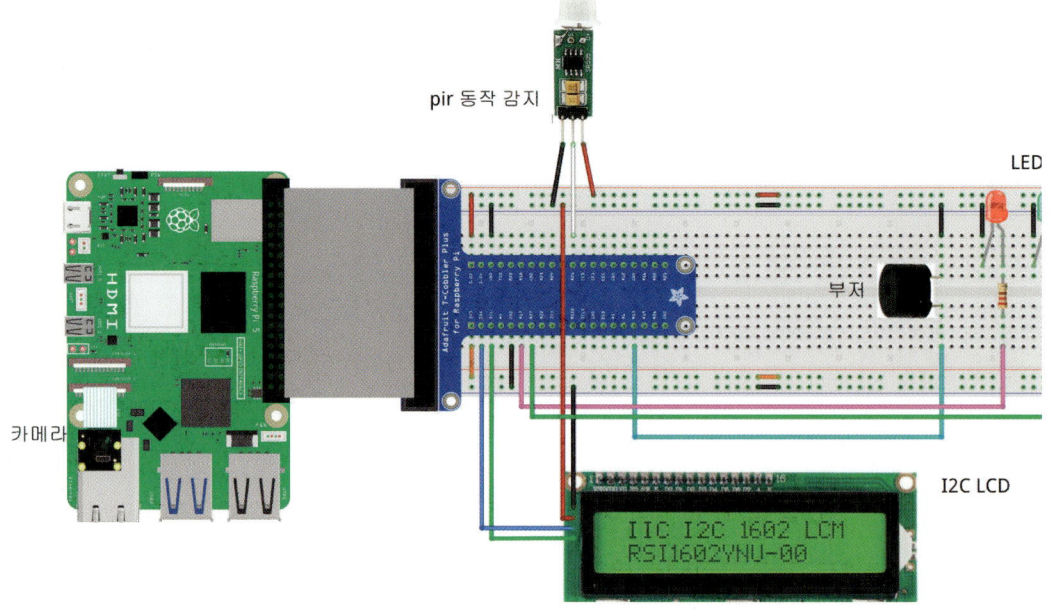

〈그림 8-1〉 원격제어_전체 회로도

01 준비하기

(1) 연결 정보

① LED

sensor		BCM 핀번호
LED	led1 +	GPIO 17
	led2 +	GPIO 27
	GND	GND

② 부저

피에조 수동 부저	모듈연결위치	BCM 핀번호
	buzzer 1	GND
	buzzer +	GPIO 13

③ pir

라즈베리파이	sensor	
GND	GND	
GPIO 25	SIG	
5V	VCC	

④ I2C LCD

sensor		라즈베리파이
	GND	GND
	VCC	Vcc
	SDA	GPIO 2
	SCL	GPIO 3

(2) try ~ except ~ finally 구문

① 개념
- ㉠ 파이썬에서 예외(오류) 처리를 위한 문법
- ㉡ 프로그램 실행 중 발생할 수 있는 다양한 오류 상황을 미리 대비하여, 프로그램이 갑작스럽게 중단되지 않도록 안전하게 처리

② 구조
- ㉠ try 블록 (필수)
  - 예외가 발생할 가능성이 있는 코드를 작성

- 이 영역에서 오류가 발생하면 즉시 except 블록으로 이동

ⓒ except 블록 (필수)
- try 블록에서 예외가 발생했을 때 실행되는 코드를 작성
- 프로그램이 중단되지 않고 대안적인 처리를 수행할 수 있다.

ⓒ finally 블록 (선택)
- 예외 발생 여부와 관계없이 끝날 때 항상 실행되는 코드 작성
- 파일 닫기, 센서 등의 리소스 정리 등의 작업에 사용

ⓔ 기본 구조

```
try:
    # 예외(오류)가 발생할 가능성이 있는 코드
    실행할_코드
except 예외종류:
    # 예외가 발생했을 때 실행할 코드
    예외_처리_코드
finally:
    # 예외 발생 여부와 관계없이 항상 실행되는 코드
    정리_작업_코드
```

ⓜ 예

```
# file name : sample_template.py

from time import sleep
from gpiozero import LED, Buzzer, MotionSensor
from gpiozero.pins.pigpio import PiGPIOFactory

ip = '192.168.137.161'
remotePi = PiGPIOFactory(host=ip)

try:
    while True:
        # 무한 반복할 주요 코드
        print('작업 중...')

        sleep(1)

except KeyboardInterrupt:           # 사용자가 Ctrl+C를 눌렀을 때 실행된다.
    print('Stopped by Ctrl+C.')

finally:
    # 프로그램이 어떤 방식으로든 종료될 때 항상 마지막에 실행된다.
    # 여기에 하드웨어를 안전하게 정리하는 코드를 넣는다.
    print('리소스 정리 완료.')
    # 예: motor.stop( ), led.off( ) 등
```

libgpiod 원격 제어

(1) 개요

① 라즈베리파이 OS(11, Bullseye 이후 버전)에서 GPIO 핀을 제어하기 위해 기본적으로 사용되는 최신 라이브러리

② 작업용 컴퓨터에서 libgpiod를 사용하여 라즈베리파이에 SSH(Secure Shell) 프로토콜을 통해 접속하여 명령을 실행

③ libgpiod는 /dev/gpiochipN 디바이스 파일을 통해 GPIO를 제어

④ 별도의 데몬(pigpiod) 없이도 직접 GPIO 접근이 가능

⑤ 원격 제어를 위해서는 libgpiod를 이용해 서버-클라이언트 구조를 구성

　㉠ 서버 : 라즈베리파이에서 GPIO를 직접 제어하는 API 제공 (예: Flask REST API)

　㉡ 클라이언트 : PC나 다른 장치에서 HTTP 요청을 보내 GPIO를 원격으로 제어

(2) 라이브러리 : libgpiod

① **라즈베리파이 OS 13버전(trixie)에는 libgpiod3 라이브러리가 포함되어 있음.**

　㉠ 패키지 설치 여부 확인

```
$ dpkg -s libgpiod3
```

② **gpiozero 라이브러리의 NativeFactory 클래스 (원격 제어용)**

　㉠ NativeFactory를 사용하여 라즈베리파이의 IP 주소, 사용자 이름, 비밀번호로 SSH 연결을 시도

　㉡ host, user, password 인자를 사용해 SSH를 통해 다른 라즈베리파이에 접속

```python
from gpiozero.pins.native import NativeFactory
from gpiozero import LED

remote_factory = NativeFactory(
    host='192.168.0.10',
    user='pi',
    password='12345678'
)

led = LED(17, pin_factory=remote_factory)
```

③ gpiozero 라이브러리의 libgpiodFactory 클래스 (로컬제어용)

㉠ 현재의 라즈베리파이에서 GPIO제어할 때 사용

```
# 현재 라즈베리파이에서 실행
from gpiozero.pins.libgpiod import libgpiodFactory
from gpiozero import LED

factory = libgpiodFactory()

led = LED(17, pin_factory=factory)
```

(3) 실습해보기

① libgpiod를 원격 접속해 보자.

```
# libgpiod_1.py

from gpiozero.pins.native import NativeFactory

remote_factory = NativeFactory(
        host='192.168.1.77',
        user='pi',
        password='12345678'
    )

print('Connecting to the Raspberry Pi...')
print('Press Ctrl+C to exit')
print('-'*30)

try:
    if remote_factory.connected is None:
        print('Not connected to the Raspberry Pi')
    else:
        print('Connected to the Raspberry Pi')

except Exception as err:
    print(f'Error : {err}')
    exit()

finally:
    remote_factory.close()
```

② LED를 원격 제어해 보자. (코딩 및 실행은 일반 PC 및 노트북에서 진행)

```python
# libgpiod_2_led.py

from gpiozero.pins.native import NativeFactory
from gpiozero import LED
from time import sleep

remote_factory = NativeFactory(
    host='192.168.137.30',
    user='pi',
    password='12345678'
    )

led = LED(17, pin_factory=remote_factory)

print('Connecting to the Raspberry Pi...')
print('Press Ctrl+C to exit')
print('-'*30)

try:
    if remote_factory.connected is None:
        print('Not connected to the Raspberry Pi')
    else:
        print('Connected to the Raspberry Pi')

        while True:
            led.on()
            sleep(1)
            led.off()
            sleep(1)

except Exception as err:
    print(f'Error : {err}')
    exit()

finally:
    remote_factory.close()
```

㉠ 연결 성공

```
Connecting to the Raspberry Pi...
Press Ctrl+C to exit
------------------------------
Connected to the Raspberry Pi
```

㉡ 연결 실패

```
Connecting to the Raspberry Pi...
Press Ctrl+C to exit
------------------------------
Not connected to the Raspberry Pi
```

③ pir 동작 감지 센서를 원격 제어해 보자.

```python
# libgpiod_3_pir.py

from signal import pause
from gpiozero import MotionSensor
from gpiozero.pins.native import NativeFactory

remote_factory = NativeFactory(
        host='192.168.137.30',
        user='pi',
        password='12345678'
    )

pir = MotionSensor(4, pin_factory=remote_factory)

def motion_detected():
    print('Motion detected')

def no_motion_detected():
    print('No motion detected')

pir.when_motion = motion_detected
pir.when_no_motion = no_motion_detected

print('Press Ctrl+C to exit')
print('-'*30)

try:
    pause()

except KeyboardInterrupt:
    print('Stopped by Ctrl+C.')
except Exception as err:
    print(f'Error : {err}')

finally:
    pir.close()              # gpiozero에서 자동 해제, 사용하지 않아도 됨.
    remote_factory.close()
```

```
Press Ctrl+C to exit
------------------------------
Motion detected
No motion detected
Motion detected
Motion detected
No motion detected
Motion detected
No motion detected
Stopped by Ctrl+C.
Finished.
```

④ pir에서 동작이 감지되면 buzzer 음을 내도록 원격 제어해 보자.

㉠ 경고음(1000 Hz)을 내도록 해보자. 경고음이 낮거나 약하면 2000, 3000 사용

```python
# libgpiod_4_buzzer.py

from signal import pause
from gpiozero import MotionSensor, TonalBuzzer
from gpiozero.pins.native import NativeFactory

remote_factory = NativeFactory(
    host='192.168.137.30',
    user='pi',
    password='12345678'
)

pir = MotionSensor(4, pin_factory=remote_factory)
bz = TonalBuzzer(13, pin_factory=remote_factory)

def motion_detected():
    print('Motion detected. Buzzer ON')
    bz.play(1000)         # 1000 Hz

def motion_not_detected():
    print('Motion not detected. Buzzer OFF')
    bz.stop()

pir.when_motion = motion_detected
pir.when_no_motion = motion_not_detected

print('Connecting to the Raspberry Pi...')
print('Press Ctrl+C to exit')
print('-'*30)

try:
    pause()

except Exception as err:
    print(f'Error : {err}')

finally:
    remote_factory.close()
```

```
Press Ctrl+C to exit
------------------------------
Motion detected. Buzzer ON
Motion not detected. Buzzer OFF
...
Motion detected. Buzzer ON
Motion not detected. Buzzer OFF
Stopped by Ctrl+C.
Finished.
```

⑤ 모션이 감지되면 음악이 나오도록 원격 제어해 보자.
㉠ 쓰레드를 이용해서 멜로디 중간에 멈추게 하는 부분은 제외했다.

```python
# file: libgpiod_5_melody.py
# refer : ch02_Basic/03_Buzzer/buzzer_2.py

from signal import pause
from time import sleep
from gpiozero import MotionSensor, TonalBuzzer
from gpiozero.pins.native import NativeFactory

remote_factory = NativeFactory(
    host='192.168.137.30',
    user='pi',
    password='12345678'
)

pir = MotionSensor(4, pin_factory=remote_factory)
bz = TonalBuzzer(13, pin_factory=remote_factory)

melody_O_Fortuna = [
    (440, 0.5), (440, 0.5), (440, 0.5), (349.23, 0.5), (523.25, 0.5),
    (440, 0.5), (349.23, 0.5), (523.25, 0.5), (440, 1.0), (659.26, 0.5),
    (659.26, 0.5), (659.26, 0.5), (698.46, 0.5), (698.46, 0.5), (698.46, 0.5),
    (659.26, 0.5), (659.26, 0.5), (659.26, 0.5), (698.46, 0.5), (523.25, 0.5),
    (523.25, 0.5), (523.25, 0.5), (440, 0.5), (349.23, 0.5), (523.25, 0.5),
    (440, 0.5), (349.23, 0.5), (523.25, 0.5), (440, 1.5), (659.26, 0.5),
    (440, 0.5), (523.25, 0.5), (523.25, 0.5), (440, 0.5), (349.23, 0.5),
    (523.25, 0.5), (440, 0.5), (349.23, 0.5), (523.25, 0.5), (440, 2.0)
]

def play_melody(melody):
    for freg, duration in melody:
        bz.play(freg)
        sleep(duration)
        bz.stop()
        sleep(0.05)

def motion_detected():
    print('Motion detected. Playing melody')
    play_melody(melody_O_Fortuna)

def motion_not_detected():
    print('Motion not detected. Stopping melody')
    bz.stop()

pir.when_motion = motion_detected
pir.when_no_motion = motion_not_detected

print('Press Ctrl+C to exit')
print('-'*30)
```

```
try:
    pause()

except KeyboardInterrupt:
    print('Stopped by Ctrl+C.')
except Exception as err:
    print(f'Error : {err}')

finally:
    remote_factory.close()
    print('Finished.')
```

```
Press Ctrl+C to exit
----------------------------
Motion detected. Playing melody
# (부저에서 "O Fortuna" 멜로디 재생 - 약 15초 소요)
Motion not detected. Stopping melody
Stopped by Ctrl+C.
Finished.
```

03 Pigpio 원격 제어

라즈베리파이 4까지는 pigpio 원격 제어가 가능하지만 라즈베리파이 5에서는 동작하지 않는다.
라즈베리파이 5일 경우에는 libgpiod를 사용한다.(2025년 10월 1일 기준)

(1) 개요

① 원격 제어 처리용 라이브러리

② **개발자** : Ben Hutchings, 라즈베리파이용 GPIO 라이브러리

③ C 언어로 만들어짐.

④ **사이트** : http://abyz.me.uk/rpi/pigpio/index.html

⑤ 특징
- 파이썬, C, C++ 등 다양한 프로그래밍 언어를 통해서 GPIO를 제어
- pigpio 데몬은 기본 C 라이브러리에 대한 소켓 및 파이프 인터페이스를 제공

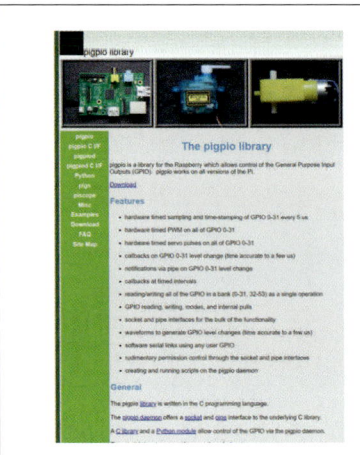

㉠ 데몬 기반 구조 : 데몬(백그라운드 프로세스)으로 실행
㉡ 높은 정밀도
- PWM(Pulse Width Modulation)이나 서보 모터 제어와 같이 정확한 타이밍이 중요한 애플리케이션에 유리
㉢ 다양한 기능
- 디지털 입출력, PWM, 서보 제어, 인터럽트 처리, I2C 및 SPI 통신 등 다양한 GPIO 관련 기능을 제공
㉣ 원격 제어 :
- pigpio 데몬은 네트워크를 통해 원격으로 제어 가능.
- Raspberry Pi를 서버로 사용하고 다른 컴퓨터에서 GPIO 핀을 제어하는 분산 시스템을 구축하는 데 유용
㉤ 비동기 처리: 여러 GPIO 핀의 상태 변화를 동시에 감지하고 처리

⑥ 라즈베리파이 Remote GPIO 환경설정
㉠ 라즈베리파이 Configuration에서 Remote GPIO - Enable

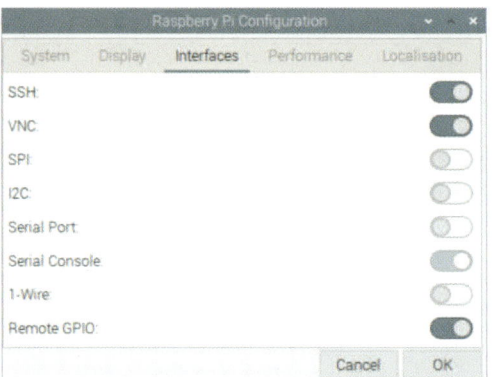

(2) 라이브러리 - pigpio

① 설치하기

라즈베리파이와 원격접속용 컴퓨터에서 각각 작업을 진행해야 한다.

라즈베리파이	원격접속용 컴퓨터
pigpio 데몬 프로그램 설치	pigpio 라이브러리 설치

㉠ 라즈베리파이에 pigpio 데몬 프로그램 설치
- 설치

```
$sudo apt update
$sudo apt upgrade -y
$sudo apt install pigpio
```

- 설치 과정중 setuptools를 업데이트 요구시 아래 명령어 실행한다. 업데이트 요구가 나오지 않으면 아래 과정은 무시한다.

  ```
  $sudo apt install python-setuptools python3-setuptools
  ```

- 재부팅
- 설치 확인

  ```
  ls /etc/systemd/system/pigpiod.service.d/

  public.conf
  ```

  - public.conf가 보이면 정상 설치 완료

- 설정

  설치 후 라즈베리파이 재부팅 후 pigpio의 데몬(pigpiod)을 아래와 같이 실행

  ```
  (basic) $sudo pigpiod
  ```

- pigpio 데몬 세팅

  라즈베리파이가 부팅시 pigpiod 데몬 자동 실행하도록 한다.

  ```
  sudo systemctl enable pigpiod
  sudo systemctl start pigpiod
  ```

② 준비하기

　㉠ 개요

- 동일 네트워크 = subnet mask가 같다는 의미임
  - 라즈베리파이와 원격접속용 컴퓨터(PC 혹은 노트북)는 동일 네트워크에 있어야 함.
  - 원격접속용 컴퓨터의 subnet mask와 라즈베리파이의 netmask가 같아야 함

　㉡ 원격접속용 컴퓨터에서 서브넷 마스크 확인

- windows : 명령 프롬프트에서 실행

  ```
  ipconfig
  ```

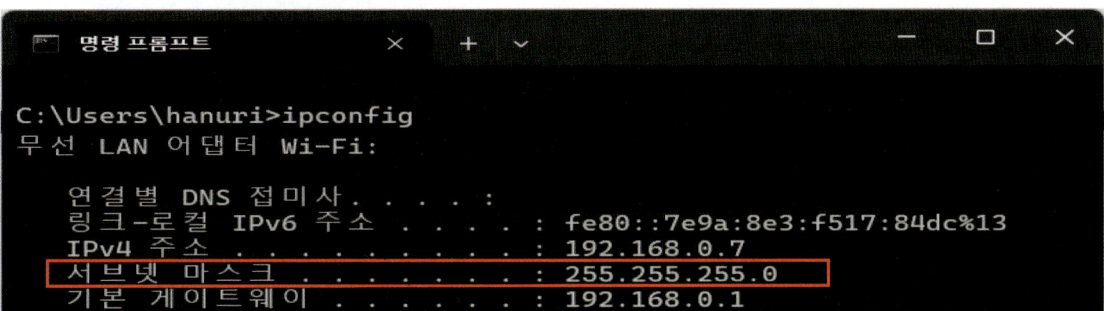

ⓒ 라즈베리파이 ip 및 netmask 확인

```
$ ifconfig
```

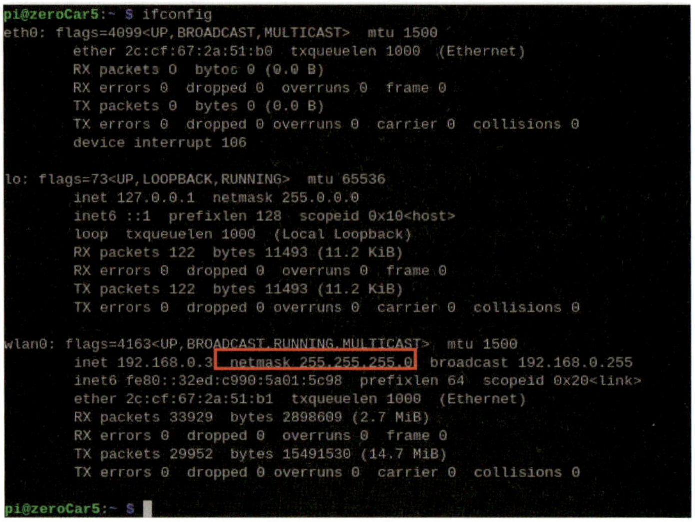

- ehh0 : 유선 랜, 현재 사용하고 있지 않음.
- wlan0 : 무선 wifi
  - IP 주소는 inet 192.168.0.3
  - netmask : 255.255.255.0

ⓓ 원격 접속용 컴퓨터(pc, 노트북)에서 실행
- 원격 접속용 컴퓨터에 pigpio 라이브러리 설치
  - 명령 프롬프트를 열고 명령어 실행

```
pip install gpiozero pigpio
```

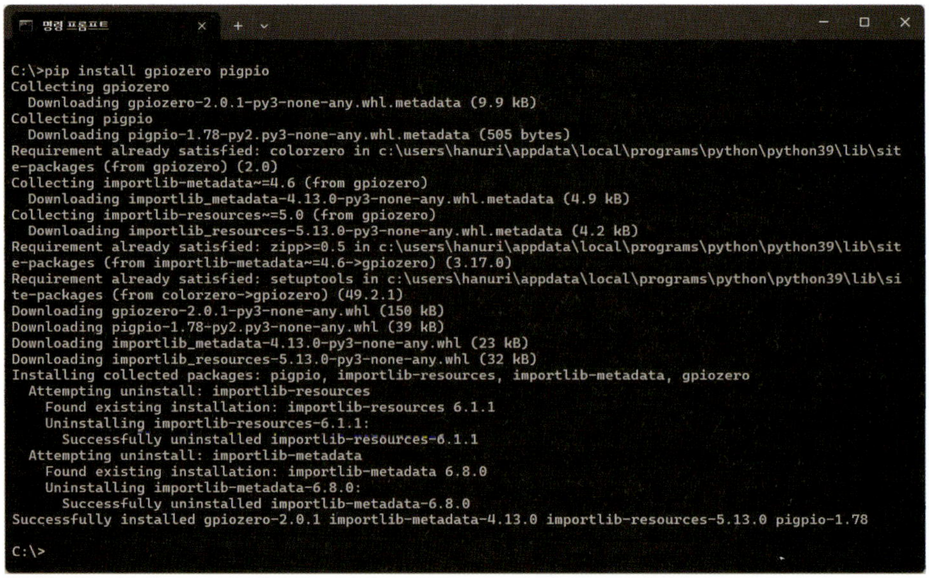

〈그림 8-2〉 pigpio 라이브러리 설치

- 파이썬 IDLE 활용
  - 윈도우 시작 메뉴 - Python 3.xx - IDLE (Python 3.xx 64-bit) 선택

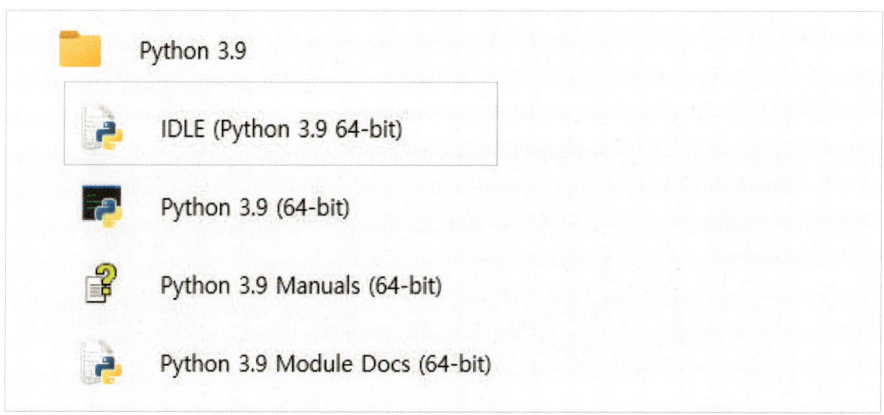

  - 파이썬 설치 및 IDLE 사용법은 부록을 참고한다.
  - 혹 vs code를 사용하고 싶은 분은 설치와 SSH 접속, 실행법 등은 부록을 참고한다.
- pigpio 접속 여부 확인
  - 라즈베리파이 ip : 192.168.0.3(ip 는 환경에 맞게 수정한다.)

```python
# file: pigpio_1.py
from gpiozero.pins.pigpio import PiGPIOFactory

ip = '192.168.137.161'
remotePi = PiGPIOFactory(host=ip)

try:
    if remotePi.connected:
        print('Connected to the Raspberry Pi')
    else:
        print('Not connected to the Raspberry Pi')
except KeyboardInterrupt:
    print('Stopped by Ctrl+C.')
except Exception as err:
    print(f'Error : {err}')
finally:
    remotePi.close()
    print('Connection closed')
```

〈그림 8-3〉 pigpio_1 소스

(3) 실습해보기

① LED를 원격 제어해 보자.(코딩 및 실행은 일반 PC 및 노트북에서 진행)

```python
# file: pigpio_2_led.py
# refer : ch02_Basic/01_LED/led_2.py

from time import sleep
from gpiozero import LED
from gpiozero.pins.pigpio import PiGPIOFactory

ip = '192.168.137.161'              # Raspberry Pi IP address
remotePi = PiGPIOFactory(host=ip)

led1 = LED(17, pin_factory=remotePi)            # 원격 제어 led 객체 생성
led2 = LED(27, pin_factory=remotePi)

print('Press Ctrl+C to exit')
print('-'*30)

try:
    while True:
        led1.on()
        led2.on()
        print('LED ON')
        sleep(1)

        led1.off()
        led2.off()
        print('LED OFF')
        sleep(1)

except KeyboardInterrupt:                       # Ctrl + c 누르면 정지
    print('Stopped by Ctrl+C.')
except Exception as err:
    print(f'Error : {err}')

finally:
    led1.close()        # 생략가능. gpiozero의 LED 는 자동 close().
    led2.close()        # 생략가능. gpiozero의 LED 는 자동 close()
    remotePi.close()
    print('Finished.')
```

```
Press Ctrl+C to exit
------------------------------
LED ON
LED OFF
LED ON
LED OFF
LED ON
Stopped by Ctrl+C.
Finished.
```

② pir 동작 감지 센서를 원격 제어해 보자.

```python
# file: pigpio_3_pir.py
# refer : ch02_Basic/02_MotionSensor/motion_2.py

from signal import pause
from gpiozero import MotionSensor
from gpiozero.pins.pigpio import PiGPIOFactory


ip = '192.168.137.161'          # Raspberry Pi IP address
remotePi = PiGPIOFactory(host=ip)

pir = MotionSensor(25, pin_factory=remotePi)

def motion_detected():
    print('Motion detected')

def no_motion_detected():
    print('No motion detected')

pir.when_motion = motion_detected
pir.when_no_motion = no_motion_detected

print('Press Ctrl+C to exit')
print('-'*30)

try:
    pause()

except KeyboardInterrupt:
    print('Stopped by Ctrl+C.')
except Exception as err:
    print(f'Error : {err}')

finally:
    pir.close()         # Optional
    remotePi.close()    # Required!
    print('Finished.')
```

```
Press Ctrl+C to exit
------------------------------
Motion detected
No motion detected
Motion detected
Motion detected
No motion detected
Motion detected
No motion detected
Stopped by Ctrl+C.
Finished.
```

③ pir에서 동작이 감지되면 buzzer 음을 내도록 원격 제어해 보자.

㉠ 능동부저 사용, 경고음만 내도록 해보자.

```python
# file: pigpio_4_buzzer.py
# refer : ch02_Basic/03_Buzzer/buzzer_2.py

from signal import pause
from gpiozero import MotionSensor, Buzzer
from gpiozero.pins.pigpio import PiGPIOFactory

ip = '192.168.137.161'          # Raspberry Pi IP address
remotePi = PiGPIOFactory(host=ip)

pir = MotionSensor(25, pin_factory=remotePi)
bz = Buzzer(13, pin_factory=remotePi)

def motion_detected():
    print('Motion detected. Buzzer ON')
    bz.on()

def motion_not_detected():
    print('Motion not detected. Buzzer OFF')
    bz.off()

pir.when_motion = motion_detected
pir.when_no_motion = motion_not_detected

print('Press Ctrl+C to exit')
print('-'*30)

try:
    pause()

except KeyboardInterrupt:
    print('Stopped by Ctrl+C.')
except Exception as err:
    print(f'Error : {err}')

finally:
    bz.close()          # Optional (includes bz.off())
    remotePi.close()    # Required!
    print('Finished.')
```

```
Press Ctrl+C to exit
------------------------------
Motion detected. Buzzer ON
Motion not detected. Buzzer OFF
...
Motion detected. Buzzer ON
Motion not detected. Buzzer OFF
Stopped by Ctrl+C.
Finished.
```

④ 수동부저로 모션이 감지되면 음악이 나오도록 원격 제어해 보자.(선택)
  ㉠ 능동부저를 수동부저로 교체

```python
# file: pigpio_4_buzzer.py
# refer : ch02_Basic/03_Buzzer/buzzer_2.py

from signal import pause
from time import sleep
from gpiozero import MotionSensor, TonalBuzzer
from gpiozero.pins.pigpio import PiGPIOFactory

ip = '192.168.137.161'          # Raspberry Pi IP address
remotePi = PiGPIOFactory(host=ip)

pir = MotionSensor(25, pin_factory=remotePi)
bz = TonalBuzzer(13, pin_factory=remotePi)

melody_O_Fortuna = [
    (440, 0.5), (440, 0.5), (440, 0.5), (349.23, 0.5), (523.25, 0.5),
    (440, 0.5), (349.23, 0.5), (523.25, 0.5), (440, 1.0), (659.26, 0.5),
    (659.26, 0.5), (659.26, 0.5), (698.46, 0.5), (698.46, 0.5), (698.46, 0.5),
    (659.26, 0.5), (659.26, 0.5), (659.26, 0.5), (698.46, 0.5), (523.25, 0.5),
    (523.25, 0.5), (523.25, 0.5), (440, 0.5), (349.23, 0.5), (523.25, 0.5),
    (440, 0.5), (349.23, 0.5), (523.25, 0.5), (440, 1.5), (659.26, 0.5),
    (440, 0.5), (523.25, 0.5), (523.25, 0.5), (440, 0.5), (349.23, 0.5),
    (523.25, 0.5), (440, 0.5), (349.23, 0.5), (523.25, 0.5), (440, 2.0)
]

def play_melody(melody):
    for freg, duration in melody:
        bz.play(freg)
        sleep(duration)
        bz.stop()
        sleep(0.05)

def motion_detected():
    print('Motion detected. Buzzer ON')
    play_melody(melody_O_Fortuna)

def motion_not_detected():
    print('Motion not detected. Buzzer OFF')
    bz.off()

pir.when_motion = motion_detected
pir.when_no_motion = motion_not_detected

print('Press Ctrl+C to exit')
print('-'*30)

try:
    pause()

except KeyboardInterrupt:
```

```
        print('Stopped by Ctrl+C.')
    except Exception as err:
        print(f'Error : {err}')

    finally:
        bz.close()          # Optional (includes bz.stop())
        remotePi.close()    # Required!
        print('Finished.')
```

```
Press Ctrl+C to exit
------------------------------
Motion detected. Playing melody
(부저에서 "O Fortuna" 멜로디 재생 - 약 15초 소요)
Motion not detected. Stopping melody
Stopped by Ctrl+C.
Finished.
```

⑤ 모션 감지 여부에 따라 LCD에 글자를 출력하도록 원격 제어해 보자.

```python
# file: pigpio_6_pir_lcd.py
# refer : ch05_Display/03_LCD/lcd_3.py

from signal import pause
from gpiozero import MotionSensor
from gpiozero.pins.pigpio import PiGPIOFactory
from RPLCD.i2c import CharLCD


ip = '192.168.137.162'           # Raspberry Pi IP address
remotePi = PiGPIOFactory(host=ip)

# 객체 생성 pir, lcd
pir = MotionSensor(25, pin_factory=remotePi)
lcd = CharLCD(i2c_expander='PCF8574',
              address=0x27,
              port=1,
              cols=16,
              rows=2,
              charmap='A00')
lcd.clear()
lcd.backlight_enabled = True

def motion_detected():
    print('Motion detected')
    lcd.clear()
    lcd.backlight_enabled = True
    lcd.cursor_pos = (0, 0)
    lcd.write_string('Warning !!')
    lcd.cursor_pos = (1, 0)
    lcd.write_string('Motion detected')

def no_motion_detected():
```

```python
        print('No motion detected')
        lcd.clear()
        lcd.backlight_enabled = False
        lcd.cursor_pos = (0, 0)
        lcd.write_string('All clear !!')
        lcd.cursor_pos = (1, 0)
        lcd.write_string('No motion detected')

pir.when_motion = motion_detected
pir.when_no_motion = no_motion_detected

try:
    pause()

except KeyboardInterrupt:
    print('Stopped. Ctrl+C pressed.')
except Exception as err:
    print(f'Error : {err}')

finally:
    pir.close()
    lcd.clear()
    lcd.close()
    remotePi.close()
    print('finished..')
```

```
Press Ctrl+C to exit
------------------------------
Motion detected
No motion detected
Motion detected
No motion detected
Motion detected
No motion detected
Stopped by Ctrl+C.
Finished.
```

04 RFCOMM 통신 원격 제어

(1) 개요

① **RFCOMM** : Radio Frequency Communication의 약자

② 블루투스(Bluetooth) 연결을 통해 가상의 직렬 포트(Serial Port)를 흉내 내는(에뮬레이트 하는) 프로토콜

③ 컴퓨터의 COM 직렬포트(RS-232)를 사용하는 유선 직렬을 무선(블루투스)으로 대체

④ 예를 들어 두 장치(라즈베리파이와 스마트폰) 간에 복잡한 네트워크 연결 없이도 데이터를 주고받을 수 있음.

⑤ 블루투스 클래식(Bluetooth Classic) : RFCOMM은 주로 '블루투스 클래식(BR/EDR)'에서 사용됨. 흔히 스마트폰 설정에서 기기를 '페어링(pairing)'하는 방식(저전력 블루투스(BLE)와는 다름)

⑥ **블루투스 통신 특징**
- 무선 근거리 통신 기술(일반적으로 10m 내외)
- 2.4GHz 주파수 대역을 사용하여 데이터를 전송
- 근거리 통신, 저전력 소비 (BLE: Bluetooth Low Energy 지원)
- 자동 페어링 및 연결
- 다양한 프로파일 지원 (예: HID, A2DP, RFCOMM, GATT 등)
- 주로 저전력, 저속도 데이터 통신에 적합하며, 다양한 장치 간 연결을 지원

  ㉠ 라즈베리파이
  - 라즈베리파이 3모델 이후 모델은 블루투스 통신 기능 내장되어 있음.

⑦ **블루투스의 주요 사용 예시**
- 스마트폰 & 무선 이어폰 연결
- IoT 디바이스 간 통신
- 스마트 홈 시스템 (예: 블루투스 조명, 도어락)
- 산업용 센서 네트워크

⑧ **블루투스 프로토콜**

㉠ LMP(Link Manager Protocol)

㉡ SDP(Service discovery Portocoal)

㉢ RFCOMM(Radio Frequency Communication),

㉣ WAP(Wireless Application Protocol), BLE(Bluetooth Low Energy)

⑨ 블루투스 통신을 통한 제어

라즈베리파이는 내장 블루투스 또는 USB 블루투스 동글을 이용해 블루투스 장치와 통신 가능

㉠ 라즈베리파이에서 블루투스를 활용한 제어 방법
- 블루투스 활성화 및 페어링
- Python을 이용한 블루투스 송수신(PyBluez 라이브러리 사용)
- 적절한 프로토콜(RFCOMM, BLE GATT, HID 등)을 선택

㉡ 활용 예시
- 스마트폰 앱으로 라즈베리파이 제어
- 블루투스 센서(온습도 등)와 데이터 통신
- 블루투스 스피커를 이용한 오디오 출력

⑩ **RFCOMM 통신**

RFCOMM(Serial Port Profile) 또는 BLE (Bluetooth Low Energy)**를 사용하여 데이터를 송수신

㉠ RFCOMM(SPP) 특징
- RFCOMM(Radio Frequency Communication) 통신
- 블루투스 직렬 통신 방식 → 마치 USB 시리얼 통신처럼 사용
  - send/ recv로 데이터 주고받음.
- 데이터를 지속적으로 전송 → 실시간 스트리밍에 유리
- 스마트폰과 라즈베리파이 간 양방향 데이터 전송 방식
- 안정적인 연결 : 일반적으로 안정적인 양방향 데이터 통신을 제공
- 비교적 간단한 구현 : 소켓 프로그래밍 모델로 구현이 비교적 간단
- 빠른 속도(최대 1Mbps) → 영상 데이터 전송 가능
- 단점: 지속 연결로 인해 전력 소모가 높음

㉡ BLE (Bluetooth Low Energy) 특징
- 저전력 블루투스 → 배터리 사용이 적음
- 센서 데이터 전송에 적합 → 온습도 센서, 심박 센서 등
- 비연속적인 연결 → 필요할 때만 연결하여 데이터 송신
- 데이터 속도는 느리지만, 저전력으로 장시간 동작 가능
- 단점: 연속적인 데이터 스트리밍에 적합하지 않음

ⓒ RFCOMM vs BLE

구분	RFCOMM (Serial Port Profile, SPP)	BLE (Bluetooth Low Energy, GATT)
사용 목적	실시간 데이터 스트리밍, 대용량 전송	저전력 센서 데이터, 간헐적 통신
속도	빠름 (최대 1Mbps)	느림 (수십 Kbps 수준)
전력 소비	높음 (계속 연결 유지)	낮음 (연결 시에만 통신)
연결 방식	지속적인 연결 (연속 데이터 전송)	필요할 때만 연결 (이벤트 기반)
호환성	기존 블루투스 장치와 호환 가능	BLE 지원 장치만 가능
예제 사용처	스마트폰-라즈베리파이 통신	IoT 센서 기반 건강 모니터링, 스마트 홈
프로토콜	Bluetooth Serial (SPP)	GATT (Generic Attribute Profile)

(2) RFCOMM 통신 : 라즈베리파이-스마트폰

라즈베리파이 (서버)	스마트폰 (클라이언트)
pybluez 라이브러리	Serial Bluetooth Terminal 앱

안드로이드 폰에서만 가능, IOS의 아이폰에서는 진행할 수 없다.

① 라즈베리파이에서 준비하기

```
# 1. 패키지 목록 업데이트
$ sudo apt update

# 2. 블루투스 핵심 엔진(bluetooth)과
#    파이썬 라이브러리(python3-bluez)를 함께 설치
$ sudo apt install bluetooth python3-bluez

# 3. 블루투스 검색 및 페어링 활성화 (5분간)
$ sudo bluetoothctl discoverable on
```

② 스마트폰에서 준비 (클라이언트)

ⓐ 앱 설치 : Serial Bluetooth Terminal
- 안드로이드 스마트폰의 Google Play 스토어로 이동
- Serial Bluetooth Terminal를 이용해서 문자 주고 받을 수 있다.
- RFCOMM 통신을 위한 가장 표준적인 앱

Serial Bluetooth Terminal
Kai Morich
인앱 구매

ⓑ 라즈베리파이와 스마트폰 페어링(Pairing)

라즈베리파이 서버에 접속하려면, 먼저 스마트폰의 블루투스 설정에서 기기를 '페어링(등록)'

라즈베리파이	스마트폰 Serial 앱
터미널에서 '검색 허용' 모드를 켬 sudo bluetoothctl discoverable on	
	[설정] 〉 [연결] 〉 [블루투스] 메뉴로 이동하여 '켜기'로 설정
	'새 기기 페어링' 또는 '기기 검색'을 선택
	목록에 라즈베리파이의 호스트명(예: zeroToAI 등)이 표시되면 선택
스마트폰과 라즈베리파이 터미널에 PIN 코드 또는 "연결하시겠습니까?"라는 팝업이 동시에 뜬다. 양쪽 기기에서 [확인] 또는 [페어링]을 선택	
	"페어링된 기기" 목록에 라즈베리파이가 등록되면 성공

이제 라즈베리파이에서 RFCOMM 서버 스크립트(ch08_rfcomm_server_led.py)를 실행하면, 스마트폰의 'Serial Bluetooth Terminal' 앱이 클라이언트로 접속할 수 있다.

③ 연결이 안될 때

```
# 블루투스 상태 확인
$ sudo systemctl status bluetooth

# 블루투스 서비스 시작
$ sudo systemctl start bluetooth

# 라즈베리파이 블루투스 기기 확인
$ hciconfig

# I2C 통신과 유사하게 Bluetooth 장치 확인
$ bluetoothctl
> show
> scan on
```

(3) 실습해보기

① 스마트폰 Serial Bluetooth Terminal 앱에서 라즈베리파이로 문자를 보내보자(단방향).

㉠ 라즈베리파이 - server

```python
# file: rfcomm_1_server_oneway.py

import bluetooth
from time import sleep

# 리소스를 finally에서 닫을 수 있도록 None으로 초기화한다.
client_sock = None
server_sock = None

try:
    # 1. create Bluetooth socket
    server_sock = bluetooth.BluetoothSocket(bluetooth.RFCOMM)
    server_sock.setsockopt(bluetooth.SOL_SOCKET, bluetooth.SO_REUSEADDR, 1)
```

```python
        # 2. set channel port 1
        port = 1
        server_sock.bind(('', port))
        server_sock.listen(1)

        # 3. advertise Bluetooth service
        uuid = '00001101-0000-1000-8000-00805F9B34FB'  # standard Serial Port UUID
        bluetooth.advertise_service(
            server_sock,
            'zeroToAI_Server',   # name displayed in smartphone app
            service_id=uuid,
            service_classes=[uuid, bluetooth.SERIAL_PORT_CLASS],
            profiles=[bluetooth.SERIAL_PORT_PROFILE],
        )

        print(f'Waiting for Bluetooth connection on channel {port}...')
        print('Please run "sudo bluetoothctl discoverable on"')

        # 4. accept connection
        client_sock, client_info = server_sock.accept()
        print(f'Smartphone connected: {client_info[0]}')

        # 5. receive data
        print('Waiting for message from smartphone...')
        data = client_sock.recv(1024)

        if data:
            print(f'Received: {data.decode("utf-8")}')
        else:
            print('No data, connection is lost.')

        # 6. close client and server (원래 코드의 대기 시간)
        print('5 seconds later, the server will be closed.')
        sleep(5)

except KeyboardInterrupt:
    print('\nServer stopped by user (Ctrl+C).')

except bluetooth.btcommon.BluetoothError as bt_err:
    print(f'Bluetooth Error: {bt_err}')

except Exception as err:
    print(f'An unexpected error occurred: {err}')

finally:
    # 7. (필수) try 블록에서 오류가 발생하든,
    print('Cleaning up resources...')
    if client_sock:
        # client_sock이 accept() 성공 후에만 close() 실행
        client_sock.close()
    if server_sock:
        # server_sock이 생성된 경우에만 close() 실행
        server_sock.close()

    print('Finished server.')
```

② 스마트폰 Serial Bluetooth Terminal 앱과 라즈베리파이간 서로 문자를 보내보자(양방향).
　㉠ 라즈베리파이 (서버)

```python
# file: rfcomm_2_server_twoway.py

import bluetooth
from datetime import datetime

try:
    # 1. 블루투스 소켓 설정 (RFCOMM 프로토콜)
    server_sock = bluetooth.BluetoothSocket(bluetooth.RFCOMM)
    server_sock.setsockopt(bluetooth.SOL_SOCKET, bluetooth.SO_REUSEADDR, 1)

    port = 1  # 1번 채널 사용
    server_sock.bind(('', port))
    server_sock.listen(1)

    # 2. 블루투스 서비스 광고(Advertise)
    uuid = '00001101-0000-1000-8000-00805F9B34FB'  # 표준 Serial Port UUID

    bluetooth.advertise_service(
        server_sock,
        'zeroToAI_Server',  # 스마트폰 앱에서 보일 서비스 이름
        service_id=uuid,
        service_classes=[uuid, bluetooth.SERIAL_PORT_CLASS],
        profiles=[bluetooth.SERIAL_PORT_PROFILE],
    )

    print(f'블루투스 RFCOMM 양방향 서버 시작. (채널 {port})')
    print('스마트폰의 Serial Bluetooth Terminal 앱에서 연결한다...')

    # 3. 클라이언트 연결 대기 (누락되었던 부분)
    print('클라이언트 연결을 대기 중이다...')
    client_sock, client_info = server_sock.accept()
    print(f'스마트폰이 연결되었다: {client_info}')

    # 4. 양방향 통신 루프
    while True:
        data = client_sock.recv(1024)

        if not data:
            print('스마트폰 연결이 끊겼다.')
            break

        # 받은 데이터(bytes)를 문자열(string)로 변환
        received_message = data.decode('utf-8').strip()

        # 라즈베리파이 터미널에 수신된 문자열 출력
        print(f'스마트폰 (RX): [ {received_message} ]')

        # 5. 수신된 메시지에 따라 응답(TX) 생성
        if received_message.lower() == 'quit':
            print('종료 명령 수신. 연결을 닫는다.')
```

```python
                    client_sock.send('RPi: Bye!\n'.encode('utf-8'))
                    break
                elif received_message.lower() == 'time':
                    now = datetime.now().strftime('%H:%M:%S')
                    response = f'RPi: The time is {now}\n'
                else:
                    response = f'RPi: You sent [{received_message}]\n'

                # 6. 응답 메시지를 스마트폰으로 전송
                client_sock.send(response.encode('utf-8'))
                print(f'  -> 응답(TX) 전송: [ {response.strip()} ]')
except KeyboardInterrupt:
    print('사용자가 프로그램을 종료했다.')
except Exception as e:
    print(f'오류 발생: {e}')

finally:
    # 7. 모든 소켓 정리
    print('서버를 종료한다.')
    if 'client_sock' in locals():
        client
    server_sock.close()
    print('Finished server.')
```

- 실행 예
  - 라즈베리파이 서버
  - 코드 이해를 돕기 위해 #설명문을 한글로 했지만 실제 코드는 영어로 나온다.

```
블루투스 RFCOMM 양방향 서버 시작. (채널 1)
스마트폰의 Serial Bluetooth Terminal 앱에서 연결하세요...
클라이언트 연결을 대기 중이다...
...
블루투스 RFCOMM 양방향 서버 시작. (채널 1)
스마트폰의 Serial Bluetooth Terminal 앱에서 연결하세요...
클라이언트 연결을 대기 중이다...
스마트폰이 연결되었다: ('5C:F3:70:8F:A2:B1', 1)

스마트폰 (RX): [ Hello RPi ]
 -> 응답(TX) 전송: [ RPi: You sent [Hello RPi] ]

스마트폰 (RX): [ time ]
 -> 응답(TX) 전송: [ RPi: The time is 18:45:32 ]

스마트폰 (RX): [ quit ]
종료 명령 수신. 연결을 닫는다.
 -> 응답(TX) 전송: [ RPi: Bye! ]
스마트폰 연결이 끊겼다.
서버를 종료한다.
```

- 스마트폰 (클라이언트)

```
Hello RPi

RPi: You sent [Hello RPi]

time

RPi: The time is 18:45:32

quit

RPi: Bye!
```

(4) 응용해보기

① 스마트폰의 on, off 명령어를 활용해 LED를 on/off해 보자.

```python
# file: rfcomm_3_server_led.py

import bluetooth
from gpiozero import LED

led = LED(17) # 17번 핀에 연결된 LED
port = 1
server_sock = bluetooth.BluetoothSocket(bluetooth.RFCOMM)
# ... (bind, listen, advertise 설정은 동일) ...

print('LED 제어 서버 시작. (채널 1)')
print('스마트폰에서 \'on\' 또는 \'off\'를 보내세요...')

try:
    client_sock, client_info = server_sock.accept()
    print(f'스마트폰 연결 성공: {client_info[0]}')
    client_sock.send('RPi: LED Control Ready.\n'.encode('utf-8'))

    while True:
        data = client_sock.recv(1024)
        if not data:
            break

        # 수신된 명령어를 소문자로 변환
        command = data.decode('utf-8').strip().lower()
        print(f'스마트폰 (RX): [ {command} ]')

        if command == 'on':
            led.on()
            response = 'RPi: LED ON\n'
        elif command == 'off':
            led.off()
            response = 'RPi: LED OFF\n'
        elif command == 'quit':
```

```
                response = 'RPi: Bye!\n'
            else:
                response = 'RPi: Unknown command (try \'on\' or \'off\')\n'

            client_sock.send(response.encode('utf-8'))

            if command == 'quit':
                break

except Exception as err:
    print(f'Error: {err}')

finally:
    print('Closing server.')
    if 'client_sock' in locals():
        client_sock.close()
    if 'server_sock' in locals():
        server_sock.close()
    print('Finished server.')
```

② 라즈베리파이에 연결된 DHT11에서 측정된 온습도를 스마트폰에서 5초 간격으로 실시간으로 받아보자.

```
# file: rfcomm_4_server_dht.py

import bluetooth
import adafruit_dht
import board
from time import sleep

try:
    # DHT11 센서 초기화
    dht = adafruit_dht.DHT11(board.D21, use_pulseio=False)

    # 블루투스 소켓 설정
    server_sock = bluetooth.BluetoothSocket(bluetooth.RFCOMM)
    server_sock.setsockopt(bluetooth.SOL_SOCKET, bluetooth.SO_REUSEADDR, 1)
    server_sock.bind(('', 1))
    server_sock.listen(1)

    # 블루투스 서비스 광고
    uuid = '00001101-0000-1000-8000-00805F9B34FB'
    bluetooth.advertise_service(
        server_sock,
        'DHT11_Server',
        service_id=uuid,
        service_classes=[uuid, bluetooth.SERIAL_PORT_CLASS],
        profiles=[bluetooth.SERIAL_PORT_PROFILE],
    )

    print('DHT11 블루투스 서버 시작...')
    print('스마트폰에서 연결하세요...\n')

    # 클라이언트 연결 대기
    client_sock, client_info = server_sock.accept()
    print(f'스마트폰 연결됨: {client_info}\n')

    # 5초 간격으로 센서 데이터 전송
```

```python
        while True:
            try:
                temperature = dht.temperature
                humidity = dht.humidity
                message = f'Temperature: {temperature}C, Humidity: {humidity}%\n'

                client_sock.send(message.encode('utf-8'))
                print(f'Sent: {message.strip()}')

                sleep(5)  # 5초 대기

            except RuntimeError as err:
                print(f'Sensor error: {err}')
                sleep(5)
except KeyboardInterrupt:
    print('\nProgram terminated.')
except Exception as err:
    print(f'Error: {err}')

finally:
    if 'dht' in locals():
        dht.deinit()
    if 'client_sock' in locals():
        client_sock.close()
    if 'server_sock' in locals():
        server_sock.close()
```

㉠ 라즈베리파이 터미널

```
# 1. 사용자가 라즈베리파이 터미널에서 스크립트를 실행한다.
pi@zeroToAI:~ $ python3 rfcomm_4_server_dht.py

# 2. 서버가 시작되고 스마트폰의 연결을 대기한다.
DHT11 블루투스 서버 시작...
스마트폰에서 연결하세요...

# 3. 스마트폰 (클라이언트)에서 연결을 시도하면 성공 메시지가 출력된다.
스마트폰 연결됨: ('12:34:56:AB:CD:EF', 1) # 스마트폰의 MAC 주소와 RFCOMM 채널 1

# 4. 이제 5초 간격으로 DHT11 센서 데이터를 읽어와 전송하고 로그를 남긴다.
Sent: Temperature: 25.1C, Humidity: 52.3%  # 5초
Sent: Temperature: 25.2C, Humidity: 52.5%  # 10초
Sent: Temperature: 25.0C, Humidity: 52.1%  # 15초
Sensor error: DHT sensor not found, check wiring  # (만약 센서가 제대로 연결되지 않
았을 경우)
Sent: Temperature: 25.3C, Humidity: 52.6%  # 20초
... (이후 5초 간격으로 계속 반복) ...

# 5. 사용자가 Ctrl+C를 눌러 프로그램을 종료한다.
^C
Program terminated.

# 6. finally 블록이 실행되며 자원(센서, 소켓)을 정리한다.
pi@zeroToAI:~ $
```

ⓒ 스마트폰 화면

```
[Connected to DHT11_Server]
Temperature: 25.1C, Humidity: 52.3%
Temperature: 25.2C, Humidity: 52.5%
Temperature: 25.0C, Humidity: 52.1%
Temperature: 25.3C, Humidity: 52.6%
...
```

(5) 도전해보기

① 양방향 통신을 통해 온습도 데이터를 전송받으면서 명령을 통해 LED 제어해 보자.

```python
# file: rfcomm_5_server_dht_led.py

import bluetooth
import adafruit_dht
import board
from time import sleep
from gpiozero import LED
# 1. GPIO 17번에 LED 초기화
led = LED(17) #    LED 객체 생성

try:
  # DHT11 센서 초기화
  dht = adafruit_dht.DHT11(board.D21, use_pulseio=False)

  # 블루투스 소켓 설정 (이전과 동일)
  server_sock = bluetooth.BluetoothSocket(bluetooth.RFCOMM)
  server_sock.setsockopt(bluetooth.SOL_SOCKET, bluetooth.SO_REUSEADDR, 1)
  server_sock.bind(('', 1))
  server_sock.listen(1)

  # 블루투스 서비스 광고 (이전과 동일)
  uuid = '00001101-0000-1000-8000-00805F9B34FB'
  bluetooth.advertise_service(
    server_sock,
    'DHT_LED_Server', # 서비스 이름 변경
    service_id=uuid,
    service_classes=[uuid, bluetooth.SERIAL_PORT_CLASS],
    profiles=[bluetooth.SERIAL_PORT_PROFILE],
  )

print('DHT11 & LED 블루투스 서버 시작...')
  print('스마트폰에서 연결하세요...\n')

  # 클라이언트 연결 대기
  client_sock, client_info = server_sock.accept()
  print(f'스마트폰 연결됨: {client_info[0]}\n') # MAC 주소만 출력

  # 연결 성공 메시지 전송 (옵션)
  client_sock.send('Server: Connected. Send "on", "off" to control LED.\n'.encode('utf-8'))

  # 5초 간격으로 센서 데이터 전송 및 명령 수신
  last_dht_send_time = time.time() # DHT 데이터 전송 시간 추적용
```

```python
    while True:
        #   스마트폰으로부터 오는 데이터가 있는지 즉시 확인 (비-블로킹)
        #   timeout=0.1 : 0.1초 동안만 기다리고 데이터가 없으면 바로 다음 코드 실행
        #   이 부분이 없으면, DHT 데이터 전송 중 스마트폰 명령을 바로 못 받는다.
        try:
            client_sock.settimeout(0.1)
            received_data = client_sock.recv(1024)
            if received_data:
                command = received_data.decode('utf-8').strip().lower()
                print(f'스마트폰 (RX): [ {command} ]')

                response_message = ''
                if command == 'on':
                    led.on()
                    response_message = 'Server: LED is now ON.\n'
                elif command == 'off':
                    led.off()
                    response_message = 'Server: LED is now OFF.\n'
                elif command == 'quit':
                    response_message = 'Server: Disconnecting. Bye!\n'
                    client_sock.send(response_message.encode('utf-8'))
                    break # 연결 종료
                else:
                    response_message = f'Server: Unknown command [{command}]. Try "on" or "off".\n'

                client_sock.send(response_message.encode('utf-8'))
                print(f'  -> 응답 (TX): [ {response_message.strip()} ]')

        except bluetooth.btcommon.BluetoothError as e:
            if "timed out" not in str(e): # 타임아웃 오류는 무시
                print(f"블루투스 수신 오류: {e}")
            pass # 타임아웃은 정상적인 상황이므로 무시
        except Exception as e:
            print(f"명령 처리 중 오류: {e}")

        #   5초마다 DHT11 센서 데이터 전송 (이전과 동일)
        current_time = time.time()
        if current_time - last_dht_send_time >= 5:
            try:
                temperature = dht.temperature
                humidity = dht.humidity
                message = f'Temperature: {temperature}C, Humidity: {humidity}%\n'

                client_sock.send(message.encode('utf-8'))
                print(f'Sent DHT: {message.strip()}')

            except RuntimeError as err:
                print(f'DHT 센서 오류: {err}')

            last_dht_send_time = current_time # 전송 시간 업데이트

        sleep(0.01) # CPU 과부하 방지를 위한 짧은 대기 (선택 사항)

except KeyboardInterrupt:
    print('\n프로그램 종료 (Ctrl+C).')
except Exception as err:
    print(f'치명적인 오류 발생: {err}')
```

```
finally:
  # 자원 정리
  if 'dht' in locals():
    dht.deinit()
  if 'led' in locals(): #    LED 자원 정리
    led.off()
    led.close()
  if 'client_sock' in locals():
    client_sock.close()
  if 'server_sock' in locals():
    server_sock.close()
  print('모든 리소스 정리 완료.')
```

㉠ 라즈베리파이 터미널
- 이해하기 쉽게 한글로 했지만 실제 코드는 영어로 나온다.

```
pi@zeroToAI:~ $ python3 rfcomm_5_server_dht_led.py
DHT11 & LED 블루투스 서버 시작...
스마트폰에서 연결하세요...

스마트폰 연결됨: 12:34:56:AB:CD:EF

# (스마트폰에서 'on' 명령 전송)
스마트폰 (RX): [ on ]
 -> 응답 (TX): [ Server: LED is now ON. ]
Sent DHT: Temperature: 25.1C, Humidity: 52.3% # (5초 후 DHT 데이터 자동 전송)

# (스마트폰에서 'off' 명령 전송)
스마트폰 (RX): [ off ]
 -> 응답 (TX): [ Server: LED is now OFF. ]
Sent DHT: Temperature: 25.2C, Humidity: 52.5% # (5초 후 DHT 데이터 자동 전송)

# (스마트폰에서 'status' 명령 전송 - 알 수 없는 명령)
스마트폰 (RX): [ status ]
 -> 응답 (TX): [ Server: Unknown command [status]. Try "on" or "off". ]
Sent DHT: Temperature: 25.0C, Humidity: 52.1% # (5초 후 DHT 데이터 자동 전송)

# (스마트폰에서 'quit' 명령 전송)
스마트폰 (RX): [ quit ]
 -> 응답 (TX): [ Server: Disconnecting. Bye! ]
프로그램 종료 (Ctrl+C).
모든 리소스 정리 완료.
pi@zeroToAI:~ $
```

ⓛ 스마트폰

```
[Connected to DHT_LED_Server]
Server: Connected. Send "on", "off" to control LED.

on
Server: LED is now ON.
Temperature: 25.1C, Humidity: 52.3%

off
Server: LED is now OFF.
Temperature: 25.2C, Humidity: 52.5%

status
Server: Unknown command [status]. Try "on" or "off".
Temperature: 25.0C, Humidity: 52.1%

quit
Server: Disconnecting. Bye!
[Disconnected]
```

05 BlueDot

> **경고!**
> 최신 폰에서는 Blue Dot 앱이 보이지 않을 수도 있다. 2023년 1월 이후 업데이트 중단. 구형 폰에서는 가능.

(1) 개요

① 특징

ⓐ BlueDot 앱을 활용하여 라즈베리파이의 GPIO핀을 원격 제어
ⓑ 공식사이트 : https://bluedot.readthedocs.io/en/latest/
ⓒ 안드로이드와 IOS기기 둘 다 호환
ⓓ 버튼을 여러 개 구현하여 사용하는 기능은 안드로이드만 가능, IOS는 불가능
ⓔ 버튼 형식으로만 만들 수 있어서 리모컨 대신 활용하면 좋다.

(2) 라이브러리 : bluedot

① 함수원형 및 parameters

```
BlueDot(device='hci0',
        port=1,
        auto_start_server=True,
        power_up_device=False,
        print_messages=True,
        cols=1,
        rows=1
)
```

- device=블루투스 장치 이름, 블루투스 장치가 1개일 경우 생략 가능
- port (int) - 블루투스 포트명, 기본 값 1, 장치가 1개일 경우 생략 가능

㉠ auto_start_server (bool) - 블루투스 자동 시작 여부, 기본값(True)

㉡ cols (int) - 열 수, 기본값 1.

㉢ rows (int) - 행 수, 기본값 1.

(3) 준비하기

라즈베리파이	스마트폰
bluedot 라이브러리 설치	bluedot 앱 설치

① 라즈베리파이에서 준비

㉠ bluedot 라이브러리 설치

```
$ sudo apt update
$ sudo pip3 install bluedot --break-system-packages
```

- --break-system-packages : 강제 전역 설치

> **중요!**
> 설치 시 경고 메시지 안내 위 명령어를 실행하면 WARNING: Running pip as the 'root' user... 와 같은 긴 경고 메시지가 표시될 수 있다. 이 경고는 파이썬 라이브러리를 시스템에 직접 설치하는 것이 잠재적으로 시스템에 문제를 일으킬 수 있다는 내용이다. 너무 걱정하지 마시고 설치하시고 실습 진행하세요

㉡ 설치 확인

```
$ pip3 list | grep bluedot
```

```
bluedot    2.0.0
```

㉢ 라즈베리파이 블루투스 활성화 확인

- 확인 1
  - 라즈베리파이 작업 표시줄에서 오른쪽에 블루투스 기능 활성화

- 확인 2

  ```
  sudo hciconfig hci0 up
  ```

  - UP RUNNING 상태이면 스마트폰의 bluedot과 연결 가능
- 확인 실행
  - 터미널에서 아래 명령어 실행 후 active (running) 확인

  ```
  $ sudo systemctl status bluetooth

  bluetooth.service - Bluetooth service
     Loaded: loaded (/lib/systemd/system/bluetooth.service; enabled; preset: enabled)
     Active: active (running) since Sun 2025-05-11 08:36:57 KST; 2h 4min ago
       Docs: man:bluetoothd(8)
   Main PID: 620 (bluetoothd)
     Status: "Running"
      Tasks: 1 (limit: 9564)
        CPU: 37ms
     CGroup: /system.slice/bluetooth.service
             -620 /usr/libexec/bluetooth/bluetoothd
  ```

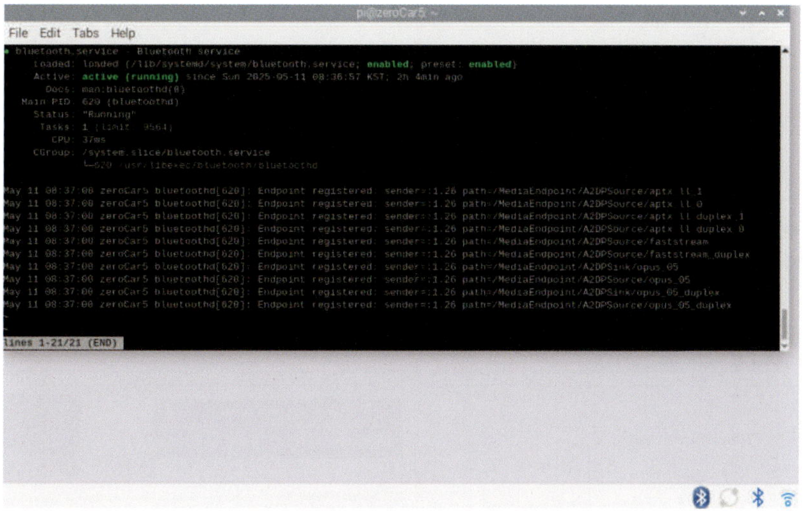

〈그림 8-4〉 블루투스 동작 확인

② **스마트폰에서 준비**

㉠ BlueDot 앱 설치
- 스토어에서 bluedot 검색, 설치

③ **사용하기**

여기서부터는 절차를 정확히 해야 된다. 힘들겠지만 차근차근 따라 해 보자.

㉠ 관련 내용을 미리 코딩한다.

디바이스	작업내용	캡처 이미지
스마트폰	블루투스 페어링	
라즈베리파이	1. 작업표시줄 블루투스 아이콘 클릭 - Add Device 2. 화면에 나타나는 스마트폰 선택 후 pair	
스마트폰	페어링 비밀번호 확인후 OK	
라즈베리파이	1. 확인 후 OK	
스마트폰	블루투스 기기에서 zeroToAI 선택 연결 확인	
라즈베리파이	코딩 파이썬 파일 실행 실행하면 'Waitin for BlueDot button press' 가 출력된다.	
스마트폰	1. bluedot 앱 실행 2. zeroToAI 선택 3. 연결되고 파란 점이 나오면 성공	

디바이스	작업내용	캡처 이미지
라즈베리파이	스마트폰에서 파란색 버튼을 클릭 할 때마다 hello.. 출력	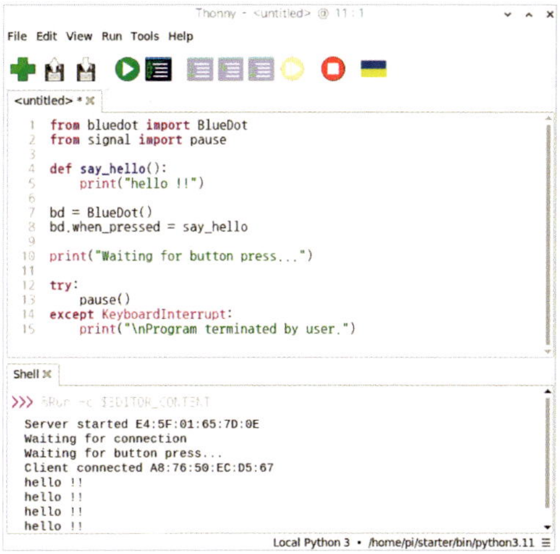

〈그림 8-5〉 bluedot_1 소스파일 및 실행환경

④ 블루투스 페어링(터미널 기반 - 고급 사용자)

윈도우즈에서 미러링으로 접속하면 마우스를 사용할 수 있는 GUI 방식이지만 외부 원격접속일 경우에는 순수하게 터미널 환경에서 작업해야 한다. 명령어 기반의 방식은 어렵지만 원격접속 후 작업이 빠르게 진행할 수 있다.

㉠ 필수 패키지 설치

```
$ $ sudo apt update
$ sudo apt install bluetooth python3-bluez
```

㉡ bluetoothctl 실행

```
$ $ sudo bluetoothctl
[bluetooth]#
```

㉢ 블루투스 확인

```
$ sudo hciconfig
```

㉣ 블루투스 페어링 준비

```
[bluetooth]# power on
[bluetooth]# agent on
[bluetooth]# discoverable on
[bluetooth]# pairable on
```

- 여러 블루투스 Device 중 연결할 스마트폰의 MAC 주소 확인

㉤ 스마트폰에서 연결
- 스마트폰 설정 - 블루투스
- 새 기기 검색
- 목록에서 zeroToAI 찾아 터치

Chapter 08 원격 제어

ⓗ 양쪽 기기에서 페어링
- 스마트폰에서 인증번호 확인 후 yes., 페어링 완료

⑤ **스마트폰 bluedot에서 버튼을 눌러 'hello !!'를 출력해 보자.**

㉠ 스마트폰에 하나의 큰 버튼이 생성되면 누를 때마다 문자 출력

㉡ bluedot_1.py

```python
from bluedot import BlueDot
from signal import pause

def say_hello():
  print("hello !!")

bd = BlueDot()
bd.when_pressed = say_hello

print("Waiting for button press...")

bd.wait_for_press()

try:
  pause()
except KeyboardInterrupt:
  print("stopped.. ctrl + c")
```

```
Waiting for button press...
----------------------------
hello !!
hello !!
hello !!
hello !!
stopped.. ctrl + c.
Bluetooth server closed.
```

⑥ 두 개의 버튼을 만들어 문자를 출력해 보자.
  ㉠ 2개의 버튼
  - cols : 열, rows : 행

```
bd = BlueDot(cols=2, rows=1)                # 한 행에 버튼 2개 (왼쪽, 오른쪽)
```

```
# file: bluedot_2.py

from bluedot import BlueDot
from signal import pause

bd = BlueDot(cols=2, rows=1)                #버튼 2개 (왼쪽, 오른쪽)

def button_pressed(button):
    if button.col == 0:
        print('hello')
    elif button.col == 1:
        print('bye')

bd.when_pressed = button_pressed

print('left button is "hello", right button is "bye"')
print('-'*30)

try:
    pause()

except KeyboardInterrupt:
    print('stopped.. ctrl + c. ')
finally:
    print('Bluetooth server closed.')
```

```
left button is "hello", right button is "bye"
------------------------------
hello
hello
bye
hello
bye
bye
stopped.. ctrl + c.
Bluetooth server closed.
```

⑦ 4개의 버튼(2, 2)을 만들고 버튼에 따라 기능 내용을 출력해 보자.
　㉠ 좌표

(0,0) red_led_on	(1,0) red_led_off
(0,1) green_led_on	(1,1) green_led_off

　㉡ while 활용

```python
# file name: bluedot_3.py

from bluedot import BlueDot
from signal import pause

bd = BlueDot(cols=2, rows=2)    # 2x2 버튼 생성

print('BlueDot 2x2 Grid Button')
print('Waiting for button press...')
print('-'*30)

try:
    while True:
        bd[0, 0].wait_for_press()
        print('red_led_on')
        bd[1, 0].wait_for_press()
        print('red_led_off')

        bd[0, 1].wait_for_press()
        print('green_led_on')
        bd[1, 1].wait_for_press()
        print('green_led_off')
1
except KeyboardInterrupt:
    print('stopped.. ctrl + c. ')
finally:
    print('Bluetooth server closed.')
```

```
BlueDot 2x2 Grid Button
Waiting for button press...
------------------------------
red_led_on
green_led_off
red_led_off
green_led_on
stopped.. ctrl + c.
Bluetooth server closed.
```

ⓒ 함수 활용

```python
# file name: bluedot_4.py

from bluedot import BlueDot
from signal import pause

bd = BlueDot(cols=2, rows=2)     # 2x2 버튼 생성

def button_pressed(btn):
    messages = {
        (0, 0): 'red_led_on',
        (1, 0): 'red_led_off',
        (0, 1): 'green_led_on',
        (1, 1): 'green_led_off',

    }
    print(messages.get((btn.col, btn.row), "Unknown"))

bd.when_pressed = button_pressed

print('BlueDot 2x2 Grid Button')
print('Waiting for button press...')
print('-'*30)

try:
    pause()
except KeyboardInterrupt:
    print('stopped.. ctrl + c. ')
finally:
    print('Bluetooth server closed.')
```

(4) 실습해보기

① 스마트폰 bluedot에서 4개의 버튼으로 2개의 LED를 제어해 보자.

㉠ bluedot_3.py를 참고하세요.

```python
# file: bluedot_5.py
# refer : bluedot_3.py

from bluedot import BlueDot
from gpiozero import LED

red_led = LED(17)
green_led = LED(27)
bd = BlueDot(cols=2, rows=2)     # 2x2 버튼 생성

print('BlueDot 2x2 Grid Button')
print('Waiting for button press...')
print('-'*30)
```

```
try:
    while True:
        bd[0, 0].wait_for_press()
        print('red_led_on')
        red_led.on()

        bd[1, 0].wait_for_press()
        print('red_led_off')
        red_led.off()

        bd[0, 1].wait_for_press()
        print('green_led_on')
        green_led.on()

        bd[1, 1].wait_for_press()
        print('green_led_off')
        green_led.off()

except KeyboardInterrupt:
    print('stopped.. ctrl + c. ')
finally:
    print('Bluetooth server closed.')
```

② 실행 결과

```
BlueDot 2x2 Grid Button
Waiting for button press...
--------------------------------
red_led_on
green_led_on
red_led_off
green_led_off
red_led_on
green_led_on
stopped.. ctrl + c.
Bluetooth server closed.
```

㉠ 함수 활용
- 결과는 위와 같다.

```python
# file: bluedot_6.py

from bluedot import BlueDot
from gpiozero import LED
from signal import pause

red_led = LED(17)
green_led = LED(27)

bd = BlueDot(cols=2, rows=2)    # 2x2 버튼 생성

def button_pressed(btn):
    actions = {
        (0, 0): lambda: (red_led.on(), print('red_led_on')),
        (1, 0): lambda: (red_led.off(), print('red_led_off')),
        (0, 1): lambda: (green_led.on(), print('green_led_on')),
        (1, 1): lambda: (green_led.off(), print('green_led_off')),
    }

    action = actions.get((btn.col, btn.row))
    if action:
        action()
    else:
        print("Unknown button")

bd.when_pressed = button_pressed

print('BlueDot 2x2 Grid Button')
print('Waiting for button press...')
print('-'*30)

try:
    pause()

except KeyboardInterrupt:
    print('stopped.. ctrl + c. ')
finally:
    print('Bluetooth server closed.')
```

CHAPTER
9
프로젝트

CHAPTER 09 프로젝트

01 환경 설정 및 스레드 알기

(1) 가상 환경 설정 – venv

① 가상 환경에서 작업하는 이유

㉠ 권한 문제 해결 용이(라이브러리 설치 등)
- 시스템 권한 때문에 특정 라이브러리를 설치하거나 업데이트하는 데 어려움이 생기는데, 이러한 문제를 해결.
- 라즈베리파이 운영체제인 라즈베리파이 OS의 버전 11 이후부터 보안이 강화되어 pip를 활용하여 라이브러리 설치시 에러가 자주 나타남.
- 가상 환경은 사용자 소유의 디렉토리 내에 생성되므로, 일반 사용자 권한으로도 자유롭게 패키지를 관리 가능

㉡ 프로젝트 독립적 관리 목적
- 프로젝트별로 필요한 라이브러리 및 그 버전을 독립적으로 관리 목적
- 각 프로젝트마다 격리된 환경을 유지함으로써 프로젝트마다 동일한 라이브러리이지만 다른 버전을 사용할 경우 종속성 충돌을 방지하고, 각 프로젝트의 요구 사항에 맞는 환경을 구성하고자 함.

② 가상 환경 생성 및 활성화

㉠ 라즈베리파이 OS(라즈베리파이 OS) 버전 확인

```
$ cat /etc/os-releas
```

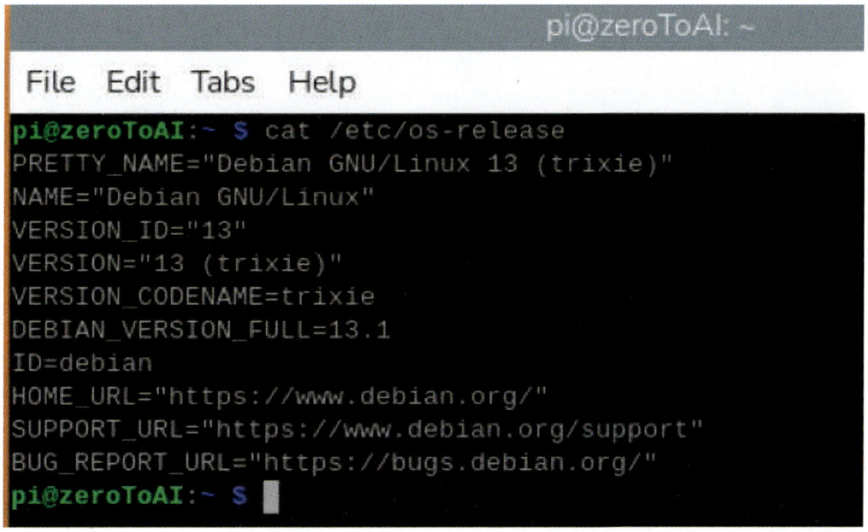

〈그림 9-1〉 라즈베리파이OS 버전 확인

- 위에서 확인되는 라즈베리파이 OS의 버전은 Debian 계열의 13버전, 명칭은 trixie
- 참고로 Debian 계열의 12버전, 명칭은 Bookworm (2023년 10월 출시)
- 버전 11 이후부터 보안이 강화되어 프로젝트 혹은 개발시 가상 환경에서 작업 권장

ⓛ 가상 환경 생성
- 현재 위치 확인

```
$ pwd
/home/pi
```

  - home : 사용자 디렉터리
  - pi : 사용자 아이디
- 사용자 디렉터리로 이동
  - git을 통해 다운로드 시 basic 디렉터리 생성되어 있다.

```
$ cd ~/basic/
```

  - ~ : 사용자 홈 디렉터리(/home/pi와 동일)
- 가상 환경 생성 : basic_venv (교재에서 통틀어 1번만 생성한다.)

```
$ python3 -m venv basic_venv --system-site-packages
```

  - 현재 디렉토리에 basic_venv라는 이름의 새로운 가상 환경 폴더를 생성
  - 'basic_venv'는 가상 환경의 이름. 원하는 다른 이름으로 변경 가능
  - --system-site-packages : 현재 라즈베리파이 OS에서 사용하고 있는 모든 라이브러리를 가상 환경에서도 사용한다는 옵션. (system앞에 -는 2개, site와 packages 앞에는 1개)

- 확인하기

  ```
  $ cd basic_venv
  ```

  ```
  $ ls
  bin include lib lib64 pyvenc.cfg
  ```

  - cd : Change Directory, 디렉터리 이동 명령어
  - ls : 파일 목록 확인 명령어

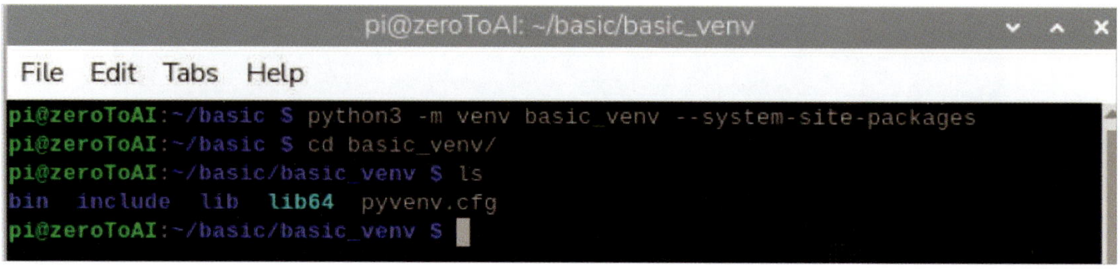

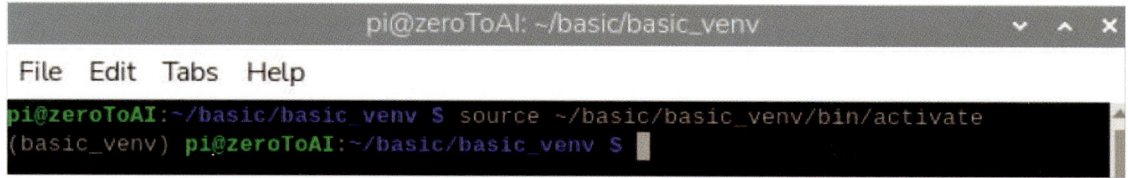

〈그림 9-2〉 basic_venv 가상 환경 생성

ⓒ 가상 환경 활성화

```
$ source ~/basic//basic_venv/bin/activate
```

- 가상 환경이 활성화되면 프롬프트 앞에 (basic_venv)와 같이 가상 환경 이름이 표시
- 이후로 작업시 가상 환경 활성화하여 작업하면 됨.

〈그림 9-3〉 basic_venv_활성화

- 경로 해석

  ```
  (basic_venv) pi@zeroToAI: ~/basic/basic_venv $
  ```

  - (basic_venv) pi@zeroToAI: ~/basic/basic_venv $: 가상 환경 이름, (basic_venv)
  - (basic_venv) pi@zeroToAI: ~/basic/basic_venv $: 사용자 계정이름, pi
  - (basic_venv) pi@zeroToAI: ~/basic/basic_venv $: 라즈베리파이 호스트명, zeroToAI
  - (basic_venv) pi@zeroToAI: ~/basic/basic_venv $: 사용자 홈 디렉터리(/home/pi), ~
  - (basic_venv) pi@zeroToAI: ~/basic/basic_venv $: 소스 디렉터리, basic
  - (basic_venv) pi@zeroToAI: ~/basic/basic_venv $: 가상 환경 디렉터리, basic_venv
  - 이후 표기는 아래와 같이 가상 환경 이름만 표기된다.

  ```
  (basic_venv) $
  ```

ⓔ 생성한 가상 환경 디렉터리 완전 삭제
- 이름이 잘못되었거나 필요없는 가상 환경 디렉터리 완전 삭제
- 가상 환경 비활성화 후
  가상 환경 사용을 마치려면 다음 명령어를 실행한다.

  ```
  (basic_venv) $ deactivate
  ```

- 가상 환경 디렉터리 삭제
  - 소스 코드 디렉터리로 이동

    ```
    $ cd ~/basic
    ```

  - 가상 환경 디렉터리 확인

    ```
    $ ls
    ```

  - basic_venv가 보여야 함
  - 생성된 가상 환경 디렉터리 삭제

    ```
    $ rm -rf basic_venv
    ```

  - r : 디렉터리 안에 있는 디렉터리 및 파일 모두 삭제
  - f : 강제 삭제, 즉 확인절차 없이 바로 삭제

ⓜ 가상 환경 비활성화

```
(basic) $ deactivate6
```

터미널 프롬프트에서 가상 환경 이름(basic)이 사라지면 비활성화된 것이다.

③ **가상 환경에서 라이브러리 설치**

ⓐ 첫 번째 방법 : requirements.txt 사용

프로젝트에 필요한 라이브러리 목록을 requirements.txt 파일에 저장해두면, 다른 환경에서도 쉽게 동일한 환경을 구성할 수 있다. git으로 다운로드 받은 requirements.txt 사용한다.

- 파일 확인

```
(basic_venv) $ cd ~/basic
(basic_venv) $ ls
```

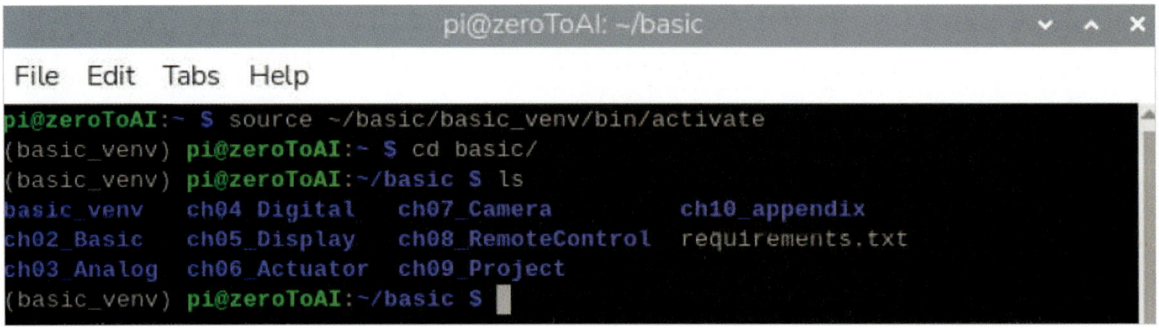

<그림 9-4> basic_venv 가상 환경 디렉터리 확인

- 설치

  가상 환경이 활성화된 상태에서 pip freeze > requirements.txt 명령어를 실행하면 현재 설치된 라이브러리 목록이 requirements.txt 파일에 저장된다.

  ```
  (basic_venv) $ pip install -r requirements.txt
  ```

- 지금 나의 가상 환경에 설치된 패키지 목록 리스트 파일 생성하기

  현재 가상 환경의 라이브러리를 다른 라즈베리파이에서 사용하고자 만드는 법이다.

  ```
  (basic) $ pip freeze > requirements.txt
  ```

ⓒ 두 번째 방법 : 직접 수동으로 라이브러리 설치(가상 환경 내에서)

라이브러리 설치, 업데이트 등 번거롭지만 직접 해보고 경험하시길 추천한다.

가상 환경이 실행되면 프롬프트 맨 앞에 (basic_venv) $ 생성

- pip 최신 버전으로 업그레이드

  ```
  (basic_venv) $ pip3 install --upgrade pip
  ```

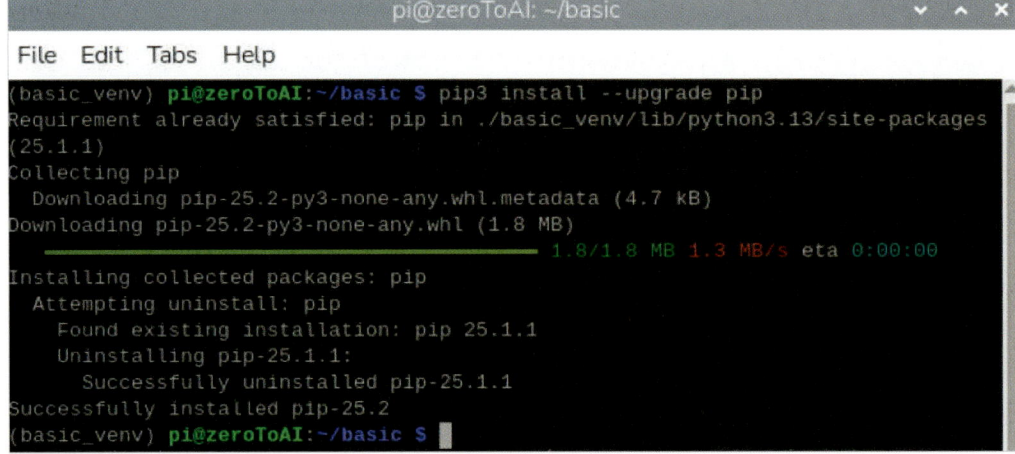

<그림 9-5> pip3 업그레이드

- 라이브러리 설치

  ```
  (basic_venv) $ pip3 install pigpio
  (basic_venv) $ pip3 install python3-bluez
  (basic_venv) $ pip3 install bluedot
  (basic_venv) $ pip install adafruit-circuitpython-dht
  ```

  - pygpio : 원격 접속을 위한 파이썬 라이브러리
  - pybluez : 블루투스 통신을 위한 파이썬 라이브러리
  - bluedot : 스마트폰 제어를 위한 파이썬 라이브러리
  - adafruit-circuitpython-dht : DHT11 온습도 센서 라이브러리

- 설치 에러난 경우 라이브러리를 삭제하고 다시 설치한다.
  - 삭제(uninstall)

  ```
  (basic_venv) $ pip3 uninstall pigpio
  ```

ⓒ 본 교재 가상 환경

가상 환경 설정이 어렵고 힘들다면 굳이 진행하지 않아도 된다. 다양한 프로젝트를 진행하려고 한다면 가상 환경을 생성하고 그렇지 않으면 안해도 된다.

- smartHome_venv : 스마트홈 프로젝트 가상 환경
- smartFarm_venv : 스마트팜 프로젝트 가상 환경

④ **작업용 컴퓨터의 vs code 가상 환경 설정**

㉠ : vs code에서 SSH 접속

- 맨 왼쪽 하단 ▸◂ 클릭 하거나.
- 명령 팔레트 연다(단축키 F1 또는 ctrl+shift+p)
- Remote-SSH: Connect to Host.. 클릭

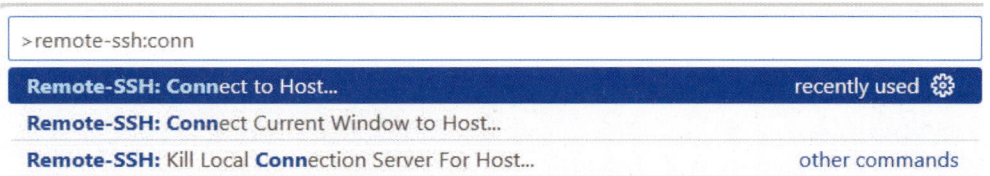

- git 으로 받은 basic 디렉터리 선택

- 라즈베리파이 OS가 리눅스이므로 'Linux' 선택

> Select the platform of the remote host "basic"
> **Linux**
> Windows
> macOS

- 보안 경고이다. 계속 진행

> "basic" has fingerprint "SHA256:4xg0fhrioQg9TEBddRFM+Oy0KtOez/w0YwCgIPDQ3XE".
> Are you sure you want to continue?
> **Continue**
> Cancel

- 다시 비밀번호 입력 후 엔터

> Enter password for pi@192.168.137.30
>
> Press 'Enter' to confirm your input or 'Escape' to cancel

- 초기 화면
  - 연결이 성공하면 VS Code 창의 왼쪽 하단에 초록색으로 SSH:basis가 표시
  - basic : 접속 서버 명칭

ⓒ 소스 파일 열기

basic 디렉터리 안의 모든 소스 파일 열기

- 2번째 이후부터 접속하면 위의 화면은 나오지 않고 상단에 비밀번호 입력창이 나온다. 비밀번호(예 : 12345678) 입력 후 엔터
- 바로 접속하고 basic/의 모든 챕터와 소스가 보인다.

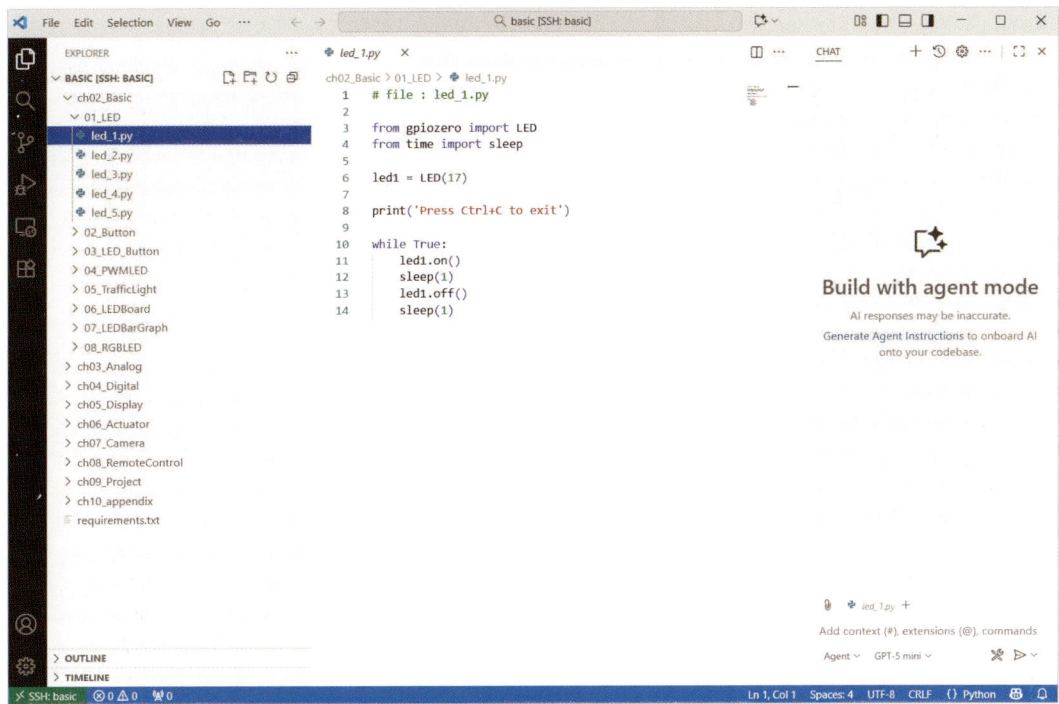

〈그림 9-6〉 vscode_basic디렉터리_led_1 열기

ⓒ python 인터프리터를 가상 환경으로 지정

- 첫 번째 방법
  - VS Code에서 Ctrl+Shift+P → Python: Select Interpreter
  - 목록에서 /home/pi/basic/basic_venv/bin/python 선택
    (만약 안 보이면 "Enter interpreter path" → 직접 경로 입력)
- 두 번째 방법 : vs code 터미널에서 직접 입력
  - vs code에서 [Terminal] - [New terminal] 하단에 터미널 창에서 가상 환경 활성화

    ```
    pi@zeroToAI:~/basic $ source basic_venv/bin/activate
    ```

〈그림 9-7〉 vscode_터미널_가상 환경 활성화

- 세 번째 방법 : .vscode/settings.json에 지정

  ```Json
  { "python.defaultInterpreterPath": "/home/pi/basic/basic_venv/bin/python"
  }
  ```

⑤ **라즈베리파이의 Thonny 가상 환경 설정**

VS Code의 가상 환경으로 진행한다면 이 과정은 진행하지 않아도 된다.

㉠ 개요
- VNC Viewer로 접속한 상태에서 작업(권장 방법)
- 라즈베리파이에 모니터, 마우스 키보드를 연결해서 사용

㉡ (basic_venv) 가상 환경과 연동
- 지금은 설정하지 않는다. 교재에서 가상 환경이 설정되어 있을 때만 실행한다.
  - 그 외에는 기본환경에서 작업한다.
  - 가상 환경 설정 : 프로젝트 2회(스마트홈, 스마트팜), DHT 온습도 센서 활용, 카메라 등
- 메뉴 맨 오른쪽 Swith to regular mode 클릭 후 종료(x)

- Thonny IDE 재실행
- [tools] - [options] - interpreter - python executable에서
  /home/pi/basic/bin/python3.13 (Tpye Program) 선택 후 오른쪽 하단의 OK 클릭

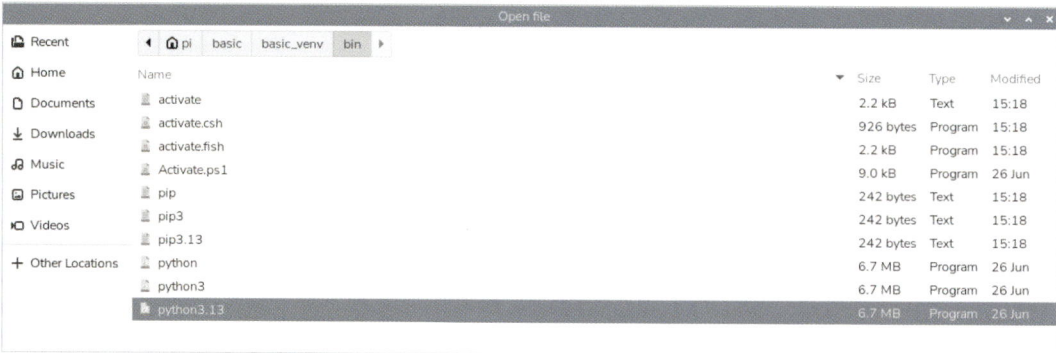

〈그림 9-8〉 Thonny_가상 환경 파이썬 인터프리터_선택

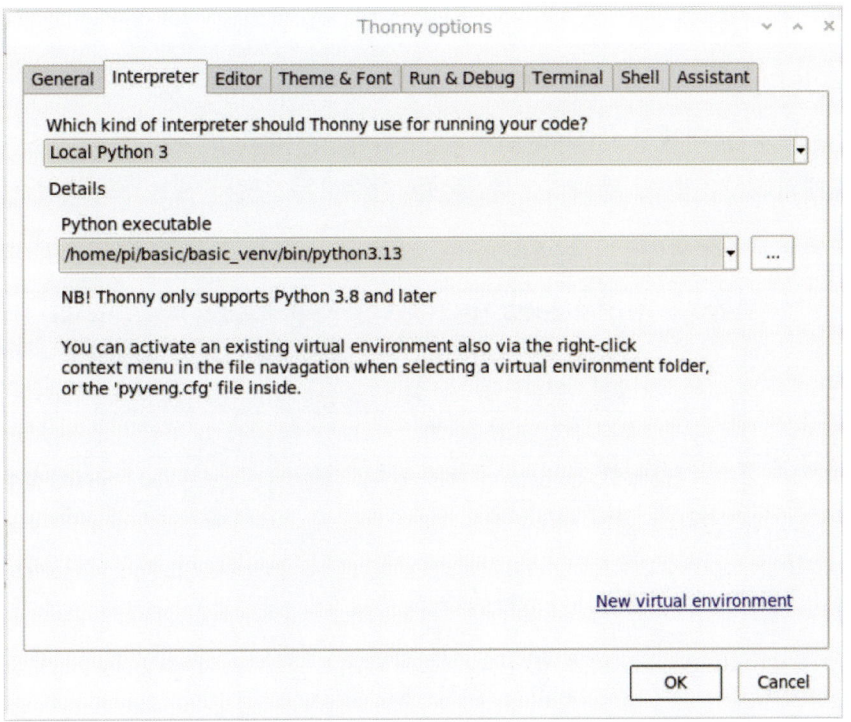

<그림 9-9> Thonny_가상 환경 파이썬인터프리터_연결

- Thoony 창 오른쪽 하단 : /home/pi/basic/basic_venv/bin/python3.13 이 설정되었으면 성공

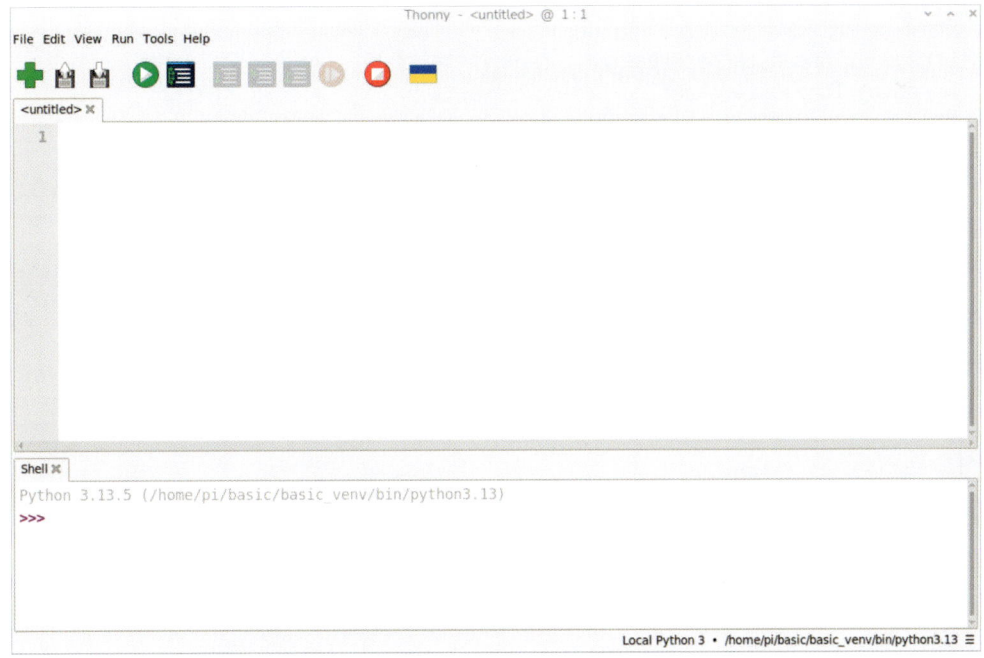

<그림 9-10> Thonny_가상 환경 파이썬인터프리터_성공

(2) 스레드(threading) 기능

① 스레드란 무엇인가?

- 스레드는 프로그램 내에서 동시에 실행될 수 있는 작업 단위
- 한 번에 7개의 악기(장구, 꽹과리, 북 등)를 연주하는 사람 (예능 프로그램)

⊙ 스마트 프로젝트에서 스레드가 필요한 이유

구분	스레드 사용 main.py	스레드 사용안함. main_no_threading.py
실행	모든 센서가 동시에 실행	센서들이 하나씩 하나씩 실행
성능	실시간 모니터링 가능	불가능
코드 복잡성	복잡. threading 모듈 필요	단순. 함수 호출

- 스레드 없이 (순차 실행)

```
# 문제: 한 센서가 끝나야 다음 센서 실행

read_pir_value()        # 문 감지 (5초 대기)
fire_detect()           # 화재 감지 (5초 대기)
lcd_display()           # LCD 표시 (5초 대기)

# 총 15초 소요, 실시간 모니터링 불가능!
```

- 스레드 사용 (동시 실행)

```
# 해결: 모든 센서가 동시에 작동

threading.Thread(target=read_pir_value).start()   # 문 감지
threading.Thread(target=fire_detect).start()      # 화재 감지
threading.Thread(target=lcd_display).start()      # LCD 표시

# 모든 센서가 동시에 실시간 모니터링!
```

② 스레드의 장점

⊙ 동시성(Concurrency) : 여러 작업을 동시에 처리

⊙ 응답성(Responsiveness)
- 한 작업이 블록되어도 다른 작업 계속 실행
- 시스템이 멈추지 않음

⊙ 효율성 (Efficiency)
- CPU 자원을 효율적으로 활용
- 대기 시간 최소화

③ 스레드의 단점과 주의사항

⊙ 동기화 문제 : 공유 변수 충돌 발생 가능성

ⓒ 데드락 (Deadlock)
- 두 스레드가 서로의 리소스를 기다리는 상황
- 프로그램이 영원히 멈춤

ⓒ 디버깅 어려움 : 실행 순서가 예측하기 어려움

④ Python에서 스레드 사용법

㉠ 기본 사용법

```python
import threading
import time

def worker(name):
    for i in range(5):
        print(f"Worker {name}: {i}")
        time.sleep(1)

# 스레드 생성 및 시작
thread1 = threading.Thread(target=worker, args=("A",))
thread2 = threading.Thread(target=worker, args=("B",))
thread1.start()
thread2.start()

# 스레드 완료 대기
thread1.join()
thread2.join()
```

⑤ 스마트홈 프로젝트에서의 활용 예

```python
# 센서 모니터링 스레드들
threading.Thread(target=read_pir_value, daemon=True).start()    # 보안
threading.Thread(target=fire_detect, daemon=True).start()       # 화재
threading.Thread(target=lcd_display, daemon=True).start()       # 디스플레이
threading.Thread(target=morningCall_play, daemon=True).start()  # 알람
```

- 실시간 모니터링: 모든 센서가 동시에 작동
- 독립적 동작: 한 센서 오류가 다른 센서에 영향 없음
- 사용자 경험: 버튼 클릭이 즉시 반응

02 스마트 홈

(1) 개요

2개의 방과 1개의 거실, 1개의 주방, 1개의 욕실, 4개의 창문, 1개 현관문이 있는 우리집을 보안 및 화재, 안전을 생각해서 만들어보자.

(2) 시스템 설계

① 전체 구성도

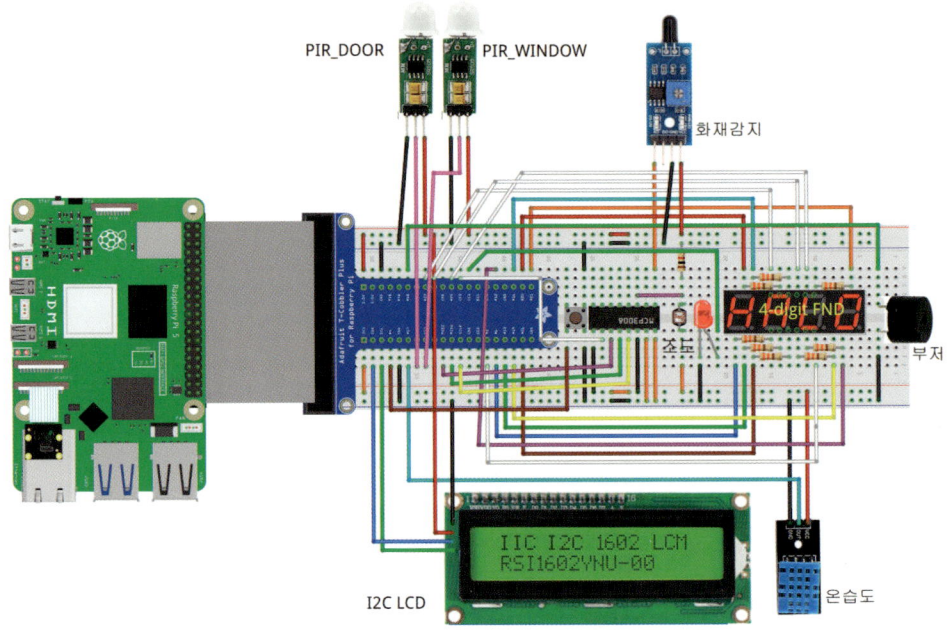

〈그림 9-11〉 스마트홈_전체회로도

② 연결 정보

vcc와 GND는 회로도 참고

		부저	4digit		4digit	mcp 300810	led		4digit		4digit		
			D1	D2	D3				g		f	a	b
							7						
5V	5V	GND	TX	RX	18	G	23	24	G	25	CE0	CE1	EEC	G	12	G	16	20	21

라즈베리파이 핀

3V3	SDA	SCL	4	G	17	27	22	3V3	MOSI	MISO	SCLK	G	EED	5	6	13	19	26	G
				버튼	온습도	pir	pir		11	12	13			D4	e	d	c	dp	
	LCD								mcp3008						4digit				

아날로그 센서					조도센서		불꽃감지
MCP3008	CH7	CH6	CH5	CH4	CH3	CH2	CH1	CH0
	8	7	6	5	4	3	2	1

③ 동작 원리

 ㉠ 센서 감지 및 반응 흐름
- 현관문에 있는 PIR_DOOR 센서가 움직임을 감지하면, 사진을 촬영하고 LCD에 경고 메시지를 표시(필요하다면 블루투스로 스마트폰에 알림)
- 창문에 있는 PIR_WINDOW 센서가 열림을 감지하면 LCD에 해당 창문 번호를 표시

 ㉡ 화재/급격 온도 변화 감지 흐름
- 화재 감지 센서가 급격한 온도 변화 감지시 LCD에 "FIRE", 경고음(부저) 발생
- DHT11 센서 온도값 급상승 시 LCD에 "FIRE", 경고음(부저) 발생

 ㉢ 조명 자동제어/수동제어
- 조도센서에 의해 LED 자동 on/off
- 블루투스 앱(BlueDot)으로 원격 수동 제어 가능

 ㉣ 환경 모니터링/표시
- 정기적으로 온도/습도값을 읽어 LCD에 표시

 ㉤ 시간 및 모닝콜 기능
- 실시간 시계표시(4-digit FND)
- 설정된 시간이 되면 부저로 모닝콜 음악

 ㉥ 전체적인 데이터 흐름
- 라즈베리파이 내부 스레드 구조(여러 센서/기능이 동시 동작)
- BlueDot: 스마트폰 앱에서 RPi에 명령 전송 및 상태 모니터링

(3) 주요 기능

① **디스플레이** : LCD활용 변화된 상황 표시(보안)

 ㉠ 평상시 : 온도와 습도 표시

 ㉡ 보안 발생시 : 움직임 감지 창문 및 현관문 번호 표시

 ㉢ 화재 발생시 : 'FIRE 및 Alert' 글씨 표시

② **조명제어** : 조명(LED) on/off

 ㉠ 어두워지면 조명 on

③ **온습도 모니터링** : 실내 환경 모니터링(LCD에 표시)

 ㉠ LCD 첫줄 : 온도, 두번째줄 : 습도

④ **보안 시스템**

　㉠ 현관문 : 움직임 감지 시 사진 촬영 및 LCD에 표시

　㉡ 창문 열림 감지 : LCD에 표시

⑤ **화재 감지** : 급격한 온도변화 감지 및 경고

　㉠ 감지시 LCD 'FIRE' 표시

　㉡ 경고음 발생

⑥ **모닝콜 기능** : 기상시간에 맞춰 노래

⑦ **시간표시** : 현재 날짜와 시간 표시(4-digt FND)

⑧ **블루투스 연결로 스마트폰 원격 제어**

　㉠ 조명, 카메라 제어

(4) 필요 부품

① 부품

기능		부품	개수
조명		LED	1
저항		220Ω	1
조도(밝기)		cds	1
저항		10kΩ	1
ADC 컨버터		MCP3008	1
온습도		DHT11	1
열(화재) 감지		DM436	1
4-digit FND		4-digit 7-segment	1
저항		330Ω	8
디스플레이		I2C LCD	1
동작 감지		HC-SR505	2
카메라		pi 카메라	1
알람 및 모닝콜		피에조 부저	1
버튼		button	1
점퍼케이블 (센서)	수수	30cm	16
	암수	30cm	26
연결선 (브레드보드)	빨강	5mm 1개, 10mm 1개	
	주황	5mm 1개, 10mm 1개	
	검정	5mm 2개, 10mm 2개	

② 부품 이미지

재료명	이미지	재료명	이미지
라즈베리파이 5		브레드보드 (830)	
GPIO 확장 T-Cobbler Plus		LED	
조도 센서 cds		mcp3008	
온습도 센서		열감지센서 DM436	
4digit FND		I2C LCD	
PIR센서 (HC-SR505)		카메라	
피에조 수동부저		버튼	
점퍼 케이블 (20cm) 암수		저항 330Ω	
점퍼 케이블 (20cm) 수수		저항 10kΩ	
		브레드보드 연결선	5mm 10mm

Chapter 09 프로젝트

(5) 작업 환경 설정

① 작업 스타일

㉠ 라즈베리파이

라즈베리파이	작업용 컴퓨터	스마트폰
소스 코드 회로도 구성	vs code의 SSH 접속	bluedot 앱

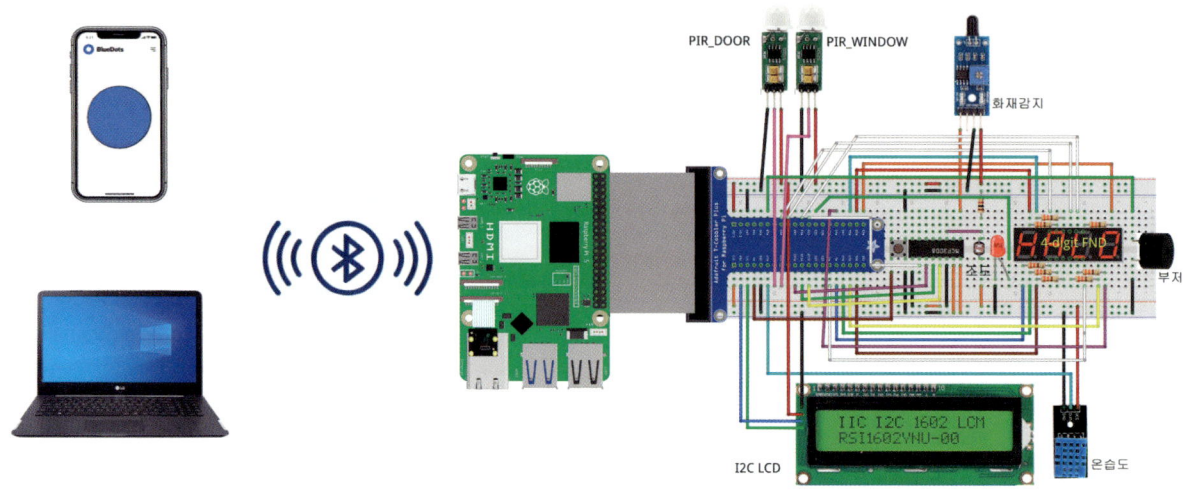

② 가상 환경 설정

㉠ 가상 환경 생성

- 현재 위치 확인

```
$ pwd
/home/pi
```

- home : 사용자 디렉터리
- pi : 사용자 아이디

- 사용자 디렉터리로 이동
  - git을 통해 다운로드 시 basic 디렉터리 생성되어 있다.

```
$ cd ~/basic/
```

  - ~ : 사용자 홈 디렉터리(/home/pi 와 동일)

- 가상 환경 생성 : smarthome_venv (교재에서 통틀어 1번만 생성함.)

```
$ python3 -m venv smarthome_venv
```

  - 현재 디렉터리에 smarthome_venv라는 이름의 새로운 가상 환경 폴더를 생성
  - 'smarthome_venv'는 가상 환경의 이름. 원하는 다른 이름으로 변경 가능

- 확인하기

    ```
    $ cd smarthome_venv
    ```

    ```
    $ ls
    bin include lib lib64 pyvenc.cfg
    ```

    - cd : Change Directory, 디렉터리 이동 명령어
    - ls : 파일 목록 확인 명령어

ⓛ 가상 환경 활성화

```
$ source ~/basic//smarthome_venv/bin/activate
```

- 가상 환경이 활성화되면 프롬프트 앞에 (smarthome_venv)와 같이 가상 환경 이름이 표시
- 이후로 작업시 가상 환경 활성화하여 작업하면 됨.
- 경로 해석

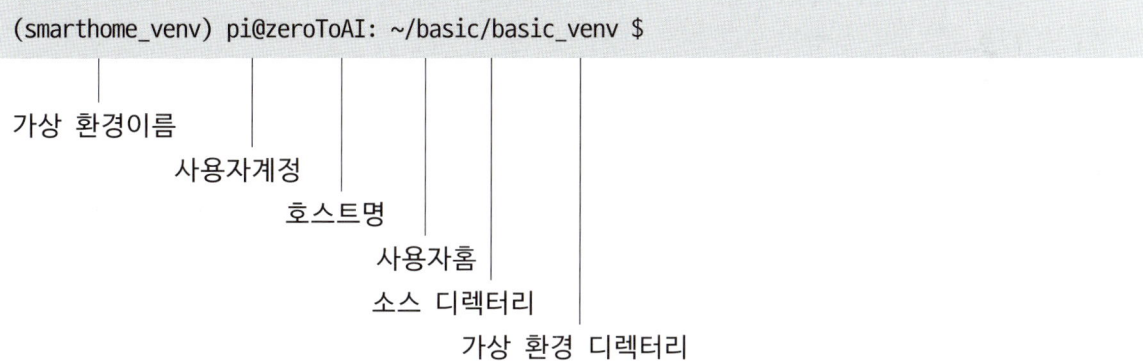

- 이후 표기는 아래와 같이 가상 환경 이름만 표기한다.

    ```
    (smarthome_venv) $
    ```

ⓒ 필수 라이브러리 설치
- 스마트홈 프로젝트 디렉터리 안에 있는 requirements.txt 사용
- 디렉터리 이동 및 파일 확인

    ```
    (smarthome_venv) $ cd ~/basic/smarthome_venv
    (smarthome_venv) $ ls
    ```

- 설치

    ```
    (smarthome_venv) $ pip install -r requirements.txt
    ```

(6) 프로젝트 구조

```
# file: __init__.py

'''
SmartHome Package Initialization

스마트홈 프로젝트 파일 구조

1. main.py: 메인 로직, 각 기능별 모듈을 import하여 전체 시스템을 제어. 실행 파일.
2. config.py: GPIO 핀 번호, 센서 임계값, 환경변수 등 설정 정보를 관리
3. 각 기능 구현 파일 존재 (/home/pi/smartHome 디렉터리 내)
      __init__.py : 패키지 처리
    1) 기본 환경 제어 기능
    led_module.py: LED 조명 제어 관련 기능을 담당.
    light_module.py: 조도 센서 관련 기능을 담당.

    2) 온습도 및 화재 감지 기능
    temp_hum_module.py: 온습도 센서 관련 기능을 담당.
    fire_module.py: 화재 감지 관련 기능을 담당.

    3) 디스플레이 기능
    multiFnd_module.py: 다중 FND 제어 관련 기능을 담당.
    lcd_module.py: LCD 제어 관련 기능을 담당.

    4) 보안 기능
    pir_module.py: PIR 센서 관련 기능을 담당.
    camera_module.py: 카메라 관련 기능을 담당.

    5) 알람 기능
    buzzer_module.py: 부저 제어 관련 기능을 담당.
    morningCall_module.py: 아침 알람 기능을 담당.

    6) 시스템 활성화 / 비활성화
    button_module.py: 물리적 버튼 제어 관련 기능을 담당.
    bluedot_module.py: 블루투스 제어 관련 기능을 담당.

4. 디렉터리 구조
/home/pi/smartHome : 프로젝트 루트 디렉터리
/home/pi/smartHome/music : 음악 파일 저장
/home/pi/smartHome/capture : 캡처 이미지 파일 저장
/home/pi/smartHome/drivers : lcd driver
/home/pi/smartHome/logs : 로그 파일 저장

--------------------------------------------------------------------------------
5. 모듈 파일의 기능 구현 (/home/pi/smartHome 디렉터리 내)

    led_module.py
        def by_light():
        def by_fire(fire_detected):
        def by_pir(pir_detected):

    light_module.py
```

```
        def read_light_value():

    temp_hum_module.py
        def read_temp_hum():

    fire_module.py
        def fire_detect():
        def fire_detect():

    multiFnd_module.py
        def multiFnd_display_time():

    lcd_module.py
        def lcd_blink(count):
        def lcd_fire():
        def lcd_pir_display(location):
        def lcd_temp_hum():
        def lcd_display():

    pir_module.py
        def pir_detect():

    camera_module.py
        def capture_image(location):

    buzzer_module.py
        def by_fire(fire_detected):
        def by_pir(pir_detected):

    morningCall_module.py
        def morningCall_play():

    button_module.py
        def set_control_functions(activate, deactivate, get_status):
        def toggle_system():

    bluedot_module.py
        def set_control_functions(activate, deactivate):
        def activate():
        def deactivate():

main.py
    def activate():
    def deactivate():
    def get_system_status():
    def main():

--------------------------------------------------------------------------------
'''
```

(7) 구현 절차

① **기초 환경 설정 파일**

 ㉠ config.py
- GPIO 핀 번호 및 시스템 설정을 관리 → 기능 구현 모듈 파일들에서 사용
- MCP3008 채널 설정, 센서 임계값 등 설정
- 기본 디렉터리, 음악 디렉터리, 사진 저장 디렉터리 등 경로 설정

② **기능 구현 모듈 파일**

 ㉠ 기본 환경 제어 기능
- LED (led.py) : 기본적인 조명 및 알람 기능
- 조도 센서 (light.py) : 실내 밝기 감지 및 LED 조절 기능

 ㉡ 온습도 및 화재 감지 기능
- 온습도 센서 (temp_hum.py) : 실내 온도 및 습도 측정
- 화재 감지 (fire.py) : 열 감지

 ㉢ 디스플레이
- 멀티 FND (multiFnd.py) : 현재 시간 표시
- LCD 디스플레이 (lcd.py) : 센서 값 및 시스템 상태 표시

 ㉣ 보안 및 자동화 기능
- 보안 시스템 (pir.py) : 동작감지
- 카메라 (camera.py) : 카메라 촬영 기능

 ㉤ 알람 기능
- 부저 (buzzer.py) : 경고음, 알람 기능
- 모닝콜 (morningCall.py) : 모닝 콜 음악 재생

 ㉥ 시스템 활성화 / 비활성화
- 버튼 제어 (button.py) : 시스템 활성화/비활성화
- 블루투스 제어 (bluedot.py) : 스마트폰 원격 제어(시스템 활성화/비활성화)

③ **실행**
- main.py : 스레드 기능으로 각각의 센서가 독립적으로 동작
- 활성화/비활성화 : 자동실행 기능 / button 제어 / bluedot 제어

(8) 전체 source code

이해를 돕기 위해 한글 설명문을 사용지만 실제 코드에는 영어, 혹은 삭제되어 있다.

① config.py

```python
# file: config.py
# smartHome configuration file

import os
import board

# 라즈베리파이 IP
REMOTE_PI_IP = os.getenv('REMOTE_PI_IP', '192.168.137.162')

# 센서 GPIO 셋팅
PIN = {
    'LED': 7,
    'BUZZER': 18,
    'BUTTON': 4,
    'PIR_DOOR': 27,
    'PIR_WINDOW': 22,
    'TEMP_HUM': board.D17,
}

# 아날로그 센서 MCP3008 channels
MCP3008_CHANNEL = {
    'FIRE_SENSOR': 0,
    'LIGHT_SENSOR': 2,
}

# settings for thresholds
THRESHOLDS = {
    'TEMP_HIGH': 30,      # temperature upper limit, degree C
    'TEMP_LOW': 18,       # temperature lower limit, degree C
    'HUM_HIGH': 60,       # humidity upper limit, %
    'HUM_LOW': 30,        # humidity lower limit, %
    'LIGHT_HIGH': 0.7,    # light upper limit, lux
    'LIGHT_LOW': 0.3,     # light lower limit, lux
    'FIRE_LOW': 0.2,      # fire lower limit, lux
    'FIRE_HIGH': 0.5,     # fire upper limit, lux
}

# Morning call music file path
BASE_DIR = '/home/pi/smartHome'
MUSIC_DIR = os.path.join(BASE_DIR, 'music')
LOG_PATH = os.path.join(BASE_DIR, 'logs')
```

㉠ os.getenv : 현재 라즈베리파이 IP를 자동으로 읽어 오는 함수
혹 읽어오다가 에러 나면 내가 적어둔 IP(192.168.137.162)를 사용

② LED 모듈

```python
# file: led_module.py
# led control module (Dumb Module)

from gpiozero import LED
from config import THRESHOLDS, PIN

led = LED(PIN['LED'])

def turn_on():
    led.on()
    print("LED ON.")

def turn_off():
    led.off()
    print("LED OFF.")

def blink_led(on_time, off_time, n=None):
    led.blink(on_time=on_time, off_time=off_time, n=n)
    print(f"LED blinking ({on_time}/{off_time}).")

def control_by_light(light_level):
    try:
        if light_level is None:
            print("LED Control Error: Invalid light_level received.")
            return

        if light_level < THRESHOLDS['LIGHT_LOW']:
            print(f'Light level is {light_level:.2f}, Dark.. Turning on LED.')
            led.on()
        elif light_level > THRESHOLDS['LIGHT_HIGH']:
            print(f'Light level is {light_level:.2f}, Bright.. Turning off LED.')
            led.off()
        else:
            print(f'Light level is {light_level:.2f}, Normal.. Turning off LED.')
            led.off()

    except Exception as err:
        print(f'LED Control Error: {err}')
        led.off()

def control_by_fire(fire_detected):
    try:
        if fire_detected:
            print(f'Fire detected! Turning on LED (blink).')
            led.blink(on_time=0.2, off_time=0.2)
        else:
            print(f'No fire detected. Turning off LED.')
            led.off()
    except Exception as err:
        print(f'LED Control Error: {err}')
        led.off()
```

```python
def control_by_pir(pir_detected):
    try:
        if pir_detected:
            print('Motion Detected.! Turning on LED (blink).')
            led.blink(on_time=0.5, off_time=0.5)
        else:
            print('No motion. Turning off LED.')
            led.off()
    except Exception as err:
        print(f'LED Control Error: {err}')
        led.off()

def cleanup():
    led.off()
    led.close()
    print("LED module cleaned up.")
```

③ 조도센서 모듈

```python
# file: light_module.py
# Light Sensor Module (Monitoring Loop Added)

from gpiozero import MCP3008
from config import MCP3008_CHANNEL
from time import sleep # sleep 추가

light_sensor = MCP3008(channel=MCP3008_CHANNEL['LIGHT_SENSOR'])

_current_light_value = None

def read_light_value():
    try:
        global _current_light_value
        _current_light_value = light_sensor.value
        # print(f'Light Value: {_current_light_value:.8f}') # 너무 많이 출력됨
        return _current_light_value
    except Exception as err:
        print(f'LightSensor Error : {err}')
        _current_light_value = None
        return None

def get_current_light_value():
    return _current_light_value

def monitor_light_sensor():
    print("Light sensor monitoring started...")
    while True:
        try:
            read_light_value()
            sleep(3)
        except Exception as e:
            print(f'Light Monitoring Error: {e}')
            sleep(5)
```

④ 온습도 센서 모듈

```python
# file: temp_hum_module.py
# Temperature and Humidity Sensor Module using DHT11 (Monitoring Loop Added)

from adafruit_dht import DHT11
from config import PIN
import board
from time import sleep

# DHT11은 board.D17 핀에 연결
dht = DHT11(PIN['TEMP_HUM'], use_pulseio=False)

# 현재 온도/습도 값을 저장하는 변수
_current_temperature = None
_current_humidity = None

def read_temp_hum_status():
    try:
        global _current_temperature, _current_humidity
        temp = dht.temperature
        hum = dht.humidity

        if temp is not None and hum is not None:
            _current_temperature = temp
            _current_humidity = hum
            return temp, hum
        else:
            print('Failed to retrieve DHT11 data.')
            _current_temperature = None
            _current_humidity = None
            return None, None

    except RuntimeError as err: # DHT 센서 특유의 오류 (일시적)
        print(f'DHT Sensor RuntimeError: {err}')
        _current_temperature = None
        _current_humidity = None
        return None, None
    except Exception as err:
        print(f'Error reading DHT sensor: {err}')
        _current_temperature = None
        _current_humidity = None
        return None, None

def get_current_temp_hum_status():
    return _current_temperature, _current_humidity

def monitor_temp_hum_sensor():
    #온습도 센서를 무한 루프하며 지속적으로 모니터링하는 스레드 대상 함수
    print("Temperature/Humidity sensor monitoring started...")
    while True:
        try:
            read_temp_hum_status()
            sleep(5) # 5초마다 체크 (DHT11은 너무 자주 읽으면 오류 발생 가능)
        except Exception as err:
            print(f"Temp/Hum Monitoring Error: {err}")
            sleep(10) # 오류 발생 시 잠시 대기 후 재시도 (DHT11 오류 방지)
```

⑤ fire.py

```python
# file: fire_module.py
# Fire Detection Module (Monitoring Loop Added)

from gpiozero import MCP3008
from config import THRESHOLDS, MCP3008_CHANNEL
import led_module, buzzer_module
from time import sleep

fire_sensor = MCP3008(MCP3008_CHANNEL['FIRE_SENSOR'])

# 현재 화재 감지 상태를 저장하는 변수 (main.py에서 참조할 수 있도록)
_fire_alert_active = False

def read_fire_value():
    #화재 센서의 현재 값을 한 번 읽어서 반환
    try:
        fire_level = fire_sensor.value
        return fire_level
    except Exception as err:
        print(f'Fire Sensor Error: {err}')
        return None

def fire_detect():
    # 감지 로직을 수행하고, 관련 모듈을 제어
    global _fire_alert_active
    fire_level = read_fire_value()

    if fire_level is not None and fire_level > THRESHOLDS['FIRE_HIGH']:
        if not _fire_alert_active:                      # 새로 감지된 경우에만 출력
            print('Fire detected! Alerting system...')
        _fire_alert_active = True
        led_module.control_by_fire(True)
        buzzer_module.control_by_fire(True)
        return True
    else:
        if _fire_alert_active: # 화재 감지 상태였다가 해제된 경우에만 출력
            print('No fire detected. Clearing alert.')
        _fire_alert_active = False
        led_module.control_by_fire(False)
        buzzer_module.control_by_fire(False)
        return False

def get_current_fire_status():
    #외부에서 현재 화재 감지 상태를 가져오는 함수
    return _fire_alert_active

def monit or_fire_sensor():
    3화재 센서를 무한 루프하며 지속적으로 모니터링하는 스레드 대상 함수
    print("Fire sensor monitoring started...")
    while True:
        try:
            fire_detect()
            sleep(2)
        except Exception as e:
            print(f"Fire Monitoring Error: {e}")
            sleep(5)
```

⑥ multi-FND 모듈

```python
# file: multiFnd_module.py
# dispay time on a 7-segment LED display

from gpiozero import LEDCharDisplay, LEDMultiCharDisplay
from time import sleep
from datetime import datetime

char = LEDCharDisplay(20, 21, 19, 13, 6, 16, 12, dp=26)
display = LEDMultiCharDisplay(char, 23, 24, 25, 5)

def multiFnd_display_time():
    while True:
        try:
            now = datetime.now()
            current_time = now.strftime('%H:%M')
            display.value = current_time
            print(f'Now time: {current_time}')
            sleep(0.5)
        except Exception as err:
            print(f'Error : {err}')
```

⑦ lcd.py

```python
# file: lcd_module.py
# LCD Display Module (Dumb Module) using RPLCD Library

from time import sleep
from RPLCD.i2c import CharLCD

lcd = CharLCD(i2c_expander='PCF8574', address=0x27, port=1,
              cols=16, rows=2, dotsize=8,
              charmap='A00',
              auto_linebreaks=True)

def set_backlight(on=True):
    lcd.backlight_enabled = on

def lcd_blink(count):            # Blink the LCD backlight
    for _ in range(count):
        set_backlight(True)
        sleep(0.3)
        set_backlight(False)
        sleep(0.3)
    set_backlight(True)

def display_fire_alert():        # Display fire alert
    lcd.clear()
    lcd_blink(3)
    lcd.write_string('!!! FIRE ALERT !!!\nEvacuate immediately!')
    print('LCD: Fire detected! Emergency alert displayed.')
```

```python
def display_pir_alert(location):          # Display PIR alert
    lcd.clear()
    lcd_blink(2)

    if location == 'door':
        lcd.write_string('Motion at DOOR!\nCheck DOOR!')
    elif location == 'window':
        lcd.write_string('Motion at WINDOW!\nCheck WINDOW!')
    else:
        lcd.write_string('No motion detected\nALL cleared!')
        print('LCD: No motion or invalid PIR location.')

def display_temp_hum(temp, hum):          # Display temperature and humidity
    lcd.clear()
    if temp is not None and hum is not None:
        lcd.write_string(f'Temp: {temp:.1f}C\nHum: {hum:.1f}%')
        print(f'LCD: Displaying Temp: {temp:.1f}C, Hum: {hum:.1f}%')
    else:
        lcd.write_string('Sensor Error\nCheck DHT!')
        print('LCD: Failed to read DHT sensor data for display.')

def update_display(current_status):
    # LCD 디스플레이를 업데이트하는 메인 함수.
    try:
        fire_alert = current_status.get('fire_alert', False)
        pir_location = current_status.get('pir_location', None)
        temp = current_status.get('temp', None)
        hum = current_status.get('hum', None)

        if fire_alert:
            display_fire_alert()
        elif pir_location:
            display_pir_alert(pir_location)
            sleep(2)
        else:
            display_temp_hum(temp, hum)

    except Exception as err:
        print(f'LCD Update Error: {err}')
        lcd.clear()
        lcd.write_string('LCD SYSTEM ERROR\nCheck Console')

def cleanup():
    lcd.clear()
    set_backlight(False)
    print("LCD module cleaned up.")
```

⑧ pir.py

```python
# file: pir_module.py
# PIR Sensor Module (Monitoring Loop Added)

from gpiozero import MotionSensor
from config import PIN
from camera_module import capture_image
from time import sleep # sleep 추가

pir_door = MotionSensor(PIN['PIR_DOOR'])
pir_window = MotionSensor(PIN['PIR_WINDOW'])

# 현재 감지 상태를 저장하는 변수 (main.py에서 이 값을 참조할 수 있도록)
_motion_detected_at = None

def read_pir_status():
    #PIR 센서의 현재 감지 상태를 한 번 읽어서 반환
    global _motion_detected_at
    if pir_door.motion_detected:
        _motion_detected_at = 'door'
        print('Motion detected at door')
        print('Capturing image...')
        capture_image('door')
        return 'door'
    elif pir_window.motion_detected:
        _motion_detected_at = 'window'
        print('Motion detected at window')
        print('Capturing image...')
        capture_image('window')
        return 'window'
    else:
        if _motion_detected_at is not None: # 움직임이 있다가 사라지면 None
            print('Motion cleared.')
        _motion_detected_at = None
        return None

def get_current_motion_status():
    #외부에서 현재 감지된 움직임 위치를 가져오는 함수
    return _motion_detected_at

def monitor_pir_sensors():
    #PIR 센서를 무한 루프하며 지속적으로 모니터링하는 스레드 대상 함수
    print('PIR sensor monitoring started...')
    while True:
        try:
            read_pir_status()
            sleep(1)
        except Exception as err:
            print(f'PIR Monitoring Error: {er}')
            sleep(5) # 오류 발생 시 잠시 대기 후 재시도
```

⑨ camera.py

```python
# file: camera_module.py
# Camera Capture Module

from picamera2 import Picamera2
from datetime import datetime
import os

DIR = 'capture/'
os.makedirs(DIR, exist_ok=True)

home_cam = Picamera2()
home_cam.configure(home_cam.create_still_configuration())

def capture_image(location):
    try:
        timestamp = datetime.now().strftime('%Y%m%d_%H%M%S')
        filename = f'{DIR}{location}_{timestamp}.jpg'

        home_cam.start_and_capture(filename)

        print(f'Image captured : {filename}')
        return filename

    except Exception as err:
        print(f'Error capturing image: {err}')
        return None
    finally:
        home_cam.stop()
```

```
door_20251015_143022.jpg
door_20251015_150845.jpg
door_20251015_162134.jpg
window_20251015_144156.jpg
window_20251015_151203.jpg
window_20251015_163045.jpg
```

⑩ buzzer.py

```python
# file: buzzer_module.py
# Buzzer Control Module for Smart Home System (Dumb Module)

from gpiozero import Buzzer
from config import PIN

buzzer = Buzzer(PIN['BUZZER'])

def turn_on():
    buzzer.on()
    print("Buzzer ON.")

def turn_off():
    buzzer.off()
```

```python
        print("Buzzer OFF.")

# 부저를 반복해서 울리는 기본 함수
def beep_buzzer(on_time, off_time, n=None):
    buzzer.beep(on_time=on_time, off_time=off_time, n=n)
    print(f"Buzzer beeping ({on_time}/{off_time}).")

def control_by_fire(fire_detected): # 외부에서 fire_detected 값을 인자로 받음
    try:
        if fire_detected:
            print('Fire detected! Buzzer Alarm (beep).')
            buzzer.beep(on_time=0.2, off_time=0.2, n=None) # n=None은 무한 반복
        else:
            print('No fire detected. Stopping Buzzer.')
            buzzer.off()
    except Exception as err:
        print(f'Buzzer Control Error: {err}')
        buzzer.off()

def control_by_pir(pir_detected): # 외부에서 pir_detected 값을 인자로 받음
    try:
        if pir_detected:
            print('Motion detected! Buzzer on (5 beeps).')
            buzzer.beep(on_time=0.5, off_time=0.5, n=5) # n=5는 5회 반복
        else:
            print('No motion. Stopping Buzzer.')
            buzzer.off()
    except Exception as err:
        print(f'Buzzer Control Error: {err}')
        buzzer.off()

# 시스템이 비활성화될 때 부저를 끄는 함수 추가 (main에서 호출)
def cleanup():
    buzzer.off()
    buzzer.close()
    print("Buzzer module cleaned up.")
```

⑪ morningCall.py

```python
# file: morningCall_module.py

import pygame
import random
from datetime import datetime
from time import sleep
import os

MUSIC_DIR = 'music/'
os.makedirs(MUSIC_DIR, exist_ok=True)


def morningCall_play():
    try:
        files = [f for f in os.listdir(MUSIC_DIR) if f.endswith('.mp3')]
        if not files:
```

```
            print(f'No music files found in {MUSIC_DIR}')
            return

        MUSIC_FILE = os.path.join(MUSIC_DIR, random.choice(files))

        pygame.mixer.init()
        pygame.mixer.music.load(MUSIC_FILE)
        pygame.mixer.music.set_volume(0.5)

        while True:
            now = datetime.now()
            if now.hour == 6 and now.minute == 0:
                pygame.mixer.music.play(-1)
                print(f'Morning call music started: {MUSIC_FILE}')

            sleep(60)

    except KeyboardInterrupt:
        print('Morning call stopped.. ctrl+c pressed')
    except Exception as err:
        print(f'Error : {err}')
    finally:
        pygame.mixer.music.stop()
        pygame.mixer.quit()
```

⑫ button.py

- 지금은 코딩만 하자. main.py까지 완성하면 동작한다.

```python
# file: button_module.py
# Button Control Module for Smart Home System

from gpiozero import Button
from config import PIN
from main import activate, deactivate

btn = Button(PIN["BUTTON"])
smartHome_active = False

def toggle_system():
    global smartHome_active

    if smartHome_active:
        deactivate()
    else:
        activate()

    smartHome_active = not smartHome_active

btn.when_pressed = toggle_system
```

- button의 기능에 블루투스 버튼과 연동 또한 상태 기록 처리함.

```python
# file: button_module.py
# Button Control Module for Smart Home System

from gpiozero import Button
from config import PIN

btn = Button(PIN["BUTTON"])

# Global variables for functions
activate_func = None
deactivate_func = None
system_status_func = None

def set_control_functions(activate, deactivate, get_status=None):
    global activate_func, deactivate_func, system_status_func
    activate_func = activate
    deactivate_func = deactivate
    system_status_func = get_status

def toggle_system():
    global activate_func, deactivate_func, system_status_func

    if activate_func and deactivate_func:
        if system_status_func:
            if system_status_func():
                print("Button pressed - deactivating system")
                deactivate_func()
            else:
                print("Button pressed - activating system")
                activate_func()
        else:
            print("Button pressed - activating system")
            activate_func()

btn.when_pressed = toggle_system
```

⑬ bluedot.py

```python
# file: bluedot_module.py
# Smart Home System with BlueDot Buttons (Updated)

from bluedot import BlueDot

bd = BlueDot(cols=2, rows=1)

# 전역변수 설정 (main.py에서 activate/deactivate 함수를 받기 위함)
activate_func = None
deactivate_func = None

def set_control_functions(activate, deactivate):
    global activate_func, deactivate_func
    activate_func = activate
```

```
        deactivate_func = deactivate

def _on_activate_button_pressed():
    global activate_func
    if activate_func:
        activate_func()

def _on_deactivate_button_pressed():
    global deactivate_func
    if deactivate_func:
        deactivate_func()

# setting bd[0,0] button (Activate)
bd[0, 0].color = 'green'
bd[0, 0].size = (100, 100)
bd[0, 0].label = 'Activate SmartHome System'
bd[0, 0].when_pressed = _on_activate_button_pressed

# setting bd[0,1] button (Deactivate)
bd[0, 1].color = 'red'
bd[0, 1].size = (100, 100)
bd[0, 1].label = 'Deactivate SmartHome System'
bd[0, 1].when_pressed = _on_deactivate_button_pressed

print('BlueDot module initialized. Waiting for main controller to start service...')

# 시스템 종료 시 BlueDot 리소스를 정리하는 함수
def cleanup():
    print('BlueDot module cleaned up (implicitly by pause() termination).')
```

⑭ main.py

```
# file: main.py
# SmartHome Main Controller (Updated with Threading, State Management, and Cleanup)

import threading
from signal import pause
from time import sleep

# --- 1. 기능 모듈 임포트 ---
# 센서 모니터링을 위한 모듈 (이제 monitor_ 함수를 스레드 대상으로 사용)
from pir_module import monitor_pir_sensors, get_current_motion_status, cleanup as pir_cleanup
from fire_module import monitor_fire_sensor, get_current_fire_status, cleanup as fire_cleanup
from light_module import monitor_light_sensor, get_current_light_value, cleanup as light_cleanup
from temp_hum_module import monitor_temp_hum_sensor, get_current_temp_hum_status, cleanup as dht_cleanup

# 디스플레이 모듈 (상태를 전달받아 표시)
from lcd_module import update_display, cleanup as lcd_cleanup
```

```python
from multiFnd_module import multiFnd_display_time, cleanup as fnd_cleanup # FND는 내부 무한 루프

# 알람 및 기타 기능
from morningCall_module import morningCall_play, cleanup as mc_cleanup
from buzzer_module import cleanup as buzzer_cleanup
from led_module import control_by_light, control_by_fire, control_by_pir, cleanup as led_cleanup

# 시스템 활성/비활성 제어 모듈
from button_module import btn, toggle_system, set_control_functions as set_button_functions, cleanup as button_cleanup
from bluedot_module import bd, activate_system, deactivate_system, set_control_functions as set_bluedot_functions, cleanup as bluedot_cleanup


# --- 2. 시스템 전역 상태 변수 ---
smartHome_active = False
_active_threads = []
_system_status = {
    'fire_alert': False,
    'pir_location': None,
    'temp': None,
    'hum': None,
    'light_level': None,
    'last_updated': None,
    'system_message': "Ready to activate..."
}
_status_lock = threading.Lock()

# --- 3. 시스템 활성화/비활성화 함수 ---
def activate():
    global smartHome_active, _active_threads
    if smartHome_active:
        print('SmartHome System already activated')
        return
    
    smartHome_active = True
    print('\n--- SmartHome System Activated ---')
    _system_status['system_message'] = "System Activated"
    
    # 3.1. 각 기능 모듈의 모니터링 스레드 시작
    # FND (시간 표시)
    fnd_thread = threading.Thread(target=multiFnd_display_time, daemon=True)
    fnd_thread.start()
    _active_threads.append(fnd_thread)
    
    # 온습도 센서 모니터링
    dht_thread = threading.Thread(target=monitor_temp_hum_sensor, daemon=True)
    dht_thread.start()
    _active_threads.append(dht_thread)
    
    # PIR 센서 모니터링 (움직임 감지)
    pir_thread = threading.Thread(target=monitor_pir_sensors, daemon=True)
```

```python
    pir_thread.start()
    _active_threads.append(pir_thread)

    # 화재 센서 모니터링
    fire_thread = threading.Thread(target=monitor_fire_sensor, daemon=True)
    fire_thread.start()
    _active_threads.append(fire_thread)

    # 조도 센서 모니터링 (LED 자동 제어를 위해 필요)
    light_thread = threading.Thread(target=monitor_light_sensor, daemon=True)
    light_thread.start()
    _active_threads.append(light_thread)

    # 모닝콜 기능 (설정된 시간에 재생)
    mc_thread = threading.Thread(target=morningCall_play, daemon=True)
    mc_thread.start()
    _active_threads.append(mc_thread)

    # --- 3.2. 메인 상태 업데이트 및 LCD/LED/Buzzer 제어 스레드 시작 ---
    status_update_thread = threading.Thread(target=_monitor_and_control_loop, daemon=True)
    status_update_thread.start()
    _active_threads.append(status_update_thread)

    bluedot_thread = threading.Thread(target=_start_bluedot_service, daemon=True)
    bluedot_thread.start()
    _active_threads.append(bluedot_thread)


def deactivate():
    global smartHome_active, _active_threads
    if not smartHome_active:
        print('SmartHome System already deactivated')
        return

    smartHome_active = False
    print('--- SmartHome System Deactivated ---')
    _system_status['system_message'] = "System Deactivated"

    led_cleanup()
    buzzer_cleanup()
    lcd_cleanup()
    mc_cleanup()

def get_system_status():
    return smartHome_active

# --- 4. BlueDot 서비스 시작 함수 (bluedot_module.py의 pause()를 포함) ---
def _start_bluedot_service():
    print("BlueDot service started, waiting for button presses...")
    try:
        pause() # BlueDot 이벤트를 계속 대기
    except KeyboardInterrupt:
        print("BlueDot service stopped.")
    except Exception as err:
```

```python
            print(f"Error in BlueDot service: {err}")
    finally:
        bluedot_cleanup() # BlueDot 리소스 정리


# --- 5. 메인 모니터링 및 제어 루프 스레드 ---
def _monitor_and_control_loop():
    print("Main monitoring and control loop started...")
    while smartHome_active:
        with _status_lock:
            _system_status['fire_alert'] = get_current_fire_status()
            _system_status['pir_location'] = get_current_motion_status()
            _system_status['temp'], _system_status['hum'] = get_current_temp_hum_status()
            _system_status['light_level'] = get_current_light_value()
            _system_status['last_updated'] = datetime.now().strftime('%H:%M:%S')

            update_display(_system_status)

            if not _system_status['fire_alert'] and not _system_status['pir_location']:
                control_by_light(_system_status['light_level'])
            elif _system_status['fire_alert']:
                control_by_fire(True)
            elif _system_status['pir_location']:
                control_by_pir(True)

        sleep(1.5)
    print("Main monitoring and control loop stopped.")


# --- 6. 메인 함수 ---
def main():
    # 6.1. 버튼 및 블루닷 모듈에 시스템 제어 함수들 전달
    set_button_functions(activate, deactivate, get_system_status)
    set_bluedot_functions(activate, deactivate)

    # 6.2. 블루닷 및 물리 버튼 눌림 대기 (이벤트 기반)
    print('SmartHome Main Controller Initialized.')
    print('Waiting for BlueDot button & physical button press to activate/deactivate...')

    try:
        pause()

    except KeyboardInterrupt:
        print('\nSmartHome system stopped by user (Ctrl+C).')
    except Exception as err:
        print(f'An unexpected error occurred in main: {err}')
    finally:
        print('--- Cleaning up SmartHome resources ---')
        deactivate()

        pir_cleanup()
        fire_cleanup()
        light_cleanup()
```

```
        dht_cleanup()
        lcd_cleanup()
        fnd_cleanup()
        mc_cleanup()
        buzzer_cleanup()
        led_cleanup()
        button_cleanup()

        print('All SmartHome resources cleaned up.')
        print('SmartHome system finished.')

if __name__ == '__main__':
    from datetime import datetime
    main()
```

⑮ 순차적 기능 구현

㉠ 아래는 참고만 하자. 실제 코딩하지 않아도 된다.

```
# file: main_no_threading.py
# SmartHome Main Controller (No Threading Version)

from signal import pause

from pir_module import read_pir_value
from fire_module import fire_detect
from lcd_module  import lcd_display
from morningCall_module import morningCall_play
from multiFnd_module import multiFnd_display_time
from button_module import btn, toggle_system, set_control_functions as set_button_functions
from bluedot_module import bluedot_module, set_control_functions as set_bluedot_functions

# SmartHome Main Controller
smartHome_active = False

def activate():
    global smartHome_active
    if smartHome_active:
        print('SmartHome System already activated')
        return

    smartHome_active = True
    print('SmartHome System Activated')

    # 스레드 없이 순차적으로 실행 (비교용)
    print('Starting sensors sequentially (no threading)...')

    # 각 센서를 한 번씩 실행하여 테스트
    print('Testing multiFnd display...')
    multiFnd_display_time()

    print('Testing LCD display...')
    lcd_display()
```

```python
        print('Testing PIR sensor...')
        read_pir_value()

        print('Testing fire detection...')
        fire_detect()

        print('Testing morning call...')
        morningCall_play()

        print('Testing BlueDot...')
        bluedot_module()

def deactivate():
    global smartHome_active
    if not smartHome_active:
        print('SmartHome System already deactivated')
        return

    smartHome_active = False
    print('SmartHome System Deactivated')

def get_system_status():
    """시스템 상태 확인 함수"""
    return smartHome_active

def main():
    # 버튼과 블루닷 모듈에 제어 함수들 전달
    set_button_functions(activate, deactivate, get_system_status)
    set_bluedot_functions(activate, deactivate)

    btn.when_pressed = toggle_system

    print('Waiting for BlueDot button & physical button press...')
    print('Note: This version runs sensors sequentially without threading')

    activate()

    try:
        pause()

    except KeyboardInterrupt:
        print('SmartHome system stopped.(Ctrl+C)')
    finally:
        print('SmartHome system finished.')

if __name__ == '__main__':
    main()
```

03 스마트 팜

(1) 개요

> 스마트 팜은 작은 규모의 식물을 재배하면서도 자동화된 환경 제어를 통해 최적의 성장 조건을 제공하는 시스템이다. 본 프로젝트에서는 온도·습도 센서, 토양 습도 센서, 조도 센서 등을 활용하여 식물의 상태를 모니터링하고, 자동으로 물을 공급하거나 LED 조명을 제어한다. 또한 환기 시스템, 물탱크 관리, 성장 단계별 LED 조명, 카메라 기반 성장 기록 및 AI 분석 기능을 포함한다.

① **환기 시스템**: 온도·습도 센서 값을 기반으로 DC 팬을 제어하여 적정 환경 유지
② **토양 물 공급 시스템**: 토양 습도 센서로 상태를 확인하고 워터 펌프를 통해 자동 급수
③ **물탱크 관리**: 수위 센서로 물탱크 상태를 확인하고 서보 모터를 통해 자동 보충
④ **스마트 LED 조명**: RGB LED를 활용해 성장 단계별 최적의 파장대 빛 제공
⑤ **성장 기록 및 AI 분석**: 카메라로 촬영한 이미지를 AI 모델로 분석하여 성장 단계 파악

(2) 시스템 설계

　① 전체 구성도

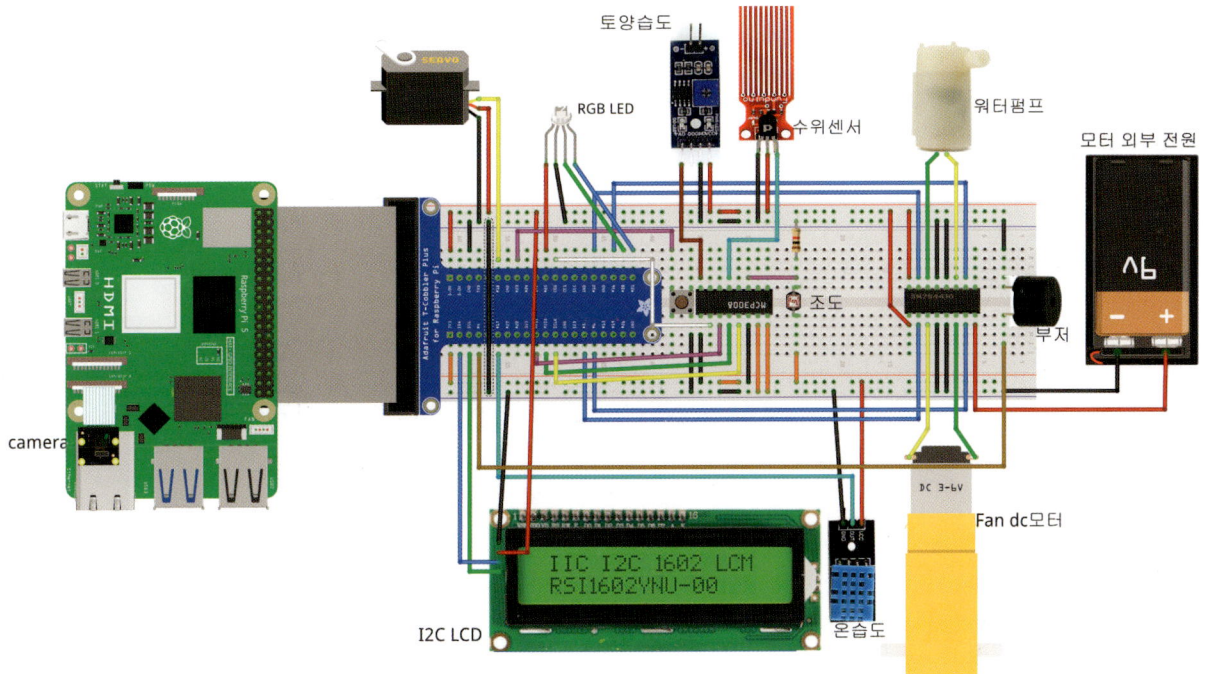

〈그림 9-12〉 스마트팜_전체 회로도

② **연결 정보**

vcc와 GND는 회로도 참고

㉠ 라즈베리파이 GPIO

					서보		버튼			RGB LED	mcp 3008 10				워터 펌프		워터 펌프	RGB LED		
												7						R	G	B
5V	5V	GND	TX	RX	18	G	23	24	G	25	CE0	CE1	EEC	G	12	G	16	20	21	
라즈베리파이 핀																			
3V3	SDA	SCL	4	G	17	27	22	3V3	MOSI	MISO	SCLK	G	EED	5	6	13	19	26	G	
					온습도				11	12	13									
	LCD									mcp3008				DC 모터						

㉡ 아날로그 ADC, MCP3008

아날로그 센서	토양습도		수위센서		조도			
MCP3008	CH7	CH6	CH5	CH4	CH3	CH2	CH1	CH0

㉢ 모터 드라이브, SN754410

GPIO	기능		워터펌프 입력제어	워터펌프 출력			워터펌프 출력	워터펌프 입력제어	
	GPIO	5V	핀번호	dcmotor	GND	GND	dcmotor	핀번호	5V
SN754410	기능	Vcc1	4A	4Y	GND	GND	3Y	3A	3,4EN
	핀번호	16	15	14	13	12	11	10	9
	칩	SN754410							
	핀번호	1	2	3	4	5	6	7	8
	기능	1,2EN	1A	1Y	GND	GND	2Y	2A	Vcc2
GPIO	GPIO	5V	핀번호	dcmotor	GND	GND	dcmotor	핀번호	
	기능		fan 입력제어	fan 출력			fan 출력	fan 입력제어	외부전원

③ 동작 원리
- 센서 값 수집 → 멀티 스레드로 병렬 처리
- 환기: 온·습도 기준으로 DC 팬 제어
- 급수: 토양 습도 기준 워터 펌프 제어
- 물탱크: 수위 센서에 따라 서보 모터로 보충
- 조명: 성장 단계별 RGB LED 파장 제어
- 촬영: 주기적 카메라 촬영 후 AI 모델 분석
- 블루투스: BlueDot 앱으로 수동 제어 및 상태 조회
- Flask 웹서버: /sensor_data 엔드포인트로 JSON 제공

(3) 주요 기능

① 환기 시스템(온·습도 기반 팬 제어)
② 토양 물 공급(토양습도 기반 펌프 제어)
③ 물탱크 관리(수위 기반 서보 모터 제어)
④ 스마트 LED 조명(RGB LED로 파장 조절)
⑤ 성장 기록 및 AI 분석(카메라 이미지 분석)
⑥ 모니터링(LCD 실시간 표시, 웹 대시보드)
⑦ 수동 제어(BlueDot 앱으로 LED·팬·펌프 조작)
⑧ 알림 및 경보(부저 경보, 이상 상황 알림)
⑨ 부품
⑩ 부품 이미지

기능	센서/장치	설명
빛 감지	조도 센서	빛의 양 측정
온도, 습도 측정	온습도 센서 (DHT11)	온도와 습도 측정
토양 수분 측정	토양 습도 센서	토양의 수분 상태 감지
수위 측정	수위 측정센서	물탱크의 물 수위 측정
LCD 출력	I2C LCD	센서값 및 상태 표시
토양 물 공급	워터 펌프	토양 건조 시 자동 물 공급
물탱크 물 공급	서보 모터	물탱크 물 부족 시 자동 보충
환기	DC 모터 팬	고온 또는 고습 시 환기
LED 조명	RGB LED	성장 단계별 빛 제공
앱 제어	BlueDot 앱 (Bluetooth)	원격 제어 및 상태 확인
카메라	카메라	성장 과정 촬영 및 분석
버튼	Button	시스템 활성화 / 비활성화
부저	buzzer	식물 성장 도움 멜로디

(4) 필요 부품

① 부품

기능		부품	개수
온습도		DHT11	1
ADC 컨버터		MCP3008	1
토양습도		수분감지	1
조도(밝기)		cds	1
저항		10kΩ	1
물탱크 수위		수위 센서	1
식물 성장 조명		RGB LED	1
부저		피에조 수동부저	1
디스플레이		I2C LCD	1
모터 드라이버		SN754410	1
팬 모터		DC 모터	1
물탱크 제어		SG90 서보 모터	1
토양 수분 공급		워터 DC 펌프	1
버튼		button	1
카메라		pi 카메라	1
전원		건전지 홀더	1
		AA 건전지	4
점퍼 케이블 (센서)	수수	30 cm	16
	암수	30 cm	26
연결선 (브레드보드)	빨강	5mm 1개, 10mm 1개	
	주황	5mm 1개, 10mm 1개	
	검정	5mm 2개, 10mm 2개	

② 부품 이미지

재료명	이미지	재료명	이미지
라즈베리파이 5		브레드보드 (830)	
GPIO 확장 T-Cobbler Plus		온습도센서	

재료명	이미지	재료명	이미지
ADC 컨버터 mcp3008		조도센서 cds	
수위 센서		RGB LED	
피에조 수동부저		I2C LCD	
모터 드라이버 SN754410		fan 모터 (DC 모터)	
서보모터		워터 펌프 (DC 모터)	
버튼		카메라 (pi 3)	
건전지 홀더 AA 4개		건전지 AA	
점퍼 케이블 (20cm)	암수		저항	330Ω
	수수			10kΩ
			브레드보드 연결선	5mm 10mm

Chapter 09 프로젝트

(5) 작업 환경 설정

① 작업 스타일

㉠ 라즈베리파이

라즈베리파이	작업용 컴퓨터	스마트폰
소스 코드 회로도 구성	vs code의 SSH 접속	bluedot 앱

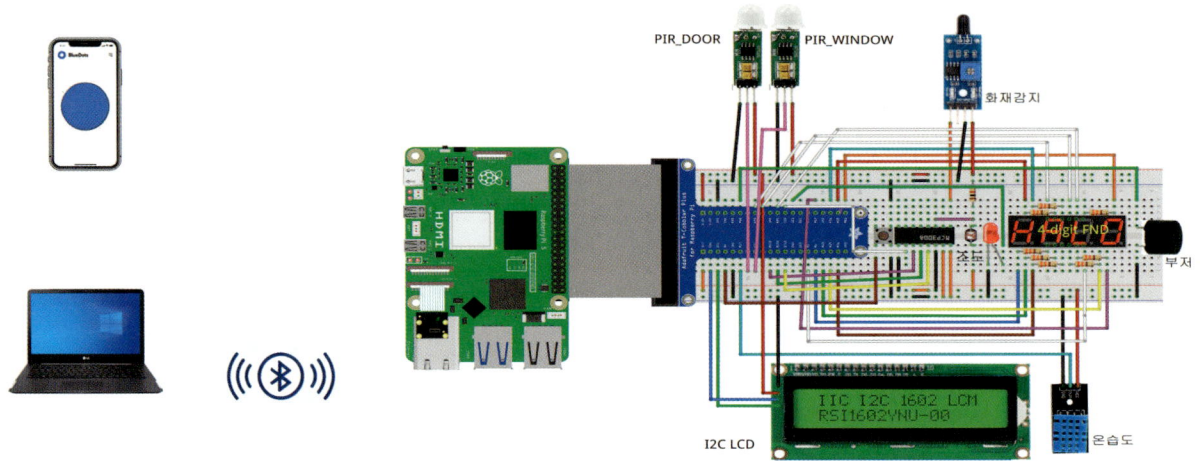

② 작업 순서

순서	파일명	기능
1. 가상 환경 설정		• 효율적인 프로젝트 관리 • 라이브러리 충돌 방지
2. 기본 설정	config.py	• GPIO 핀 번호 설정 • 센서들의 임계값 설정 • 파일 경로 설정 • 전체 프로젝트에서 사용할 상수값들 정의
3. 기본 센서 제어 모듈	temp_hum.py	온습도 센서 (기본적인 환경 모니터링)
	moisture.py	토양 습도 센서
	light.py	조도 센서
	waterSensor.py	물탱크 수위 센서
4. 기본 출력장치 제어 모듈	rgbled.py	LED 제어
	buzzer.py	알림용 부저이
	lcd.py	LCD 디스플레
	fan.py	팬 모터
5. 물 공급 시스템	supplyWaterTank.py	물탱크 제어
	supplyWaterMoisture.py	토양 수분 공급
6. 사용자 인터페이스 및 제어	button.py	물리적 버튼 제어
	music.py	알림음 재생
	bluedot.py	모바일 앱 제어

순서	파일명	기능
7. 데이터베이스 및 서버	create_db.py	DB 스키마 생성
	server.py	Flask 서버
	index.html	웹 대시보드
8. 이미지 처리 및 AI	camera.py	카메라 제어
	plantGrowth.py	성장 모니터링
	image_processing.py	이미지 처리 및 성장 단계 판단
	train_model.py	AI 모델 학습
9. 통합	main.py	통합. 전체 시스템 구현

③ 가상 환경 설정

㉠ 가상 환경 생성

- 사용자 디렉터리로 이동
  - git을 통해 다운로드 시 basic 디렉터리 생성되어 있다.

  ```
  $ cd ~/basic/
  ```

  - ~ : 사용자 홈 디렉터리(/home/pi 와 동일)

- 가상 환경 생성 : smartfarm_venv (교재에서 통틀어 1번만 생성한다.)

  ```
  $ python3 -m venv smartfarm_venv
  ```

  - 현재 디렉토리에 smartfarm_venv라는 이름의 새로운 가상 환경 폴더를 생성
  - 'smartfarm_venv'는 가상 환경의 이름. 원하는 다른 이름으로 변경 가능
  - ——system-site-packages : 현재 라즈베리파이 OS에서 사용하고 있는 모든 라이브러리를 가상 환경에서도 사용한다는 옵션. (system앞에 -는 2개. site와 packages 앞에는 1개)

- 확인하기

  ```
  $ cd smartfarm_venv
  ```

  ```
  $ ls
  bin include lib lib64 pyvenc.cfg
  ```

  - cd : Change Directory, 디렉터리 이동 명령어
  - ls : 파일 목록 확인 명령어

㉡ 가상 환경 활성화

```
$ source ~/basic//smartfarm_venv/bin/activate
```

- 가상 환경이 활성화되면 프롬프트 앞에 (smartfarm_venv)와 같이 가상 환경 이름이 표시
- 이후로 작업시 가상 환경 활성화하여 작업하면 됨.

- 경로 해석

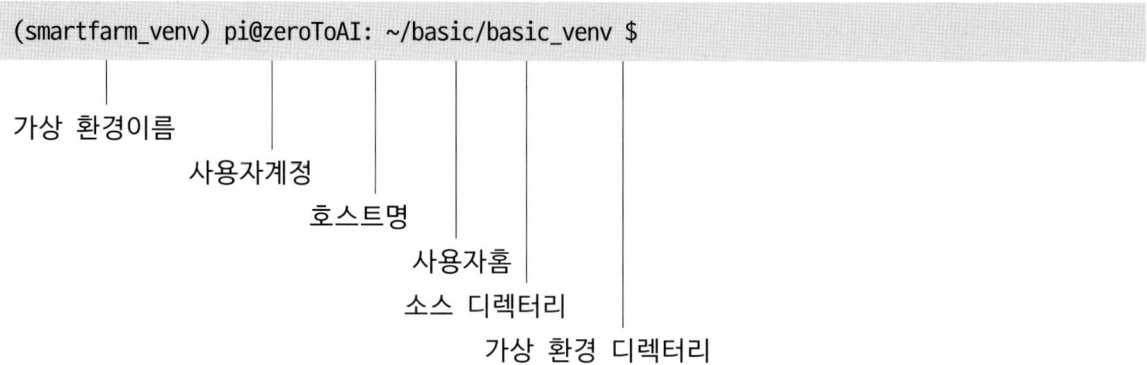

- 이후 표기는 아래와 같이 가상 환경 이름만 표기한다.

  (smartfarm_venv) $

ⓒ 필수 라이브러리 설치
- 스마트홈 프로젝트 디렉터리 안에 있는 requirements.txt 사용
- 디렉터리 이동 및 파일 확인

  (smartfarm_venv) $ cd ~/basic/smartfarm_venv
  (smartfarm_venv) $ ls

- 설치

  (smartfarm_venv) $ pip install -r requirements.txt

④ 라이브러리 현황

라이브러리	기능	라이브러리	기능
gpiozero	기본 GPIO 제어	flask	웹 서버
the-raspberry-pi-guy	LCD 제어	sqlite	데이터 저장
adafruit-circuitpython-dht	온습도 센서 제어	tensorflow lite	AI 학습 및 예측
PiCamera2	카메라 제어	pygame	음악 재생
Pillow	이미지 처리	bluedot	블루투스 통신
numpy	이미지 배열 변환, AI 모델 입력 전달	threading	멀티 쓰레딩
opencv-python	이미지 전처리		

⑤ Pillow

㉠ 개요
- 이미지 처리 라이브러리
- 다양한 이미지 파일 형식을 열고, 저장하고, 변환하고, 간단한 편집까지 가능

ⓒ 주요 기능
- 이미지 입출력
  - JPEG, PNG, BMP, GIF 등 대부분의 이미지 포맷 지원
  - Image.open("파일명")으로 이미지 열기
  - image.save("파일명")으로 저장
- 이미지 변환
  - 크기 조정: image.resize((128,128))
  - 회전: image.rotate(90)
  - 색상 모드 변환: RGB ↔ 그레이스케일
- 픽셀 단위 접근
  - image.getpixel((x,y))로 특정 픽셀 값 읽기
  - image.putpixel((x,y), (R,G,B))로 픽셀 값 변경
- 간단한 그래픽 처리
  - 텍스트 추가, 도형 그리기(ImageDraw 모듈 활용)

ⓒ 설치

아래 2가지 방법 중 하나만 해도 된다.

```
$ sudo apt update
$ sudo apt install python3-pillow
```

```
(smartfarm) $ pip3 install pillow
```

ⓔ 예제 코드

```python
from PIL import Image

# 이미지 열기
img = Image.open("plant.jpg")

# 크기 조정
resized = img.resize((128, 128))

# 흑백 변환
gray = img.convert("L")

# 저장
resized.save("plant_resized.jpg")
gray.save("plant_gray.jpg")
```

(6) 프로젝트 구조

```
# file: __init__.py

'''
Smart Farm Project - 파일 구조
(스마트팜 시스템의 전체 디렉토리 및 파일 구성)

smartfarm/
│
├── __init__.py              # 이 파일. 패키지 초기화 및 프로젝트 구조 명세
├── config.py                # 시스템 환경 설정 (GPIO 핀, 임계값, 파일 경로 등)
│
├── main.py                  # 스마트팜 메인 실행 파일. 중앙 허브 역할.
├── create_db.py             # SQLite 데이터베이스 초기 생성 스크립트 (최초 1회 실행).
│
├── server.py                # Flask 웹 서버 실행 파일. 데이터 시각화 및 원격 제어.
├── monitoring.html          # 웹 대시보드 템플릿.
│
├── light.py                 # 조도 센서 데이터 읽기 모듈.
├── temp_hum.py              # DHT11 온습도 센서 데이터 읽기 모듈.
├── moisture.py              # 토양 습도 센서 데이터 읽기 모듈.
├── waterSensor.py           # 물탱크 수위 센서 데이터 읽기 모듈.
│
├── rgbled.py                # RGB LED 조명 제어 모듈.
├── fan.py                   # DC 팬 모터 제어, 온도/습도 조절 모듈.
├── supplyWaterMoisture.py   # 토양 습도 기반 물 펌프 제어, 물 공급 모듈.
├── supplyWaterTank.py       # 물탱크 수위 기반 서보 모터 밸브 제어, 물 보충 모듈.
├── buzzer.py                # 부저 제어, 알림 발생 모듈.
├── lcd.py                   # I2C LCD 디스플레이 제어, 상태 정보 출력 모듈.
├── music.py                    # 배경 음악 재생 및 제어 모듈.
│
├── button.py                # 물리 버튼 입력 처리 모듈.
├── bluedot.py               # BlueDot 앱을 통한 원격 제어 모듈.
│
├── camera.py                # 라즈베리파이 카메라 제어, 주기적 이미지 캡처 모듈.
├── plantGrowth.py           # 캡처 이미지로 식물 성장 분석 및 DB 저장 모듈.
├── image_processing.py      # AI 모델 기반 이미지 전처리 및 식물 성장 추론 모듈.
├── train_model.py           # (PC/워크스테이션) AI 모델 학습 스크립트.
│
└── assets/                  # 외부 파일 저장 루트 디렉터리
    ├── music/               # 배경 음악 MP3 파일 저장 디렉터리
    ├── images/              # 식물 성장 이미지 저장 디렉터리
    ├── db/                  # SQLite 데이터베이스 파일 저장 디렉터리
    └── model/               # 학습된 AI 추론 모델 저장 디렉터리
'''
```

(7) 구현 절차

① config.py 구현
  ㉠ GPIO 핀 설정, 센서 임계값, 파일 저장 경로 등을 정의
  ㉡ 중앙에서 관리하도록 설정하면 코드 유지보수가 쉬워짐
  ㉢ 센서 임계값을 설정할 때, 변수 값을 실시간으로 변경할 수 있도록 설정 파일을 활용하거나 MQTT 같은 메시징 프로토콜을 고려하면 유지보수가 더욱 편리

② 기본 환경 센서 제어 모듈
  ㉠ light.py : 조도 센서 모듈, 실내 밝기 감지 및 LED 조절 기능
  ㉡ temp_hum.py : 온습도 모듈, 실내 온도 및 습도 측정
  ㉢ moisture.py : 토양 수분 감지 모듈, 토양의 습도 측정
  ㉣ waterTank.py : 수위 센서 모듈, 물탱크의 수위 측정

③ 기본 출력장치 제어 모듈
  ㉠ rgbled.py : RGBLED 제어 모듈, 조도에 따라 LED on/off, 또한 식물 성장에 따라 RGB LED 색 변경
  ㉡ buzzer.py : 일정 시간 간격으로 멜로디 연주 및 온도/습도, 토양상태에 따라 경고음
  ㉢ lcd.py : lcd 제어 모듈. 센서 데이터와 시스템 상태 실시간 표시
  ㉣ fan.py : dc 모터 제어 모듈. 온습도에 따라 팬 모터 작동

④ 물 공급 시스템
  ㉠ supplyWaterTank.py : 물 탱크 수위에 따라 물 공급 밸브 조절(서보 모터)
  ㉡ supplyWaterMoisture.py : 토양 상태를 모니터링해 자동으로 물 공급(워터 펌프)

⑤ 사용자 인터페이스 및 제어
  ㉠ button.py : 버튼을 통한 시스템 제어
  ㉡ music.py : 음악 파일 목록 관리 및 음악 연주, 알림음 및 음악 제어
    • 식물 성장에 도움이 되도록 정해진 시간에 음악 재생. /music
  ㉢ bluedot.py : BlueDot 앱을 통해 조명, 음악, 카메라 및 액츄에이터 등 원격으로 제어

⑥ 식물 성장 이미지 캡처
  ㉠ camera.py : 일정 주기(12h)로 사진을 촬영하여 /images 디렉터리에 식물 성장 데이터 기록

⑦ 식물 성장 단계 AI 학습 및 분석
  ㉠ image_processing.py : MobileNetV2 TFLite를 활용해서 이미지 성장 분석 모듈
  ㉡ plantGrowth.py : 식물 성장 분석 모듈을 불러와서 작업 처리
    • 단계에 따라 RGB LED의 색을 변화시킴
    • flask 웹 서버에 성장 단계 데이터 및 7일간의 식물 성장 사진 전송

⑧ main.py
  ㉠ 위 모든 모듈을 통합하여 스레드 기능으로 스마트팜 시스템을 실행

⑨ create_db.py : database 설정 (한 번만 실행)
  ㉠ sqlite3를 이용해서 센서값을 데이터베이스에 저장
  ㉡ sqlite : 라즈베리파이 OS에 내장, 따로 설치할 필요없이 바로 사용 가능
  ㉢ 저장 센서 값 : 온도, 습도, 토양 수분 수치, 물탱크 수위, 식물 성장 단계
  ㉣ /home/pi/basic/smartfarm_venv/db/smartfarm.db 파일 생성

⑩ flask 구축
  ㉠ flask 웹서버 구축. 웹브라우저를 통해 센서값 실시간 모니터링
  ㉡ 라즈베리파이에서 Flask 웹 서버를 실행하여 센서 데이터를 제공하고, 다른 컴퓨터에서 브라우저를 통해 실시간으로 데이터를 확인
  ㉢ 라즈베리파이에 Flask 웹 서버를 설치하여 센서 데이터를 JSON 형태로 제공
  ㉣ 브라우저를 통해 실시간 데이터 조회 (http://라즈베리파이 IP:5000/index.html)
  ㉤ 설치 및 설정
    • Flask 설치 및 설정, 라즈베리파이에 Flask를 설치

```
(smartfarm_venv) $ pip install flask
```

⑪ monitoring.html : 웹 브라우저를 통한 실시간 모니터링
  ㉠ 원격접속 컴퓨터에서 시스템 상황을 실시간 모니터링이 가능하도록 구현

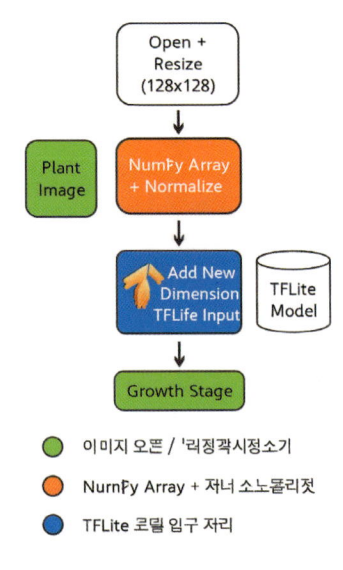

〈그림 9-13〉
식물성장9-14분석 프로세스

(8) source code

실제 코드에서는 라즈베리파이에서 한글 설정에 어려움을 느끼는 분들이 많아 한글 사용은 하지 않았다. 코드 이해를 위해 주석을 한글로 기재하였으나 실제 코드에서는 영어로 되어 있거나 없을 수도 있다. 또한 코드를 직접 입력할 때 주석을 빼고 코딩하고 print문의 한글도 영어로 코딩하길 바란다.

① 기초 환경 설정 파일

```python
# file: config.py
# settings for the smart farm project

import board

# settings for GPIO pins
PIN = {
    'FAN': (5, 6),
```

```python
    'SERVO': 18,
    'TEMP_HUM': board.D17,
    'RED': 25,
    'GREEN': 20,
    'BLUE': 21,
    'BUTTON': 23,
    'BUZZER': 4,
    'WATER_PUMP': (12, 16),
}

# settings for mcp3008 channels
MCP = {
    'LIGHT_SENSOR': 2,
    'WATER_SENSOR': 4,
    'MOISTURE_SENSOR': 7,
}

LCD_INTERVAL = 2
WATER_PUMP_INTERVAL = 5
WATER_TANK_INTERVAL = 5

# sensor thresholds
def get_threshold(sensor_type):
    thresholds = {
        'light': 0.3,
        'temp_high': 30,
        'temp_low': 20,
        'hum_high': 70,
        'hum_low': 40,
        'moisture_low': 0.4,
        'moisture_high': 0.8,
        'water_low': 0.3,
        'water_high': 0.8,
        'fire_high': 0.5,
    }
    return thresholds.get(sensor_type, None)

SENSOR_READ_INTERVAL = 10

# camera settings
CAMERA_RESOLUTION = (1280, 720)
CAMERA_FRAMERATE = 30
CAMERA_INTERVAL = 60*60*12   # 12 hours

# path
IMAGE_PATH = '/home/pi/smartfarm_venv/images/'
MUSIC_PATH = '/home/pi/smartfarm_venv/music/'
DB_PATH = '/home/pi/smartfarm_venv/DB/smartfarm.db'
MODEL_PATH = '/home/pi/smartfarm_venv/model/plant_growth.tflite'

GROWTH_LABELS = {
    1: 'Start 단계 (청색광)',
    2: 'Growth 단계 (보라광)',
    3: 'Flowering 단계 (적색광)',
```

```python
        4: 'Fruition 단계 (주황광)'
}

# setting bluedot button (4 * 4 grid)
BLUEDOT_BUTTONS = {
    'activate': (0, 0),
    'deactivate': (0, 1),
    'fan_on': (0, 2),
    'fan_off': (0, 3),
    'water_pump_on': (1, 0),
    'water_pump_off': (1, 1),
    'waterTank_servo_on': (1, 2),
    'waterTank_servo_off': (1, 3),
    'rgb_white': (2, 0),
    'rgb_red': (2, 1),
    'rgb_blue': (2, 2),
    'rgb_off': (2, 3),
    'music_play': (3, 0),
    'music_stop': (3, 1),
}
```

② 기본 환경 제어 센서

```python
# file: temp_hum.py
# Temperature and Humidity Sensor Module

from adafruit_dht import DHT11
from config import PIN

dht = DHT11(PIN['TEMP_HUM'], use_pulseio=False)

def read_temp_hum():
    try:
        temp = dht.temperature
        hum = dht.humidity

        if temp is None:
            print('[TempHum] Invalid temperature reading')
        if hum is None:
            print('[TempHum] Invalid humidity reading')

        return temp, hum

    except Exception as err:
        print(f'[TempHum Error] Sensor read error: {err}')
        return None, None

def temp_hum_cleanup():
    dht.close()
```

```python
# file: light.py
# Light Sensor Module

from config import MCP
from gpiozero import MCP3008

light_sensor = MCP3008(channel=MCP['LIGHT_SENSOR'])

def read_light_sensor():
    try:
        light_value = light_sensor.value

        if light_value is None:
            print('[Light] Invalid reading')
            return None

        # 0~1 범위를 0~100%로 변환
        light_percent = light_value * 100

        print(f'[Light] Value: {light_percent:.2f}%')
        return light_percent

    except Exception as err:
        print(f'[Light Error] {err}')
        return None
def light_cleanup():
    light_sensor.close()
```

```python
# file: moisture.py
# Moisture Sensor Module using MCP3008

from gpiozero import MCP3008
from config import MCP

moisture_sensor = MCP3008(channel=MCP['MOISTURE_SENSOR'])

def read_moisture():
    try:
        moi = moisture_sensor.value

        if moi is None:
            print('[Moisture] Invalid reading')
            return None

        # 0~1 범위를 0~100%로 변환
        moisture_percent = moi * 100

        print(f'[Moisture] Value: {moisture_percent:.2f}%')
        return moisture_percent

    except Exception as err:
        print(f'[Moisture Error] {err}')
```

```python
        return None

def moisture_cleanup():
    moisture_sensor.close()
# file: waterSensor.py
# Water Tank Level Sensor Module

from gpiozero import MCP3008
from config import MCP

water_sensor = MCP3008(channel=MCP['WATER_SENSOR'])

def read_water_level():
    try:
        water = water_sensor.value

        if water is None:
            print('[WaterSensor] Invalid water level reading')
            return None

        # 0~1 범위를 0~100%로 변환
        water_percent = water * 100

        print(f'[WaterSensor] Level: {water_percent:.2f}%')
        return water_percent

    except Exception as err:
        print(f'[WaterSensor Error] {err}')
        return None

def water_sensor_cleanup():
    water_sensor.close()
```

③ 기본 출력장치 제어 모듈

- rgbled.py

```python
# file: rgbled.py
# RGB LED Control Based on Light Sensor and Plant Growth Level

from gpiozero import RGBLED
from config import PIN, get_threshold

led = RGBLED(
    red=PIN['RED'],
    green=PIN['GREEN'],
    blue=PIN['BLUE']
)

def update_rgbled(light_value, growth_level, confidence=None):
    """Update RGB LED based on light sensor and plant growth level"""
    try:
        if growth_level is None:
            print('[RGBLED] Growth level not detected, keeping LED unchanged')
            return
```

```python
            if confidence is not None and confidence < 0.6:
                print(f'[RGBLED] Low confidence ({confidence:.2f}), skipping update')
                return

            if light_value < get_threshold('light'):
                print('[RGBLED] Dark → Turning on RGB LED')
                set_color(growth_level)
            else:
                print('[RGBLED] Bright → Turning off RGB LED')
                led.off()

    except Exception as err:
        print(f'[RGBLED Error] {err}')


def set_color(color_input):
    try:
        if isinstance(color_input, str):
            # String color names for manual control
            color_map = {
                'white': (1, 1, 1),
                'red': (1, 0, 0),
                'blue': (0, 0, 1),
                'green': (0, 1, 0),
                'off': (0, 0, 0)
            }
            led.color = color_map.get(color_input.lower(), (0, 0, 0))  # Default: off
            print(f'[RGBLED] Set color to {color_input}')
        else:
            # Numeric growth level for automatic control
            colors = {
                1: (0, 0, 1),    # Blue (start)
                2: (1, 0, 1),    # Purple (growth)
                3: (1, 0, 0),    # Red (flowering)
                4: (1, 0.5, 0)   # Orange (fruition)
            }
            led.color = colors.get(color_input, (0, 0, 0))  # Default: off
            print(f'[RGBLED] Growth Level {color_input} → Color Updated')

    except Exception as err:
        print(f'[RGBLED Error] Setting color: {err}')

def rgbled_cleanup():
    led.off()
    led.close()
```

- buzzer.py

```python
# file: buzzer.py
# Buzzer Control Module

from time import sleep
from gpiozero import Buzzer
from config import PIN, get_threshold

buzzer = Buzzer(PIN['BUZZER'])

def play_melody(melody):
    """공통 멜로디 재생 함수"""
    for duration in melody:
        buzzer.on()
        sleep(duration)
        buzzer.off()
        sleep(0.1)

def warning_beep():
    """짧은 경고음 (기본 알람)"""
    play_melody([0.2, 0.2])

def melody_fan():
    play_melody([0.2, 0.2, 0.3, 0.3, 0.4, 0.4])

def melody_moisture():
    play_melody([0.1, 0.3, 0.2, 0.4, 0.2, 0.3])

def melody_water_tank():
    play_melody([0.3, 0.2, 0.4, 0.2, 0.3, 0.1])

def check_and_alert(temp, hum, moisture, water_level):
    """센서 값 확인 후 상황별 경고음 발생"""
    try:
        # Temperature and humidity alerts
        if temp is not None and hum is not None:
            if temp <= get_threshold('temp_low') or hum <= get_threshold('hum_low'):
                warning_beep()

        # Moisture alert → 전용 멜로디
        if moisture is not None and moisture <= get_threshold('moisture_low'):
            melody_moisture()

        # Water level alert → 전용 멜로디
        if water_level is not None and water_level <= get_threshold('water_low'):
            melody_water_tank()

    except Exception as err:
        print(f'Error in buzzer control: {err}')

def buzzer_cleanup():
    buzzer.off()
    buzzer.close()
```

- lcd.py

```python
# file: lcd.py
from time import sleep
from datetime import datetime
from RPLCD.i2c import CharLCD
from config import LCD_INTERVAL
import board

lcd = CharLCD(i2c_expander=board.I2C(), address=0x27, port=1,
              cols=16, rows=2, charmap='A00')

# LCD 화면을 업데이트하는 함수 (main.py의 중앙 루프에서 호출됨)
def update_lcd_display(status):
    try:
        temp = status.get('temp')
        hum = status.get('hum')
        moisture = status.get('moisture')
        water_level = status.get('water_level')
        message = status.get('system_message', 'Initializing...')

        # 1. 온도/습도 표시
        temp_str = f'{temp:.1f}' if temp is not None else '---'
        hum_str = f'{hum:.1f}' if hum is not None else '---'

        lcd.clear()
        lcd.write_string(f'Temp : {temp_str} C\nHum  : {hum_str} %')
        sleep(LCD_INTERVAL) # 2초간 표시

        # 2. 토양/수위 표시
        moisture_str = f'{moisture:.1f}' if moisture is not None else '---'
        water_str = f'{water_level:.1f}' if water_level is not None else '---'

        lcd.clear()
        lcd.write_string(f'Moist : {moisture_str}\nWater : {water_str}')
        sleep(LCD_INTERVAL) # 2초간 표시

        # 3. 시스템 메시지 또는 시간 표시
        lcd.clear()
        lcd.write_string(f"{message}\n{datetime.now().strftime('%Y-%m-%d %H:%M')}")
        sleep(LCD_INTERVAL) # 2초간 표시

    except Exception as err:
        print(f'[LCD Error] {err}')

def lcd_cleanup():
    try:
        lcd.clear()
        lcd.backlight_enabled = False
        lcd.close()
        print('[LCD] Resource released.')
    except Exception:
        pass
```

- fan.py

```python
# file: fan.py

from time import sleep
from gpiozero import Motor
from config import PIN, get_threshold

fan = Motor(PIN['FAN'])
_is_fan_on = False
_manual_mode = False  # 수동 모드 플래그

def control_fan_auto(temp, hum, manual_mode):
    """ 자동 팬 제어 (main.py의 중앙 루프에서 호출됨) """
    global _is_fan_on, _manual_mode
    _manual_mode = manual_mode  # 현재 모드를 메인에서 받아옴

    if _manual_mode:
        # 수동 모드일 때는 자동 제어 로직을 건너뜀
        return

    try:
        if temp is not None and hum is not None:
            if temp >= get_threshold('temp_high') or hum <= get_threshold('hum_low'):
                if not _is_fan_on:
                    print(f'[Fan] ON (Auto): Temp={temp:.1f}, Hum={hum:.1f}')
                    fan.forward()
                    _is_fan_on = True
            else:
                if _is_fan_on:
                    print(f'[Fan] OFF (Auto): Temp={temp:.1f}, Hum={hum:.1f}')
                    fan.stop()
                    _is_fan_on = False
        else:
            if _is_fan_on:
                print('[Fan] Failed sensor data. Fan OFF (Auto) for safety.')
                fan.stop()
                _is_fan_on = False
    except Exception as e:
        fan.stop()
        _is_fan_on = False
        print(f'[Fan Error] {e}')

def fan_on():
    """ 수동 제어: 팬 켜기 (BlueDot용) """
    global _is_fan_on, _manual_mode
    try:
        fan.forward()
        _is_fan_on = True
        _manual_mode = True  # 수동 모드로 전환
        print('[Fan] Manually turned ON')
    except Exception as e:
        print(f'[Fan Error] turning on: {e}')
```

```python
def fan_off():
    """ 수동 제어: 팬 끄기 (BlueDot용) """
    global _is_fan_on, _manual_mode
    try:
        fan.stop()
        _is_fan_on = False
        _manual_mode = True  # 수동 모드로 전환 (자동 재시작 방지)
        print('[Fan] Manually turned OFF')
    except Exception as e:
        print(f'[Fan Error] turning off: {e}')

def get_fan_manual_mode():
    """ main.py가 현재 수동 모드인지 확인하기 위한 함수 """
    return _manual_mode

def fan_cleanup():
    fan.stop()
    fan.close()
    print("[Fan] Resource released.")
```

- def control_fan(): 자동 팬 제어 루프
  - 온도가 temp_high 이상이거나 습도가 hum_low 이하이면 팬 ON
  - 그렇지 않으면 팬 OFF

④ 물 공급 시스템

```python
# file: supplyWaterTank.py
# Supply Water to Tank using Water Level Sensor and Servo Motor

from time import sleep
from gpiozero import Servo

from config import PIN, get_threshold, WATER_TANK_INTERVAL
from waterSensor import read_water_level

servo = Servo(PIN['SERVO'])

def control_water_tank(water_level_value):
    try:
        low_threshold = get_threshold('water_low')
        high_threshold = get_threshold('water_high')

        if water_level_value is not None:
            if water_level_value <= low_threshold:
                print(f'[WaterTank] Level Low ({water_level_value:.2f}%) → Opening Valve')
                servo.max()
            elif water_level_value >= high_threshold:
                print(f'[WaterTank] Level Sufficient ({water_level_value:.2f}%) → Closing Valve')
                servo.min()
            else:
                print(f'[WaterTank] Level Normal ({water_level_value:.2f}%) → Valve Closed')
```

```python
                servo.min()
            else:
                print('[WaterTank] Failed.. Water level data unavailable. Valve Closed')
                servo.min()

    except KeyboardInterrupt:
        print('[WaterTank] Control stopped manually (Ctrl+C)')
        servo.min()
    except Exception as err:
        print(f'[WaterTank Error] {err}')
        servo.min()


def water_tank_loop(stop_event):
    """Loop to control water tank periodically until stop_event is set"""
    try:
        while not stop_event.is_set():
            control_water_tank(read_water_level())
            for _ in range(WATER_TANK_INTERVAL):
                if stop_event.is_set():
                    break
                sleep(1)
    except Exception as err:
        print(f'[WaterTank Error] in loop: {err}')
        servo.min()


# Manual control functions for BlueDot
def tank_open():
    """Manually open the water tank valve"""
    try:
        servo.max()
        print('[WaterTank] Valve manually opened')
    except Exception as err:
        print(f'[WaterTank Error] opening valve: {err}')


def tank_close():
    """Manually close the water tank valve"""
    try:
        servo.min()
        print('[WaterTank] Valve manually closed')
    except Exception as err:
        print(f'[WaterTank Error] closing valve: {err}')

def water_tank_cleanup():
    servo.min()
    servo.close()
```

- def water_tank_loop(read_water_level_func):
    - 시스템이 켜져 있는 동안 주기적으로 water_level을 읽고 control_water_tank() 호출
    - read_water_level_func: 외부에서 주입하는 water level 읽기 함수

- supplyWaterMoisture.py

```python
# file: supplyWaterMoisture.py
from time import sleep
from gpiozero import Motor
from config import PIN, get_threshold

water_pump = Motor(PIN['WATER_PUMP'])
_is_pump_on = False
_manual_mode = False

def control_water_pump_auto(moisture_value, manual_mode):
    """ 자동 펌프 제어 (main.py의 중앙 루프에서 호출됨) """
    global _is_pump_on, _manual_mode
    _manual_mode = manual_mode

    if _manual_mode:
        return # 수동 모드일 땐 자동 제어 안 함

    try:
        low_threshold = get_threshold('moisture_low')
        high_threshold = get_threshold('moisture_high')

        if moisture_value is not None:
            if moisture_value <= low_threshold:
                if not _is_pump_on:
                    print(f'[WaterPump] ON (Auto): Moisture Low ({moisture_value:.2f}%)')
                    water_pump.forward()
                    _is_pump_on = True
            elif moisture_value >= high_threshold:
                if _is_pump_on:
                    print(f'[WaterPump] OFF (Auto): Moisture Sufficient ({moisture_value:.2f}%)')
                    water_pump.stop()
                    _is_pump_on = False
        else:
            if _is_pump_on:
                print('[WaterPump] Failed sensor data. Pump OFF (Auto) for safety.')
                water_pump.stop()
                _is_pump_on = False
    except Exception as err:
        print(f'[WaterPump Error] {err}')
        water_pump.stop()
        _is_pump_on = False

# (manual functions)
def pump_on():
    global _is_pump_on, _manual_mode
    try:
        water_pump.forward()
        _is_pump_on = True
        _manual_mode = True
        print('[WaterPump] Manually turned ON')
    except Exception as e:
```

```
            print(f'[WaterPump Error] turning on: {e}')

def pump_off():
    global _is_pump_on, _manual_mode
    try:
        water_pump.stop()
        _is_pump_on = False
        _manual_mode = True
        print('[WaterPump] Manually turned OFF')
    except Exception as e:
        print(f'[WaterPump Error] turning off: {e}')

def get_pump_manual_mode():
    return _manual_mode

def water_pump_cleanup():
    water_pump.stop()
    water_pump.close()
    print("[WaterPump] Resource released.")
```

- def control_water_pump(moisture_value):
  - 단발성 제어 함수: moisture_value를 받아 펌프를 켜거나 끔
- def water_pump_loop():
  - 시스템이 켜져 있는 동안 주기적으로 moisture 값을 읽고 제어

⑤ 사용자 인터페이스 및 제어

- button.py

```
# file: button.py
# Button Control for SmartFarm System

from gpiozero import Button

from config import PIN

btn = Button(PIN['BUTTON'], bounce_time=0.1)

# Global variables to store functions
activate_func = None
deactivate_func = None
system_status_func = None

def set_button(activate, deactivate, get_status=None):
    global activate_func, deactivate_func, system_status_func
    activate_func = activate
    deactivate_func = deactivate
    system_status_func = get_status

def toggle_system():
    global activate_func, deactivate_func, system_status_func
```

```python
        if activate_func and deactivate_func:
            if system_status_func:
                if system_status_func():
                    print('Button pressed - deactivating SmartFarm system')
                    deactivate_func()
                else:
                    print('Button pressed - activating SmartFarm system')
                    activate_func()
            else:
                print('Button pressed - activating SmartFarm system')
                activate_func()

def button_cleanup():
    btn.close()

btn.when_pressed = toggle_system
```

- music.py

```python
# file: music.py
# Music Module for Plant Growth (every hour at the start of the hour)

import os
from time import sleep
from datetime import datetime
import pygame

from config import MUSIC_PATH

def get_music_files():
    music_files = []
    try:
        for filename in os.listdir(MUSIC_PATH):
            if filename.endswith(('.mp3', '.wav')):
                full_path = os.path.join(MUSIC_PATH, filename)
                music_files.append(full_path)
        return music_files
    except FileNotFoundError:
        print(f"Music folder not found: {MUSIC_PATH}")
        return []

def play_music_at_hour(music_files, now=None):
    """정각에 한 번 음악을 재생하는 함수 (자동 제어용)"""
    try:
        if now is None:
            now = datetime.now()

        if now.minute == 0 and now.second == 0:
            pygame.mixer.init()
            pygame.mixer.music.set_volume(0.5)
            print(f'[{now.strftime("%H:%M")}] Music play started.')

            if music_files:
```

```python
                selected_music = music_files[now.hour % len(music_files)]
                # selected_music = random.choice(music_files)
                pygame.mixer.music.load(selected_music)
                pygame.mixer.music.play()
                print(f'[{now.strftime("%H:%M")}] Playing {selected_music}')
            else:
                print('No music files available!')
        else:
            # 정각이 아니면 아무것도 하지 않습니다.
            pass
    except Exception as err:
        print(f'Music play error: {err}')

def music_loop(stop_event, get_system_status_func):
    try:
        music_files = get_music_files()

        pygame.mixer.init()
        pygame.mixer.music.set_volume(0.5)

        print("[Music] Music loop started, waiting for activation...")

        last_check_minute = -1

        while not stop_event.is_set(): # stop_event가 set될 때까지 반복
            if get_system_status_func(): # 시스템이 활성화되어 있을 때만 작동
                now = datetime.now()
                # 매분 0초에만 play_music_at_hour를 호출하여 오작동 방지
                if now.minute != last_check_minute and now.second == 0:
                    play_music_at_hour(music_files, now) # 정각 체크 로직 포함된 함수 호출
                    last_check_minute = now.minute
            else:
                # 시스템 비활성화 시 음악 정지
                if pygame.mixer.music.get_busy():
                    pygame.mixer.music.stop()
                    print("[Music] System deactivated, music stopped.")

            sleep(1)
    except Exception as err:
        print(f'Music loop error: {err}')
    finally:
        if pygame.mixer.get_init():
            pygame.mixer.quit()
        print("[Music] Music loop stopped.")

_is_manual_music_playing = False # 수동 재생 상태 플래그

def start_music_manual(music_files=None):
    """Start music manually (from BlueDot)"""
    global _is_manual_music_playing
    try:
        if _is_manual_music_playing:
            print("[Music] Manual music already playing.")
            return
```

```python
        if music_files is None:
            music_files = get_music_files()

        if not music_files:
            print('No music files available for manual play!')
            return

        pygame.mixer.init()
        pygame.mixer.music.set_volume(0.5)
        selected_music = music_files[0]
        pygame.mixer.music.load(selected_music)
        pygame.mixer.music.play(-1)
        _is_manual_music_playing = True
        print(f'[Music] Manually playing {selected_music}')
    except Exception as err:
        print(f'Error starting manual music: {err}')

def stop_music_manual():
    """Stop music manually (from BlueDot)"""
    global _is_manual_music_playing
    try:
        if pygame.mixer.music.get_busy():
            pygame.mixer.music.stop()
            print('[Music] Music stopped manually')
        _is_manual_music_playing = False
    except Exception as err:
        print(f'Error stopping manual music: {err}')

def music_cleanup():
    if pygame.mixer.get_init():
        pygame.mixer.quit()
    print("[Music] Pygame mixer cleaned up.")
```

- def play_music(music_files, now=None): 단발성 음악 재생 함수
  - music_files: 재생 가능한 음악 파일 목록
  - now: datetime 객체 (없으면 현재 시간 사용)
- def music_loop():
  - 시스템이 켜져 있는 동안 매초 확인하여 정시에 음악 재생

- bluedot.py

```python
# file: bluedot.py
from bluedot import BlueDot
from config import BLUEDOT_BUTTONS
# from signal import pause  # □ main.py에서 pause()를 사용하고 있으므로, 여기서 사용할 필요 없음

# --- 메인에서 제어할 외부 함수들을 임포트 ---
from fan import fan_on as manual_fan_on, fan_off as manual_fan_off
from supplyWaterMoisture import pump_on as manual_pump_on, pump_off as manual_pump_off
from supplyWaterTank import tank_open as manual_tank_open, tank_close as manual_tank_close
from music import start_music_manual, stop_music_manual
from rgbled import set_color

bd = BlueDot(cols=4, rows=4)

# Global variables for functions (main.py에서 주입받을 activate/deactivate)
activate_func = None
deactivate_func = None

def set_bluedot(activate, deactivate,
                fan_on_cb, fan_off_cb,
                pump_on_cb, pump_off_cb,
                tank_open_cb, tank_close_cb,
                rgb_white_cb, rgb_red_cb, rgb_blue_cb, rgb_off_cb,
                music_play_cb, music_stop_cb):
    global activate_func, deactivate_func
    activate_func = activate
    deactivate_func = deactivate

    # ACTIONS 딕셔너리를 초기화하거나 업데이트
    ACTIONS[BLUEDOT_BUTTONS['fan_on']] = fan_on_cb
    ACTIONS[BLUEDOT_BUTTONS['fan_off']] = fan_off_cb
    ACTIONS[BLUEDOT_BUTTONS['water_pump_on']] = pump_on_cb
    ACTIONS[BLUEDOT_BUTTONS['water_pump_off']] = pump_off_cb
    ACTIONS[BLUEDOT_BUTTONS['waterTank_servo_on']] = tank_open_cb
    ACTIONS[BLUEDOT_BUTTONS['waterTank_servo_off']] = tank_close_cb
    ACTIONS[BLUEDOT_BUTTONS['rgb_white']] = rgb_white_cb
    ACTIONS[BLUEDOT_BUTTONS['rgb_red']] = rgb_red_cb
    ACTIONS[BLUEDOT_BUTTONS['rgb_blue']] = rgb_blue_cb
    ACTIONS[BLUEDOT_BUTTONS['rgb_off']] = rgb_off_cb
    ACTIONS[BLUEDOT_BUTTONS['music_play']] = music_play_cb
    ACTIONS[BLUEDOT_BUTTONS['music_stop']] = music_stop_cb

ACTIONS = {
    BLUEDOT_BUTTONS['activate']:    lambda: activate_func() if activate_func else print("[BlueDot] Activate func not set"),
    BLUEDOT_BUTTONS['deactivate']:  lambda: deactivate_func() if deactivate_func else print("[BlueDot] Deactivate func not set"),
}

def on_bluedot_pressed(pos):
    try:
        key = (pos.col, pos.row)
        action = ACTIONS.get(key)
        if action:
            print(f'[BlueDot] Executing action for {key}')
            action()
```

```
            else:
                print(f'[BlueDot] No action mapped for {key}')
        except Exception as err:
            print(f'[BlueDot Error] on_bluedot_pressed: {err}')

# BlueDot의 when_pressed 이벤트에 콜백 함수 연결
bd.when_pressed = on_bluedot_pressed

def start_bluedot_service():
    """ BlueDot 이벤트를 리슨하는 서비스 시작 (스레드에서 호출됨) """
    print('[BlueDot] Service is active! Ready to receive presses.')

def bluedot_cleanup():
    bd.stop() # BlueDot 연결 종료 (리소스 해제)
    print("[BlueDot] BlueDot resources released.")
```

- alias 사용: 원래 함수는 fan_on( ), fan_off( )지만 여기서는 manual_*로 사용

  블루닷을 통해 사용자가 임의로 수동 조작한다는 의미로 manual_단어를 사용한다.

  - from fan import fan_on as manual_fan_on, fan_off as manual_fan_off
  - from supplyWaterMoisture import pump_on as manual_pump_on, pump_off as manual_pump_off
  - from supplyWaterTank import tank_open as manual_tank_open, tank_close as manual_tank_close
  - from music import play_music as manual_play_music, stop_music as manual_stop_music

- 매핑 딕셔너리
  - 키(key)와 값(value)을 짝지어 저장하는 파이썬의 dict 자료형을 활용해서, 조건문(if/elif) 대신 특정 입력(키)에 따라 실행할 동작(값, 보통 함수)을 바로 찾아 실행하는 방식
  - 즉, "버튼 → 실행할 함수"를 한눈에 정리해 둔 표 같은 구조

```
# 1. 매핑 딕셔너리 정의
ACTIONS = {
    'fan_on':  manual_fan_on,              # 키: 'fan_on' → 값: manual_fan_on 함수
    'fan_off': manual_fan_off,
    'rgb_red': lambda: set_color('red'),   # 람다(lambda)로 인자 전달 가능
    'rgb_off': lambda: set_color('off'),
}

# 2. 실행부
def handle_action(command):
    action = ACTIONS.get(command)   # 딕셔너리에서 키(command)에 해당하는 함수 찾기
    if action:
        action()                    # 함수 실행
    else:
        print("Unknown command.")
```

⑥ 식물 성장 이미지 캡처

```python
# file: camera.py
# Capture Image Module for Plant Growth Monitoring using Picamera2

import os
from datetime import datetime
from time import sleep
from picamera2 import Picamera2
from config import CAMERA_RESOLUTION, CAMERA_FRAMERATE


def capture_image(image_path):
    """단일 이미지 캡처 (예외적 상황에서 사용)"""
    try:
        os.makedirs(image_path, exist_ok=True)  # 저장 경로 보장

        picam2 = Picamera2()
        config = picam2.create_still_configuration(main={"size": CAMERA_RESOLUTION})
        picam2.configure(config)
        picam2.start()

        timestamp = datetime.now().strftime('%Y%m%d_%H%M%S')
        file_path = os.path.join(image_path, f'imagePlant_{timestamp}.jpg')

        picam2.capture_file(file_path)
        print(f"[Camera] Image captured successfully: {file_path}")

        picam2.close()
        return file_path

    except Exception as err:
        print(f"[Camera Error] Capture Error: {err}")
        return None


def capture_image_loop(stop_event, image_path, interval):
    """주기적으로 이미지 캡처 (권장 방식)"""
    os.makedirs(image_path, exist_ok=True)  # 저장 경로 보장

    picam2 = Picamera2()
    config = picam2.create_still_configuration(main={"size": CAMERA_RESOLUTION})
    picam2.configure(config)
    picam2.start()

    try:
        while not stop_event.is_set():
            timestamp = datetime.now().strftime('%Y%m%d_%H%M%S')
            file_path = os.path.join(image_path, f'imagePlant_{timestamp}.jpg')

            picam2.capture_file(file_path)
            print(f"[Camera] Image captured successfully: {file_path}")

            # interval 동안 1초 단위로 stop_event 확인
```

```
                for _ in range(interval):
                    if stop_event.is_set():
                        break
                    sleep(1)

    except Exception as err:
        print(f"[Camera Error] Capture Loop Error: {err}")
    finally:
        picam2.close()
        print("[Camera] Camera released.")
```

- def capture_image(image_path): 1회 이미지 촬영, 저장, 경로 반환
- def capture_image_loop(stop_event, image_path, interval): 일정 주기 촬영
  - stop_event : threading.Event 객체 (중단 신호)
  - image_path : 저장할 폴더 경로
  - interval : 촬영 주기 (초 단위)

⑦ 식물 성장 단계 AI 분석

- image_processing.py

```
# file: image_processing.py
# Image Processing for Growth Stage Analysis using MobileNetV2 TFLite

from PIL import Image
import numpy as np
import tflite_runtime.interpreter as tflite
from tensorflow.keras.applications.mobilenet_v2 import preprocess_input
from config import MODEL_PATH, GROWTH_LABELS

# 인터프리터와 입출력 정보는 lazy-loading 방식으로 초기화
interpreter = None
input_details = None
output_details = None
IMG_HEIGHT, IMG_WIDTH = None, None


def load_model():
    """모델을 최초 1회만 로드"""
    global interpreter, input_details, output_details, IMG_HEIGHT, IMG_WIDTH
    if interpreter is None:
        interpreter = tflite.Interpreter(model_path=MODEL_PATH)
        interpreter.allocate_tensors()
        input_details = interpreter.get_input_details()
        output_details = interpreter.get_output_details()
        input_shape = input_details[0]['shape']
        IMG_HEIGHT, IMG_WIDTH = input_shape[1], input_shape[2]


def analyze_growth_stage(image_path):
    try:
```

```python
    # 모델 로드 (최초 1회만 실행)
    load_model()

    # 이미지 열기 및 리사이즈
    image = Image.open(image_path).convert('RGB')
    image = image.resize((IMG_WIDTH, IMG_HEIGHT))

    # NumPy 배열 변환 및 MobileNetV2 전처리 적용
    image = np.array(image, dtype=np.float32)
    image = preprocess_input(image)

    # 배치 차원 추가
    image = np.expand_dims(image, axis=0)

    # 모델 입력 설정
    interpreter.set_tensor(input_details[0]['index'], image)

    # 추론 실행
    interpreter.invoke()

    # 결과 가져오기
    output_data = interpreter.get_tensor(output_details[0]['index'])

    # 가장 높은 확률의 클래스 선택
    growth_level = int(np.argmax(output_data)) + 1
    confidence = float(np.max(output_data))
    label = GROWTH_LABELS.get(growth_level, 'Unknown Stage')

    result = {
        'growth_level': growth_level,
        'confidence': confidence,
        'label': label
    }

    print(f'Predicted Growth Stage: {result["growth_level"]} - {result["label"]} '
        f'(confidence: {result["confidence"]:.2f})')
    return result

except FileNotFoundError:
    print(f'[Image Processing] Image not found: {image_path}')
    return None
except Exception as err:
    print(f'[Image Processing Error] {err}')
    return None
```

- def analyze_growth_stage(image_path): 저장된 식물 이미지를 불러와 성장단계를 추론 함수
- 동작 프로세스
    - 이미지 불러오기 → Pillow로 열고 (128x128) 크기로 변환
    - 데이터 전처리 → NumPy 배열로 변환 후 0~1 범위로 정규화
    - 모델 입력 준비 → 차원 확장 (1,128,128,3) 형태

- 추론 실행 → TFLite 모델에 입력 → 출력 확률 벡터 획득
- 성장 단계 결정 → argmax()로 가장 높은 확률의 클래스를 선택

• plantGrowth.py

```python
# file: plantGrowth.py
# Plant Growth Monitoring Module (Refactored)

import os
import sqlite3
import time
from datetime import datetime
from threading import Event, Thread

from config import DB_PATH, IMAGE_PATH, CAMERA_INTERVAL
from camera import capture_image_loop
from image_processing import analyze_growth_stage


def save_sensor_data(temp, hum, moisture, water_level, growth_level, confidence):
    """Save sensor data to database"""
    try:
        with sqlite3.connect(DB_PATH) as conn:
            cursor = conn.cursor()
            cursor.execute('''
                INSERT INTO sensor_data
                (temperature, humidity, moisture, water_level, growth_level, confidence, timestamp)
                VALUES (?, ?, ?, ?, ?, ?, ?)
            ''', (temp, hum, moisture, water_level, growth_level, confidence, datetime.now()))
            conn.commit()
            print(f'[PlantGrowth][DB] Saved: T={temp}, H={hum}, M={moisture}, '
                  f'W={water_level}, G={growth_level}, C={confidence:.2f}')
    except sqlite3.Error as e:
        print(f'[PlantGrowth][DB Error] {e}')


def analyze_growth_stage_latest():
    """Analyze growth stage from the latest image"""
    try:
        files = sorted([f for f in os.listdir(IMAGE_PATH) if f.endswith(".jpg")])
        if not files:
            return None, None

        latest_image = files[-1]
        image_path = os.path.join(IMAGE_PATH, latest_image)

        result = analyze_growth_stage(image_path)
        if result:
            return result.get("growth_level"), result.get("confidence")
        return None, None

    except Exception as e:
```

```python
            print(f'[PlantGrowth][Analysis Error] {e}')
            return None, None


def growth_analysis_loop(stop_event, interval):
    """Loop for analyzing growth stage and saving to DB"""
    while not stop_event.is_set():
        growth_level, confidence = analyze_growth_stage_latest()

        if growth_level is not None and confidence is not None:
            try:
                from temp_hum import read_temp_hum
                from moisture import read_moisture
                from waterSensor import read_water_level

                temp, hum = read_temp_hum()
                moisture = read_moisture()
                water_level = read_water_level()

                save_sensor_data(temp, hum, moisture, water_level, growth_level, confidence)

            except Exception as e:
                print(f'[PlantGrowth][Sensor Error] {e}')

        # interval 동안 대기
        for _ in range(interval):
            if stop_event.is_set():
                break
            time.sleep(1)


def update_plant_growth():
    """Main entry point: start camera capture and growth analysis in parallel"""
    stop_event = Event()

    camera_thread = Thread(target=capture_image_loop,
                           args=(stop_event, IMAGE_PATH, CAMERA_INTERVAL),
                           daemon=True)
    analysis_thread = Thread(target=growth_analysis_loop,
                             args=(stop_event, CAMERA_INTERVAL),
                             daemon=True)

    camera_thread.start()
    analysis_thread.start()

    print("[PlantGrowth][System] Monitoring started.")

    try:
        camera_thread.join()
        analysis_thread.join()
    except KeyboardInterrupt:
        print("[PlantGrowth][System] Stopping monitoring...")
        stop_event.set()
        camera_thread.join()
```

```
            analysis_thread.join()
            print("[PlantGrowth][System] Monitoring stopped.")
    except Exception as e:
        print(f"[PlantGrowth][System Error] {e}")
        stop_event.set()
        camera_thread.join()
        analysis_thread.join()
```

- def update_led(growth_level): 성장 단계에 따라 LED 색상 변경 함수
- def update_plant_growth(stop_event, image_path, interval, db_path):
  - stop_event : threading.Event 객체
  - image_path : 이미지 저장 경로
  - interval : 촬영 주기 (초 단위)
  - db_path : SQLite DB 경로

⑧ 메인

```python
# file: main.py
# SmartFarm Main System

import threading
from signal import pause
from time import sleep
from datetime import datetime
import os

# --- 1. 기능 모듈 임포트 ---
from lcd import update_lcd_display, lcd_cleanup
from supplyWaterMoisture import control_water_pump_auto, pump_on, pump_off, get_pump_manual_mode, water_pump_cleanup
from supplyWaterTank import control_water_tank_auto, tank_open, tank_close, get_tank_manual_mode, water_tank_cleanup
from fan import control_fan_auto, fan_on, fan_off, get_fan_manual_mode, fan_cleanup
from rgbled import update_rgbled, set_color, rgbled_cleanup
from buzzer import check_and_alert, buzzer_cleanup

# 루프형 모듈들 (루프 함수 및 cleanup 임포트)
from music import music_loop, start_music_manual, stop_music_manual, music_cleanup
# □ 수정: plantGrowth에서 analyze_growth_stage_latest 대신 growth_analysis_loop만 임포트
from plantGrowth import growth_analysis_loop
from camera import capture_image_loop
# (camera.py는 stop_event로 자체 cleanup 하므로 cleanup 함수 임포트 안 함)

# 입력 모듈들
from bluedot import set_bluedot, start_bluedot_service, bluedot_cleanup
from button import btn, set_button, button_cleanup

# "Dumb" 센서 모듈들 (값 읽기 함수 및 cleanup 임포트)
from temp_hum import read_temp_hum, temp_hum_cleanup
from moisture import read_moisture, moisture_cleanup
from waterSensor import read_water_level, water_sensor_cleanup
```

```python
from light import read_light_sensor, light_sensor_cleanup

# Config
from config import IMAGE_PATH, CAMERA_INTERVAL, DB_PATH

# --- 2. 전역 변수 및 상태 관리 ---
smartFarm_active = False
stop_event = threading.Event()
_active_threads = []

_system_status = {
    'temp': None, 'hum': None, 'moisture': None, 'water_level': None,
    'light_level': None, 'growth_level': None, 'growth_confidence': None,
    'system_message': "Ready to activate...",
    'manual_fan': False, 'manual_pump': False, 'manual_tank': False,
    'last_updated': None
}
_status_lock = threading.Lock() # plantGrowth.py와 상태를 공유 Lock

# --- 3. 시스템 활성화/비활성화 함수 ---
def activate():
    global smartFarm_active, _active_threads
    if smartFarm_active:
        print('[Main] SmartFarm System already activated.')
        return

    smartFarm_active = True
    stop_event.clear()
    _active_threads = []
    print('\n--- SmartFarm System Activated ---')
    _system_status['system_message'] = "System Activated"

    # --- 스레드 시작 ---
    # 1. 중앙 제어 허브 스레드 (모든 센서 읽기 + 자동 제어 + LCD 업데이트)
    hub_thread = threading.Thread(target=_main_monitoring_and_control_loop,
 args=(stop_event,), daemon=True)
    hub_thread.start()
    _active_threads.append(hub_thread)

    # 2. 카메라 캡처 스레드
    camera_thread = threading.Thread(target=capture_image_loop,
                                     args=(stop_event, IMAGE_PATH, CAMERA_INTERVAL),
                                     daemon=True)
    camera_thread.start()
    _active_threads.append(camera_thread)

    # 3. AI 분석 및 DB 저장 스레드
    analysis_thread = threading.Thread(target=growth_analysis_loop,
                                       args=(stop_event, CAMERA_INTERVAL, _status_lock,
_system_status),
                                       daemon=True)
    analysis_thread.start()
    _active_threads.append(analysis_thread)

    # 4. 자동 음악 재생 스레드
    music_thread = threading.Thread(target=music_loop,
```

```python
                                                args=(stop_event, get_system_status),
                                                daemon=True)
    music_thread.start()
    _active_threads.append(music_thread)

    # 5. BlueDot 서비스 스레드
    bluedot_thread = threading.Thread(target=start_bluedot_service, daemon=True)
    bluedot_thread.start()
    _active_threads.append(bluedot_thread)

    print('[Main] All monitoring and control threads started.')

def deactivate():
    global smartFarm_active
    if not smartFarm_active:
        print('[Main] SmartFarm System already deactivated.')
        return

    smartFarm_active = False
    stop_event.set()
    print('[Main] --- SmartFarm System Deactivated ---')
    _system_status['system_message'] = "System Deactivated"
    print('[Main] Deactivation signal sent to all threads.')

def get_system_status():
    return smartFarm_active and not stop_event.is_set()

# --- 4. 중앙 모니터링 및 제어 루프 (Hub Thread) ---
def _main_monitoring_and_control_loop(stop_event):
    print("[Main Hub] Monitoring and control loop started...")
    last_dht_read_time = datetime.now()

    while not stop_event.is_set():
        current_time = datetime.now()

        # --- 4.1. 센서 값 읽기 (중앙 허브에서만) ---
        with _status_lock:
            # DHT11 (2초 이상 간격으로만 읽기)
            if (current_time - last_dht_read_time).total_seconds() >= 2.0:
                _system_status['temp'], _system_status['hum'] = read_temp_hum()
                last_dht_read_time = current_time

            _system_status['moisture'] = read_moisture()
            _system_status['water_level'] = read_water_level()
            _system_status['light_level'] = read_light_sensor()

            _system_status['last_updated'] = current_time.strftime('%H:%M:%S')

            # --- 4.2. 액추에이터 자동 제어 (수동 모드 확인) ---
            _system_status['manual_fan'] = get_fan_manual_mode()
            _system_status['manual_pump'] = get_pump_manual_mode()
            _system_status['manual_tank'] = get_tank_manual_mode()

            # 자동 제어 함수 호출
            control_fan_auto(_system_status['temp'],           _system_status['hum'],
_system_status['manual_fan'])
```

```python
            control_water_pump_auto(_system_status['moisture'],
_system_status['manual_pump'])
            control_water_tank_auto(_system_status['water_level'],
_system_status['manual_tank'])

            # LED 및 부저 제어 (수동 모드가 아닐 때만)
            update_rgbled(_system_status['light_level'],
                          _system_status['growth_level'],
                          _system_status['growth_confidence'])
            check_and_alert(_system_status['temp'], _system_status['hum'],
                            _system_status['moisture'], _system_status['water_level'])

            # --- 4.3. LCD 업데이트 ---
            update_lcd_display(_system_status)

        sleep(0.1)
    print("[Main Hub] Monitoring and control loop stopped.")

# --- 5. 메인 함수 ---
def main():
    # 1. 경로 생성
    os.makedirs(IMAGE_PATH, exist_ok=True)
    os.makedirs(os.path.dirname(DB_PATH), exist_ok=True)

    # 2. 버튼 및 BlueDot에 메인 제어 함수 연결
    set_button(activate, deactivate, get_system_status)
    set_bluedot(
        activate, deactivate,
        fan_on, fan_off,
        pump_on, pump_off,
        tank_open, tank_close,
        lambda: set_color('white'),
        lambda: set_color('red'),
        lambda: set_color('blue'),
        lambda: set_color('off'),
        start_music_manual,
        stop_music_manual
    )

    print('[Main] SmartFarm Main Controller Initialized.')
    print('[Main] Waiting for button press or BlueDot to activate...')

    try:
        pause() # 물리 버튼(btn.when_pressed) 이벤트를 기다림
    except KeyboardInterrupt:
        print('\n[Main] SmartFarm system stopped by user (Ctrl+C).')
    except Exception as e:
        print(f'[Main] An unexpected error occurred: {e}')
    finally:
        print('[Main] --- Cleaning up SmartFarm resources ---')
        deactivate()

        lcd_cleanup()
        rgbled_cleanup()
        buzzer_cleanup()
        temp_hum_cleanup()
```

```python
        moisture_cleanup()
        water_sensor_cleanup()
        light_sensor_cleanup()
        water_pump_cleanup()
        water_tank_cleanup()
        music_cleanup()
        bluedot_cleanup()
        button_cleanup()
        fan_cleanup()

        print('[Main] All SmartFarm resources cleaned up.')
        print('[Main] SmartFarm system finished.')

if __name__ == '__main__':
    main()
```

- sensor_monitor()는 센서값 읽기 + LED 업데이트 + 버저 알림만 담당
- update_plant_growth()는 별도 스레드에서 실행 → 카메라 촬영 + AI 분석 + DB 저장 + LED 업데이트까지 자동 처리

⑨ 웹 환경 - 데이터 베이스 생성

- create_db.py

```python
# file: create_db.py
# This script creates a SQLite database for the smart farm project.

import sqlite3
import os

from config import DB_PATH

DB_DIR = os.path.dirname(DB_PATH)

def create_database():
    try:
        # 1. Check and create DB folder path
        os.makedirs(DB_DIR, exist_ok=True)

        # 2. Connect to DB
        conn = sqlite3.connect(DB_PATH)
        cursor = conn.cursor()

        # 3. Create table
        cursor.execute('''
        CREATE TABLE IF NOT EXISTS sensor_data (
            id INTEGER PRIMARY KEY AUTOINCREMENT,
            timestamp DATETIME DEFAULT CURRENT_TIMESTAMP,
            temperature REAL,
            humidity REAL,
            moisture REAL,
            water_level REAL,
            growth_level INTEGER,
            confidence REAL
```

```python
            )
            ''')

        # 4. Commit and close
        conn.commit()
        conn.close()
        print(f'Database created succcssfully at {DB_PATH}')

    except sqlite3.Error as err:
        print(f'SQLite error: {err}')
    except Exception as err:
        print(f'Unexpected error: {err}')

if __name__ == "__main__":
    create_database()
```

⑩ flask 웹 서버 구축

```python
# file: server.py
# Flask server for Smart Farm application

from config import DB_PATH, IMAGE_PATH, REMOTE_PI_IP
from flask import Flask, jsonify, send_from_directory
from werkzeug.utils import secure_filename
import sqlite3
import os
from datetime import datetime, timedelta
from image_processing import analyze_growth_stage

app = Flask(__name__)

# -------------------------------
# 최근 센서 데이터 조회
# -------------------------------
def fetch_sensor_data():
    try:
        with sqlite3.connect(DB_PATH) as conn:
            cursor = conn.cursor()
            cursor.execute('''
                SELECT id, timestamp, temperature, humidity, moisture, water_level, growth_level, confidence
                FROM sensor_data
                ORDER BY timestamp DESC
                LIMIT 10
            ''')
            rows = cursor.fetchall()

            if not rows:
                return {'message': 'No sensor data available'}

            sensor_list = [
                {
                    'id': r[0],
                    'timestamp': r[1],
```

```python
                    'temperature': r[2],
                    'humidity': r[3],
                    'moisture': r[4],
                    'water_level': r[5],
                    'growth_level': r[6],
                    'confidence': r[7]
                }
                for r in rows
            ]
            return {'sensor_data': sensor_list}

    except sqlite3.Error as e:
        print(f'[Server][DB Error] {e}')
        return {'error': f'Database error: {e}'}


# ------------------------------
# 최신 이미지로 성장 단계 분석
# ------------------------------
def analyze_growth_stage_latest():
    try:
        files = sorted([f for f in os.listdir(IMAGE_PATH) if f.endswith('.jpg')])
        if not files:
            return {'error': 'No images found'}

        latest_image = files[-1]
        image_path = os.path.join(IMAGE_PATH, latest_image)

        result = analyze_growth_stage(image_path)
        if not result:
            return {'error': 'Growth analysis failed'}

        return {
            'growth_stage': result['growth_level'],
            'confidence': result['confidence'],
            'label': result['label']
        }

    except Exception as e:
        print(f'[Server][Analysis Error] {e}')
        return {'error': f'Growth analysis error: {e}'}


# ------------------------------
# 최근 7일 이미지 목록 반환
# ------------------------------
@app.route('/latest_images')
def get_latest_images():
    try:
        files = sorted(os.listdir(IMAGE_PATH))
        if not files:
            return jsonify({'error': 'No images found'}), 404

        one_week_ago = datetime.now() - timedelta(days=7)
```

```python
        recent_files = []
        for f in files:
            path = os.path.join(IMAGE_PATH, f)
            if os.path.isfile(path):
                mtime = datetime.fromtimestamp(os.path.getmtime(path))
                if mtime >= one_week_ago:
                    recent_files.append(f)

        recent_files = sorted(
            recent_files,
            key=lambda x: os.path.getmtime(os.path.join(IMAGE_PATH, x)),
            reverse=True
        )

        return jsonify({'images': recent_files})
    except Exception as e:
        print(f'[Server][Image Error] {e}')
        return jsonify({'error': f'Image listing error: {e}'}), 500


# -------------------------------
# 개별 이미지 제공
# -------------------------------
@app.route('/image/<filename>')
def get_image(filename):
    safe_name = secure_filename(filename)
    return send_from_directory(IMAGE_PATH, safe_name)


# -------------------------------
# Flask 라우트
# -------------------------------
@app.route('/sensor_data')
def get_sensor_data():
    return jsonify(fetch_sensor_data())


@app.route('/growth_stage')
def get_growth_stage():
    return jsonify(analyze_growth_stage_latest())


@app.route('/config')
def get_config():
    return jsonify({'pi_ip': REMOTE_PI_IP})


if __name__ == '__main__':
    app.run(host='0.0.0.0', port=5000, debug=True)
```

- 웹 브라우저 모니터링 (monotoring.html)

```html
<!DOCTYPE html>
<html lang="ko">
<head>
    <meta charset="UTF-8">
    <meta name="viewport" content="width=device-width, initial-scale=1.0">
    <title>SmartFarm Monitoring</title>
    <style>
        body { font-family: Arial, sans-serif; text-align: center; }
        h1 { color: #2c3e50; }
        .sensor-container { display: flex; justify-content: center; flex-wrap: wrap; gap: 20px; margin-top: 20px; }
        .sensor-box { padding: 20px; border-radius: 10px; width: 220px; background: #ecf0f1; }
        #status { margin-top: 10px; font-weight: bold; }
        #image-gallery { display:flex; flex-wrap:wrap; gap:10px; justify-content:center; margin-top:20px; }
        #image-gallery img { max-width:180px; border:2px solid #ccc; border-radius:8px; }
    </style>
    <script>
        let piIP = '192.168.137.162'; // 기본값

        async function getConfig() {
            try {
                const response = await fetch(`http://${piIP}:5000/config`);
                const data = await response.json();
                if (data.pi_ip) {
                    piIP = data.pi_ip;
                }
            } catch (error) {
                console.log('[Config] fetch failed, using default IP');
            }
        }

        async function fetchSensorData() {
            try {
                const response = await fetch(`http://${piIP}:5000/sensor_data`);
                const data = await response.json();

                if (response.ok && data.sensor_data && data.sensor_data.length > 0) {
                    const latest = data.sensor_data[0];
                    document.getElementById("temp").innerText = `Temperature : ${latest.temperature}°C`;
                    document.getElementById("hum").innerText = `Humidity : ${latest.humidity}%`;
                    document.getElementById("moist").innerText = `Moisture : ${latest.moisture}%`;
                    document.getElementById("water").innerText = `Water Level : ${latest.water_level}%`;
                    document.getElementById("growth_db").innerText = `Growth Stage(DB) : ${latest.growth_level}`;
                    document.getElementById("conf_db").innerText = `Confidence(DB) : ${(latest.confidence*100).toFixed(1)}%`;
                    document.getElementById("status").innerText = "Sensor Data Loaded";
                } else {
                    document.getElementById("status").innerText = "No Sensor Data";
                }
```

```javascript
            } catch (error) {
                document.getElementById("status").innerText = "Error fetching sensor data!";
            }
        }

        async function fetchGrowthStage() {
            try {
                const response = await fetch(`http://${piIP}:5000/growth_stage`);
                const data = await response.json();

                if (response.ok && data.growth_stage) {
                    document.getElementById("growth_ai").innerText = `Growth Stage(AI) : ${data.growth_stage}`;
                    if (data.confidence !== undefined) {
                        document.getElementById("conf_ai").innerText = `Confidence(AI) : ${(data.confidence*100).toFixed(1)}%`;
                    }
                } else if (data.error) {
                    document.getElementById("growth_ai").innerText = `Growth Stage(AI) : ${data.error}`;
                    document.getElementById("conf_ai").innerText = "Confidence(AI) : -";
                } else {
                    document.getElementById("growth_ai").innerText = "Growth Stage(AI) : Unknown";
                    document.getElementById("conf_ai").innerText = "Confidence(AI) : -";
                }
            } catch (error) {
                document.getElementById("growth_ai").innerText = "Growth Stage(AI) : Error!";
                document.getElementById("conf_ai").innerText = "Confidence(AI) : Error!";
            }
        }

        async function fetchRecentImages() {
            try {
                const response = await fetch(`http://${piIP}:5000/latest_images`);
                const data = await response.json();

                const gallery = document.getElementById("image-gallery");
                gallery.innerHTML = ""; // 초기화

                if (response.ok && data.images && data.images.length > 0) {
                    data.images.forEach(imgFile => {
                        const img = document.createElement("img");
                        img.src = `http://${piIP}:5000/image/${imgFile}?t=${new Date().getTime()}`;
                        gallery.appendChild(img);
                    });
                } else {
                    gallery.innerText = "No images available for the last 7 days.";
                }
            } catch (error) {
                document.getElementById("image-gallery").innerText = "Error loading images!";
            }
        }

        async function updateAll() {
```

```html
            await getConfig(); // 먼저 설정 가져오기
            fetchSensorData();
            fetchGrowthStage();
            fetchRecentImages();
        }

        window.onload = updateAll;
        setInterval(updateAll, 5000);
    </script>
</head>
<body>
    <h1>Smart Farm Monitoring</h1>
    <p id="status">Loading Data...</p>
    <div class="sensor-container">
        <div class="sensor-box" id="temp">Temperature : -</div>
        <div class="sensor-box" id="hum">Humidity : -</div>
        <div class="sensor-box" id="moist">Moisture : -</div>
        <div class="sensor-box" id="water">Water Level : -</div>
        <div class="sensor-box" id="growth_db">Growth Stage(DB) : -</div>
        <div class="sensor-box" id="conf_db">Confidence(DB) : -</div>
        <div class="sensor-box" id="growth_ai">Growth Stage(AI) : -</div>
        <div class="sensor-box" id="conf_ai">Confidence(AI) : -</div>
    </div>

    <h2>Recent Images</h2>
    <div id="image-gallery">Loading images...</div>
</body>
</html>
```

CHAPTER 10

부록

CHAPTER 10 부록

01 하드웨어 & 부품

(1) 센서 및 부품 현황

순	명칭	사양		이미지	수	gpiozero 라이브러리
1	라즈베리파이	Raspberry 5			1	-
2	브레드보드	830홀			1	-
3	GPIO 확장	T-Cobbler Plus			1	-
4	점퍼 케이블	연결선	빨강		2	
			주황		2	
			검정		4	
		수-수			20	
		암-수			20	
		암-암			20	
5	LED	3mm			5	LED

순	명칭	사양	이미지	수	gpiozero 라이브러리
6	저항	220Ω		5	-
		330Ω		8	-
		10kΩ		1	-
7	버튼	푸시버튼		3	Button
8	RGBLED			1	RGBLED
9	ADC	MCP3008		1	MCP3008
10	가변저항	Potentiometer		1	-
11	조도센서	cds		1	-
12	온도센서	TMP36		1	-
13	수위센서			1	-
14	소리감지센서			1	-
15	조이스틱			1	-
16	부저	피에조 수동부저		1	Buzzer TonalBuzzer Tone
17	초음파	HC-SR04		1	DistanceSensor
18	적외선 동작 감지	HC-SR505		1	MotionSensor

Chapter 10 부록

순	명칭	사양	이미지	수	gpiozero 라이브러리
19	라인 감지	TCRT5000		1	LineSensor
20	온습도	DHT11		1	adafruit-circuitpython-dht
21	FND	7-segment		1	LEDCharDisplay
22	multi FND	4-digit 7-segment		1	LEDMultiCharDisplay
23	LCD	I2C LCD		1	the-raspberry-pi-guy의 drivers
24	servo 모터	sg-90		1	servo AngularServo
25	모터 드라이버	SN754410		1	-
26	dc 모터	geared DC motor		2	Motor Robot
27	건전지 홀더	9V 홀더		1	-
28	건전지	망간 건전지		1	-
29	이미지 센서	파이카메라		1	Picamera2

- 프로젝트에서 다루는 센서는 제외한다.

(2) 라즈베리파이 GPIO 핀

① GPIO(General Purpose Input/Output : 다목적(범용) 입출력)

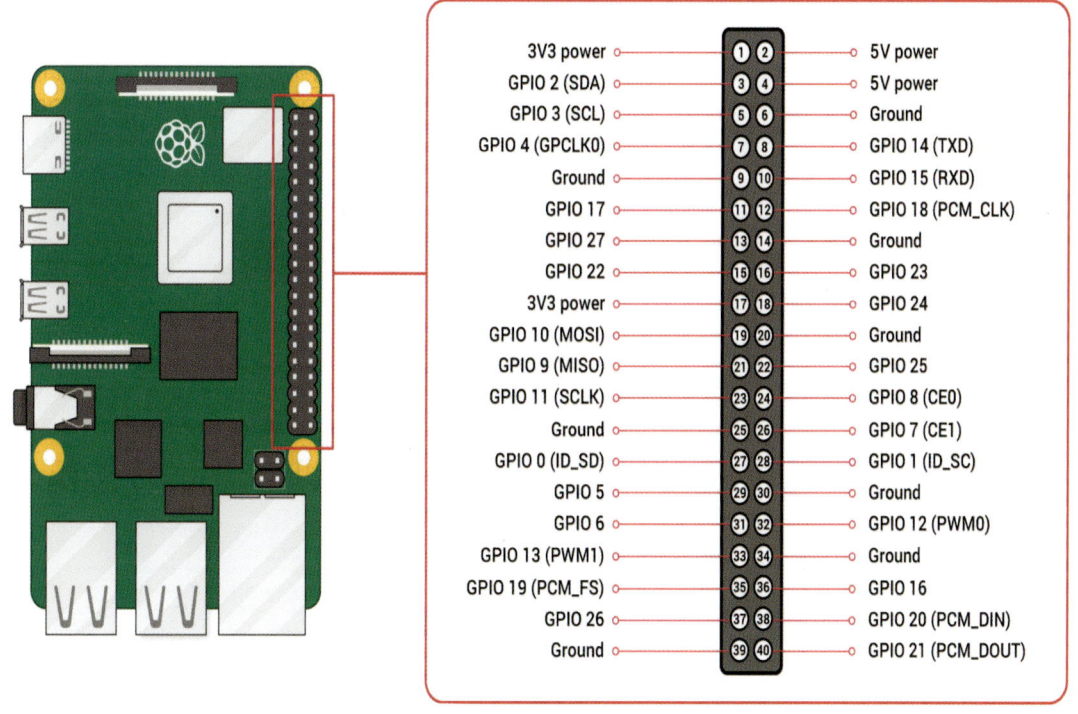

〈그림 10-1〉 라즈베리파이 GPIO핀 번호

(3) 라인트레이서 테스트용 색띠

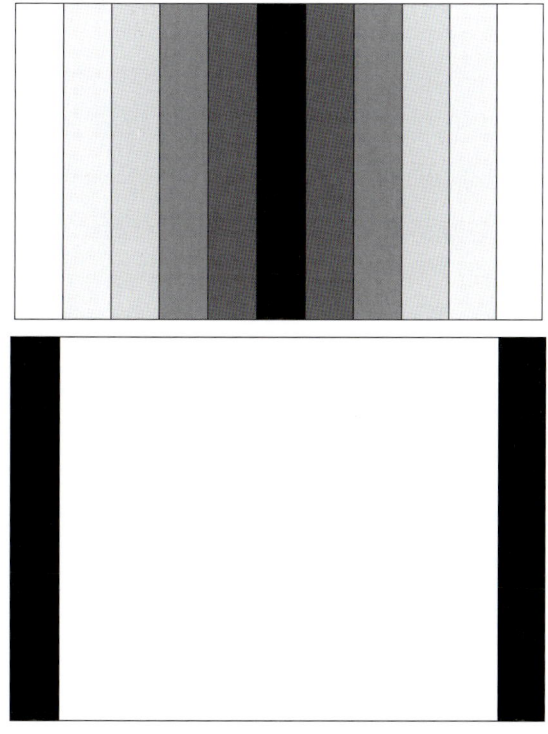

(4) 회로도

① fritzing 다운로드

㉠ 다운로드 링크

- 사이트 : https://fritzing.org/download/
- 2022년 7월 기준으로 유료로 변환

  메뉴 [Download]로 들어가서 본인의 컴퓨터 사양 및 운영체제(32bit/64bit)에 맞게 다운로드

㉡ 설치

다운로드 받은 fritzing.exe 실행하여 설치한다. 생각보다 시간이 걸리니 참고 기다린다.

② 사용하기

㉠ 초기 파일 생성

- [파일] - [새로만들기] 실행하면 브레드보드가 있는 화면이 있는 초기 화면이 생성된다.
- 기본메뉴 : [파일] [편집] [부품] [보기] [윈도우] [Routin] [도움말]
- 추가하려는 부품은 오른쪽 화면에서 찾아 왼쪽 화면으로 드래그하고 브레드보드에 필요한 곳에 연결하면 된다. 찾으려는 부품이 보이지 않을 시에는 돋보기를 활용하여 찾아보면 된다.
- 아예 부품이 없을 때에는 인터넷에서 검색하면 된다.

㉡ 기본 제어

버튼	기능	동작	기능
왼쪽 클릭	선택	마우스 휠	화면 확대/축소
오른쪽 클릭	단축 메뉴	ctrl + 마우스휠	화면 위/아래 이동
드래그	부품 선택시 이동	alt + 마우스 휠	화면 왼쪽/오른쪽 이동
	브레드보드 및 부품시 연결선		

ⓒ 생성된 브레드보드 방향 전환

- 브레드보드를 선택 후 프로그램 왼쪽 하단 클릭, 브레드보드가 방향이 바뀐다.
  - 빨간색 라인이 위로 가도록 바꾼다.

〈그림 10-2〉 브레드보드 방향 전환

③ **없는 부품 사용하기**

프리징에서 기본 제공하는 부품 이외에 나만의 부품이 필요할 시에는 인터넷에서 부품을 찾아 다운받아 사용한다(프리징 부품 폴더).

㉠ 확장자 fzpz로 검색 후 다운로드 하면 된다.
- 검색시 : 찾으려는 부품명.fzpz

㉡ 부품 찾을시 참고 사이트
- https://www.elec-cafe.com/fritzing-parts-download/
- https://github.com/adafruit/Fritzing-Library/tree/master/parts
- https://github.com/RafaGS/Fritzing
- https://github.com/adafruit/Fritzing-Library
- https://gitlab.com/ainpoenya/e-radionica.com-Fritzing-Library-parts-/-/tree/master
- 더 좋은 사이트 공유해주시면 감사드려요.

㉢ 오른쪽 메뉴 - import.... 클릭 후 추가하려는 부품 선택
- 위치 : 다운로드위치 (예 : C:₩다운로드)
- Raspberry-Pi5.fzpz, T Cobbler Plus Cable.fzpz 선택하여 추가

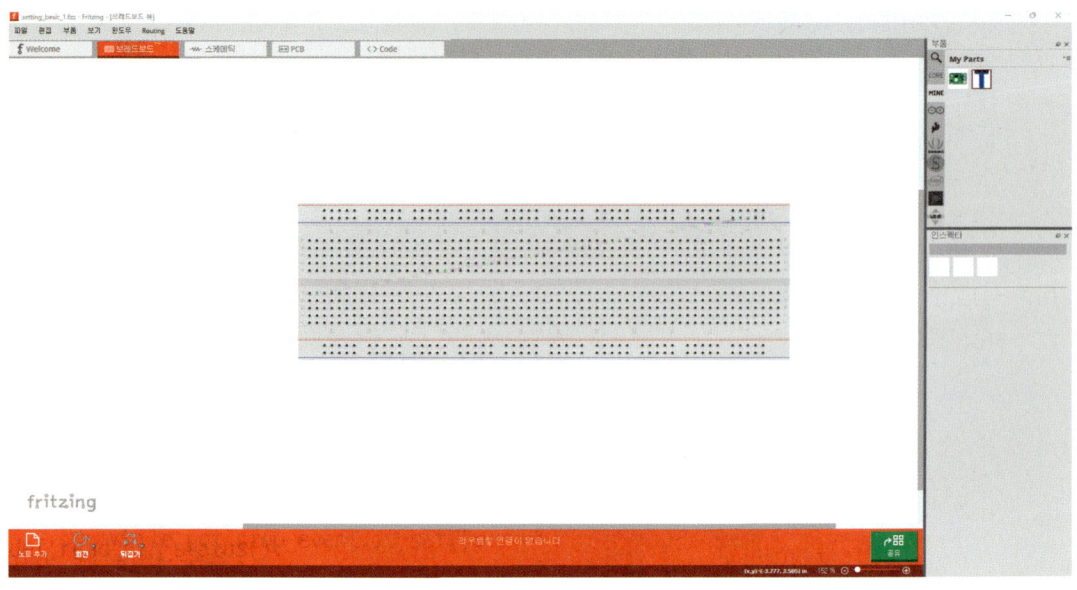

〈그림 10-3〉 T 케이블 선택

④ **라즈베리파이 기본 연결**

㉠ MINE 탭에서 라즈베리파이 5와 T 케이블 드래그한 후 회전시켜 아래와 같이 연결한다.

- 라즈베리파이를 왼쪽 기본 화면으로 드래그 후 프로그램 왼쪽 하단 [회전] 클릭하여 회전한 후 그림처럼 브레드보드랑 연결한다.
- T Cobbler Plus(일명 T자 확장 커넥터) 드래그한 후 뒤집기로 [회전] 한 후 아래 그림처럼 연결한다.
- T확장 커넥터와 라즈베리파이를 연결한다. 라즈베리파이 GPIO40핀이 녹색이 되도록 연결한다.

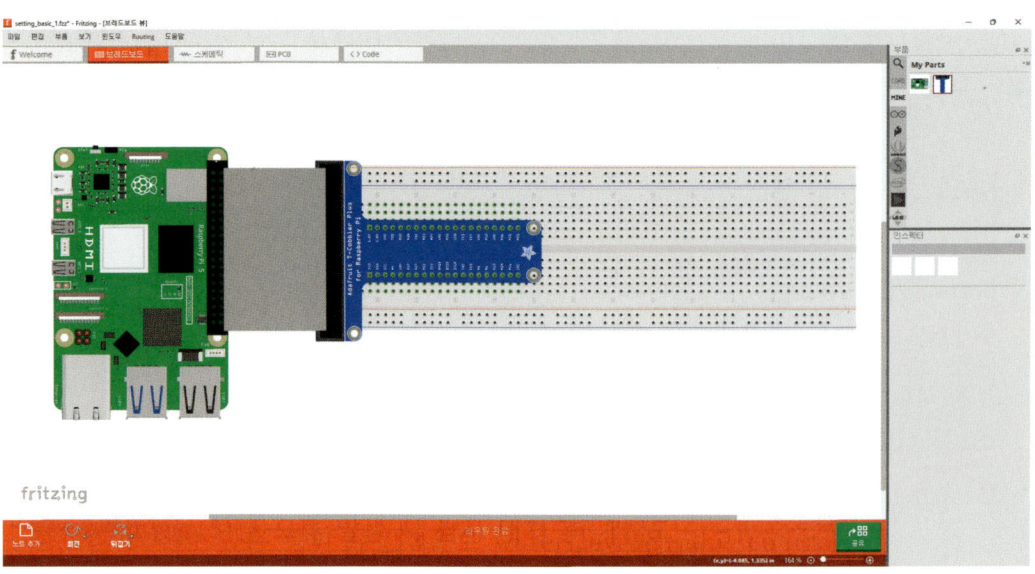

〈그림 10-4〉 라즈베리파이_T케이블_브레드보드_연결

ⓛ 라즈베리파이의 V, GND와 브레드보드와 연결
  • 브레드보드 왼쪽, 오른쪽 연결
    - 왼쪽 절반, 오른쪽 절반의 가운데는 연결되어 있지 않으므로 연결

〈그림 10-5〉 830 브레드보드 중간 연결

    - 연결선 선택 후 화면 오른쪽 인스펙터 - 색상
    - 위쪽 + 은 빨간색, 아래쪽 + 주황색, GND는 검정색

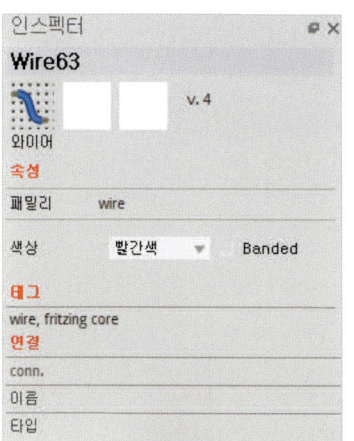 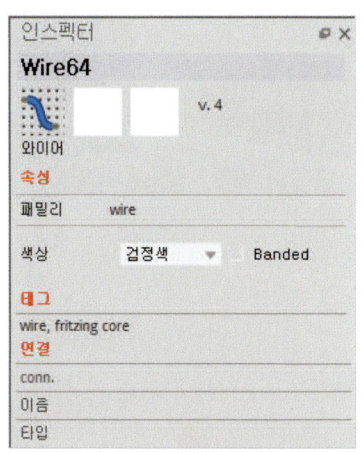 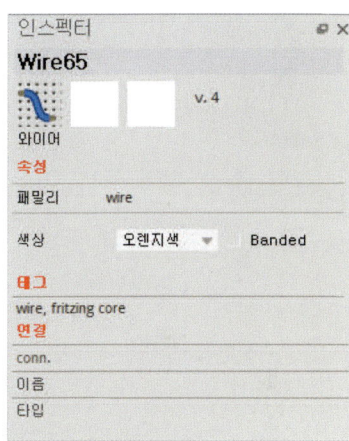

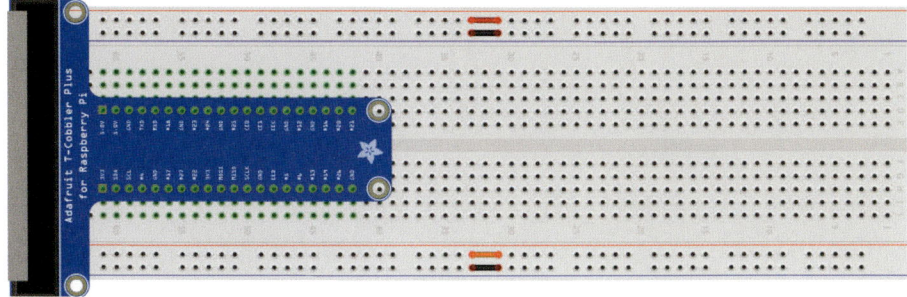

〈그림 10-6〉 브레드보드_중간 연결선_색 변경

- 브레드보드 위쪽, 아래쪽 GND 연결
  - T 연결케이블 때문에 직접 선을 그리지 못하고 기존 선을 복사해서 사용
  - 검정색 연결선 2개 복사. 근처로 이동 후 선의 끝을 드래그해서 연결

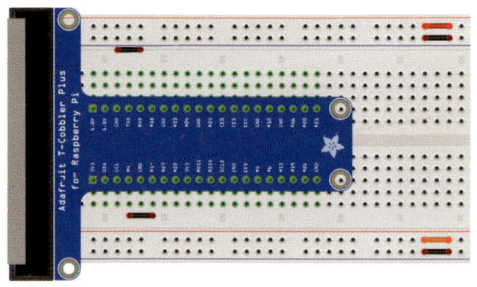 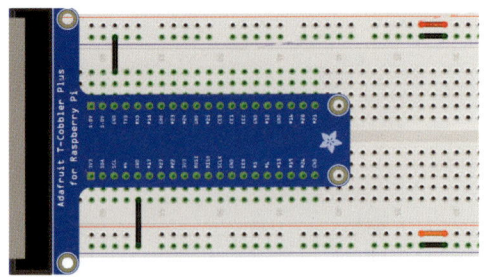

〈그림 10-7〉 브레드보드_중간 연결선_검정선 복사   〈그림 10-8〉 브레드보드_라즈베리파이_검정선 연결

- 브레드보드 위쪽에 5V, 브레드보드 아래쪽에 3.3V
  - 위와 마찬가지로 빨간, 주황색 복사, 적절한 위치로 이동 후 연결

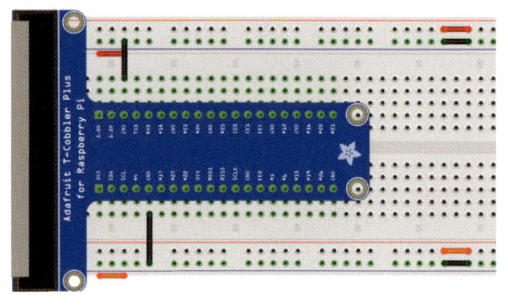 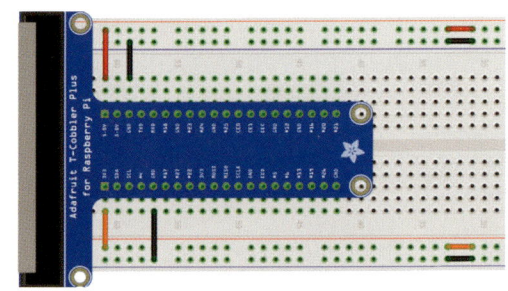

〈그림 10-9〉 브레드보드_라즈베리파이_빨강선 복사   〈그림 10-10〉 브레드보드_라즈베리파이_빨강선 연결

⑤ LED 및 저항 추가

㉠ [부품] - [CORE] - [출력]영역 - LED 추가

- LED 다리(-) 부분 드래그, 연결 위치 변경

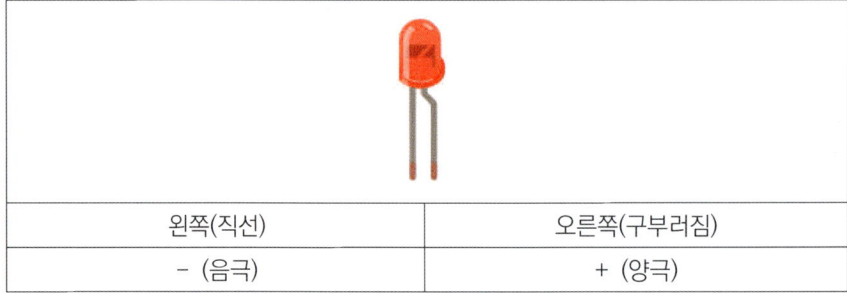

왼쪽(직선)	오른쪽(구부러짐)
- (음극)	+ (양극)

㉡ LED 인스펙터

- LED 속성 - 색상 - 클릭하여 Orange(620nm)로 변경

㉢ 저항 : [부품] - [Core parts] 영역에서 저항 드래그하여 추가 후 회전(저항은 +, -구분 없음) 후 연결

- 저항 인스펙터 : 저항값을 원하는 값으로 변경하면 된다. 여기선 220Ω으로 변경

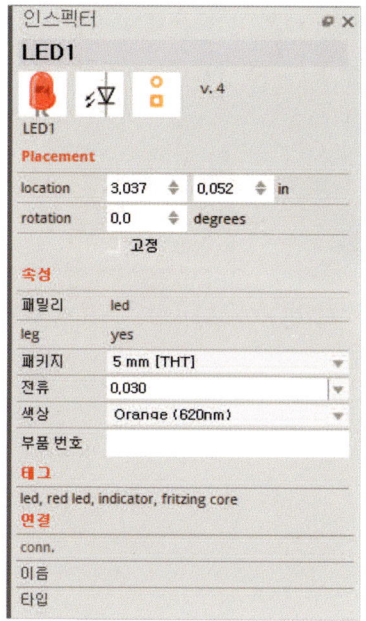

〈그림 10-11〉 LED 설정

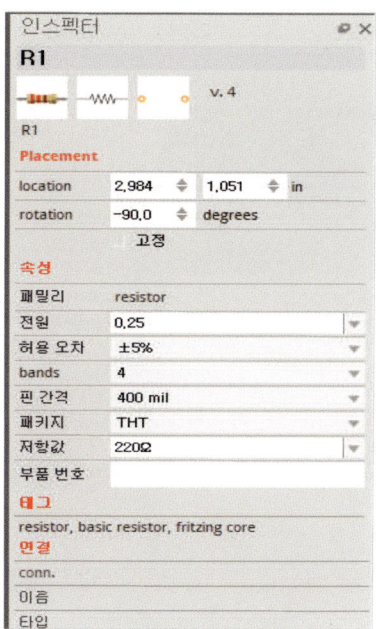

〈그림 10-12〉 저항 설정

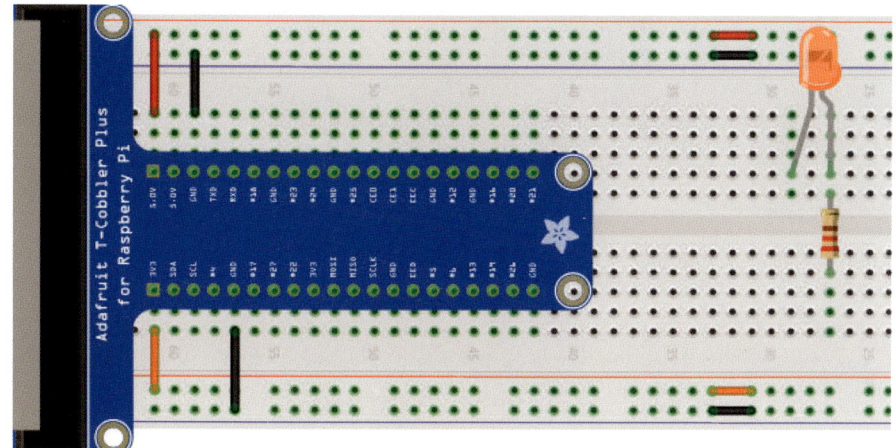

〈그림 10-13〉 브레드보드_LED_저항_회로도

ㄹ) 선 연결

- 선은 작업화면에서 드래그 하면 된다.
- LED와 위쪽 GND 라인 연결
  - [인스펙터] - [색상] - 검정색
- LED + 연결와 GPIO 연결
  - 저항 끝 라인에서 GPIO 27번까지 드래그
  - [인스펙터] - [색상] - 오렌지색
  - 연결 후 선의 적당한 곳에서 드래그하여 'ㄷ'자형으로 만들어준다.
  - 2번 꺾어졌으면 2번 작업

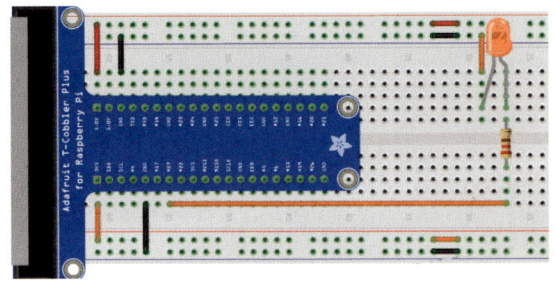
<그림 10-14> LED_라즈베리파이_연결

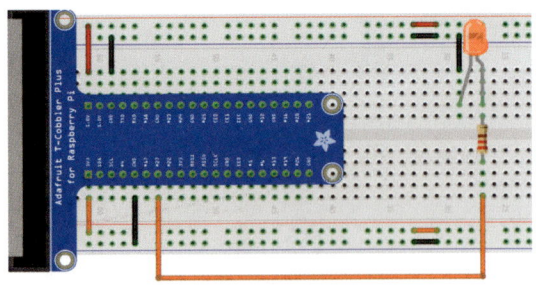
<그림 10-15> LED_라즈베리파이_연결_선

ⓜ 작업이 끝나고 저장. 확장자(*.fzz)
- 프리징 파일의 확장자는 led.fzz로 저장

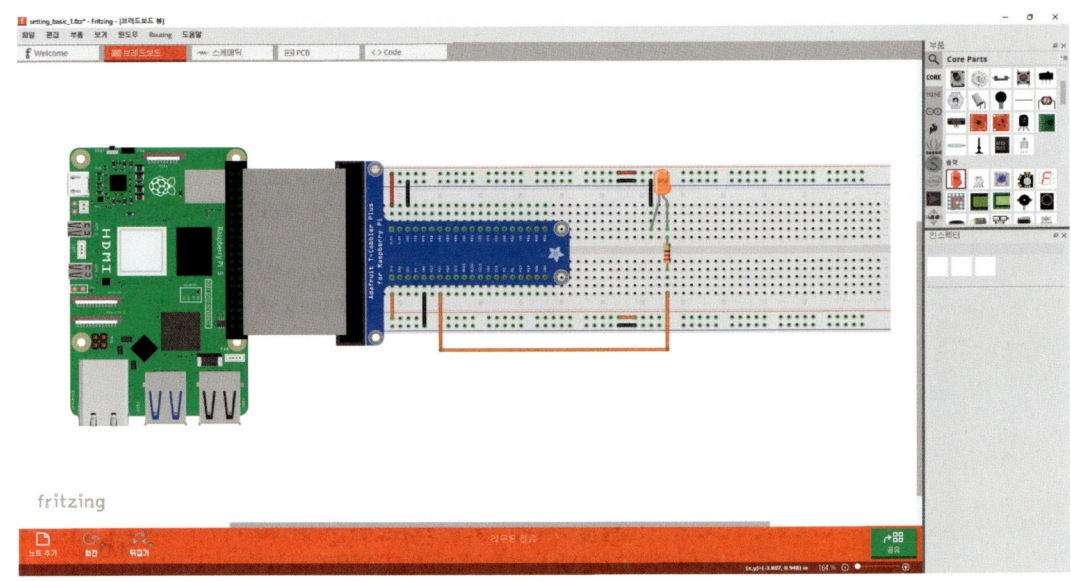
<그림 10-16> 프리징 저장

⑥ 기본 부품

부품명	이미지	부품명	이미지
라즈베리파이5		라즈베리파이 GPIO T형 확장보드	
브레드보드 (830)		확장선	수수

⑦ 기본 연결

㉠ 전원

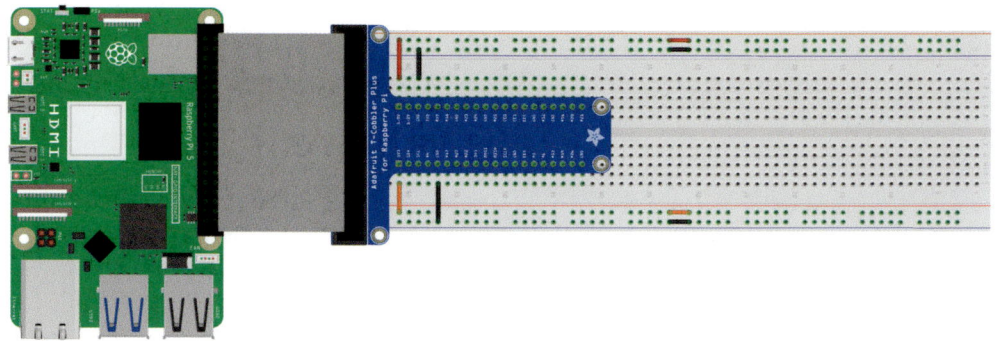

〈그림 10-17〉 기초 센서편 기본 회로도

- 그림 위)쪽 빨간 라인은 5V 연결
- 그림 아)래쪽 주황 라인은 3.3V 연결

㉡ 전원 및 GND 연결
- 브레드보드 왼쪽 영역과 오른쪽 영역을 연결해준다.

02 소프트웨어 및 개발환경

(1) 파이썬 설치 및 IDLE 사용

① 설치하기
- 파이썬 설치 버전은 3.10 버전을 사용한다.
- 3.11 이상 사용해도 된다면 블루투스 통신을 위한 bluez 라이브러리 pip 설치가 되지 않는다.

㉠ 다운로드
- 파이썬 공식 홈페이지 : https://www.python.org/
- [Downloads] - [Windows] - 아래로 쭉 내려가서 Python 3.10.11 - April 5, 2023
- Download Windows installer(64-bit) 클릭

㉡ 화면 하단 ☑ Add python.exe to PATH 체크 (꼭... 필수)

㉢ 화면 중앙 Install Now 클릭

㉣ 이후 Next 클릭, 설치됨.

〈그림 10-18〉
파이썬_설치_초기 화면

② **사용법**

ⓐ IDLE 두 가지 mode
- IDLE(Integrated Development Environment, 통합개발환경)

IDLE interactive shell	IDLE Editor
□ 파이썬 명령어를 한 줄씩 입력하며 실행 결과를 바로 확인하는 공간 □ 간단한 연산이나 명령 실행시 주로 사용 □ 프롬프트 형태	□ 파이썬 코드 긴 경우 사용 □ 파일 형태로 저장 가능 □ [FILE] - [New File] 클릭

ⓑ IDLE Editor 사용법
- 주 사용 메뉴

메뉴	스크린샷	설명
[File]	New File Ctrl+N Open... Ctrl+O Open Module... Alt+M Recent Files Module Browser Alt+C Path Browser Save Ctrl+S Save As... Ctrl+Shift+S Save Copy As... Alt+Shift+S Print Window Ctrl+P Close Alt+F4 Exit Ctrl+Q	• [File] - [New File] 새로운 파일 생성 • [File] - [Open...] 기존 파일 불러오기 • [File] - [Save As...] 저장, 새로운 이름으로 저장 • [File] - [Save] 저장, 기존 파일 덮어쓰기
[Run]	Run Module F5 Run... Customized Shift+F5 Check Module Alt+X Python Shell	• [Run] - [Run Module] 코드 실행
[Options]	Configure IDLE Show Code Context Show Line Numbers Zoom Height Alt+2	• [Options] - [Configure IDLE] 환경설정, 글꼴

- 코딩시 들여쓰기는 무조건 키보드의 Tab 키를 이용하여야 함.

```
from gpiozero import LED
from time import sleep

led1 = LED(17)

print('Press Ctrl+C to exit')

while True:
    led1.on()
    sleep(1)
    led1.off()
    sleep(1)
```

(2) vs code 설치 및 사용하기

① 특징
㉠ 일반 PC(노트북)에서 Remote SSH를 이용하여 라즈베리파이에 접속하여 코딩, 실행
㉡ 로컬 환경에서 작업하는 것처럼 라즈베리파이의 파일 시스템에 접근하고, 코드를 편집하고, 실행, 가상 환경을 사용하면 프로젝트별로 독립적인 개발 환경을 구성함.

② 설치
㉠ 다운로드 및 설치

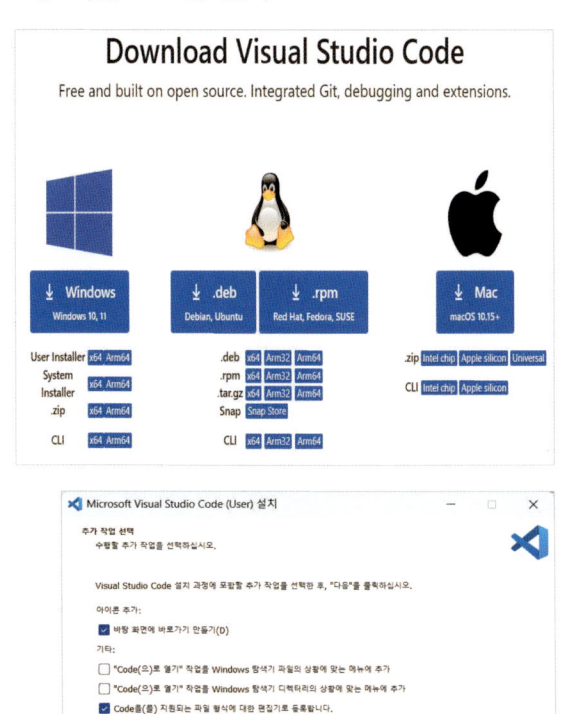
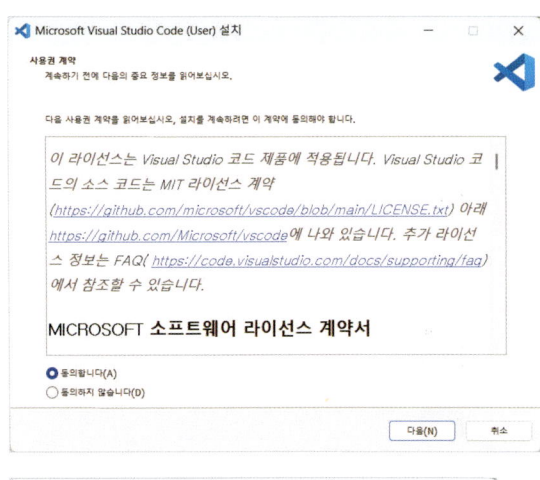
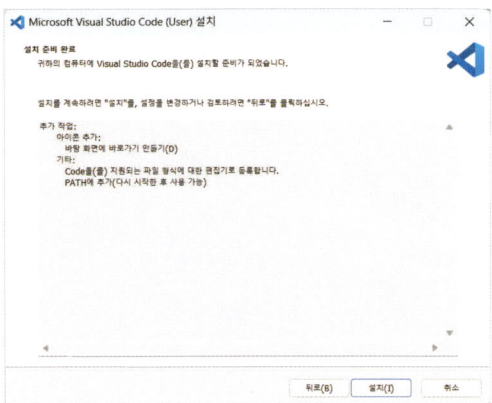

③ 초기 화면

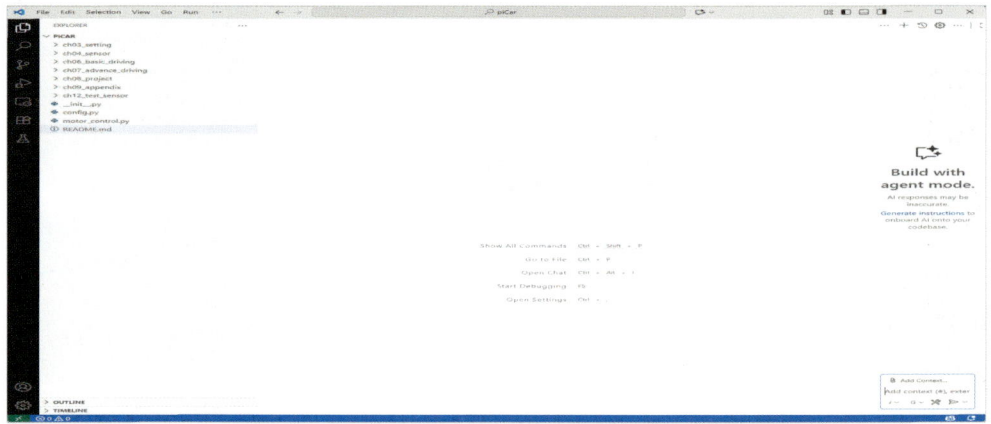

〈그림 10-19〉 초기 화면

㉠ 설정

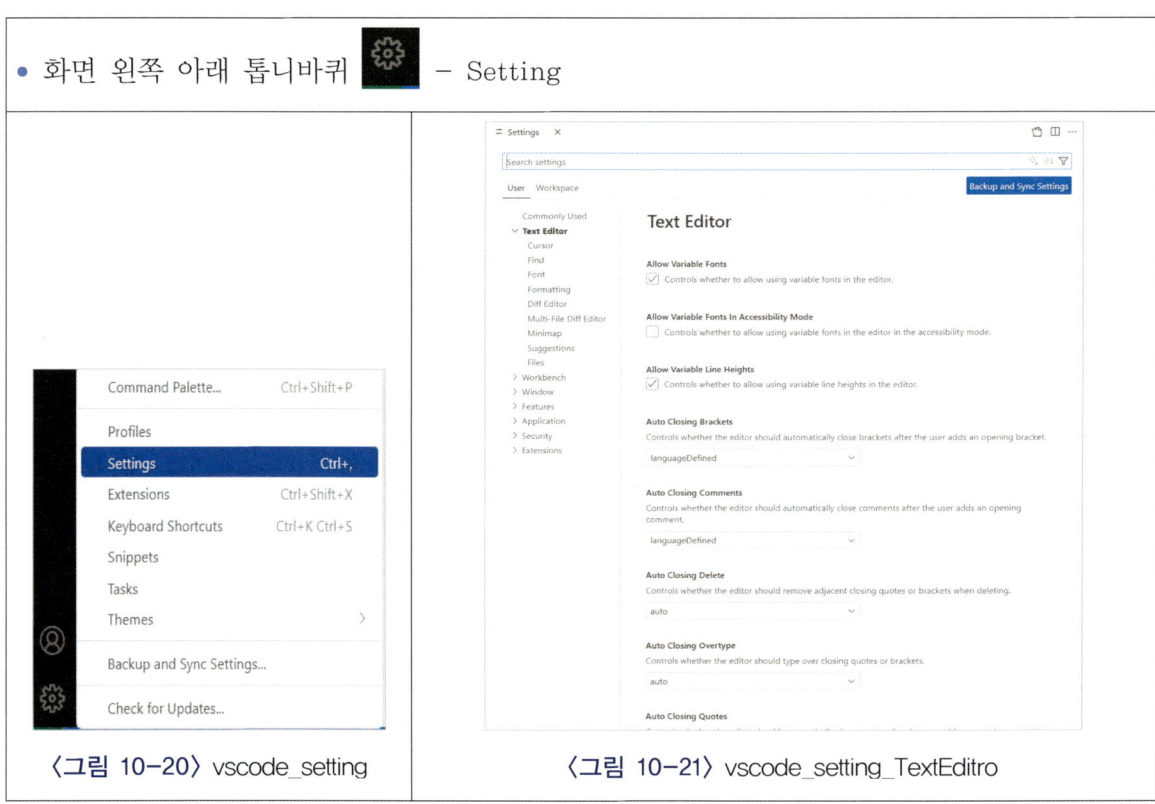

| 〈그림 10-20〉 vscode_setting | 〈그림 10-21〉 vscode_setting_TextEditro |

ⓒ 사이드 메뉴

메뉴	명칭	기능
	Explorer (Ctrl + Shift + E)	• 탐색기 • 폴더 및 파일을 트리 형태로 보여줌 • 파일 및 폴더 생성, 삭제, 이름 변경 등
	search (Ctrl + Shift + F)	• 검색 • 작성한 파일이나 폴더 찾을 때
	Source Control (Ctrl + Shift + G)	• 소스 제어 • git 버전관리 연동 및 관리 담당 • 변경 파일 목록, 커밋, 푸시, 풀 등
	Run and Debug (Ctrl + Shift + D)	• 실행 및 디버깅 • 파일 실행 및 디버그
	Remote Explorer	• 원격 접속 컴퓨터 목록 확인
	Extensions (Ctrl + Shift + X)	• 확장 • vs code에 추가 확장 프로그램 관리

④ 확장 프로그램 설치

㉠ 왼쪽 사이드 메뉴 – extensions – python 검색 후 설치

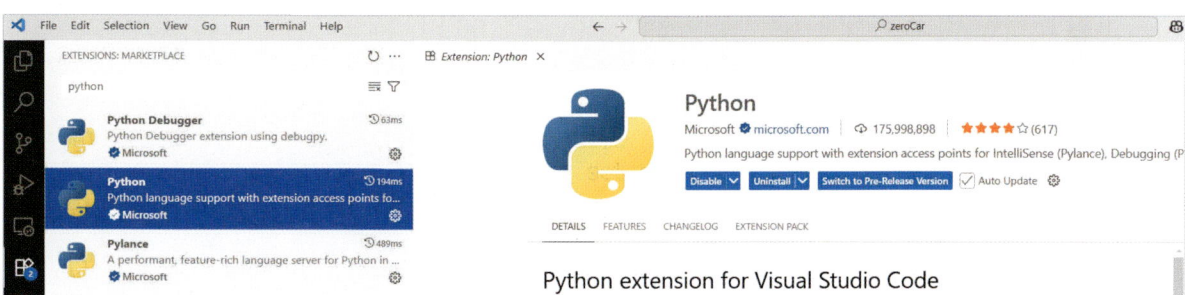

〈그림 10-22〉 vscode_확장프로그램_python설치

⑤ Explorer

Explorer 상세 메뉴		설명	
		New File...	• 새로운 파일 생성 • 파일 이름 확장자 모두 써야 함. • led.py, ultra.py 등
		New Folder...	• 새로운 폴더 생성
		Refresh Explorer	• 새로 고침
		Collapse Folders in Explorer	• 열려있던 모든 폴더 등을 닫고 정리

(3) 개발 전용 폰트 사용하기

① **사용 이유**
- 코딩을 할 때 주로 사용하는 폰트로 글자(영어, 숫자 등)를 명확하게 구분하기 위해 사용
- 가독성을 높이기 위해 글자의 너비를 조절해 사용

② **D2coding란?**

D2 Coding 글꼴은 나눔바른고딕을 바탕으로 개발자의 코딩을 위해 가독성 및 유사 문자간 변별력 뿐만 아니라 디자인적으로 한글과의 조화를 고려해 최적화시킨 글꼴

굴림 글꼴	D2coding 글꼴	굴림 글꼴	D2coding 글꼴
영문 대문자 : O 영문 소문자 : o 숫자 : 0 OOOooo000	영문 대문자 : 0 영문 소문자 : o 숫자 : 0 000ooo000	영문 대문자 : l 영문 소문자 : i 영문(L) 소문자 : l 숫자 : 1 lllliilll111	영문 대문자 : I 영문 소문자 : i 영문(L) 소문자 : l 숫자 : 1 IIIiilll111

③ **다운**
  ㉠ 사이트 : https://github.com/naver/d2codingfont
  ㉡ 다운로드
  - 화면 아래로 살짝 내려가 'Ver 1.3.2 (2018.06.01. 배포)' 클릭

다운로드
- Ver 1.3.2 (2018.06.01 배포)
- 기존 버전은 반드시 삭제후 설치 바랍니다.

  - ~D2Coding-Ver1.3.2-20180524.zip 클릭, 다운로드

④ **설치**
  ㉠ 다운받은 파일 압축 해제
  ㉡ D2CodingAll 폴더로 이동
  ㉢ D2Coding-Ver1.3.2-20180524-all.ttc 파일 마우스 오른쪽 버튼
  ㉣ '모든 사용자용으로 설치' 클릭

⑤ **IDLE Editor에서 D2coding 글꼴 사용하기**
  ㉠ [Options] - [Configure IDLE] 에서
  - Font Face - D2coding으로 변경

- Size - 12로 설정
  (화면에선 14로 설정하였음.)
- Python Standard: 4Spaces! 로 설정
  (파이썬은 들여쓰기가 그룹처리 됨.)

(4) 한글입력기 설치

① 개요

㉠ fcitx 입력기와 한글 폰트, 언어팩을 설치

㉡ 데이안 계열에서 가장 많이 사용하고 있는 한글입력기는 IBus-Hangul, fcitx-Hangul, uim-Byeoru, nimf 등이 있음.

㉢ 본 교재에서는 한글입력기를 설치하지 않는다.
교재에서 설명상 한글을 사용하고 있지만 실제 source code의 코딩이나 주석, 기타 설명 등은 전부 영어로 처리하고 있다.

㉣ fcitx 입력기 설치

```
$ sudo apt install fcitx -y
$ sudo apt install fcitx-hangul -y
```

재부팅후 인터넷 접속하면 한글 표시가 되어 보인다. 하지만 아직 한글 입력은 안된다.

㉤ fcitx 입력기 환경설정

- /etc/default/im-config 파일 편집
  - nano 편집기를 활용하여 im-config 환경 설정한다. 이 과정이 어려우면 아래의 GUI환경을 사용한다.

    ```
    $ sudo nano /etc/default/im-config
    ```

  - IM_CONFIG_DEFAULT_MODE=auto부분를 IM_CONFIG_DEFAULT_MODE=fcitx 수정한 후 ctrl+x, y, enter

재부팅한다.

- [시작] - [Preferences] - [Fcitx Configuration]

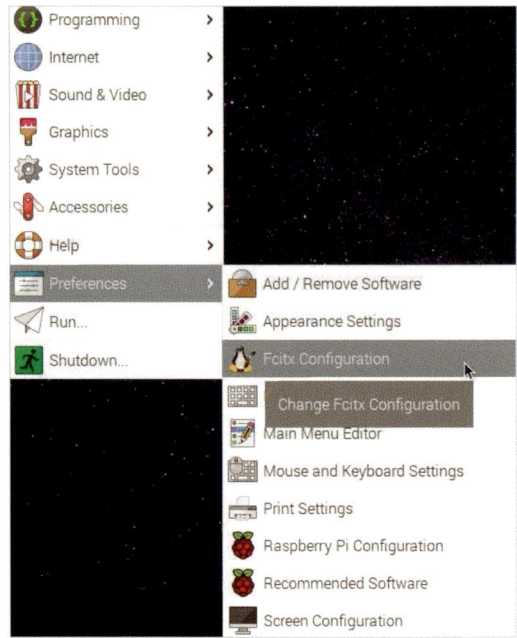

- [Input Method] 탭

  하단 + → only Show Current Language 체크 해제 → search Input Method 칸에 'hangul' 입력/검색

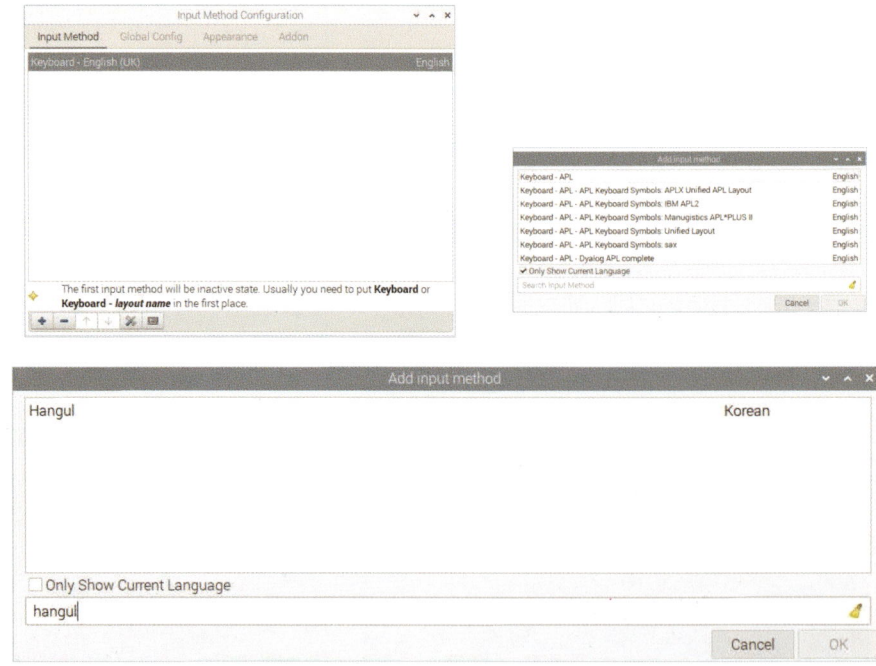

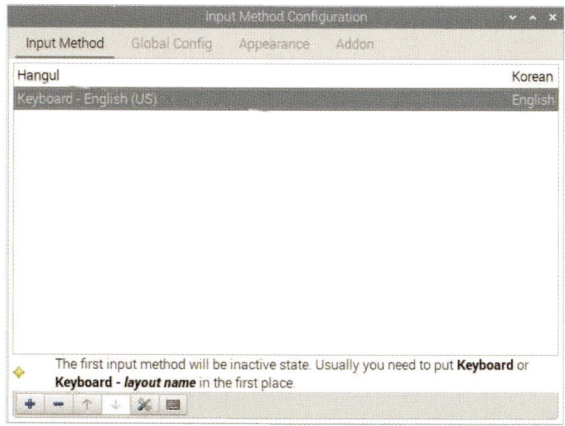

- [시작] – [Preferecnes] – [input Method]

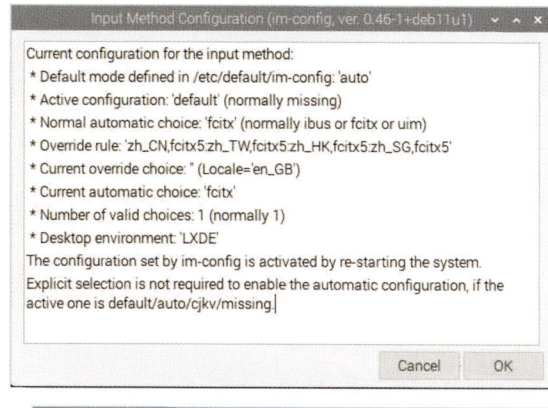
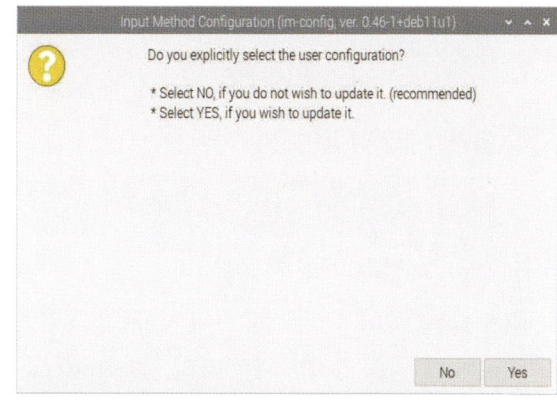
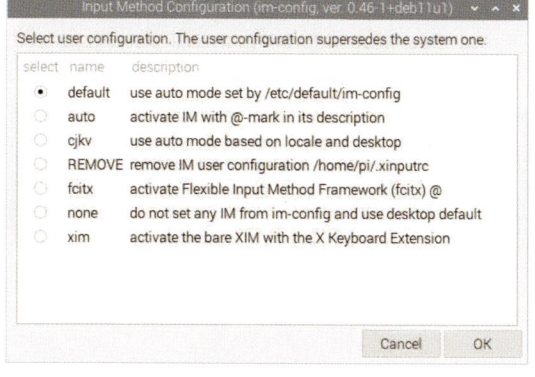

- 수정된 사항 확인 후 확인 버튼 클릭, 재부팅
- 한영 변환 : ctrl + space

ⓑ fcitx 삭제

fcitx 이용하여 한글 입력이 되지 않을 경우에는 삭제 후 재설치나 다른 입력기를 사용한다.

```
$ sudo apt remove fcitx-hangul
$ sudo apt autoremove
```

(5) 소스 코드 다운로드

① git 소스 코드 다운

본 교재의 모든 소스 파일 다운로드를 진행한다. 터미널에 작업한다.

㉠ 사용자 작업 디렉터리 이동

```
$ cd ~
```

- ~ : 사용자 디렉터리 의미, /home/pi 와 같음.

㉡ 터미널을 열고 아래 명령어를 입력한다.

```
$ git clone https://github.com/zeroToAIoT/basic.git
```

㉢ 작업 위치로 이동

```
$ cd basic/
pi@zeroToAI: ~basic $
```

㉣ 확인 : ls 명령어

```
pi@zeroToAI: ~basic $ ls
```

- pi : 접속 사용자 아이디
- zeroToAI : 라즈베리파이 호스트명
- ~ : 사용자 홈 디렉터리, /home/pi 임
- basic : 현재 위치한 basic 디렉터리
- ls : 파일 목록 보여주는 명령어

```
pi@zeroToAI:~ $ cd basic/
pi@zeroToAI:~/basic $ ls
ch02_Basic     ch04_Digital   ch06_Actuator   ch08_RemoteControl   ch10_appendix
ch03_Analog    ch05_Display   ch07_Camera     ch09_Project         requirements.txt
pi@zeroToAI:~/basic $
```

〈그림 10-23〉 basic 디렉터리 목록

03 Q & A

(1) 라즈베리파이 관련

Q 라즈베리파이 os는 무료인가요?

㉠ 라즈베리파이 os는 리눅스 계열이며 무료이다.
㉡ 현재 2025년 10월 1일 기준으로 라즈베리파이 OS 버전은 13, 명칭은 Trixie이다.
㉢ 3개의 OS 버전이 있습니다. 버전별 32bit, 64bit 아키텍쳐용을 제공
- 서버 시스템용 축소 버전 (476MB)
- 기본 데스크톱 버전 (1.2GB)
- 전체 버전 (3.4GB)

Q 라즈베리파이 OS 버전별 명칭

라즈베리파이 OS	명칭
Deian 13	Trixie
Deian 12	Bookworm
Deian 11	Bullseye

Q 라즈베리파이를 설정하기 위해서는 처음에 USB 키보드, USB 마우스, HTML 모니터가 꼭 필요한가요?

㉠ 필요하다.
㉡ 라즈베리파이 OS 11 버전 이후부터 보안이 강화되어 처음에 wireless 접속이 안된다. 번거롭지만 처음 부팅시에는 꼭 필요하다.
㉢ 처음 부팅 후 해야 할 일
- 노트북이 있으면 모바일 핫스팟 설정
- 작업 표시줄 오른쪽 상단 - 무선 랜 설정
  - 가장 중요한 것은 라즈베리파이의 IP 주소를 알아내는 것이다.
- 라즈베리파이 설정 - VNC viewer 활성화
- 노트북에서 VNC viewer로 라즈베리파이에 접속
- 터미널 활용 - 소스 코드 다운로드
- 노트북 vs code SSH 접속해서 작업하면 된다.

(2) DHT11 온습도 센서 관련

 Error : externally-managed-environment 에러

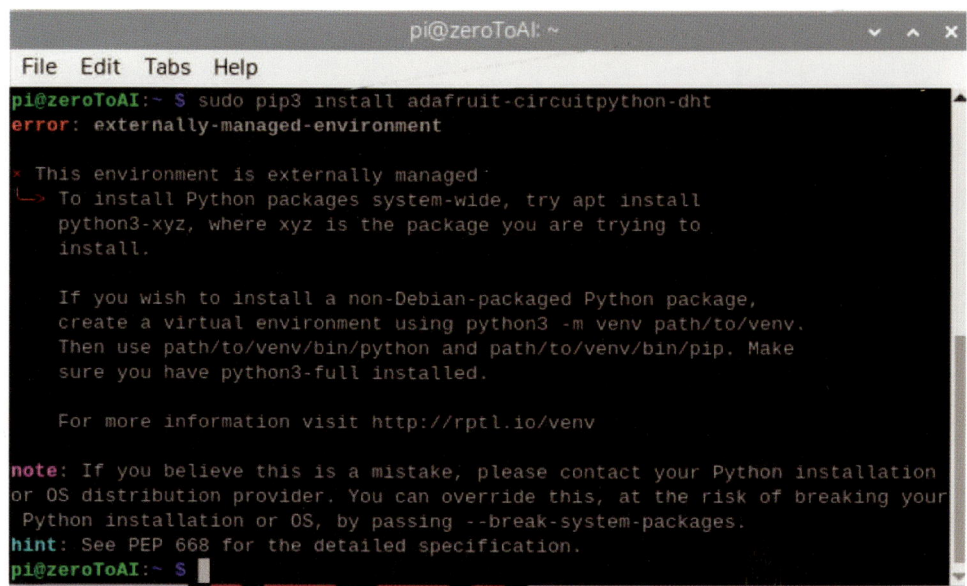

〈그림 10-24〉 DHT11_라이브러리_설치 에러

㉠ 원인
- 라즈베리파이 OS 보안 정책 강화로 기본 터미널에서 설치시 에러남
- adafruit-circuitpython-dht 패키지는 라즈베리파이 OS의 정식 패키지가 아닌 관계로 pip3를 통한 전역 설치가 되지 않는다.

㉡ 해결 방안 2가지 방법
- pip3 설치시 —break-system-packages 옵션 사용

    $ pip3 install adafruit-circuitpython-dht --break-system-packages

- 가상 환경에서 설치

 Error reading sensor: A full buffer was not returned. Try again.

Unable to set line 21 to input

원인	해결방안
센서 연결은 잘 되어 있으나 순간적으로 센서 인식 못함.	프로그램 정지 후 다시 실행하면 됨

Unable to set line 21 to input

Unable to set line 21 to input

원인	해결방안
온습도 센서가 이미 실행되고 있다는 의미. 여러 개의 프로그램을 실행시켰을 때 발생	터미널에서 아래 명령어 실행한 후 프로그램 다시 실행

```
$ sudo pkill -f python3
```

(3) FND 관련

 led 표시가 거꾸로 표시되요.

㉠ 모듈 타입

- Common Cathode : 기본값(active_high = True)
- Common Anode : 설정시 active_high = False 설정해야 함.

원인	해결방안
FND가 C모듈 타입이 상반되게 설정되어서 그래요.	문자 표시할 때 반대로 켜지는 경우에 active_high=False 활용

```
display = LEDCharDisplay(20, 21, 19, 13, 6, 16, 12, dp=26, active_high=False)
```

(4) 4-digit FND 관련

 led 표시가 거꾸로 표시되요.

㉠ 모듈 타입

- Common Cathode : 기본값(active_high = True)
- Common Anode : 설정시 active_high = False 설정해야 함.

원인	해결방안
모듈 타입이 상반되게 설정되어서 그래요.	문자 표시할 때 반대로 켜지는 경우에 active_high=False 활용

```
display = LEDCharDisplay(20, 21, 19, 13, 6, 16, 12, dp=26, active_high=False)
```

4개 글자 중에 3번째만 나오지 않아요.

원인	해결방안
D3 연결이 제대로 되지 않아서 그럽니다.	D3 연결핀 예를 들어 25번 핀이면 다시 연결해 보세요.

4개 글자 중에 모두 가운데 led가 표시 안되요.

원인	해결방안
다른 연결 핀을 제대로 연결되어 있습니다만 가운데 이면 g 연결핀이 잘못이다.	g 연결핀 예를 들어 12번 핀이면 다시 연결해 보세요.

(5) LCD 관련

 RPLCD 라이브러리 설치가 안되요.

원인	해결방안
라즈베리파이 OS 보안 정책 강화로 기본 터미널에서 pip3를 통한 전역 설치가 되지 않습니다.	--break-system-packages 옵션 사용

```
$ pip install RPLCD –break-system-packages
```

(6) pip 관련

pip 업그레이드 오류

```
error: externally-managed-environment

흳 This environment is externally managed
?겸?> To install Python packages system-wide, try apt install
   python3-xyz, where xyz is the package you are trying to
   install.

   If you wish to install a non-Debian-packaged Python package,
   create a virtual environment using python3 -m venv path/to/venv.
   Then use path/to/venv/bin/python and path/to/venv/bin/pip. Make
   sure you have python3-full installed.

   For more information visit http://rptl.io/venv

note: If you believe this is a mistake, please contact your Python installation or OS
distribution provider. You can override this, at the risk of breaking your Python installation
or OS, by passing --break-system-packages.
hint: See PEP 668 for the detailed specification.
```

원인	해결방안
라즈베리파이 OS 보안 정책 강화로 기본 터미널에서 pip3를 통한 전역 설치가 되지 않습니다.	--break-system-packages 옵션 사용

```
$ pip install RPLCD --break-system-packages
```

(7) 작업용 컴퓨터(Windows) 관련

Q pip 설치 에러

```
[notice] A new release of pip is available: 24.0 -> 25.3
[notice] To update, run: python.exe -m pip install --upgrade pip
```

㉠ pip 버전업그레이드 해주면 된다.

```
python.exe -m pip install --upgrade pip
```

Q pybluez-ng가 설치가 안되요.

```
ERROR: Could not find a version that satisfies the requirement pybluez-ng (from versions: none)
ERROR: No matching distribution found for pybluez-ng
```

원인	해결방안
파이썬 버전이 3.11 이상 버전 경우에 에러	① 버전 확인 (터미널이나 cmd 등에서) ② python --version ③ 제어판 - 앱에서 설치된 python 삭제 ④ 파이썬 홈페이지에서 3.10이하 버전 다운로드 후 설치 (설치 시 PATH 꼭 체크)

```
$ pip install RPLCD --break-system-packages
```

04 AI 모델 파인튜닝

(1) 식물 성장 추론 모델 파인튜닝 : 파이썬 코딩

환경 설정 → 모델 다운로드 → 파인튜닝 → TFLite 변환

① **작업 환경 설정**
- Python 3.9 이상
- 필수 라이브러리 설치

```
$ pip install tensorflow tensorflow-hub tensorflow-datasets pillow numpy
```

② **작업 프로세스**

㉠ 학습/전처리용 파일 (예: train_model.py)
- 역할 : 데이터셋 불러오기 → 전처리 → MobileNetV2 파인튜닝 → 모델 저장 및 TFLite 변환
- 주요 단계
  - image_dataset_from_directory로 데이터셋 로딩
  - preprocess_input 적용
  - 모델 학습 (model.fit)
  - 학습된 모델 저장 (.h5 또는 SavedModel)
  - TFLite 변환 (.tflite 파일 생성)
  - 이 파일은 노트북/PC에서 실행하는 게 좋아요. (라즈베리파이에서 학습은 비효율적)

㉡ 추론용 파일 (예: inference.py)
- 역할 : 라즈베리파이에서 카메라로 이미지 캡처 → TFLite 모델 불러오기 → 추론 → 결과 출력
- 주요 단계
  - tflite_runtime.Interpreter로 모델 로드
  - Pi 카메라(Picamera2)로 이미지 캡처
  - 전처리(리사이즈, 정규화)
  - 추론 실행 (interpreter.invoke( )
  - 결과 출력 (LCD, 터미널, 로그 등)
  - 이 파일은 라즈베리파이에서 실행한다. (실시간 추론 전용)

③ **ONNX vs TFLite**

구분	ONNX	TFLite
주 목적	프레임워크 간 호환성 (Pytorch ↔ TensorFlow 등)	모바일, 엣지 디바이스 최적화
변환 경로	Pytorch → ONNX (간단)	PyTorch → ONNX → TensorFlow → TFLite (경로 길고 변환시 제약)

구분	ONNX	TFLite
지원 도구	ONNX Runtime	TensorFlow Lite Runtime
라즈베리파이 설치	pip install onnxruntime	pip install tflite-runtime
모델 크기	상대적으로 큼	양자화 적용시 작어짐(최대 4~8배 축소)
추론 속도 (CPU기준)	보통(모델 크기에 따라 느려질 수 있음)	빠름(경량화 최적화 덕분)
하드웨어 가속	GPU/NPU 지원(제한적)	Coral TPU, EdgeTPU등과 연동
적합한 상황	- PyTorch 학습 후 바로 배포 - 변환 과정을 단순화하고 싶을 때 - 교재에서 "프레임워크 독립성" 강조	- 라즈베리파이에서 실시간 추론 성능이 중요할 때 - 모델 크기/속도를 최적화해야 할 때 - 저전력·소형 스마트팜 장치에 적합
예시코드 (추론)	python import onnxruntime as ort	python import tflite_runtime.inter

④ 사전 학습된 MobileNetV2 모델 다운로드

- TensorFlow Hub 또는 Hugging Face Hub에서 MobileNetV2 불러오기

```python
import tensorflow as tf
import tensorflow_hub as hub

# 사전 학습된 MobileNetV2 (ImageNet 기반)
base_model = tf.keras.applications.MobileNetV2(
    input_shape=(224,224,3),
    include_top=False,
    weights='imagenet'
)base_model.trainable = False # 특징 추출기 부분은 고정
```

⑤ 식물 성장 단계 데이터셋 준비

㉠ 공개 식물 성장 이미지 데이터셋

데이터셋	제공처	특징
식의약용 자생식물 분석 데이터	AI-Hub	국내 자생식물 60종, 꽃·열매·잎 등 부위별 이미지 제공. 식물 종 식별 및 기능성 분석용.
Plant Growth Data	Minitab	식물 성장 실험 데이터. 주로 수치 데이터(키, 성장량) 중심. 이미지보다는 통계 분석용.
Plant and Crop Image Dataset	HyerAI(Kaggle)	전 세계 139개 작물, 약 10만 장 이미지. 묘목 → 개화 → 열매 등 성장 단계별 이미지 포함.
PlantVillage Dataset	Kaggle	원래는 병해충 진단용이지만, 다양한 작물의 성장 단계별 잎 이미지 포함. CNN 학습에 자주 활용.

⑥ Plant and Crop Image Dataset 다운로드

㉠ Kaggle: 140 Most Popular Crops Image Dataset
- 제공자: omrathod2003
- 내용: 140종 이상의 작물 이미지 포함
- 형식: 분류(Classification)용 이미지 폴더 구조

- 사용 방법: Kaggle 계정 로그인 후 "Download" 버튼 클릭

ⓛ Hugging Face: 100 Crops & Plants Object Detection Dataset
- 제공자: devshaheen
- 내용: 100종 작물/식물 객체 탐지용 이미지 25,000장 이상
- 형식: YOLOv5 등 객체 탐지 모델 학습용
- 라이선스: MIT
- 특징: 필요 시 다른 포맷으로 요청 가능 (LinkedIn DM 또는 Discussion)

ⓒ Quantitative Plant Datasets
- 내용: 다양한 식물 이미지 데이터셋 모음 (PlantVillage, Arabidopsis, RhizoVision 등)
- 특징: 연구용으로 유용한 고품질 이미지 다수 포함
- 형식: 분류, 생장 분석, 뿌리 구조 등 다양한 목적

ⓔ 데이터셋 폴더 구조 예시

```
dataset/
  train/
    start/
    growth/
    flowering/
    fruition/
  val/
    start/
    growth/
    flowering/
    fruition/
```

- – start, growth, flowering, pruition는 성장 단계별 이미지가 들어있는 디렉터리

ⓜ 데이터 로더

```python
from tensorflow.keras.preprocessing.image import ImageDataGenerator

train_datagen = ImageDataGenerator(rescale=1./255)
val_datagen = ImageDataGenerator(rescale=1./255)

train_gen = train_datagen.flow_from_directory(
    'dataset/train',
    target_size=(224,224),
    batch_size=32,
    class_mode='categorical'
)

val_gen = val_datagen.flow_from_directory(
    'dataset/val',
    target_size=(224,224),
    batch_size=32,
    class_mode='categorical'
)
```

⑦ 파인튜닝 모델 구성

```
from tensorflow.keras import layers, models

# 특징 추출기 + 새로운 분류기
x = layers.GlobalAveragePooling2D( )(base_model.output)
output = layers.Dense(train_gen.num_classes, activation='softmax')(x)
model = models.Model(inputs=base_model.input, outputs=output)
model.compile(optimizer='adam',
      loss='categorical_crossentropy',
      metrics=['accuracy'])

# 학습 실행
model.fit(train_gen, validation_data=val_gen, epochs=10)
```

⑧ TFLite 변환

```
# Keras 모델을 TFLite로 변환
converter = tf.lite.TFLiteConverter.from_keras_model(model)
tflite_model = converter.convert()

# 파일 저장
with open("mobilenetv2_growth.tflite", "wb") as f:
    f.write(tflite_model)
```

⑨ source code

```
import tensorflow as tf
from tensorflow.keras.applications import MobileNetV2
from tensorflow.keras import layers, models

# 1. 사전 학습된 모델 불러오기
base_model = MobileNetV2(weights='imagenet', include_top=False, input_shape=(224,224,3))
base_model.trainable = False    # 일부 레이어 고정

# 2. 파인튜닝 모델 구성
model = models.Sequential([
    base_model,
    layers.GlobalAveragePooling2D(),
    layers.Dense(4, activation='softmax')   # 예: 4단계 성장 분류
])

# 3. 컴파일 & 학습
model.compile(optimizer='adam', loss='categorical_crossentropy', metrics=['accuracy'])
history = model.fit(train_ds, validation_data=val_ds, epochs=10)

# 4. TFLite 변환
converter = tf.lite.TFLiteConverter.from_keras_model(model)
tflite_model = converter.convert()
with open("plant_growth.tflite", "wb") as f:
    f.write(tflite_model)
```

(2) 식물 성장 추론 모델 파인튜닝 - 티처블 머신 활용

① Teachable Machine 이란?

    ㉠ 구글에서 개발한 머신러닝 기반의 웹 애플리케이션

    ㉡ 사이트 : https://teachablemachine.withgoogle.com/

    ㉢ 사용자가 직접 이미지, 소리, 자세 등 다양한 데이터를 사용하여 머신러닝 모델을 쉽고 빠르게 만들 수 있음.

② 사용 방법

    ㉠ 작업 흐름

1 모으기
예시를 수집하여 컴퓨터가 학습하기를 원하는 클래스 또는 카테고리로 그룹화하세요.

2 학습 시키기
모델을 학습시키세요. 그런 다음 모델이 새로운 예시를 올바르게 분류하는지 즉시 테스트해 보세요.

3 내보내기
모델을 내보낸 다음 사이트, 앱과 같은 프로젝트에 사용하세요. 모델을 다운로드하거나 온라인에 호스팅할 수도 있습니다.

〈그림 10-25〉 티처블머신_사용법

    ㉡ 사용 가능 데이터

 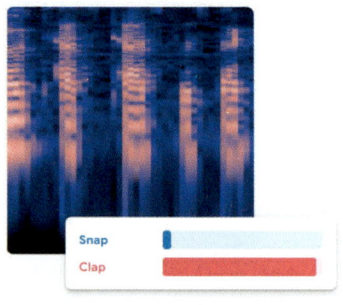 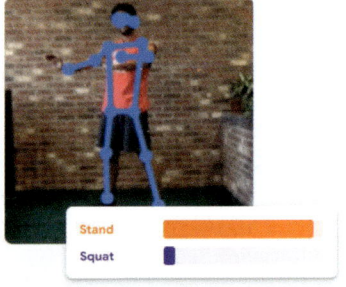

이미지
파일 또는 웹캠을 사용해 이미지를 분류하는 방법을 모델에 학습시킵니다.

사운드
짧은 사운드 샘플을 녹음하여 오디오를 분류하도록 모델을 학습시키세요.

자세
파일을 사용하거나 웹캠에서 자세를 취하여 몸의 자세를 분류하도록 모델을 학습시키세요.

〈그림 10-26〉 티처블머신_사용가능데이터

③ 작업 방법

    ㉠ 시작하기 - 새 프로젝트 생성

    ㉡ 클래스 추가 및 이름 변경

        • 이름 변경 : 연필모양 누르시고 이름 입력

        • 클래스 추가 : 클래스 맨 아래 클래스 추가

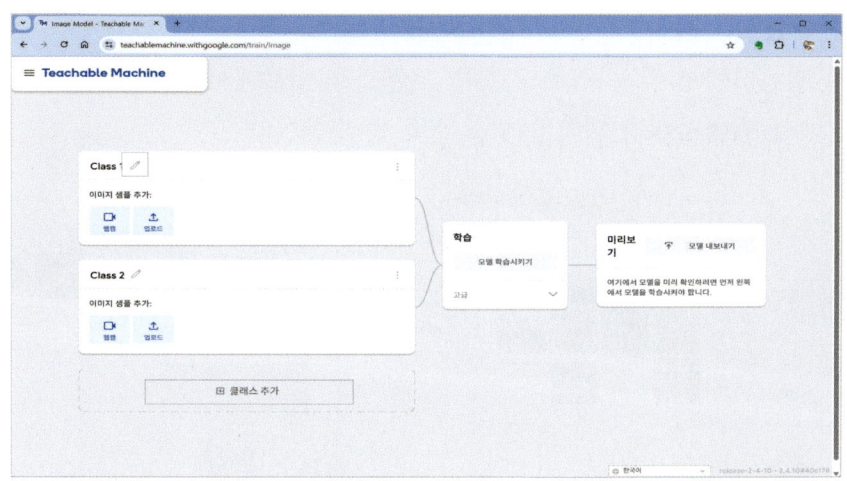

〈그림 10-27〉 티처블머신_클래스 추가_4단계완료 티처블머신_클래스 추가

ⓒ 클래스 정하기(식물 성장 4단계)
- start : 식물 초기
- growth : 식물 성장
- flowering : 개화기
- fruition : 결실기

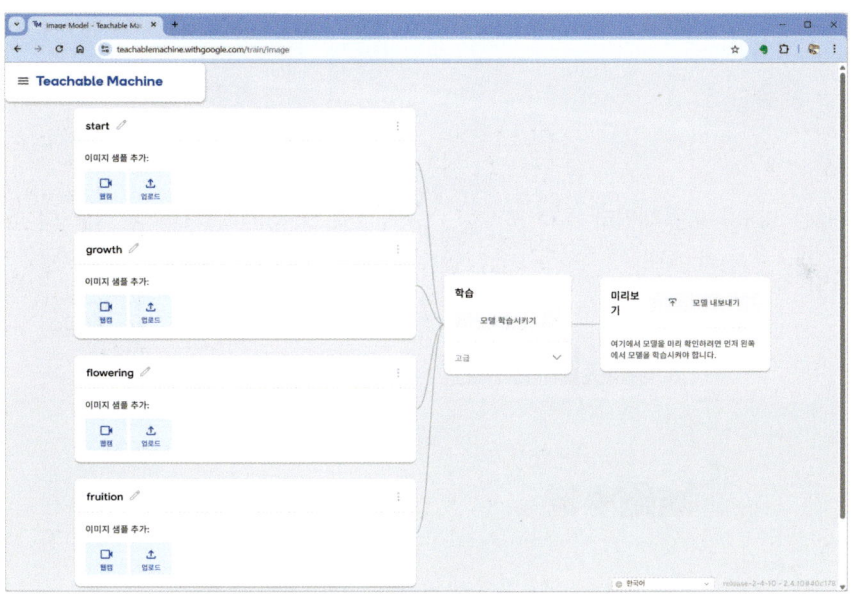

〈그림 10-28〉 티처블머신_클래스 추가_4단계 완료

ⓒ 데이터 입력(라벨링)
- 데이터 입력 방법
  - 웹캠으로 직접 촬영
  - 이미지 직접 업로드

Chapter 10 부 록 **403**

- 이미지 직접 업로드
  - 로컬 컴퓨터에서 직접 업로드 혹은 구글 드라이브에서 이미지 가져오기
  - 파일에서 이미지를 선택하거나 드래그 앤 드롭한다.

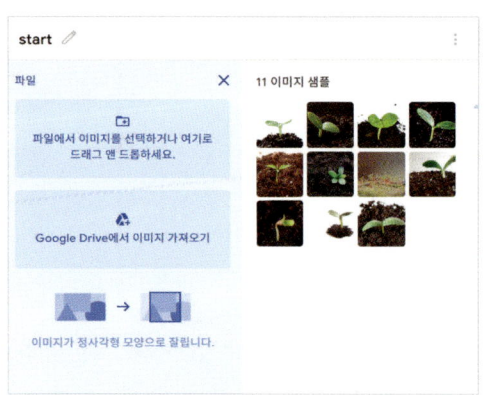

〈그림 10-29〉 티처블머신_데이터 추가_1단계

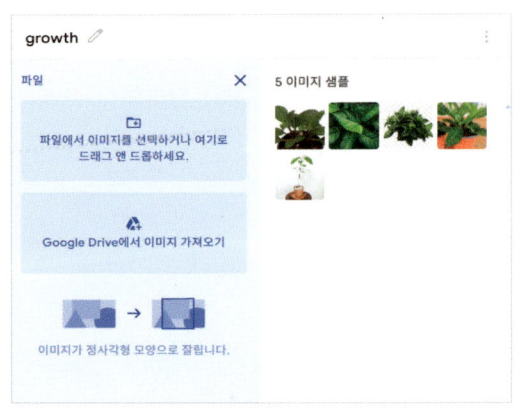

〈그림 10-30〉 티처블머신_데이터 추가_2단계

〈그림 10-31〉 티처블머신_데이터 추가_3단계

〈그림 10-32〉 티처블머신_데이터 추가_4단계

〈그림 10-33〉 티처블머신_모델 학습

  - 모델 학습 - 고급 클릭

㉒ 모델 학습
- 고급
  - 아래 옵션 수정 후 '모델 학습시키기' 클릭

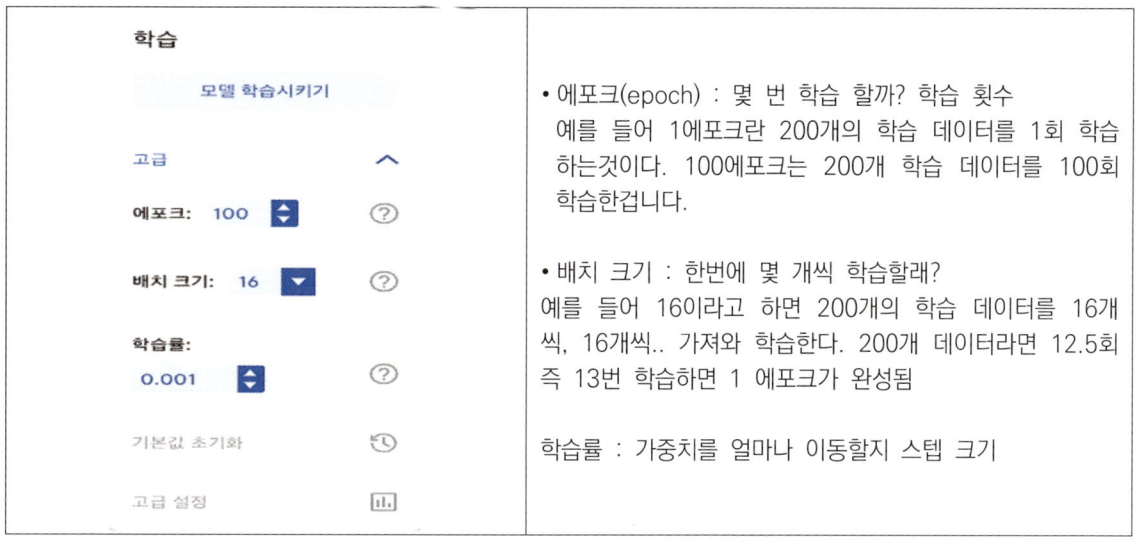

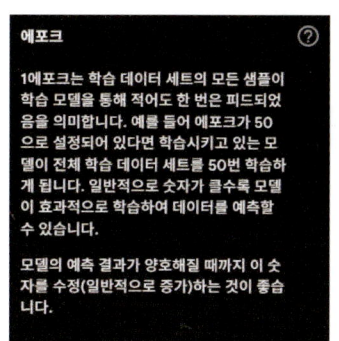
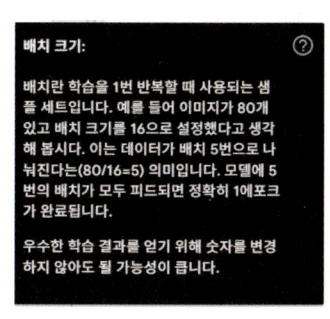
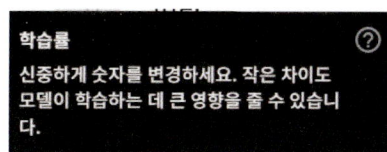

- 에포크
  - 너무 적으면 언더피팅, 너무 많으면 오버피팅
  - 시작점: 전이 학습 5~20, 스크래치 학습 50~300(문제 난이도·데이터 크기에 따라)
  - 조합 : 검증 손실 기반 Early Stopping(대기 5~10 에포크) 권장
- 배치 크기
  - 작을수록: 메모리 적게 사용, 업데이트가 자주 일어나 빠르게 수렴 시도. 하지만 노이즈가 증가
  - 클수록 : 그라디언트가 안정적, 병렬화에 유리, 하지만 일반화가 나빠지거나 학습률 재조정 필요
  - 시작점: 32~64(GPU 일반), 16~32(CPU/메모리 제한).

- 학습률
    - 너무 크면 발산/진동, 너무 작으면 수렴이 느림. 국소 최소점에 갇힘.
    - 시작점(권장): Adam/AdamW는 0.001, SGD+모멘텀은 0.01 근방에서 시작해 조정
    - 스케줄링: 코사인/스텝 감쇠, 원사이클(One-cycle), 워밍업(초반 3~10% 에포크)

ⓗ 학습 모델 검증하기
- val에 있는 이미지 파일 중 하나를 선택
- 이미지 추론 판단한다.
    - 검증용 이미지를 start 44% growth 47%, flowering, frution은 아주 작은 확률로 판단
    - 검증 결과가 괜찮다고 한다면 모델 내보내기 클릭
    - 검증 결과가 이상하다하면 이미지 샘플을 추가하거나 학습 고급을 수정해서 다시 학습, 이 과정을 원하는 답이 나올 때까지 계속 반복

〈그림 10-34〉 티처블머신_검증

- 웹캠
    - '사이트에 있는 동안 허용' 혹은 '이번에만 허용' 클릭
    - 실제 샘플을 준비하거나 사진 출력을 미리 해야 한다.

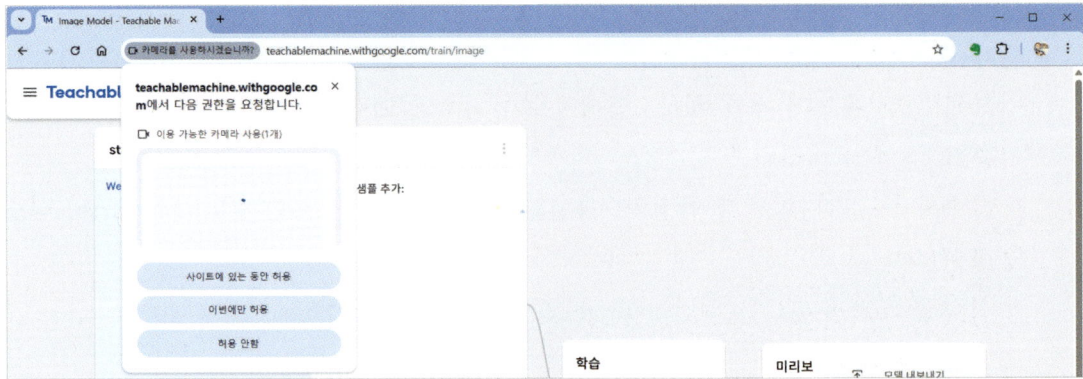

〈그림 10-35〉 티처블머신_웹캠 사용

- 이미지 샘플 추가 클릭
- '길게 눌러서 촬영' 눌러서 하나의 사진으로 여러 장의 샘플을 만든다.
- 이 때 이미지 샘플을 움직여서 다양한 각도에서 촬영되도록 한다.

아래 과정은 위와 동일하다.

ⓐ '모델 학습시키기' 클릭

◎ 학습 완료 후 테스트

ⓒ 모델 내보내기

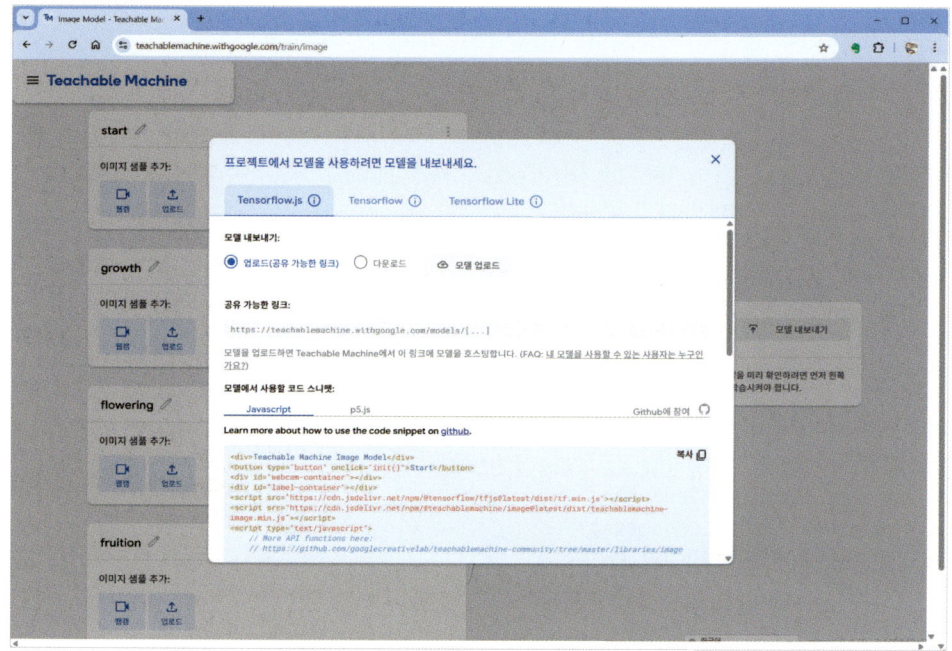

〈그림 10-36〉 티처블머신_모델 내보내기

- 모델 종류
  - Tensorflow.js : 웹 브라우저 기반 프로젝트 생성
  - Tensorflow : 텐서플로어 기반에서 동작
  - Tensorflow Lite : 모바일 또는 엣지 컴퓨터

ⓒ Tensorflow Lite - edgeTPU
- 모델을 Coral 기기에서 작동하는 EdgeTPU 컴파일 tflite 모델로 변환
- 변환은 클라우드에서 이루어짐
  - install : Coral edge TPU
  - install : PyCoral API and other pip 설치

```
python3 -m pip install --extra-index-url https://google-coral.github.io/py-repo/ pycoral~=2.0 Pillow opencv-python opencv-contrib-python
```

  - Download : 학습된 모델파일

④ source code

```python
import re
import os
import cv2
from pycoral.utils.dataset import read_label_file
from pycoral.utils.edgetpu import make_interpreter
from pycoral.adapters import common
from pycoral.adapters import classify


# the TFLite converted to be used with edgetpu
modelPath = '<PATH_TO_MODEL>'

# The path to labels.txt that was downloaded with your model
labelPath = '<PATH_TO_LABELS>'

# This function takes in a TFLite Interptere and Image, and returns classifications
def classifyImage(interpreter, image):
    size = common.input_size(interpreter)
    common.set_input(interpreter, cv2.resize(image, size, fx=0, fy=0,
                                             interpolation=cv2.INTER_CUBIC))
    interpreter.invoke()
    return classify.get_classes(interpreter)

def main():
    # Load your model onto the TF Lite Interpreter
    interpreter = make_interpreter(modelPath)
    interpreter.allocate_tensors()
    labels = read_label_file(labelPath)

    cap = cv2.VideoCapture(0)
    while cap.isOpened():
        ret, frame = cap.read()
        if not ret:
            break

        # Flip image so it matches the training input
        frame = cv2.flip(frame, 1)

        # Classify and display image
        results = classifyImage(interpreter, frame)
        cv2.imshow('frame', frame)
        print(f'Label: {labels[results[0].id]}, Score: {results[0].score}')
        if cv2.waitKey(1) & 0xFF == ord('q'):
            break

    cap.release()
    cv2.destroyAllWindows()

if __name__ == '__main__':
    main()
```

저자

공학박사 김석진

⟨약력⟩
- 현) 제로투에이아이 대표
- 현) 비전대학교 컴퓨터정보과 외래교수
- 현) KG아이티뱅크 평생교육원 운영교수
- 현) 경기대학교 원격교육원 운영교수
- 현) 건국사이버평생교육원 운영교수

⟨저서⟩
- KG아이티뱅크 평생교육원, 시스템 프로그래밍 저작
- 메가MD, 자료구조, 알고리즘 저작
- 경기대학교 원격교육원 자연어처리 저작

공학박사 박경민

⟨약력⟩
- 현) 전주비전대학교 미래모빌리티학과 교수
- 전) (재)자동차융합기술원 책임연구원
- 전) 쌍용자동차주식회사 주임연구원
- 전) 한국기계연구원 위촉연구원
- 환경관리공단 기술위원, 전북TP 과학기술위원 등 역임
- 전북교통방송 라디오 패널 활동 중

⟨저서⟩
- 전기자동차 구조의 이해 공동저자

이학박사 신승호

⟨약력⟩
- 강원대학교 컴퓨터과학과 이학박사
- 현) 강원대학교 컴퓨터공학과 강사
- 현) 한양여자대학교 소프트웨어융합과 강사
- 현) KG아이티뱅크 평생교육원 운영교수
- 현) 경기대학교 원격교육원 운영교수
- 현) 여기스터디사이버 평생교육원 운영교수

⟨저서⟩
- KG아이티뱅크 평생교육원, 암호학, 운영체제, 이산수학 저작
- 메가MD, 운영체제, 이산수학, 컴퓨터개론, 디지털공학개론 저작
- 사이에듀 평생교육원, 암호학 저작

피지컬 AI 컴퓨팅 센서편

초판 인쇄 | 2026년 1월 5일
초판 발행 | 2026년 1월 12일

저　　자 | 김석진 · 박경민 · 신승호
발 행 인 | 김길현
발 행 처 | (주) 골든벨
등　　록 | 제 1987-000018호
I S B N | 979-11-24114-08-7
가　　격 | 33,000원

(우)04316 서울특별시 용산구 원효로 245(원효로 1가 53-1) 골든벨 빌딩 6F
- TEL : 도서 주문 및 발송 02-713-4135 / 회계 경리 02-713-4137
　　　기획디자인본부 02-713-7452 / 해외 오퍼 및 광고 02-713-7453
- FAX : 02-718-5510　　• 홈페이지 : http : //www.gbbook.co.kr　　• E-mail : 7134135@naver.com

본 도서의 내용(텍스트, 도해, 도표, 이미지 등)은 저작권자의 사전 서면 승인 없이 아래와 같은 행위는 금지되며, 위반 시 「저작권법」 제125조(손해배상의 청구) 및 관련 조항에 따라 민·형사상 책임을 질 수 있습니다.
① 개인 학습 목적을 넘어 도서의 전부 또는 일부를 무단 복제·배포하는 행위
② 학교·학원·공공기관·기업·단체 등에서 영리 또는 비영리 목적을 불문하고 허락 없이 복제·전송·배포하는 행위
③ 전자책, PDF, 스캔본, 사진 촬영본, 클라우드 공유, 온라인 커뮤니티 게시, SNS 업로드, 파일 공유 서비스 등을 통한 무단 이용
④ 기타 디지털 복제·전송 수단(USB, 디스크, 서버 저장, 스트리밍 등)을 이용한 무단 사용

※ 파본은 구입하신 서점에서 교환해 드립니다.

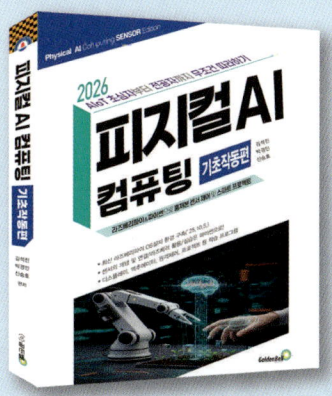

Physical AI
Computing series

AIoT 초심자부터 전공자까지 무조건 따라하기

김석진 / 박경민 / 신승호

❷ 기초작동편 생각하고 움직이는 몸

직접 조립하고 지능적으로 움직이는 PiCar를 만들어 원격제어를 할 수 있는 것은 센서 데이터를 바탕으로 지능적인 행동을 실행하는 능력을 보여준다.

❸ 자율운행편 스스로 판단하는 뇌

이미지 센서(파이 카메라)를 통해 실시간 영상 처리와 AI를 통해 독립적으로 의사를 결정하고 행동하는 능력을 목표로 한다.

확, 다른!
아두이노 사이다 교과서
주승환 / 408쪽

픽스호크4
대형드론의 제작 정보
주승환 외 2 / 416쪽

친환경 모빌리티 구조 원리
애니메이션
강주원 / 960쪽 / USB

CAN통신
파형분석과 리버스
김인옥 / 416쪽

모빌리티
반도체 센서 백과
주승환 / 272쪽

인공지능 연결기반
자율주행차량
김재휘 / 480쪽

자율주행기술의 진화론
삼영서방 / 160쪽

자율주행기술의 모든것
삼영서방 / 184쪽